G. W. F. Hegel Werke in zwanzig Bänden

Wissenschaft der Logik I

黑格尔著作集

第 5 卷

逻 辑 学
I

先 刚 译

人民出版社

Georg Wilhelm Friedrich Hegel Werke in zwanzig Bänden
5
Wissenschaft der Logik I

Auf der Grundlage der Werke von 1832-1845 neu edierte Ausgabe
Redaktion Eva Moldenhauer und Karl Markus Michel
Suhrkamp Verlag Frankfurt am Main 1969

"十三五"国家重点图书出版规划项目

黑格尔著作集（二十卷，理论著作版）

第 1 卷　早期著作

第 2 卷　耶拿时期著作（1801—1807）

第 3 卷　精神现象学

第 4 卷　纽伦堡时期和海德堡时期著作（1808—1817）

第 5 卷　逻辑学 I

第 6 卷　逻辑学 II

第 7 卷　法哲学原理

第 8 卷　哲学科学百科全书 I　逻辑学

第 9 卷　哲学科学百科全书 II　自然哲学

第 10 卷　哲学科学百科全书 III　精神哲学

第 11 卷　柏林时期著作（1822—1831）

第 12 卷　历史哲学讲演录

第 13 卷　美学讲演录 I

第 14 卷　美学讲演录 II

第 15 卷　美学讲演录 III

第 16 卷　宗教哲学讲演录 I

第 17 卷　宗教哲学讲演录 II

第 18 卷　哲学史讲演录 I

第 19 卷　哲学史讲演录 II

第 20 卷　哲学史讲演录 III

总　序

张世英

　　这套黑格尔著作集的中文版,其所根据的版本是二十卷本的"理论著作版"(Theorie-Werkausgabe),即《格·威·弗·黑格尔二十卷著作集》(G.W.F.Hegel Werke in zwanzig Bänden),由莫尔登豪尔(E.Moldenhauer)和米歇尔(K.M.Michel)重新整理旧的版本,于 20 世纪 60 年代末开始出版。这个版本,虽不及 1968 年以来陆续出版的历史批判版《黑格尔全集》那样篇幅更大,包括了未曾公开发表过的黑格尔手稿和各种讲课记录以及辨析、重新校勘之类的更具学术研究性的内容,但仍然是当前德国大学科研和教学中被广泛使用的、可靠的黑格尔原著。我这里不拟对黑格尔文集的各种版本作溯源性的考察,只想就黑格尔哲学思想在当今的现实意义作点简单的论述。

　　黑格尔是德国古典唯心主义之集大成者,他结束了西方传统形而上学的旧时代。黑格尔去世后,西方现当代哲学家大多对黑格尔哲学采取批评的态度,但正如他们当中一些人所说的那样,现当代哲学离不开黑格尔,甚至其中许多伟大的东西都源于黑格尔。在中国,自 20 世纪初就有些学者致力于黑格尔哲学的介绍、翻译与评论。1949 年中华人民共和国成立到 1976 年所谓"文化大革命"结束,大家所广为传播的观点是把黑格尔哲学看成是马克思主义的三个来源之一,一方面批判黑格尔哲学,一方面又强调吸取其"合理内核",黑格尔是当时最受重视的西方哲学家。1976 年以来,哲学界由重视西方古典哲学转而注意西方现当代哲学的介绍与评论,黑格尔哲学更多地遭到批评,其总体地位远不如从前了,但不

1

少学者对黑格尔哲学的兴趣与研究却比以前更加深沉、更多创新。黑格尔无论在西方还是在中国,其名声的浮沉,其思想影响的起伏,正说明他的哲学在人类思想史上所占的历史地位时刻不容忽视,即使是在它遭到反对的时候。他的哲学体系之庞大,著述之宏富,思想内容之广博和深邃,在中西哲学史上都是罕见的;黑格尔特别熟悉人类思想史,他的哲学像一片汪洋大海,融会了前人几乎全部的思想精华。尽管他个人文笔之晦涩增加了我们对他的哲学作整体把握的难度,特别是对于不懂德文的中国读者来说,这种难度当然要更大一些。但只要我们耐心琢磨,仔细玩味,这气象万千的世界必能给我们提供各式各样的启迪和收益。

一、黑格尔哲学是一种既重视现实
又超越现实的哲学

一般都批评黑格尔哲学过于重抽象的概念体系,有脱离现实之弊。我以为对于这个问题,应作全面的、辩证的分析和思考。

黑格尔一方面强调概念的先在性和纯粹性,一方面又非常重视概念的具体性和现实性。

黑格尔明确表示,无时间性的"纯粹概念"不能脱离有时间性的人类历史。西方现当代人文主义思想家们一般都继承了黑格尔思想的这一方面而主张人与世界的交融合一。只不过,他同时又承认和允许有一个无时间性的逻辑概念的王国,这就始终会面临一个有时间性的环节(认识过程、历史过程)如何与无时间性的环节(纯粹概念)统一起来的问题,或者用黑格尔《自然哲学》中的话语来说,也就是有时间性的"持久性"与无时间性的"永恒性"之间的鸿沟如何填平的问题。无论黑格尔怎样强调认识和历史的"持久性"多么漫长、曲折,最终还是回避不了如何由"持久性"一跃而到"永恒性"、如何由现实的具体事物一跃而到抽象的逻辑概念的问题。黑格尔由于把抽象的"永恒性"的"纯粹概念"奉为哲学的最终领域,用普遍概念的王国压制了在时间中具有"持久性"的现实世界,

他的哲学被西方现当代哲学家贬称为"概念哲学"或"传统形而上学"的集大成者。但无论如何，黑格尔哲学既是传统形而上学的顶峰，又蕴涵和预示了传统形而上学的倾覆和现当代哲学的某些重要思想，这就是黑格尔哲学中所包含的重视具体性和现实性的方面。

黑格尔早年就很重视现实和实践，但他之重视现实，远非安于现实，而是与改造现实的理想紧密结合在一起的，为此，他早在 1800 年的而立之年，就明确表示，要"从人类的低级需求"，"推进到科学"（1800 年 11 月 2 日黑格尔致谢林的信，*BRIEFE VON UND AN HEGEL*, Verlag Von Felix Meiner，Hamburg，Band 1, s.59）。他所谓要"推进到科学"的宏愿，就是要把实践提高到科学理论（黑格尔的"科学"一词远非专指自然科学，而是指系统的哲学理论的意思）的高度，以指导实践，改造现实。黑格尔在 1816 年 10 月于海德堡大学讲授哲学史课程的开讲词里说过这样一些话：一段时间以来，人们过多地忙碌于现实利益和日常生活琐事，"因而使得人们没有自由的心情去理会那较高的内心生活和较纯洁的精神活动"，"阻遏了我们深切地和热诚地去从事哲学工作，分散了我们对于哲学的普遍注意"。现在形势变了，"我们可以希望……除了政治的和其他与日常现实相联系的兴趣之外，科学、自由合理的精神世界也要重新兴盛起来"。为了反对先前轻视哲学的"浅薄空疏"之风，我们应该"把哲学从它所陷入的孤寂境地中拯救出来"，以便在"更美丽的时代里"，让人的心灵"超脱日常的兴趣"，而"虚心接受那真的、永恒的和神圣的事物，并以虚心接受的态度去观察并把握那最高的东西"（黑格尔：《哲学史讲演录》，生活·读书·新知三联书店 1956 年版第 1—3 页）。黑格尔所建立的庞大的哲学体系，其目的显然是要为改造现实提供理论的、哲学的根据。黑格尔的这些话是差不多两百年以前讲的，但对我们今天仍有很大的启发意义。针对当前人们过分沉溺于低级的现实欲求之风，我们的哲学也要既面对现实，又超越现实。"超越"不是抛弃，而是既包含又高出之意。

二、黑格尔哲学是一种揭示人的自由本质、以追求自由为人生最高目标的哲学

黑格尔哲学体系包括三大部分:逻辑学、自然哲学和精神哲学。在1949年中华人民共和国成立到改革开放以前的大约30年里,我们的学界一般都只注重逻辑学,这是受了列宁《哲学笔记》以评述逻辑学为主的思想影响的缘故。其实,黑格尔虽然把逻辑学看成是讲事物的"灵魂"的哲学,而自然哲学和精神哲学不过是"应用逻辑学",但这只是就逻辑学所讲的"逻辑概念"比起自然现象和人的精神现象来是"逻辑上在先"而言,离开了自然现象和精神现象的"纯粹概念",必然失去其为灵魂的意义,而成为无血无肉、无所依附的幽灵,不具现实性,而只是单纯的可能性。

黑格尔明确承认"自然在时间上是最先的东西"的事实,但正因为自然的这种时间上的先在性,而使它具有一种与人的精神相对立的外在性。人的精神性的本质在于克服自然的外在性、对立性,使之包含、融化于自身之内,充实其自身,这也就是人的自由(独立自主的主体性)本质。黑格尔认为,精神的最高、最大特征是自由。所谓自由,不是任性。"自由正是精神在其他物中即在其自身中,是精神自己依赖自己,是精神自己规定自己"(黑格尔:《逻辑学》,人民出版社2002年版,第72页)。所以精神乃是克服分离性、对立性和外在性,达到对立面的统一;在精神中,主体即是客体,客体即是主体,主体没有外在客体的束缚和限制。精神所追求的目标是通过一系列大大小小的主客对立统一的阶段而达到的最高的对立统一体,这是一种最高的自由境界。黑格尔由此而认为精神哲学是"最具体的,因而是最高的"(*G. W. F. Hegel Werke in zwanzig Bänden* 10, s.9)。也就是说,关于人生的学问——"精神哲学"是最具体的、最高的学问(比起逻辑学和自然哲学来)。黑格尔哲学体系所讲的这一系列大大小小对立统一的阶段,体现了人生为实现自我、达到最终的主客对立统一

的最高自由之境所经历的漫长曲折的战斗历程,这对于我们中国传统哲学把主体——自我湮没于原始的、朴素的、浑沌的"天人合一"的"一体"(自然界的整体和封建等级制的社会群体)之中而忽视精神性自我的自由本质的思想传统来说,应能起到冲击的作用。

三、"辩证的否定性"是"创新的源泉和动力"

黑格尔认为克服对立以达到统一即自由之境的动力是"否定性"。这种"否定性"不是简单抛弃、消灭对立面和旧事物,而是保持又超越对立面和旧事物,他称之为"思辨的否定"或"辩证的否定"。这种否定是"创新的源泉和动力",是精神性自我"前进的灵魂"。一般都大讲而特讲的黑格尔辩证法,其最核心的实质就在于此种否定性。没有否定性,就没有前进的动力,就不能实现人的自由本质。我以为,我们今天讲弘扬中华传统文化,就用得着黑格尔辩证哲学中的否定性概念。辩证法"喜新",但并不"厌旧",它所强调的是在旧的基础上对旧事物进行改造、提高,从而获得前进。中华文化要振兴、前进,就得讲辩证哲学,就得有"否定性"的动力。

2013 年 8 月 27 日于北京北郊静林湾

目　　录

第一部分　客观逻辑（第一卷）

第一版序言 …………………………………………………………… 3

第二版序言 …………………………………………………………… 9

导　论 ……………………………………………………………… 21

    逻辑的普遍概念 ……………………………………………… 21

    逻辑的普遍划分 ……………………………………………… 37

第一卷　存在论

科学必须以什么作为开端? ………………………………………… 45

存在的普遍划分 …………………………………………………… 57

第一篇　规定性(质)

第一章　存在 ……………………………………………………… 61

  A. 存在 …………………………………………………………… 61

  B. 无 ……………………………………………………………… 61

  C. 转变 …………………………………………………………… 62

    a. 存在和无的统一体 ………………………………………… 62

注释一:存在和无在表象中的对立 ……………………………… 62

注释二:"统一体"这一术语的缺陷,存在和无的同一性 ………… 69

注释三:这些抽象东西的孤立化 ………………………………… 73

注释四:开端之不可思议 ………………………………………… 83

　　b. 转变的环节 …………………………………………………… 84

　　c. 转变的扬弃 …………………………………………………… 85

注释:关于"扬弃"这一术语 …………………………………… 86

第二章　定在 …………………………………………………… 89

A. 定在本身 ……………………………………………………… 89

　　a. 一般意义上的定在 …………………………………………… 90

　　b. 质 ……………………………………………………………… 91

注释:实在性和否定 …………………………………………… 92

　　c. 某东西 ………………………………………………………… 95

B. 有限性 ………………………………………………………… 97

　　a. 某东西和一个他者 …………………………………………… 98

　　b. 规定,状况和界限 …………………………………………… 103

　　c. 有限性 ……………………………………………………… 109

　　α)有限性的直接性 …………………………………………… 110

　　β)限制和应当 ………………………………………………… 112

注释:关于"应当" …………………………………………… 114

　　γ)有限者过渡到无限者 ……………………………………… 117

C. 无限性 ………………………………………………………… 117

　　a. 一般意义上的无限者 ……………………………………… 118

　　b. 有限者和无限者的交互规定 ……………………………… 119

　　c. 肯定的无限性 ……………………………………………… 123

过　渡 …………………………………………………………… 131

注释一:无限进展 ……………………………………………… 131

注释二:唯心主义 ……………………………………………… 136

第三章　自为存在 …………………………………………… 139

A. 严格意义上的自为存在 …………………………………… 140

　　　　a. 定在和自为存在 ·················· 141

　　　　b. 为某一存在 ···················· 141

　　　　　注释:"为某一个什么东西?"这一说法 ···· 142

　　　　c. 单一体 ······················ 146

　　B. 单一体和"多" ······················ 147

　　　　a. 在自身那里的单一体 ·············· 147

　　　　b. 单一体和虚空 ·················· 148

　　　　　注释:原子论 ···················· 149

　　　　c. 诸多单一体 ···················· 150

　　　　　排　斥 ······················ 150

　　　　　注释:莱布尼茨的单子 ·············· 152

　　C. 排斥和吸引 ························ 153

　　　　a. 单一体的排外 ·················· 153

　　　　　注释:关于"单一体和'多'的统一体"这一命题 ·· 155

　　　　b. 某个作为吸引者的单一体 ·········· 156

　　　　c. 排斥和吸引的关联 ··············· 157

　　　　　注释:康德用引力和斥力对物质进行建构 ····· 162

第二篇　大小(量)

　　　注　释 ·························· 171

第一章　量 ···························· 173

　　A. 纯粹的量 ························ 173

　　　注释一:纯粹的量的表象 ············· 174

　　　注释二:康德论时间、空间、物质的可分性和不可分性的

　　　　　　二律背反 ···················· 177

　　B. 延续的大小和区间的大小 ············· 186

　　　注释:对于这些大小的通常分割 ········· 187

　　C. 量的限定 ······················ 188

第二章　定量 ························· 191

A. 数 ··· 191

  注释一:算术的计算方式;康德关于直观的先天综合命题 ········ 194

  注释二:数的规定应用于哲学概念的表达式 ··············· 201

B. 外延的和内涵的定量 ································· 206

  a. 二者的区别 ··· 206

  b. 外延的大小和内涵的大小的同一性 ············· 209

    注释一:这种同一性的例子 ····················· 211

    注释二:康德把度数规定应用于灵魂的存在 ····· 213

  c. 定量的变化 ··· 214

C. 量的无限性 ··· 215

  a. 量的无限性的概念 ······························· 215

  b. 量的无限进展 ····································· 216

    注释一:关于"无限进展"的高端意见 ··········· 218

    注释二:康德论世界在时间和空间中的有界和无界的

       二律背反 ··· 224

  c. 定量的无限性 ····································· 228

    注释一:数学的无限者的概念规定性 ··········· 231

    注释二:从微分计算的应用推导出微分计算的目的 ·· 263

    注释三:还有一些与质的大小规定性有关的形式 ····· 289

第三章　量的比例关系 ································· 301

A. 正比例关系 ··· 302

B. 反比例关系 ··· 304

C. 幂方比例关系 ·· 308

  注　释 ·· 311

第三篇　尺　度

第一章　特殊的量 ··· 321

A. 特殊的定量 ··· 321

B. 特殊化的尺度 ·· 324

　　　　a. 规则 ·· 325

　　　　b. 特殊化的尺度 ······························ 325

　　　　　注　释 ·· 326

　　　　c. 作为质的两方面的比例关系 ·············· 327

　　　　　注　释 ·· 330

　　C. 尺度里的自为存在 ·························· 332

第二章　实在的尺度 ······························ 337

　　A. 独立尺度之间的比例关系 ················ 338

　　　　a. 两个尺度的联系 ·························· 339

　　　　b. 尺度作为诸尺度比例关系的序列 ········ 341

　　　　c. 选择的亲和性 ···························· 344

　　　　注释：贝托莱论化学的选择的亲和性,贝采里乌斯的

　　　　　　相关理论 ···································· 345

　　　B. 尺度比例关系的节点线 ················· 355

　　　　　注释：这些节点线的例子;论"自然界里面没有飞跃" ·············· 357

　　　C. 无尺度的东西 ···························· 360

第三章　本质的形成转变 ························ 363

　　A. 绝对的无差别 ······························ 363

　　B. 无差别作为它的诸因素的反比例关系 ···· 364

　　　　注释：论向心力和离心力 ·················· 367

　　C. 过渡到本质 ································· 371

人名索引 ·· 374

主要译名对照及索引 ···························· 377

译后记 ··· 398

逻辑学 I

第一部分 客观逻辑

第一版序言

[13]

大约近 25 年以来,哲学的思维方式在我们这里经历了完全的改变,精神的自我意识在这个时代也已经通过自己而达到了一个更高的立场。但迄今为止,这些东西对于**逻辑**的形态几乎没有产生什么影响。

在这个时期之前号称"形而上学"的东西,可以说已经被斩草除根,从科学的行列里消失了。试想,什么地方还能够发出,或可以听到从前的本体论、理性心理学、宇宙论,乃至从前的自然神学的声音呢? 又比如,那些关于灵魂的非物质性,关于机械因和目的因的研究,还能在什么地方得到人们的关注呢? 至于那些关于上帝存在的证明,其之所以被引用,也仅仅是出于历史考据的目的,或为了让人超凡脱俗,净化心灵。这是一个不容否定的事实,即人们对于从前的形而上学,要么对其内容,要么对其形式,要么对二者同时失去了兴趣。当一个民族竟然认为,它的国家法哲学、它的思虑,还有它的伦理习俗和美德,都变得没有用处时,这是一件值得警惕的事情。同样,当一个民族失去自己的形而上学,当那个专注于自己的纯粹本质的精神在这个民族里面不再拥有一个现实的存在,这至少也是一件值得警惕的事情。

康德哲学的显白学说认为,**知性不可以超越经验**,否则的话,认识能力就会成为一种只能产生出**脑中幻象**的**理论理性**;这就从科学方面为那种放弃思辨思维的做法作出了论证。这种通俗学说迎合了近代教育学的喧嚣,迎了这个仅仅盯着低级需要的贫乏时代;也就是说,正如对认识 [14] 而言,经验是第一位的东西,同样,对公众生活和私人生活中的机敏精明而言,理论认识甚至是有害的,毋宁说,各种练习和实践教育才是事关根

3

本的、唯一有益的东西。——如此,当科学和普通人类知性携手合作,导致形而上学走向消灭,一场奇特的大戏就上演了,人们看到**一个有教养的民族竟然没有形而上学**,正如一座在其他方面装饰得金碧辉煌的庙宇里,竟然没有至圣的神。——过去,神学曾经是思辨神秘学和那种尚且居于从属地位的形而上学的监护者,但现在它已经放弃了这门科学,用它来换取情感、实践通俗的东西和博学的历史知识。与这个变化相对应的是,那些孤独的人消失了,他们为自己的民族作出牺牲,隔绝于世界之外,只希望沉思永恒者,过一种仅仅服务于这种沉思的生活——不是为了什么用处,而是为了灵魂的福祉。从另一个角度看,这些人的消失,和前面提到的那些情况,就本质而言是同一个现象。——这样一来,当这些阴霾被驱散,当返回到自身之内的精神不再苍白无力地专注于它自己,存在仿佛就转化为一个更加开朗的繁华世界,而众所周知,没有哪一朵花是**黑色的**。

就**逻辑**而言,它的处境不至于完全像形而上学这么糟糕。人们曾经认为,应当通过逻辑而**学会思维**,这是它的用处,随之也是它的目的——这仿佛是说,人们只有通过研究解剖学才学会消化,或只有通过研究生理学才学会运动——。然而这个成见早就已经被抛弃了,因为在一个追求实践的精神看来,逻辑的命运不会比它的姊妹[形而上学]好到哪里去。但如果不考虑这一点,或许基于其一些形式上的用处,人们仍然承认逻辑[15]跻身科学之列,甚至把它当作公开课程的对象保留下来。尽管如此,这个较好的运气仅仅涉及一个外在的命运,也就是说,逻辑的形态和内容虽然在经历了漫长的传统之后仍然保持为同样的东西,但在这个流传过程中已经变得愈加单薄和贫乏。新的精神,那个在科学和现实性里面以同等程度成长起来的精神,尚未在逻辑这里显露出任何痕迹。问题在于,如果精神的基本形式已经发生改变,而人们却想要保留住旧的教育的各种形式,这无论如何都是徒劳的。这些形式是一些行将飘落的枯叶,因为新的芽叶已经在它们的根茎处冒出头来。

终于,在科学里面,人们也开始不能**无视**这个普遍的变化了。即使在那些反对者那里,新的观念也不知不觉地流行起来,为他们所熟悉。虽然他们始终不关心这些观念的来源和本原,并且始终摆出与之抗衡的姿态,但他们已经认可它们带来的后果,而且没有能力抵挡这些后果造成的影响。他们的否定态度变得愈来愈无关紧要,而为了赋予这种态度以一种肯定的重要性和一个内容,他们唯一能做的事情,就是借助这些新的观念来发表意见。

从另一个方面来看,一个酝酿着崭新创造的时代似乎已经过去了。在这个时代的第一个现象里,人们总是抱着一种狂热的敌视态度去反对早期本原的扩张性体系化,部分原因在于,他们害怕自己迷失在广袤无垠的特殊东西里面,部分原因则在于,他们畏惧科学改造所要求的劳作,但又不得不去劳作,于是首先抓来一种空洞的形式主义。现在,对于材料的加工和改造的要求变得更迫切了。无论是一个时代的教化还是一个个体的教化,都包含着一段时期,这时的主要任务在于继承并坚持那个处于尚 [16] 未展开的内敛状态的本原。但一个更高的要求出现了,即本原应当成为科学。

无论科学的实质和形式在其他方面已经发生了什么,但到目前为止,逻辑科学——它构成了真正的形而上学或纯粹思辨哲学——仍然备受忽视。我对这门科学及其立场的进一步的理解,已经在本书**导论**里面略有所述。由于这门科学必须再一次从头开始,由于对象自身的本性,由于缺乏一些预先成果(它们本来可以用于我们已着手的改造工作),所以,虽然经过多年的劳作,我仍然不能让这个尝试达到一个更大的完满性。上述情况还望某些轻率的评论家明察。——这里的根本观点是,科学研究必须有一个新的概念。既然哲学应当是科学,那么正如我在别处说过的①,为了达到这个目标,她既不能从一门低级科学(比如数学)那里借鉴方法,也不能听任内在直观的武断主张,或使用一种基于外在反思的推理。毋宁说,只有**内容的本性**才能在一种科学的认识活动里面

---

① 参阅《精神现象学》第一版序言。——真正的具体展开是对于方法的认识,而这个认识的位置是在逻辑自身之内。——黑格尔原注

推动自身,因为正是内容**自己的反映**才同时设定并且**产生出内容的规定**本身。

  知性作出规定并坚持这些规定;反之,**理性是否定的和辩证的**,因为它把知性的各种规定消解为无;然而理性又是**肯定的**,因为它产生出**普遍者**,并且把特殊东西包揽在其中。知性通常被看作是某种与理性完全分裂的东西,同样,辩证理性也被看作是某种与肯定理性分裂的东西。但理性的真相是**精神**,后者高于知性和理性,因为它是"知性式的理性"或"理性式的知性"。精神是否定东西,它既构成了辩证理性的质,也构成了知性的质;——精神否定了单纯东西,从而设定了知性所坚持的区别;但精神又消解了这个区别,因此它是辩证的。关键在于,精神并没有停留在这个结果的虚无里面,而是同时以一种肯定的方式制造出起初的单纯东西,但这个东西如今已经是一个普遍者,在其自身之内是具体的。这不是指把一个给定的特殊东西归摄到普遍者下面,毋宁说,在精神作出规定和消解规定的同时,特殊东西已经对自身作出规定。这个精神性运动在其单纯性中给予自己以规定性,在其规定性中给予自己以自身一致性,因此它是概念的内在发展过程;这个精神性运动既是认识活动的绝对方法,同时也是内容本身的内在灵魂。——我认为,唯有在这条自己建构自己的道路上,哲学才有能力成为一种客观的、明证的科学。——按照这个方式,我曾经在《精神现象学》里尝试着把**意识**呈现出来。意识作为精神,是一种具体的知识(尽管其仍然局限于外在性);但这个对象的推进运动,就像所有自然生命和精神生命的发展过程一样,都仅仅是基于**纯粹本质性**(reine Wesenheiten)的本性,而这些纯粹本质性恰恰构成了逻辑的内容。在这条道路上,意识,作为显现着的精神,摆脱了它的直接性和各种外在的具体情况,转变为一种纯粹知识,而纯粹知识则是以那些自在且自为地存在着的纯粹本质性本身为对象。纯粹本质性是纯粹思想,是一个思维着自己的本质的精神。纯粹本质性的自身运动是它们的精神性生命,唯其如此,科学才建构起自身,并且把这种精神性生命呈现出来。

  这样一来,我所称之为**精神现象学**的那种科学与逻辑之间的关联已

[17]

[18]

经昭然若揭。——就外在的联系而言,按照我原先的决定,《科学体系》①
的第一部分包含着现象学,随后的第二部分应当包含着逻辑,以及哲学的
两门实在科学,即自然哲学和精神哲学,这样整个科学体系就可以完成
了。现在,由于逻辑本身必须得到扩充,所以我决定把这部分单独发表;
因此在一个拓展了的规划里,可以说逻辑构成了精神现象学的第一个续
篇。此后我会继续从事哲学的那两门实在科学的工作。——本书是《逻
辑学》的第一册,其中"**存在论**"是第一卷,"**本质论**"是第二卷(相当于第
一册的第二部分)。至于第二册,将会包含着"**主观逻辑**"或"**概念论**"。

纽伦堡,1812 年 3 月 22 日

---

① 班贝格和维尔茨堡,格布哈特出版社,1807 年版。该书的第二版即将在下一个复
活节期间出版,而"科学体系"这个书名将不再出现。——至于后面提到的本应把全部其
他的哲学科学包含在内的"第二部分"计划,已经被后来的《哲学科学百科全书》(去年已出
第三版)所取代。——黑格尔 1831 年补注

第二版序言

在重新修订《逻辑学》(这里出版的是该书第一卷)的时候,我真的是完全意识到了对象本身及其阐释之困难,也完全意识到了本书第一版的不够完满之处。尽管我又进一步花了很多年的功夫来继续研究这门科学,以图克服这些不够完满之处,但我还是觉得有足够的理由来请求读者的谅解。这个请求的理由首先基于一个情况,即主要对于内容来说,我在以往的形而上学和逻辑里面只能找到一些外在的材料。虽然人们已经如此普遍而频繁地研究形而上学和逻辑(对后者的研究更是一直延续到了我们这个时代),但这些研究很少涉及到思辨的方面。毋宁说就整体而言,这些研究只是重复着同样的材料,要么日渐空疏,沦为一种肤浅的老生常谈,要么重新搜罗出更多的陈芝麻烂谷子,扛在身上不放。到头来,通过这样一种经常只是机械重复的努力,哲学的内容并没有得到任何增益。所谓以哲学的方式呈现出思想王国,就是按照思想自己的内在行为把它呈现出来,或者换个同样意思的说法,按照思想的必然发展过程把它呈现出来。因此这必须是一项全新的事业,必须从头开始进行。尽管如此,那些已有的材料(即那些众所周知的思维形式)必须被看作是一个极为重要的基础,甚至是一个必要条件和一个值得感谢的前提,虽然它们仅仅是东拉西扯地提供一条苍白的线索或一堆无生命的枯骨,甚至处在杂乱无章的状态中。

思维形式首先表现并且记载在人的**语言**里。即使在今天,我们仍然 必须牢记,那把人和禽兽区分开来的东西,是思维。语言已经收纳了一切内化在人里面,成为一般意义上的表象,被人当作自己的专属品的东西;

而人用以造成语言并且通过语言来表达的东西,无论是以隐蔽的、混杂的还是明显的方式,都总是包含着一个范畴;对人来说,逻辑性(das Logische)是一种如此自然的东西,或更确切地说,逻辑性是人的独特**本性**自身。但是,假若人们把逻辑性当作一种物理意义上的东西,与精神性东西对立起来,那么他必定会说,逻辑性毋宁是一种超自然的东西,它渗透在人的一切自然行为里面,渗透在他的感觉、直观、欲望、需要、冲动里面,并在总体上使之成为一种属人的东西,成为一些哪怕只是流于形式的表象和目的。如果一门语言能够用大量的逻辑词汇(即某些独特的、专门的逻辑词汇)来表达思维规定,这就是它的优点;介词和冠词已经包含着很多这样的基于思维的关系;至于中国语言,其在形成过程中恐怕就根本没有或极少达到这个地步;然而这些分词是很有用的,只不过不像强化前缀和变化符号那么松散罢了。尤其重要的是,思维规定在一门语言里面表现为名词和动词,随之打上了客观形式的印记;在这件事情上,德语相比其他现代语言具有很多优点,比如它的某些词语是如此之独特,不仅具有不同的意义,甚至具有相反的意义,以至于人们根本不能忽视这门语言的思辨精神;思维的乐趣就在于遭遇这类词语,把相反的意义统一起来,但这种思辨的结果对知性来说却是荒谬的,因为它天真地以为,字典已经告诉我们这是**一个**具有相反意义的词语,因此哲学根本不需要什么特殊的术语。诚然,哲学也需要从外国语言那里拿来一些词语,但这些词语经过使用之后,已经在哲学里面获得了公民权,——在以事情本身为根本旨归的地方,那种矫情的纯粹主义是最不应当有一席之地的。——通常意义上的教化的进步,尤其是科学的进步,都是逐渐把一些更高层次的思维关系呈现出来,或至少是把这些关系提高到一种更大的普遍性,随之引起人们更多的关注;在这件事情上,即便经验科学和感性科学也不例外,因为它们基本上都是在一些最为习见的范畴(比如"整体"及其"部分"、"物"及其"属性"等等)里面运转。比如在物理学里面,如果说"力"这一思维规定曾经占据着支配地位,那么自近代以来,则是"两极性"这一范畴扮演着最重要的角色,它 à tort et à travers [不由分说]侵入到一切

[21]

领域里面,甚至侵入到光的领域里面,——这个规定作出一个区分,同时把区分出来的东西**牢不可分地**联系起来。通过这个方式,一个抽象的"同一性"形式(它使一个规定性作为力而获得一种独立性)让位给一个作出规定的"区分"形式(它同时作为一个牢不可分的东西保留在同一性里面),并成为一个通行的表象;这件事情具有极端的重要性。对于自然界的观察以实在性为前提(它的各种对象是通过这种实在性而固定下来的),因此这种观察本身就带有一种强制性,即人们在从事观察时必须确定下来一些范畴,而不是继续将其忽视,而哪怕它们和另外一些范畴之间是极不连贯的,也**仍然**是行之有效的;除此之外,这种观察也不能容忍那种在精神领域里面更容易发生的情况,即从对立过渡到一些抽象的和普遍的东西。

尽管逻辑对象及其表述方式已经通过教化而变成了一种最普通的常 [22]
识,但正如我在别的地方说过的,**常识**不等于**真知**。① 对于常识的研究恐怕只会让人不胜其烦,——我们每天都在使用的那些思维规定,我们在说每一句话时脱口而出的思维规定,难道不是一种最常识性的东西吗?但我们这篇序言的任务,恰恰是要说明,这种从常识出发的认识过程,还有科学思维与这种自然思维的关系,具有哪些普遍的环节。这样一些说明,加上之前的**导论**所包含的东西,已经足以给逻辑认识活动的意义提出一个普遍观念,人们必须预先具有这个观念,然后才能接触一门作为事情本身的科学。

思维形式在自觉的直观活动和表象活动中,在我们的欲望和意愿中,或更确切地说,在那种表象着的欲望和意愿中(人的任何欲望或意愿都不会脱离表象活动),曾经沉陷在质料里面;而把这些思维形式从质料那里解放出来,把这些普遍者单独提取出来,就像**柏拉图**,尤其是**亚里士多德**所做的那样,使之成为单独的考察对象,这首先应当被看作是一个极端

---

① 黑格尔的那句原话是:"一般意义上的常识,正因为它是众所周知的,所以并不是真知。"参阅黑格尔《精神现象学》,先刚译,人民出版社 2013 年版,第 20 页。——译者注

重要的进步。这是对于思维形式的认识的开端。亚里士多德说："只有当生活的必需品以及那些确保舒适和交往的东西大致具备之后,人们才开始致力于哲学认识。"①此前他已经指出:"在埃及,数学科学之所以早早兴起,是因为那里的祭司阶层早就拥有了闲暇。"②——事实上,人们之所以需要研究纯粹思想,这是以人类精神必然已经走过的一段遥远路程为前提。可以说,这是对于一种必然性已经得到满足的需要的需要,是对于无需要的需要,因为,只要人摆脱了直观活动和想象活动等等的质料,摆脱了欲望、冲动、意志(思维规定就掩埋在这些质料里面),就必然会走向这种需要。当思维到达自身,仅仅存在于自身之内,在这些寂静的空间里,那些推动着民族和个体的生活的利害关切就沉默了。在这个语境下,亚里士多德又说:"人的本性从如此之多的方面来说都是有所依赖的;然而唯有这门不求实用的科学,才是一门自在且自为的自由科学,因此它看起来不像是人的所有物。"③——通常说来,哲学仍然必须在其思想中与一些具体对象(比如上帝、自然界、精神)打交道,但逻辑却是完全而且仅仅把它们当作一些彻底抽象的东西本身来考察。因此这种逻辑经常被列为年轻人首先需要学习的课程,因为他们尚未涉足具体生活的各种利害关切,不用为这些东西操心,只需出于自己的主观目的而去获得一些手段或可能性,以便对付那些利害关切的对象,而且就这些对象而言,他们充其量只是作出一些理论考察。但与亚里士多德的上述观点相左,逻辑科学被看作是一种**手段**;这方面的努力仅仅是一种临时性的工作,其场所局限于学校,而接下来应当关注的东西,就是生活的严肃意义和那些具有真实目的的行动了。只有生活才包含着范畴的**使用**;于是范畴失去了那种单凭其自身就得到考察的荣誉,转而**服务于**生活内容的智能操作,即产生并且替换各种与此相关的表象。也就是说,一方面,范畴通过它们的普遍性而充当着一些**缩写符号**。因为,诸如"战役""战争""民族""海洋""动

[23]

[24]

---

① 参阅亚里士多德《形而上学》,I,2,982b。——原编者注
② 参阅亚里士多德《形而上学》,I,1,981b。——原编者注
③ 参阅亚里士多德《形而上学》,I,2,982b。——原编者注

物"之类表象包含着何其之多的个别外在存在和个别行为,而通过"上帝""爱"之类表象,一个**单纯的**表象活动又凝缩了何其之多的表象、行为、状态等等! 另一方面,范畴被用来进一步规定和发现各种**客观关系**,而在这种情况下,虽然思维介入进来了,但它的内容和目的,还有它的正确性和真理,却是完全依赖于眼前事物,因为思维规定自身并不具有一种可以规定内容的效力。范畴的这种使用方法,即从前所谓的"自然逻辑",是无意识的;如果精神在科学的反思中也把那种充当着手段的关系放在范畴身上,整个思维就会成为一种从属于其他精神性规定的东西。事实上,我们并没有把我们的感觉、冲动、利害关切等等看作是一些服务于我们的东西,而是把它们看作是一些独立的力量和势力,以至于可以说,我们本身就是这样一些活动,即去感觉、去欲求和意愿某个东西,去关切某个东西。但真正说来,我们意识到,我们之所以习惯性地服务于我们的感觉、冲动、激情、利害关切,并不是因为我们掌控着这些东西,更不是因为它们和我们形成了一个亲密的统一体,随之作为手段而服务于我们。我们发现,诸如"心灵""精神"之类规定立刻表现为一些**特殊东西**,与**普遍性**相对立,而我们则是意识到自己是普遍性,并且借助普遍性而拥有我们的自由;反之我们又认为,我们其实是被束缚在这些特殊性里面,遭受着它们的统治。就此而言,我们更不能认为那些贯穿着我们的全部表象——这些表象要么是单纯理论性的,要么包含着一个隶属于感觉、冲动、意志的质料——的思维形式是服务于我们的,毋宁说,不是我们掌控着思维形式,而是思维形式掌控着我们。**我们**手里还剩下什么东西来对付思维形式呢? 既然思维形式本身就是真正意义上的普遍者,**我们**,**我**,怎么可能把自己当作一个更普遍的东西放置在它们**之上**呢? 我们投身于感觉、目的、利害关切,在其中感受到限制和不自由,但是,只要我们能够在某个地方从那里抽身出来,返回到自由,这个地方就是自身确定性所在的地方,就是纯粹抽象和思维所在的地方。同理,当我们谈到**物**的时候,我们把它们的**本性**或**本质**称作它们的**概念**,而概念仅仅是思维的对象;然而在谈到物的概念的时候,我们更不能说,我们统治着这些概念,或那些

[25]

结合成概念的思维规定是服务于我们的;恰恰相反,我们的思维必须依据概念而限制自身,同样,我们的意愿选择或自由也不应当自作主张去指挥概念。主观思维是我们最本己的、最内在的行动,然而事情本身却是由物的客观概念构成的,就此而言,首先,我们不可能摆脱那个行动,不可能超然于那个行动之上;其次,我们也不可能超然于事物的本性之上。就后一种情况而言,我们可以无视之,因为它和前一种情况是联系在一起的,也就是说,它是我们的思想和事情的一个联系,但仅仅提供某种空洞的东西,因为事情虽然被确立为我们的概念的准绳,但恰恰对我们来说,事情无非是我们关于它的概念。诚然,批判哲学对这三个**事项**的关系是这样[26]来理解的:我们把**思想**作为中项放在**我们**和**事情**中间,就此而言,这个中项不是把**我们**和**事情**结合起来,反而把**我们**和**事情**分割开。针对这个观点,我们只需提出一个简单的评论:这些超出我们之外、超出与它们相联系的思想之外、仿佛位于另一个极端的事情,本身恰恰是一些思想物,而且作为一种完全无规定的东西,仅仅是**一个**思想物,——即空洞的抽象所谓的“自在之物”。

以上所述已经足以刻画出那个消灭了关系的观点,因为在它看来,思维规定只不过是一种可供使用的手段;与此相关联的更重要的一点,就是人们依据这个观点,总是把思维规定看作是一些外在形式。——如前所述,那个贯穿着我们的全部表象、目的、利害关切和行为的思维活动,是无意识地进行着的(而这就是“自然逻辑”);我们的意识所面对的,是内容、表象的对象,以及那些使利害关切得到满足的东西;按照这个关系,人们把思维规定当作**形式**,但这些形式仅仅**依附于内容**,而非内容本身。此前我们已经指出——而且我们总的说来表示认同——,**本性**、独特的**本质**,还有那种在繁多而偶然的现象和转瞬即逝的外在表现里真正**持久不变的**和**实体性的**东西,乃是事情的**概念**,或者说**事情自身之内的**普遍者,正如每一个人类个体,尽管是一个无比独特的东西,但在他的全部独特性里面,首要的是作为**人**而存在,正如对于每一个个别的动物来说,首要的是作为**动物**而存在。但这并不意味着,假若从一个拥有众多谓词的东西那里拿走这个基础(尽管这个基础和其他谓词一样,也可以被称作一个谓词),一个个体仍然是它所是的那个东西。这个不可或缺的基础,概念,普遍者——只要人们把表象从"思想"一词中剥离出来,那么可以说,思 [27]想本身就是普遍者——,不可能**仅仅**是一个无关紧要的、**依附于**内容的形式。关键在于,这些关于全部自然事物和精神性事物的思想,作为一种实体性的**内容**,本身就包含着众多规定性,包含着灵魂和身体的区别,以及概念和相关的实在性的区别;更深层次的基础是灵魂本身,或者说纯粹的概念,它既是对象的至深内核和单纯命脉,也是主观思维的至深内核和单纯命脉。这个**逻辑**本性赋予精神以生命,它的任务是在精神内部发挥作用,驱使精神走向意识。一般说来,本能行动之区别于理智行动和自由行动的地方在于,后者是伴随着意识而出现的;当驱动者的内容摆脱自己与主体的直接统一体,成为主体的对象,精神的自由就开始了,而在这之前,精神仅仅处于思维的本能活动中,被束缚在思维的各种范畴里面,分化为无穷杂多的质料。在这个网络里面,无数坚实的纽结从四面八方牵连在一起,充当着精神的生命和意识的据点和路标,而它们之所以是坚实有力的,原因恰恰在于,当它们出现在意识的面前,就是意识的本质性的自在且自为存在着的概念。对于精神的本性来说,最重要的一点,不仅是"精神**自在地**是什么"与"精神**现实地**是什么"之间的关系,而且是"精神**知道自己**是什么"与"精神**现实地**是什么"之间的关系。正因为精神在本质上是一种意识,所以这种"自知"是精神的**现实性**的基本规定。这些范畴仅仅作为一种本能冲动而发挥作用,它们首先是零碎的,因此以一种变动不定的、混乱的方式进入到精神的意识之内,为其提供一种零碎的、不可靠的现实性;就此而言,纯化这些范畴,随之让精神在它们之内提升到自由和真理,乃是一种更高端的逻辑事业。

此前我们已经宣称,科学的开端本身就具有崇高的价值,同时也是一 [28]种真正的认识的条件;这个开端就是概念,以及概念的全部环节,即思维规定。但是,如果我们从一开始就把思维规定当作一些有别于质料、仅仅依附于质料的形式来处理,那么这个做法本身就立即表明自己不适合去探讨真理,而真理恰恰是逻辑的对象和目的。也就是说,假若思维规定是一些有别于质料的单纯形式,就会陷入一个僵化的规定,这个规定为它们打上有限性的烙印,使它们没有能力去把握真理,因为真理在其自身之内是一种无限的东西。无论从什么角度来看,只要真相①重新与限制和有限性结合在一起,这个方面就是对它的否定,意味着它是一个非真实的、非现实的东西,甚至意味着它的终结,但真相作为真相,原本是一个肯定。面对这种空荡荡的、单纯流于形式的范畴,健康理性的本能终于按捺不住,于是带着蔑视的心态把关于范畴的知识辞让给那些教科书逻辑和教科书形而上学,同时拒不承认对于这些线索的意识本身已经具有的价值,但它不知道,在它出于本能而遵循"自然逻辑"的时候,尤其是在它故意抛弃对于思维规定自身的知识和认识的时候,已经成为一种不纯粹的、随之不自由的思维的俘虏和奴仆。这类形式汇编起来,其单纯的基本规定或共同的形式规定,就是**同一性**,它在那种作为形式汇编的逻辑里面被称作同一律(A=A)和矛盾律。健康理性对于掌管着这类真理法则并且一直教导着这些法则的学校,已经完全失去了敬意,它不但嘲笑学校的这些做法,而且认为这样一个人——他只懂得按照那些法则来说话,比如"植[29]物是植物"、"科学是科学",**如此以至无穷**——是不堪忍受的。实际上,推论是知性的主要用途,那些提供了推论规则的公式不但在认识中占有一席之地,必须在其中行之有效,同时也是理性思维的基本素材;如果没有认识到这一点,这是不公正的;反之,公正的看法是,这些公式至少同样可以被当作是谬误和诡辩的工具,而且无论人们如何规定真理,它们对于那些更高端的真理(比如宗教真理)都是不适用的,因为总的说来,它们仅仅涉及认识的正确性,但不涉及真理。

这种把真理放在一边而考察思维的方式是不完整的;为了完善这种方式,唯一的办法在于,不仅把那些通常被认为属于外在形式的东西,而

---

① 关于"真理"(die Wahrheit)和"真相"(das Wahre)这一对在黑格尔那里具有重要意义的概念的区别和联系,参阅先刚《黑格尔〈精神现象学〉中的"真相"和"真理"概念》,载于《云南大学学报》(社会科学版)2016年第6期。——译者注

且把内容也纳入到思维着的考察之内。人们很快就会发现,那在接下来的最惯常的反思里面作为内容而与形式分离开的东西,实际上是一个在其自身之内无形式、无规定的东西,——就此而言,内容仅仅是空洞的,好比"自在之物"之类抽象的东西——,毋宁说,内容在其自身之内就具有形式,甚至可以说,内容唯有通过形式才具有生命活力和实质,而形式本身则是转化为一个内容的映像,随之也转化为这个映像的外在方面的映像。随着内容被这样引入到逻辑考察之内,如今的对象就不再是**事物**(Dinge),而是**事情**(Sache),亦即事物的**概念**。这里有必要提醒人们,**存在着**大量概念,大量事情。这个"大量"之所以遭到缩减,有两方面原因:首先,正如之前已经说过的,概念作为一般意义上的思想,作为普遍者,相对大量呈现在不确定的直观和表象之前的个别事物而言,是一种极端缩写,与此同时,**一个概念首先是概念本身**,而概念本身仅仅是**一个概念**,是 [30]一个实体式的基础;其次,概念毕竟是一个**已规定的**概念,它本身的这个规定性就是那种显现为内容的东西;然而概念的规定性是这个实体式统一体的一个形式规定,是"作为总体性的形式"这一环节,亦即**概念本身**,它是各种已规定的概念的基础。概念本身不会以感性的方式成为直观或表象的对象;它仅仅是**思维**的对象、产物和内容,是自在且自为存在着的事情,是逻各斯,是存在着的东西的理性,是那些冠名为"事物"的东西的真理;无论如何,它绝不是那种应当被放到逻辑科学之外的逻各斯。正因如此,人们不应当随意把它强拉到科学之内或放到科学之外。就思维规定仅仅是一些外在形式而言,只要人们真正考察它们自身,就必定会发现,它们是有限的,它们的"应有的自为存在"是不真实的,反之,概念才是它们的真理。总的说来,思维规定以本能的和无意识的方式贯穿着我们的精神,即使当它们进入到语言中,也仍然是一种非对象化的、未被注意的东西,因此当逻辑科学处理这些思维的时候,也将是对于那样一些形式的重构,这些形式是通过反思而被挖掘出来的,并且被反思固定下来,成为一种外在于质料和实质的主观形式。

自在且自为地看来,没有一个对象能够像思维的必然发展过程那样,其呈现是如此严格地具有一种完全内在的柔韧性;除了思维之外,没有一个对象本身就包含着一个如此强烈的要求;在这一点上,思维的科学必然也优于数学,因为除此之外,没有一个对象在其自身之内就具有这种自由和独立性。这样的陈述,按照它在数学的前后一贯的进程里已经表明的[31]那种方式,其要求就是,在发展过程的任何一个层次上,每一个思维规定和反思都是直接出现的,都是从之前的层次过渡到现在的层次。只不过人们必须全然放弃这样一种抽象的完满呈现;也就是说,科学必须开端于一种绝对单纯的东西,亦即一种最普遍和最空洞的东西,正因如此,对于单纯的东西,相关陈述就得容忍这些本身完全单纯的表述,不去增添任何一个词语;——就事情而言,接下来大概会出现一些否定的反思,它们努力把那些有可能混入表象或无序思维的臆想挡在门外,与之保持距离。然而这些混杂到单纯的内在发展过程里的臆想本身就是偶然的,就此而言,相应的想要阻止臆想的努力本身也沾染上了这种偶然性。无论如何,正因为臆想是位于事情之外的,所以企图对抗**所有**这些臆想,这是徒劳的,至少是不能完全满足体系在此提出的要求。遗憾的是,我们的近代意识具有一种独特的浮躁和涣散,这使得它只能或多或少地同等对待各种近在咫尺的反思和臆想。一个具有柔韧性的陈述也要求一种具有柔韧性的领会能力和理解能力;然而在一篇近代的对话录里面,我们已经不可能找到柏拉图笔下的那些韧性十足的年轻人和成年人,这类听众如此平静地自行克制**自己的**反思和臆想,不是急于证明自己具有**独立**思考(Selbstdenken),而是仅仅跟随事情本身的进展;至于这种类型的读者,我们就更不可能指望了。反过来我发现,那些频繁而猛烈地攻击我的人,那些没有能力进行简单反思的人,他们的臆想和指责其实也包含着很多范畴,这些范畴本身仅仅是假定,首先需要接受批判,然后才可以拿来使用。这方面[32]的无知已经发展到了耸人听闻的地步,也就是说,它造成了一种根本上的误解,造成了一种恶劣的、亦即无教养的态度,即在考察一个范畴的时候,想到的是**某种别的东西**,而不是这个范畴本身。这种无知尤其不能得到原谅的地方在于,诸如此类的**别的东西**同样是一些思维规定和概念,而在一个逻辑体系里面,这些范畴恰恰必须同样找到自己的位置,并在那里亲自接受考察。这种无知的最引人注目的表现,就是对逻辑的最初概念或命题,即对**"存在"**、**"无"**和**"转变"**的蜂拥而至的责难和攻击,然而一个最简单的分析就已经表明,"转变"本身作为一个单纯的规定,无疑是把前面两个规定作为环节而包含在自身之内。彻底性似乎要求把开端当作一个先行于万物、为万物奠基的根据来研究,直到开端证实自己是稳固可靠的,才继续前进,否则的话,宁可抛弃一切随后的东西。这个彻底性同时具有一个好处,即它能够最大限度地减轻思维的劳作;它把整个发展过程封闭在眼前的这个萌芽里面,并且认为,只要做了这件最轻松的事情,就算万事大吉了,殊不知萌芽是最单纯的东西,是单纯的东西本身;这里根本不需要多少劳作,而这样一来,这个如此自满的彻底性就彻底安心了。像这样限制在单纯的东西上面,就给思维的随意性留出了一个自由进退的空间,因为思维本身不愿意保持为一个单纯的东西,而是要对此进行反思。诚然,思维有很好的理由,首先**仅仅**去考察本原,不去理睬**更进一步的东西**,但思维真正做的恰恰是相反的事情,也就是说,它所倚仗的其实是一种相比单纯的本原而言**更进一步的东西**,即别的范畴,别的假定 [33] 和成见。它带着教训的口吻提出"无限性有别于有限性"、"内容是某种不同于形式的东西"、"内核是某种不同于外观的东西"、"中介过程不等于直接性"之类假定,仿佛人们连这些都不懂似的,而且它不是去证明,而是去叙述和断言。这种教训的口吻——人们只能这样称呼它——包含着一种愚蠢。但就事情而言,一方面,仅仅假定和不由分说接受这些东西,这是不合理的;另一方面,这更是一种无知,即它不知道,逻辑思维的要求和任务恰恰是要研究,那个脱离了无限性的有限者究竟是不是一个真实的东西。同样,脱离了有限者的抽象无限性,无形式的内容和无内容的形式,孤立的、不具有外观的内核,脱离了内在性的外在性等等,究竟是不是**某种真实的东西**,究竟是不是**某种现实的东西**。——思维的教化和训练可以塑造韧性十足的思维举动,克服急躁的臆想反思,而唯有通过整个发展过程的推进、研究和创造,我们才能够获得这种教化和训练。

　　既然刚才提到了柏拉图的著述,那么,任何一个在当今时代致力于重新建造一座独立的哲学科学大厦的人,都不妨回忆一下柏拉图七次修改他的《理想国》的传说。相比之下,这个回忆(它似乎本身就包含着这样一个比较)只会愈加激发起这样的愿望,即对一部属于近代世界的著作而言,既然它所探讨的是更深刻的本原、更困难的对象,以及范围更广的材料,作者就应当具有一种自由的闲暇,以便对它进行七十七遍修改。尽
[34] 管如此,鉴于这部著作的任务的艰巨性,作者必须满足于它目前可能的样子,因为在当前的形势下,我们面临一种外在的必然性,面临巨大而繁杂的时代兴趣带来的不可避免的分心,甚至面临一种怀疑,即在日常生活的大声喧嚣中,在那些以此为荣的傲慢之人发出的震耳欲聋的无聊空谈中,我们是否仍然能够拥有一方净土,去从事那种心平气和的、纯粹的思维认识?

柏林,1831 年 11 月 7 日

导　　论

逻辑的普遍概念

没有一门科学比逻辑科学更为强烈地感受到一种需要,即在不作出任何先行的反思的情况下,以事情本身为开端。在每一门别的科学那里,其处理的对象和其遵循的科学方法,是相互有别的;也就是说,其内容并不构成一个绝对的开端,而是依赖于另外一些概念,并且在自身周围与别的质料联系在一起。就此而言,这些科学有权利仅仅以提纲挈领的方式谈论自己的基础及其联系和方法,轻松地运用一些被假定为众所周知的、得到承认的定义形式以及诸如此类的东西,并且使用通常的推论方式来建立它们的普遍概念和基本规定。

与此相反,逻辑不能以任何反思形式或思维规则和思维法则为前提,因为这些东西构成了它的内容本身的一个部分,并且必须首先在它的内部得到论证。然而逻辑的内容不仅包括科学方法的陈述,也包括一般意义上的**科学**的**概念**本身,而且这个概念构成了它的最终结果;就此而言,逻辑不能预先宣称自己是什么东西,毋宁说,唯有完整的逻辑研究才会创造出这种关于逻辑的知识,使其成为逻辑的最终结果和圆满完成。同样,逻辑的对象,即**思维**,或更确切地说,**概念把握式的思维**(das begreifende Denken),在本质上也是在逻辑的内部得到研究;思维的概念是在逻辑的进程中自行产生出来的,因此不可能被预先提出来。就此而言,这篇导论里预先讲述的东西,目的不在于论证"逻辑"概念,或预先以科学的方式为逻辑的内容和方法作出辩护,而是要通过一些具有推论意义和历史学意义的澄清和反思,阐明一个如何看待这门科学的视角。

一般说来,逻辑被认为是关于思维的科学,对此人们是这样理解的:1)思维仅仅构成了认识的**单纯形式**;2)逻辑抽离了一切**内容**,至于认识的所谓第二个组成部分,**质料**,必须是在别的某个地方被给予的;3)既然质料完完全全独立于逻辑,后者就只能提供真实认识的形式条件,但并不包含着实在的真理本身,甚至不可能成为一条走向实在真理的**道路**,因为真理的本质要素,内容,恰恰位于逻辑之外。

但是,**首先**,所谓逻辑抽离了一切**内容**,或逻辑仅仅教导思维的规则,却既不能参与到被思维的东西里面,也不能考虑这些东西的状况,这本身已经是一个愚笨的说法。因为,既然逻辑应当以思维和思维规则为对象,它就直接在它们那里获得了自己特有的内容;在它们那里,逻辑也获得了认识的第二个组成部分,即质料,而质料的状况同样是它所关注的。

其次,关键在于,"逻辑"概念迄今所依据的全部观念,一部分已经消灭了,其余的也到了完全消灭的时候,而在这种情况下,这门科学的立场将得到一个更高层次的理解把握,而它本身也将赢得一个完全不同的形态。

迄今的"逻辑"概念依据于普通意识始终假定的一个分裂,即认识的**内容**与认识的**形式**的分裂,或者说**真理**与**确定性**的分裂。普通意识**从一开始**就假定,认识的质料是一个现成的世界,自在且自为地位于思维之外,至于思维本身,则是一个空洞的东西,它作为一个形式外在地附着在那个质料上面,以之充实自己,这样才赢得一个内容,随之成为一种实在的认识。

[37]

这样一来,这两个组成部分——它们之间的关系应当是组成部分之间的关系,而认识活动是以机械的方式,或至多是以化学的方式由它们组合而成的——就在这个等级秩序里面相互对立:据说客体是一个现成的、本身就完满的东西,能够完全无须思维就具有现实性,反之思维是某种有缺陷的东西,只能通过质料而完善自身,也就是说,只能作为一个模糊而无规定的形式去适应它的质料。所谓的真理就是思维与对象的契合,而为了制造出这种契合（因为这不是一个自在且自为的现成已有的东西），思维应当适应并且迁就对象。

第三，由于质料与形式、对象与思维的差异性不应当停留在那种云里雾里的无规定状态中，而是应当以一种更明确的方式体现出来，所以双方各自割据一个层面。在这种情况下，当思维接受质料并对其进行塑造的时候，并没有超出自身，它对于质料的接受，还有根据质料而作出的调整，始终是它自己的一个变形，而它并没有通过这个方式成为它的一个他者；无疑，自觉的规定活动仅仅是思维单方面做的事情；因此思维在与对象的关联中，并未超出自身而达于对象，对象作为自在之物，永远都是思维的一个彼岸世界。

关于主体与客体的关系，这些观点所表达出的规定，构成了我们的普通的、显现中的意识的本性。一旦这些成见被移植到理性里面，仿佛理性内部也是同样的关系，仿佛这个关系自在且自为地具有真理，它们就成了谬误，而哲学恰恰要用精神宇宙和自然宇宙的所有部分来驳斥这些谬误，〔38〕或更确切地说，因为这些谬误堵塞了进入哲学的大门，所以必须在从事哲学之前被清除掉。

在这一方面，旧的形而上学的"思维"概念要高于近代已经习以为常的"思维"概念。也就是说，前者的基本看法是，唯有通过对事物的思维并且在事物那里认识到的东西，才是事物的真正的真相，所以直接的事物并不是真相，毋宁说，只有当它们提升到思维的形式，作为被思维的东西，才是真相。因此，这种形而上学认为：1）思维和思维的规定不是一种外在于对象的东西，毋宁是对象的本质；2）**事物**（Dinge）和对于事物的**思维**（Denken）——我们的德语已经表达出了这两者的亲缘性——自在且自为地就是契合的；3）思维按其内在规定而言，和事物的真正本性是同一个内容。

然而一种**反思的**知性霸占了哲学。我们必须确切地知道，这个屡屡被当作口号来使用的说法究竟是什么意思；一般说来，"反思的知性"指一种从事抽离和分裂，并且坚持其分裂状态的知性。这种知性与理性相

23

对立,表现为**普通的人类知性**,并且坚持以下主张:1)真理以感性实在性为基础;2)思想**仅仅**是思想,也就是说,唯有感性知觉才给予思想以内涵和实在性;3)理性作为一个自在且自为的东西,只会制造出脑中幻象。伴随着理性的这种自暴自弃,"真理"概念也跟着丧失了;理性限于仅仅认识主观的真理,仅仅认识现象,仅仅认识某种不符于事物本身的本性的东西;**知识已经堕落为意见**。

[39]　　认识活动所走的这条歧路,虽然看起来是一个损失和倒退,但却有着一个更深层次的根据,而且总的说来,理性正是从这里出发,进而提升到近代哲学的更高精神之内。也就是说,那个已经广为流传的观念的基础必须在这样一个观点中去寻找,即知性的各种规定**必然**与自身相**冲突**。——刚才提到的那种反思,就是要**超越**具体的直接东西,对其**作出规定**并**使其分裂**。然而它必须**同样超越**它的所有这些**分裂**的规定,并且首先让它们**相互关联**。在这个相互关联的立场上,各个规定之间的冲突爆发出来。自在地看来,反思的这种相互关联属于理性;超越那些规定,随之认识到它们之间的冲突,这是向着"理性"的真正概念迈出的伟大的、否定的一步。然而有些不明就里的认识却陷入了一个误解,仿佛那置身于自相矛盾中的,竟然是理性;它不知道,矛盾恰恰意味着理性超越了知性的局限性,意味着这些局限性的瓦解。它认识到了知性规定的不能令人满意之处,但它不是从这里出发,迈出进入高处的最终步伐,而是逃回到感性实存,误以为在那里能够找到唯一可靠的东西。但在另一方面,由于这种认识认为自己仅仅是对于现象的认识,所以它承认认识也有不能令人满意的地方,同时又假定,虽然不能认识自在之物,但毕竟能够正确认识现象层面之内的事物,仿佛这样一来,这里只有**对象的种类**之别,哪怕其中一类对象(自在之物)不能被认识到,但另外一类对象(现象)却能够被认识到。这就好比对于一个人,我们首先称赞他具有正确的认识,然后又补充道,他其实没有能力认识到真相,而是只能认识到非真实的东西。假若这个说法是荒谬的,那么"一个真正的认识其实不知道对象自在的样子"这一说法同样是荒谬的。

对于知性形式的批判得出了上述结论,即这些形式**不能应用到自在** [40]
之物上面。——这句话只有一个意思,即这些形式本身是某种不真实的
东西。问题在于,既然人们认为,这些形式对于主观理性和经验是有效
的,那么,那个批判就不会对它们带来任何改变,而是只能让它们在同样
的形态下,既对客体有效,也对主体有效。但是,如果它们不足以应付自
在之物,那个统辖它们的知性就必然会对它们更不满意,随之更不会偏爱
它们。它们既然不可能是**自在之物**的规定,就更不可能是知性的规定,因
为人们至少应当承认,知性有资格成为一个自在之物。诸如"有限者"和
"无限者"之类规定,无论是应用到时间和空间上面,还是应用到世界上
面,或是作为精神内部的规定,都处于同样的冲突之中,——好比当黑色
和白色融合在一起,无论是抹在一面墙上,还是抹在别的平面上,都会造
成灰色。假若"无限者"和"有限者"之类规定应用到世界上面之后,会造
成我们的**世界**观念的瓦解,那么精神本身就更是一个自行瓦解的东西,因
为它在自身之内包含着二者,是一个自相矛盾的东西。——诚然,这些规
定或许能够应用到质料或对象上面,或置身于其中,然而质料或对象的状
况不可能造成一个区别;因为对象只有通过并且按照这些规定,才在自己
身上具有了矛盾。

也就是说,那个批判仅仅把客观思维的各种形式从事物那里剥离出
来,然后放在主体之内,仿佛这是一些碰巧找到的东西。而在这种情况
下,那个批判就不是考察这些形式的自在且自为的样子,不是按照它们的
特有内容来考察它们,而是以提纲挈领的方式从主观逻辑那里直接把它
们接收下来;这样一来,它就没有谈到这些形式自己作出的推演,或它们 [41]
作为主观逻辑的形式的推演,更没有谈到对于这些形式的辩证考察。

那种相对而言更加彻底一贯的先验唯心主义已经认识到,批判哲学
遗留下来的"**自在之物**"这个幽灵,这个抽象的、与一切内容决裂的阴影,
是一个虚妄的东西,并且立志要完全将其摧毁。这个哲学也作出了一个
开端,让理性从自身出发来呈现出自己的各种规定。然而这个尝试的主
观态度使得它不能达到完满。在这之后,这个态度连同纯粹科学的那个

开端和塑造都一并被放弃了。

人们在考察通常所谓的"逻辑"的时候,根本没有考虑它的形而上的意义。就这门科学当前的处境而言,它当然不具有内容,即普通意识认作是实在性和真实事情的那一类东西。然而逻辑并不是出于这个原因而成为一门流于形式的、缺乏实质真理的科学。逻辑缺乏质料,按照通常的看法,这个缺陷是它不能令人满意的地方,然而真理的领域根本不是位于那种质料之内。毋宁说,逻辑形式之所以是空洞无物的,这完全是归咎于人们考察和对待它们的方式。只要逻辑形式被看作是一些固定的、四分五裂的规定,而不是结合在一个有机的整体当中,它们就是一些僵死的、缺失精神的形式,而精神恰恰是它们的活生生的、具体的统一体。相应地,逻辑形式丧失了坚实的内容,——丧失了一种本身就是内涵的质料。它们所缺失的内容,无非是这些抽象规定的一个稳固基础和具体化;然而人们总是希望在逻辑形式之外寻找这样一个实体性本质。关键在于,逻辑 [42] 理性本身就是一个实体性东西或实在东西,它在自身内整合了全部抽象规定,它就是这些规定的坚实的、绝对具体的统一体。就此而言,人们根本不需要到远处去寻找通常所谓的质料;逻辑之所以是一种空洞无物的东西,这不是它的对象的过错,毋宁仅仅是那种理解把握对象的方式的过错。

以上反思促使我们进一步提出,应当从怎样一个立场出发来考察逻辑。这个立场不同于这门科学迄今的研究方式,而未来的逻辑必须永远立足于这个唯一真实的立场。

在《精神现象学》里,我已经呈现出了意识的这样一个运动,即从它与对象的最初的直接对立出发,一直推进到绝对知识。这条道路穿越了**意识与客体的关系**的所有形式,最终得出"**科学**"的**概念**。就此而言,这个概念在这里不需要一个辩护(更何况这个辩护在逻辑的内部也会自行产生出来),因为它已经通过自身而得到辩护;它唯一能够作出的辩护,就是通过意识而制造出这个概念,因为意识特有的形态全都已经消融在这个作为真理的概念之内。——就这门科学的概念而言,一种推论式的论证或澄清至多只能做到把这个概念呈现在观念面前,提供一种相关的历史知识;问题在于,对于科学的定义,尤其是对于逻辑的定义,唯有通过它的必然的产生过程才能够得到**证明**。假若某种科学是以一个定义作为绝对开端,那么这个定义无非意味着,当人们提到科学的对象和目的时,**首先设想一个得到认可的、众所周知的东西**,然后给它提出一个明确而正确的表述。至于为什么人们恰恰设想的是这样一个东西,则是基于一个历史保证,据此人们能够诉诸这个或那个得到承认的东西,或更确切地说,仅仅带着一种请求的语气告诉大家,不妨把这个或那个东西当作是已经得到承认的。然而事情根本没完,总是有人要么在这里,要么在那里提 [43] 出一个事例,然后告诉我们,这个或那个表述有更多的、另外的意思,因此它的定义应当吸收一个更确切的或更普遍的规定,而科学也应当依此作出调整。——除此之外,什么东西应当在什么程度上被纳入进来或被排除出去,这是由推论决定的,然而推论本身同样面临着最为繁复的、最为歧异的断言,到头来,只有随意性能够对此作出一个坚定的决定。简言之,只要人们是从科学的定义出发来研究科学,我们就不要指望这种做法能够揭示出科学的**对象**以及科学自身的**必然性**。

因此在当前的这部著作里,纯粹科学的概念及其演绎是在这个意义上被当作前提,即精神现象学不是别的,恰恰就是这个概念的演绎。绝对知识是一切意识形态的**真理**,因为,正如意识的那个进程表明的那样,只有在绝对知识之内,**对象**和**自身确定性**之间的分裂才完全消解,只有在这里,真理才等同于这个确定性,正如这个确定性才等同于真理。

就此而言,纯粹科学以摆脱意识的对立为前提。纯粹科学所包含的**思想同样也是自在的事情本身**,换言之,纯粹科学所包含着的**自在的事情本身同样也是纯粹的思想**。作为**科学**,真理不但是一个纯粹的、自身展开的意识,而且具有自主体(Selbst)的如下这个形态,即**自在且自为的存在者是一个被认识到的概念,但概念本身却是一个自在且自为的存在者**。也就是说,这个客观的思维是纯粹科学的**内容**。因此纯粹科学既不是一种流于形式的东西,也不缺乏质料以造成现实的、真实的认识,毋宁说,它 [44]

的内容仅仅是绝对真相或真正意义上的质料（如果人们还愿意使用"质料"这个词语的话）——只不过，这不是一种游离于形式之外的质料，正相反，它是纯粹思想，因此是绝对形式本身。就此而言，我们必须把逻辑理解为纯粹理性的体系，理解为纯粹思想的王国。**这个王国就是真理赤裸裸的、自在且自为的样子。**因此人们可以说，这个内容就是**上帝在他的永恒本质之内、在创造自然界和一个有限精神之前，呈现出来的样子。**

阿那克萨戈拉被誉为第一个说出这个思想的人："**努斯或思想必须被规定为世界的本原，而世界的本质必须被规定为思想。**"通过这个方式，他为一个理智宇宙观奠定了基石，而这个理智宇宙观的纯粹形态必定是**逻辑**。这种逻辑既不关心一种以某个或许独自位于思维之外、位于思维的根基处的东西为**对象**的思维，也不关心那些给真理提供单纯**标志**的形式；毋宁说，思维的必然形式和固有规定就是内容和最高真理本身。

为了至少在观念中接受这一点，人们必须抛弃那个看法，即以为真理必定是某种触手可及的东西。比如，人们甚至以为柏拉图的那些包含在上帝的思维中的理念也是这种触手可及的东西，仿佛理念也是一些实存着的物，只不过位于另一个世界或地区而已，相应地，现实世界位于理念世界之外，具有一种不同于那些理念、并且仅仅通过这个差异性才获得的实在的实体性。实际上，柏拉图的理念无非是普遍者，或更确切地说，无非是对象的概念；某个东西只有在自己的概念之内才具有现实性；一旦它和自己的概念分离，它就不再是现实的，毋宁是一个虚妄的东西；"触手可及"和"感性的外在于自身的存在"等方面就属于这个虚妄的方面。——但从另一方面来看，人们可以诉诸普通逻辑的固有观念，比如这样一个假定："定义不包含着那些仅仅属于认识主体的规定，而是包含着对象的规定，这些规定构成了对象的最本质的、最独特的本性。"又比如这样一个假定："如果从一些给定的规定推论出另外一些规定，那么推论出来的东西就不是某种外在于对象的陌生东西，而是归属于对象自身，也就是说，存在与这个思维相契合。"——总的说来，当人们使用"概念""判断""推论""定义""划分"之类形式的时候，已经假定，它们不仅是自觉思维的形式,而且是客观知性的形式。——"**思维**"这个说法尤其要把它在自身内包含着的规定让渡给意识。但是,只要人们说"**知性和理性存在于客观世界之内**"或"精神和自然界具有一些据以安排其生命和变化的**普遍法则**",这就等于已经承认,思维规定同样具有客观的价值和实存。

诚然,批判哲学已经把**形而上学**改造为**逻辑**,但正如前面指出的,它和后来的唯心主义一样,由于害怕客体,于是赋予逻辑规定以一种本质上主观的意义;这样一来,它们和它们企图逃避的客体仍然纠缠在一起,仍然不得不把"自在之物"或"无限的阻碍"当作一个彼岸世界。然而,为了摆脱意识的对立——这是科学必须设定的前提——,把思维规定提升到这个畏手畏脚的、不完满的立场之上,人们必须在摆脱这类限制和顾虑的情况下,去观察思维规定作为逻辑性(das Logische)或纯粹合乎理性的东西,其自在且自为的样子。

康德曾经称赞逻辑——这里指那种通常意义上的"逻辑",即各种规定和命题的汇编——是幸运的,因为它遥遥领先于其他科学,老早就达到了完满;他说,自从亚里士多德以来,逻辑既没有退步,也没有进步,而之所以没有进步,是因为逻辑看起来已经在所有方面达到了完成和完满。——如果说自从亚里士多德以来,逻辑从未经历变化——如果人们考察一下近代的各种逻辑纲要,就会发现,所谓的"变化"其实只是把一些东西省略掉而已——,那么我们更应当由此得出一个结论,即逻辑现在恰恰需要一个彻底的改造。因为精神经过两千多年的持续劳作之后,对于自己的思维,对于其自身内的纯粹本质性,必定已经具有了一个更高层次的意识。实践世界、宗教世界、科学世界的精神已经在每一种实在意识和观念意识中以各种形态崛起,如果人们把这些形态和逻辑——这是精神对于自己的纯粹本质的意识——置身其中的形态加以比较,就会发现一个如此巨大的落差(尽管那种最肤浅的观察还不会立即注意到这一点),即当前的逻辑根本就不适合、也配不上精神在那些领域里面取得的各种成就。

［46］

事实上,人们早就感到有必要对逻辑进行彻底改造。大家看看逻辑在教科书里面的样子,可以说,无论是就形式还是就内容而言,这种逻辑都已经遭到蔑视。它之所以还没有被抛弃,主要是因为人们在情感上觉得它毕竟是一个不可或缺的东西,并且早就习惯了传统对于逻辑的重要性的吹嘘,而不是因为人们相信,那些司空见惯的内容和对那些空洞形式的研究有什么价值和用处。

[47] 曾经有一段时间,逻辑通过心理学、教育学、甚至生理学提供的材料而扩大了自己的范围,但后来人们普遍认为这些都是瞎扯。自在且自为地看来,这些由心理学、教育学、生理学提供的观察、规律和规则,无论是在逻辑里还是在别的什么地方,其绝大部分都必然显现为一种极为枯燥和平庸的东西。到最后,诸如"人们应当仔细思考和检验在书里读到的或听别人说过的东西",或"如果一个人视力不佳,就应当借助于眼镜"之类规则,居然写在所谓的"应用逻辑学"的教科书里面,而且一本正经地按照章节来讨论,仿佛可以据此达到什么真理似的——,诸如这样一些规则,每一个人都必定会觉得是多余的,或许只有那位著作家或教师是一个例外,因为他绞尽脑汁,企图通过某些东西来扩充逻辑原本就过于简略和僵死的内容。①

至于这些内容为什么如此缺乏精神,我在前面已经给出理由。也就是说,它的各种规定被当作是固定不变的,仅仅处于一种外在的相互关联之中。由于人们在进行判断和推论的时候,主要是归结到并且建立在规定的量的因素上面,所以一切东西都是基于外在的差别或单纯的比较,成为一种完全分析的方法和一种与概念无关的计算。所谓的规则和规律的演绎,尤其是推论的演绎,比起用手指测量长短不同的木棍,然后按照它们的长度来分类并且捆扎的做法,好不了多少,比起小孩子从众多剪碎的

---

① [第二版删去了如下这段话:]这门科学最新发表的一个成果,弗里斯的《逻辑体系》(海德堡 1811 年版),更是倒退到了人类学的基础。弗里斯的基本观念,包括他的观点本身和具体论述,是如此之肤浅,以至于我根本用不着在这部毫无意义的出版物上面耗费半点力气。——原编者注。译者按,弗里斯(Jakob Friedrich Fries, 1773—1843),德国哲学家,费希特的学生。其代表作为《新的或人类学的理性批判》(*Neue oder anthropologische Kritik der Vernunft*, 1807)、《逻辑体系》(*System der Logik*, 1811)。

图片里挑出合适的部分而重新拼图的游戏,也好不了多少。——正因如 ［48］
此,人们把这种思维等同于计算,反过来又把计算等同于这种思维,这不
是没有道理的。在算术里面,数被认为是与概念无关的东西,它除了"相
等"和"不相等",也就是说,除了一种完全外在的关系之外,不具有任何别
的意义,它本身还有它的关联都不是一个思想。因此,当人们用机械的方
式算出四分之三乘以三分之二等于二分之一,这种计算相比按照一个逻辑
格式来进行这种或那种推论,既不包含更多的思想,也不包含更少的思想。

　　为了让逻辑的枯骨通过精神而重新成为一种有生命的内涵和内容,
逻辑的**方法**必须是那种唯一能够使逻辑成为纯粹科学的方法。就当前状
态的逻辑而言,我们几乎看不到科学方法的一丝痕迹。大体上看,它具有
一种经验科学的形式。经验科学对于自己应当成为什么东西,已经在可
行的范围之内找到了自己的独特方法,即"下定义"和"对材料分门别
类"。纯粹数学同样有自己的方法,这个方法适合于它的抽象对象,适合
于量的规定,因为它完全是按照这个规定来考察对象。关于这个方法,关
于这个一般说来能够出现在数学中的次要的科学性,我在《精神现象学》
的序言里面已经谈到了一些关键之处。尽管如此,在逻辑自身的范围之
内,这个方法还会得到进一步的考察。斯宾诺莎、沃尔夫和其他人走错了
路子,竟然把数学方法应用到哲学上,把与概念无关的量的外在进程当作
概念的进程,而这个做法无论如何是自相矛盾的。迄今为止,哲学尚未找
到自己的方法;她带着嫉妒的眼光观察数学的体系大厦,并且如之前说过
的那样,要么借用数学的方法,要么求助于其他科学的方法,哪怕那些科 ［49］
学仅仅是给定的材料、经验命题和思想的混合物,——或者干脆粗暴地抛
弃一切方法。实际上,要阐明哲学科学唯一的真正方法是什么,这是当前
这部《逻辑学》自身的任务,因为所谓"方法",就是对于逻辑内容的内在
自身运动的形式的意识。我在《精神现象学》里,借助于一个更为具体的
对象,即**意识**,树立了这个方法的一个例子。① 在这里,意识的每一个形

---

　　①　随后以其他具体对象,尤其是以哲学的各个部分为例子。——黑格尔原注

态一方面得到实现,另一方面瓦解自身,也就是说,每一个形态都把自身否定当作自己的结局,——随之已经过渡到一个更高层次的形态。**为了掌握一个科学的推进过程**——我们的根本努力就是为了对此获得一个完全**单纯的**洞见——,唯一的关键在于认识到以下逻辑命题,比如"否定同样也是肯定"、"自相矛盾的东西并不是消解为零或抽象的虚无,而是在本质上仅仅否定了自己的**特殊**内容",或"这种否定并不是全然的否定,而是对一个已消解的**特定东西**的否定,因此是一个**特定的**否定";也就是说,结果在本质上包含着它的造成者(woraus es resultiert)——其实这是一个同语反复,因为如若不然,结果就是一个直接的东西,不是真正意义上的结果。由于造成者(das Resultierende)或否定是一个**特定的**否定,所以具有一个**内容**。这个否定是一个新的概念,一个比先行概念更高、更丰富的概念;之所以说"更丰富",因为它作为先行概念的否定或对立面,不但在自身内包含着对方,而且进一步成为对立双方的统一体。——总的说来,概念体系必须沿着这条道路塑造自身,并且通过一个不可阻挡的、纯粹的、无须求助外物的进程而使自身达到完满。

[50]　　我当然知道,我在这个逻辑体系中遵循的方法——或更确切地说,这个体系在其自身之内遵循的方法——,还能够在个别方面获得很多改进和完善;但我同时也知道,这是唯一真实的方法。这一点是显而易见的,因为这个方法绝不是一种与它的对象和内容区分开来的东西;也就是说,正是内容本身,正是**内容在其自身那里具有的辩证法**,推动着内容前进。很显然,除非各种阐述是沿着这个方法的进程并且遵循这个方法的单纯节奏,否则它们不可能被看作是一些科学的阐释,因为那个节奏乃是事情本身的进程。

　　按照这个方法,我要提醒一下,在这部著作里面,各卷、各篇、各章的划分和标题,还有那些与之联系在一起的解释,都是为了让读者获得一个初步的概观,因此真正说来仅仅具有**历史学的**价值。它们不属于科学的内容和体制,毋宁是各种外在反思的汇编。具体展开的整体已经贯穿所有这些反思,所以它预先知道并且标明了整体的各个环节的顺序,尽管这些环节尚未通过事情本身而逐一呈现出来。

在别的科学里面，诸如此类的预先规定和划分同样仅仅是一些外在的标记；但即使在科学的范围内，它们也没有超越这个特性。甚至在逻辑那里也有这样的情况，比如，人们首先说"逻辑有两个主要部分，即要素论和方法论"，然后在"要素论"下面直接列出一个标题"思维的法则"，接下来是**第一章**"论概念"，**第一节**"论概念的清晰性"，如此等等。——这些规定和划分根本没有经历任何演绎和论证，就构成了诸如此类的科学 [51] 的体系架构和整个联系。这种逻辑认为自己的职责在于指出概念和真理必须是由原理**推导**出来的，但它自称的那种"方法"压根就没想到要进行推导。这种逻辑的操作手法无非是把同类东西汇编在一起，把相对简单的东西放在组合而成的东西和其他外在反思前面。对于那种内在的、必然的联系，它唯一能做的就是把各个分部规定罗列一番，然后以如下方式造成过渡，比如"现在是**第二章**"，或"**我们现在开始**讨论判断"，如此等等。

即使是那些出现在这个体系内的标题和划分，本身说来也仅仅具有"内容简介"的意义。但除此之外，关于事情本身的探讨必须包含着联系的**必然性**、各个差别的内在产生过程，因为这个探讨属于概念自身固有的持续规定。

如前所述，那个使得概念自己引导自己前进的东西，是概念在自身内具有的**否定性东西**；这个东西构成了真正的辩证因素。这样一来，**辩证法**就获得了一个完全不同的地位；过去人们把辩证法看作是逻辑的一个特殊部分，这就完全误解了它的目的和立场。——**柏拉图**的辩证法同样也不例外，它在《巴门尼德篇》里面（在别的地方甚至更为露骨），有时候只希望让一个片面的主张自己消解自己，自己反驳自己，有时候则是干脆把"无"当作结果。通常情况下，人们把辩证法看作是一个外在的、否定的、与事情本身无关的行为，这个行为以一种单纯的虚妄或主观的欲望为依据，企图动摇乃至消灭坚实的真相，或至少是把辩证法处理的对象归结为一种虚妄的东西。

[52]　　　康德已经把辩证法提到一个更高的层次——这个方面属于他的最伟大的功绩之一——，因为他剥离了通常观念栽赃给辩证法的随意性假象，把辩证法呈现为**理性的一个必然行为**。过去人们认为，辩证法仅仅是一种施展障眼法的技艺，因此他们不由分说地断定，辩证法是在玩一场骗局，其唯一的本事就是把诡计隐藏起来，因此它的各种结论完全是骗取来的，是一个主观的假象。康德在纯粹理性的二律背反中的辩证阐述，如果我们对其仔细加以考察（本书接下来还会对此进行更全面的考察），那么这些东西确实不值得大加赞赏。但是他奠定并确立了一个普遍理念，即**假象的客观性**和**矛盾的必然性**，而矛盾属于思维规定的**本性**。诚然，康德最初认识到这一点，是缘于理性把思维规定应用到**自在之物**身上，殊不知这些规定的本性恰恰在于，它们存在于理性之内，并且兼顾到自在存在着的东西。这个结果，**从它的肯定方面来领会**，无非是这些思维规定的内在**否定性**，无非是它们的自己推动着自己的灵魂，一切自然生命和精神生命的本源。但是，如果人们仅仅停留于辩证因素的抽象的—否定的方面，就会得出一个众所周知的结果，即理性没有能力认识无限者；——这是一个奇怪的结果，因为，既然无限者是一个合乎理性的东西，那就等于说，理性没有能力认识一个合乎理性的东西。

　　　思辨因素就是立足于这里所说的辩证因素，即在统一体中把握对立面，或在否定性东西中把握肯定性东西。这是最重要的一个方面，但对于一种还没有经历训练、不自由的思维能力来说，却是最困难的一个方面。

[53] 如果这种思维能力还不能摆脱感性的—具体的表象活动和推理活动，那么它必须首先通过抽象思维而训练自己，牢牢抓住各个概念的**规定性**，并且学会从这些概念出发进行认识。出于这个目的，逻辑的阐述必须在方法上坚持之前提到的那种划分，而在涉及更详细的内容的时候，必须坚持那些围绕个别概念而出现的规定，同时不要去考虑辩证因素。这个阐述虽然从外在形态来看类似于这门科学的通常授课方式，但从内容来看则是与之不同的，因为它的用途始终在于训练一种抽象的（哪怕并非思辨的）思维，而这个目的是那种因为掺和了心理学和人类学而变得流行的

逻辑根本不能满足的。这个阐述将会给予精神一个循规蹈矩的整体的形象，尽管整座大厦的灵魂，那个活在辩证因素之内的方法，本身并没有出现在其中。

最后，考虑到**个体的教育以及个体与逻辑的关系**，我还要指出，这门科学和语法一样，显现出两种不同的面貌和价值。它对于一个初次接触逻辑乃至全部科学的人而言是一回事，对于一个从全部科学那里返回到逻辑的人而言又是另一回事。正如在一个刚开始学习语法的人眼里，各种形式和法则仅仅是一些枯燥的抽象表述、偶然的规则，总而言之是一大堆孤立的规定，这些规定仅仅揭示出那些处于其直接名义下的东西的价值和意义；认识活动在它们那里首先认识到的，无非是这样一些东西。反之，只有当一个人掌握了一门语言，同时知道把这门语言与其他语言进行比较，他才会在一个民族的语言的语法中感受到这个民族的精神和文化；从现在起，同样的规则和形式具有了一个充实的、活生生的价值。他能够通过语法而认识到精神的整个表现，认识到逻辑。同样，在一个初次接触科学的人眼里，逻辑首先是一个充斥着抽象表述的体系，这个体系局限于 [54] 自身之内，不涉及别的知识和科学。实际上，当面对世界观念的丰富宝藏，面对其他科学的真实显现的内容的时候，绝对科学许诺要揭示出这个丰富宝藏的**本质**，揭示出精神和世界的**内在本性**，揭示出**真理**，相比之下，这门科学反而通过其抽象的形态，通过其平淡的、冰冷的、单纯的、纯粹的规定，表现出这样一副姿态，即它既不是去承诺，也不是空荡荡的站在那个丰富宝藏的对面，而是去实现一切。逻辑的初学者认为，逻辑的意义局限在它自身之内，其内容仅仅是一种关于思维规定的孤立研究，**除它之外**，其他科学研究都具有自足的素材和单独的内涵；或许逻辑性对这些研究有一种形式上的影响，但这种影响更像是一种自说自话，而且科学的形态及其相关研究在必要情况下其实可以舍弃这种影响。从整体上看，其他科学已经抛弃了合乎规则的方法，也就是说，它们不再是一个由定义、公理、定理及其证明构成的序列；而所谓的"自然逻辑"反而以为自己能够在其中发挥作用，以为自己能够在对思维本身一无所知的情况下继续前进。到最后,这些科学的素材和内容反而认为自己完全独立于逻辑性,而且比逻辑性更适合于每一种类型的感觉、情感、表象和实践兴趣。

所以,无论如何,逻辑必须首先被当作一种可理解和可认识的东西来学习,但刚开始的时候,人们并不懂得它的广度、深度和进一步的意义。只有当人们对其他科学具有更深刻的认识,逻辑性对主观精神而言才会提升为这样一个普遍者,它不是一种单纯抽象的东西,而是把特殊东西的丰富宝藏包揽在自身之内;——好比同一句谚语,既可以从一个年轻人的嘴里说出来,也可以浮现在一个饱经沧桑的成年人的精神里面;哪怕年轻人完全正确地理解了其中意思,他说出的话也仍然不具有成年人的精神所蕴含的意义和范围,因此只有对成年人来说,这句谚语的内容所蕴含的全部力量才会表达出来。同样,只有当逻辑性已经成为诸科学的经验的结果,它的价值才会得到人们的尊重;从此以后,精神才会发现,逻辑性是一个普遍真理,不是一种与其他素材和实在性**并列**的**特殊**知识,而是所有这些内容的本质。

[55]

现在,尽管在学习的开端,精神并不觉得逻辑性已经具有这种自觉的力量,但通过学习,精神在自身内感受到了一种同样强大的力量,这力量把它导向全部真理。逻辑的体系是一个阴影王国,一个由单纯本质性构成的世界,摆脱了一切感性的具体东西。学习这门科学,停留在这个阴影王国里面进行劳作,乃是意识的绝对教化和绝对训练。而在这个过程中,意识从事的是一项远离感性直观和感性目的、远离情感、远离单纯意味的表象世界的事业。就其否定的方面来看,这项事业在于避免一种偶然的推理式思维和随意性,不让这些或那些相反的理由随便冒出来成为一种有效的东西。

特别是通过这个方式,思想赢得了独立性和自由。思想定居在抽象活动里,定居在那些缺乏感性基质的概念的推进过程中,成为一种不自觉的力量,能够把别的许多知识和科学纳入一个合乎理性的形式之内,理解并且坚持它们的根本要点,同时以剥离外在东西的方式从它们那里提炼出逻辑性,——或者也可以说,用一切真理的内涵去充实之前通过学习而

获得的逻辑性的抽象基础,赋予逻辑性以普遍者的价值,这个普遍者不再　[56]
是一个与其他特殊东西并列的特殊东西,毋宁说,它统摄所有这些东西,
是它们的本质,是绝对真相(das Absolut-Wahre)。

逻辑的普遍划分

　　关于这门科学的**概念**,以及这个概念的论证的归宿,之前所说的东西
包含着一个意思,即这里的普遍**划分**只能是**暂时性的**,只能依据于作者对
这门科学已经了解的程度,而正是基于这种了解,作者在这里能够**以历史
学的方式**预先指出,概念在其发展过程中按照规定要经历哪些主要区别。
　　诚然,人们可以预先试着去大致了解,**划分**需要以什么东西作为依
据,但在这样做的时候,人们必须遵循一个方法,而这个方法只有在科学
的范围内才会得到完整的理解和辩护。——因此首先有必要提醒,这里
已经假定,**划分**必须和**概念**联系起来,或更确切地说,划分必须包含在概
念自身之内。概念不是未规定的,而是在其自身**已经被规定**;划分**以展开
的方式**表达出概念的这个**规定性**;划分意味着概念的**原初分割**或**判断**①,
这不是**关于**某个外在对象的判断,而是原初分割活动或判断活动本身,也
就是说,是概念在其自身那里的**规定活动**。三角形可以按照"直角性"、
"锐角性"、"等边性"等规定来划分,但这些规定并未包含在三角形自身
的规定性之内,也就是说,并未包含在通常所谓的"三角形"概念之内。
同样,一般意义上的"动物"或"哺乳动物"、"鸟"等概念也没有包含什么
规定,据此把"动物"划分为"哺乳动物"、"鸟"等等,并且把这些种划分
为进一步的属。毋宁说,这些规定来自别的地方,来自经验直观;它们是　[57]
从外面附加到那个所谓的概念上面的。在以哲学的方式进行划分的时

---

　　① 德语的"判断"(Urteil)一词在字面上同时有"原初分割"(Ur-teilung)的意思。在
黑格尔之前,费希特、荷尔德林和谢林已经指出这个术语的双重意味。——译者注

候,概念必须表明自身包含着这些规定的来源。

但在导论里面,"逻辑"这一概念自身已经被看作是一门高高在上的科学的结果,随之在这里同样被宣布为一个**预设**。这样一来,逻辑就把自身规定为一门关于纯粹思维的科学,后者以**纯粹知识**为自己的本原,不是拥有一个抽象的统一体,而是拥有一个具体的、活生生的统一体,因为人们在这里认识到,首先,一个主观的、**自为存在着的**意识与一个**存在着的**、客观的意识之间的对立已经被克服,其次,存在是自在的纯粹概念本身,而纯粹概念是真正意义上的存在。就此而言,"存在"和"纯粹概念"是包含在逻辑性里面的两个**环节**。但人们现在已经认识到,二者是**不可分割的**,而不是像在意识里面一样,每一方**也是自为存在着的**。只有当人们认识到,二者既是**区分开的**,同时又不是自为地存在着的,它们的统一体才不是一个抽象的、僵死的、静止的东西,而是一个具体的东西。

与此同时,这个统一体把逻辑本原改造为一个**要素**,因此那个从一开始就包含在逻辑本原里面的区别只能在这个要素的**内部**展开自身。正如之前所说,由于划分(亦即概念的**原初分割**或**判断**)指设定一个已经内在于概念的规定,随之设定概念的区别,所以人们不应当认为这个设定活动就是为了把那个具体的统一体重新消解为它的各种规定,仿佛这些规定能够作为自为地存在着的东西而发挥效用,因为这个做法只会徒劳无功地返回到此前的立场,返回到意识的对立;真正说来,这个对立已经消失了;那个统一体保持为要素,而那种进行划分,或者说一般地进行展开的区分活动也不会逾越这个要素。这样一来,早先那些(在**走向真理的道路**上)自为地**存在着的**规定,比如"主观东西"和"客观东西"、"思维"和"存在"、"概念"和"实在性"等等——无论它们是从哪个角度得到规定——**如今按照它们的真理而言**,亦即按照它们的统一体而言,就被降格为一些**形式**。但按照它们的区别而言,它们本身**自在地看来**仍然是完整的概念,而这个概念在划分里仅仅被设定在它自己的各种规定下面。

[58]

完整的概念就是这个样子,它有时候被看作**存在着的**概念,有时候被看作**概念**;在前一种情况下,它仅仅作为**自在的**概念,作为"实在性"或"存在"的概念,**存在着**,而在后一种情况下,它是严格意义上的概念,即**自为地存在着**的概念(如果以一些具体形式为例,那么可以说,严格意义上的概念出现在思维着的人那里,甚至已经出现在具有知觉的动物和全部有机个体性那里,但这时它当然不是一个**自觉的**概念,更不是一个**被认识到**的概念;反之,**自在的**概念仅仅出现在无机自然界里面)。——就此而言,逻辑可以首先划分为两种逻辑,其中一种研究**作为存在的概念**,另一种研究**作为概念的概念**,或者说——如果我们使用一些通行的说法(尽管这些说法是最不确定的,随之是最有歧义的)——划分为**客观逻辑**和**主观逻辑**。

但是,从根本的要素(即概念在自身之内的统一体)来看,并且从概念的各种规定的不可分割性来看,这些规定至少必须是相互**关联**的,哪怕它们已经**被区分**开,哪怕概念是按照它们的**区别**而被设定的。由此得出一个**中介活动**的层面,在这里,概念是各种**反映规定**的体系,即一种向着概念的**内化存在**过渡的存在,因为通过这个方式,概念本身尚未被设定为**作为概念**的概念,而是同时黏附着一种直接的存在,把它当作自己的外观。这就是**本质论**,它介于存在论和概念论之间。——按照这部《逻辑学》的普遍划分,本质论仍然从属于**客观逻辑**,原因在于,尽管本质已经是内核,但**主体**的特性必须被明确保留给概念。

近代以来,康德①提出一种**先验逻辑**,与通常所谓的逻辑相对立,而 ［59］

---

① 我要提醒读者,我之所以在这部著作里经常考察康德哲学(或许这在某些人看来完全是多此一举),原因在于,康德哲学——至于别人以及我的这部著作是如何看待康德哲学的确切规定和特殊论述,这是无关紧要的——构成了近代德国哲学的基础和出发点,而且无论人们怎么非难它,它的这个功绩都不会有丝毫削减。此外,我在客观逻辑里面之所以经常考察康德哲学,也是因为后者深入讨论了逻辑性的重要而**更具体的**方面。与此相反,后来的各种哲学阐述不但不关注逻辑性,反而在某些方面经常对此表露出一种粗俗的——但并非没有遭到惩罚的——蔑视。在我们这里最为流行的哲学思考**并没有**超越康德的结论,即理性不可能认识到真正的内涵,因此绝对真理必须托付给信仰。也就是说,康德的结论在这种哲学思考里成为一个直接的开端,至于康德为了得出这个结论而做出的先行论述,作为一种哲学认识活动,则是从一开始就被割掉了。这样一来,康德哲学的用处就是为那种懒惰的思维提供一个靠垫,让其躺在上面休息,仿佛一切东西都已经得到证明,得到解决。所以,当人们在这样一种徒劳无益、枯燥无味的休息里不能获得知识并掌握思维的一个特定内容,就必须转向那个先行的论述。——黑格尔原注

这里所谓的**客观逻辑**在某些方面就相当于康德的**先验逻辑**。康德认为,先验逻辑在如下两个方面区别于他所说的普通逻辑:1)先验逻辑考察那些先天地与**对象**相关联的概念,因此并未抽离客观认识的全部**内容**,换言之,它包含着某些规则,以指导我们纯粹地思维一个**对象**;2)与此同时,先验逻辑考察我们不能归之于对象的那种认识的起源。——康德的哲学旨趣几乎完全指向第二个方面。他的根本看法是,**范畴**必须被判归给作为**主观**自我的自我意识。按照这个规定,认识仍然局限于意识及其对立

[60]

之内,除了感觉到的和直观到的经验东西之外,还剩下某个东西,一个不是由思维着的自我意识加以设定和规定的东西,即一个**自在之物**,一个外在于思维的陌生东西;然而我们很容易发现,诸如"**自在之物**"之类抽象东西本身仅仅是思维的一个产物,而且仅仅是一种抽象思维的产物。——另外一些康德主义者①在谈到**对象**是由自我所规定时,是这样说的:自我的客观化必须被看作是意识的一个原初而必然的行动,因此"自我"观念尚未出现在这个原初的活动里面——因为"自我"观念仅仅是对于那个意识的一个意识,或者说仅仅是那个意识自身的客观化——。既然如此,我们可以进而认为,一般说来,这个摆脱了意识对立的客观化行动就是严格意义上的**思维**。② 但在这种情况下,这个行动就不应当再叫作意识,因为意识在自身内包含着自我与它的对象的对立,而这个对立不可能出现在那个原初行动之内。"意识"这个名称把一种主观性假象投射到原初行动身上,其作用远甚于"思维"这个术语,因为一般说来,这里的"思维"应当在绝对的意义上被理解为一种**无限的**、没有与意识的有限性黏附在一起的思维,简言之,**真正意义上的思维**。

由于康德哲学的旨趣主要指向思维规定的所谓的**先验性**,所以它对

---

① 这里指费希特。——译者注

② 由于自我的**客观化**行动这个说法有可能让人联想到精神的另外一些产物,比如幻想的产物,所以有必要指出,这里谈论的是如何规定一个对象,而且这个对象的内容环节**并不隶属于感觉和直观**。这样的对象是一个**思想**,而所谓"规定一个思想",一方面意味着首先创造出它,另一方面意味着把它当作一个预设的东西,然后在它之上提出进一步的思想,以思维的方式进一步发展它。——黑格尔原注

于这些思维规定本身的探讨最终沦为空谈；"自在的思维规定本身是什么东西"，"如果不考虑它们和自我之间的那种抽象的、千篇一律的关联，其相互规定性和相互关系是怎样的"，这些问题都没有成为考察的对象；就此而言，康德哲学对于我们认识思维规定的本性没有提供丝毫助益。[61]在这里，唯一相关的旨趣出现在对理念的批判里面。哲学的真实进步包含着一个必要的环节，即把思维的旨趣导向形式方面，去考察自我、严格意义上的意识（即一个主观知识与一个客体的抽象关联），以便通过这个方式逐渐认识到那种**无限的形式**，亦即概念。但是为了达到这种认识，还必须剥离那个有限的规定性，因为它使形式表现为自我、意识等等。形式一旦通过思维而达到其纯粹性，就会在自身之内**规定**自己，亦即给予自己以内容，而且这个内容是一种必然的东西，——即思维规定的体系。

　　由此看来，客观逻辑毋宁说是取代了从前的**形而上学**，因为形而上学曾经是一座凌驾于世界之上的科学大厦，一座应当仅仅通过**思想**而建造起来的大厦。——如果我们考察这门科学的塑造过程的最终形态，那么可以说，客观逻辑首先直接取代了**本体论**，——在从前的形而上学里，这个部分应当研究一般意义上的"Ens"①的本性；"Ens"在自身内既包含着**存在**，也包含着**本质**，而值得庆幸的是，德语用不同的术语拯救了这个区别。——但这样一来，客观逻辑也把形而上学的其余部分包揽在自身内，因为这些部分试图通过纯粹的思维形式来把握那些特殊的、首先取材于表象的基体，比如灵魂、世界、上帝等等，而且**思维的规定**构成了考察方式的**本质性东西**。但逻辑在考察这些形式的时候，抽离了那些基体，抽离了**表象**的主体，仅仅关注它们自在且自为的本性和价值本身。从前的形而上学忽视了这一点，因此遭到一个公正的责难，即它在**未经批判**的情况下使用这些形式，没有首先去探讨，它们是否以及如何能够成为康德所谓的[62]自在之物的规定，或更确切地说，理性东西的规定。——因此，客观逻辑

————————

　　①　拉丁文的 Ens 对应于希腊文的 Ousia，包含着"存在"（Sein）、"本质"（Wesen）、"存在者"（das Seiende）等意思。有鉴于此，我们在这里保留原文，没有用一个固定的术语翻译它。——译者注

是这些形式的真正批判——这个批判不是按照先天性的抽象形式去考察它们与后天性东西的对立,而是按照它们的特殊内容考察它们自身。

主观逻辑是**概念**的逻辑,——在这里,概念意味着本质已经扬弃了它与存在或它的映像的关联,并且按其规定而言不再是一个外在东西,而是一个自由独立的、在自身之内自己规定自己的主观东西,或更确切地说,**主体**自身。——由于主观东西掺杂着一个误解,仿佛它是一种偶然而随意的东西,或是一些完全隶属于**意识**的规定,所以这里不必刻意强调主观东西和客观东西的区别,因为这个区别随后会在逻辑自身之内更明确地展开自身。

因此总的说来,逻辑分为**客观**逻辑和**主观**逻辑;更确切地说,它具有如下三个部分:

I.**存在的逻辑**,

II.**本质的逻辑**和

III.**概念的逻辑**。

第一卷 存在论

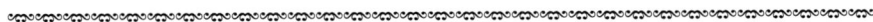

科学必须以什么作为开端？

近代以来人们才意识到，在哲学里找到一个**开端**是一件困难的事情，至于这个困难的理由以及解决困难的可能性，已经得到多方面的讨论。哲学的开端必须要么是一个**经过中介的东西**或**间接的东西**，要么是一个**直接的东西**，而我们很容易指出，它既不可能是前者，也不可能是后者；因此，无论人们是以这个方式还是以那个方式作出开端，都会遭到反驳。

诚然，一种哲学的**本原**也表达出了一个开端，但这不是一个主观的开端，而是一个**客观的**开端，亦即**万物**的开端。本原是一个在某方面已规定的**内容**：水、一、努斯、理念，——实体、单子等等；或者说，当本原与认识活动的本性相关联，随之不是一个客观的规定，毋宁仅仅是一个标准——思维、直观、感觉、自我、主体性自身——，那么它在这里关注的仍然是一个内容规定。与此相反，开端本身始终是一个主观东西，意味着以偶然的方式开始一种讲授，因此不受重视，无关紧要，相应地，"以什么作为开端？"这一问题的迫切性在重要程度上也不如本原的迫切性，因为似乎只有在本原那里，人们才会关注**事情**，关注什么是**真相**，什么是一切东西的**绝对根据**。

但就开端而言，近代人们的束手无策是起源于一个更深层次的需要。有些人还没有认识到这个需要，所以他们要么以独断论的方式去证明本原，要么以怀疑主义的方式找到一个主观的标准，用来反对独断论的哲学思考；还有一些人完全否认这个需要，而是像放冷枪一样，企图以他们的内心启示或信仰、理智直观等等为开端，抛弃**方法**和逻辑。早期的抽象思维首先关注的，仅仅是作为**内容**的本原，但通过持续推进的教化，它被迫来到另一个方面，开始重视**认识活动**的行为举止，而在这种情况下，**主观行动**也被理解为客观真理的本质环节，同时产生出一个需要，力图让方法 [66]

与内容、**形式**与**本原**达成统一。就此而言，**本原**也应当是开端，那对思维而言是**前提**的东西，也应当是思维**进程**里的**第一位东西**。

这里只需要考察，**逻辑的**开端以何种方式显现出来；刚才已经指出，我们可以从两个方面看待这个开端，即它要么是一个间接得到的结果，要么是一个直接的真正开端。这里我们不去探讨那个在时代的塑造过程中看起来如此重要的问题，即对于真理的知识究竟是一种直接的、绝对从头开始的知识，一种信仰呢，抑或是一种间接的知识？就这样一种**预先的**考察是可能的而言，我已经在别的地方（在我的《哲学科学百科全书》1830年第三版"概论"第 61 节以下①）做了这件事情。此处我只想引用那里的一个论点，即无论在天上、自然界、精神里，还是在任何别的地方，都**没有**什么东西不是同时包含着直接性和间接性，也就是说，这两个规定总是表现为**未分割**和**不可分割**的，它们的对立是一个虚无缥缈的东西。但是，当关涉到**科学的探讨**，那么可以说，每一个逻辑命题里面都包含着直接性和间接性的规定，包含着对于它们的对立及其真理的探讨。由于这个对立在与思维、知识、认识活动相关联的时候，获得了**直接知识**或间接知识的更为具

[67]

体的形态，所以我们既可以在逻辑科学的内部考察一般意义上的认识活动的本性，也可以在精神科学和精神现象学里面考察认识活动的其他更为具体的形式。然而有些人企图在科学**之先**就纯粹地洞察认识活动，这就意味着，企图在科学**之外**探讨认识活动；如果是在科学**之外**，那么这件事情至少不可能以科学的方式达成，而科学的方式在这里是我们唯一关注的东西。

所谓开端是**逻辑的**，意思是说，它应当起源于一个自由的、自为存在着的思维要素，起源于**纯粹知识**。由此看来，开端之所以是**间接的**，在于纯粹知识是**意识**的最终的、绝对的真理。我在本书导论中已经指出，**精神现象学**是意识的科学，是一种呈现，即意识如何最终达到科学的**概念**（即纯粹知识）。就此而言，逻辑学的前提是以一门以显现着的精神为对象的科学，这

① 此处指《哲学科学百科全书》第一卷（即《小逻辑》）中的"思想对待客观性的第三种态度"，即"直接知识"部分（第 61—78 节）。——译者注

门科学包含并且揭示出纯粹知识这一立场的必然性（从而证明了这一立场的真理），以及这里面的全部中介过程。在这门以显现着的精神为对象的科学里，我们的出发点是一种经验的、**感性的**意识，而这是真正意义上的**直接知识**；与此同时，我们也探讨了这种直接知识包含着什么东西。至于别的意识，比如对神性真理的信仰、内在经验、通过内在启示而获得知识等等，我们只需稍作思考，就会发现，它们根本不能被当作直接知识的例证。在《精神现象学》里，直接知识也是科学里的第一位东西和直接东西，因此是一个前提；与此相反，逻辑学的前提是那个在上述考察中已经证实为结果的东西，——即作为纯粹知识的理念。**逻辑学是一门纯粹科学**，亦即一种全面展开的纯粹知识。按照那个结果的规定，这个理念是一种已经成为真理的确定性，从一个方面来看，这种确定性不再与对象相对立，而是把对象 ［68］
吸纳到自身内，知道对象就是它自己，——从另一个方面来看，这种确定性不再认为自己是一个与对象相对立、不消灭对象不罢休的东西，而是剥离或外化了这种主观性，并且与它的剥离活动或外化活动形成一个统一体。

按照纯粹知识的这个规定，开端始终是处于它的科学之内，对此我们唯一需要做的事情，就是去考察，或更确切地说，把人们通常具有的全部反思和全部意谓放在一边，仅仅去接纳**当下呈现出来**的东西。

纯粹知识，作为**一种已经融合到这个统一体之内的知识**，已经扬弃了它与一个他者以及中介过程的联系；这样一来，这个无区别的东西就不再是一种知识；当下呈现出来的仅仅是**一种单纯的直接性**。

"单纯的直接性"本身是一个反思表述，意味着把中介者区分开来。因此，按照其真正的表述，这个单纯的直接性是**纯粹存在**。正如**纯粹**知识只能在一种完全抽象的意义上叫作知识本身，同样，纯粹存在也只能叫作一般意义上的**存在**；存在，此外无他，没有任何进一步的规定和充实。

在这里，存在是开端者，并且呈现为一个通过中介过程——这个中介过程同时扬弃了自己——产生出来的东西；它以纯粹知识为前提，而纯粹知识是有限知识或有限意识的一个结果。但是，由于开端不应当有任何前提，而是本身应当被看作是一个**直接的东西**，所以这个规定仅仅意味着,开端应当是逻辑的开端或思维本身的开端。当下呈现出来的,只是一个决心(人们也可以把这个决心看作是一个独断决定),即人们想要考察思维本身。就此而言,开端必须是一个**绝对的**开端,或在这里换个同样意思的说法,必须是一个抽象的开端;它不可以**预设任何东西**,既不能以任何东西为中介,也不能有一个根据;毋宁说,它本身必须是整个科学的根据。因此开端必须绝对地是**一个**直接的东西,或更确切地说,它必须是**直接的东西**本身。它既不能相对一个他者而具有一个规定,也不能在自身之内包含着任何规定或内容,因为这类东西意味着不同东西的相互区分和相互关联,随之意味着一个中介过程。因此开端是纯粹存在。

[69]

至此我们已经简要阐明,这个本身最单纯的东西,即逻辑的开端,首先仅仅意味着什么。接下来我们可以补充几点进一步的反思,只不过这些反思不是为了澄清和证实上述阐明(因为这个阐明本身已经完结了)而提出来的,而是仅仅由另外一些观念和反思造成的,后者有可能一开始就给我们带来障碍,但是,和所有别的先入之见一样,它们也必须在科学自身之内得到解决。所以真正说来,这里需要读者给一点耐心。

有一个见解认为,"绝对真相"必须是一个结果,反过来,结果又必须预设一个最初的真相,但是,因为最初的真相是第一位的东西,所以它从客观方面来看是偶然的,从主观方面来看是不可认识的,——近代以来,这个见解已经造成一个想法,以为哲学只能以一个**假想的**和**悬疑的**真相为开端,因此哲学思考首先只能是一种探寻(Suchen)。这是莱茵霍尔德①在其后期哲学思考中反复鼓吹的一个观点,对此人们必须公正地承

---

① 卡尔·莱昂哈德·莱茵霍尔德(Karl Leonhard Reinhold,1758—1823)。——原编者注。译者补注:莱茵霍尔德是德国后康德时期的重要哲学家,曾任耶拿大学和基尔大学教授。其代表作为《人类表象能力新论》(*Versuch einer neuen Theorie des menschlichen Vorstellungsvermögen*,1789)、《纠正迄今对于哲学家的误解》(*Beyträge zur Berichtigung bisheriger 那个 ger Missverständnisse der Philosophen*,1790)以及《论哲学知识的基础》(*Ueber das Fundament des philosophischen Wissens*,1791)。莱茵霍尔德哲学通常被称作"基础哲学"(Fundamentalphilosophie)或"要素哲学"(Elementarphilosophie),他指出康德哲学缺乏一个最为坚实的基础或本原,因此应当把意识(表象)当作哲学的基础或基本要素。这些思想对德国唯心主义(费希特、谢林和黑格尔)产生了重要影响。

认,它在根本上的真正旨趣已经触及哲学**开端**的思辨本性。在辨析这个 [70]
观点的同时,我们必须初步了解,一般的逻辑推进过程具有什么意义,因
为这个观点在自身内直接包含着一个对于推进过程的思考。也就是说,
按照他的设想,哲学里面的推进过程其实是一种倒退和奠基,惟其如此我
们才会发现,那被当作开端的东西并非仅仅是一个随意假定的东西,实际
上,它既可以说是**真相**,也可以说是**最初的真相**。

人们必须承认,这是一个根本重要的考察——它在逻辑自身之内将
会更明确地展现出来——,即推进过程意味着**回归根据**,回归**原初的**和**真
实的东西**;那个被当作开端的东西,依赖于这个根据,而且实际上是由此
产生出来的。——因此我们发现,意识在它的道路上是从直接性出发
(以之为开端),回溯到绝对知识(以之为它的最内在的**真理**)。也就是
说,最终的东西,根据,同时也是最初的东西的源头,后者首先作为直接的
东西而登场。——我们进而发现,绝对精神展现为一切存在的具体的、最
终的最高真理,它在发展过程的**终点**那里,自由地剥离或外化自身,并且
放任自己具有一个**直接**存在的形态,——它决心创造出一个世界,而任何
包含在这个世界里面的东西,都曾经出现在那个先行于结果的发展过程
之中,当它们处在这个颠倒过来的位置,就和自己的开端一起转化为一种
依赖于结果,把结果当作本原的东西。对科学来说,关键不是在于把一个
纯粹直接的东西当作开端,而是在于把科学的整体当作一个自身衔接的
循环过程,在其中,最初的东西也是最终的东西,最终的东西也是最初的
东西。

因此从另一个方面来看,运动的归宿(它同时也是运动的**根据**)同样
必须被看作是**结果**。按照这个观点,最初的东西同样也是根据,最终的东
西同样也是一个推导出来的东西;因为,如果从最初的东西出发并通过正 [71]
确推论而达到最终的东西(即根据),那么根据就是结果。除此之外,那
个制造出开端的东西,其**推进过程**只能被看作是开端的进一步规定,而在
这种情况下,开端的东西始终是一切后继者的根据,不会从中消失。前进
的意义不在于仅仅推导出一个**他者**或过渡到一个真正的他者那里;——

只要出现这种过渡,它同样会再度扬弃自身。就此而言,哲学的开端乃是一个在全部后继发展过程中当下存在着的、维系着自身的基础,一个始终并且完全内在于它的进一步规定中的东西。

通过这个推进过程,开端就丢弃了它的片面规定,不再是一个一般意义上的直接东西和抽象东西,而是转变为一个经过中介的东西,相应地,科学的直线推进运动也**转变为一个圆圈**。——与此同时我们发现,由于那个制造出开端的东西起初是一个尚未展开和缺乏内容的东西,所以它在开端那里尚未被真正认识到,而且只有科学,确切地说一种完全展开的科学,才是一种完满的、内容充实的、真正有根有据的对于开端的认识。

但是,因为结果只能作为绝对根据而出现,所以这种认识活动的推进过程既不是某种权宜之计,也不是一种悬疑的、假想的东西,而是必须由事情和内容的本性来决定。那个开端既不是某种随意的、仅仅暂时得到承认的东西,也不是一种随意显现出来、不妨假定的东西,因为后面将会表明,人们把它当作开端是有道理的;这里的情形和建构(Konstruktion)不一样,后者的任务在于证明一个几何学命题,但实际上,它们只是事后[72] 才表明,人们做出的那些证明是有道理的,比如,首先不由分说引出这些直线,然后在做证明的时候,从比较这些直线或角开始;至于究竟为什么要引出这些直线或对它们进行比较,这本身却是一件莫名其妙的事情。

由此可见,科学本身就给出**理由**,为什么在纯粹科学里应当以纯粹存在为开端。这个纯粹存在是一个统一体,是纯粹知识的归宿,换言之,如果纯粹知识本身作为形式仍然应当区别于纯粹存在的统一体,那么纯粹存在就是纯粹知识的内容。从这个方面来看,这个**纯粹存在**,这个绝对直接的东西,同样也是一个绝对间接的东西。但同样关键的是,纯粹存在只能被看作是一个片面的东西,即一个纯粹直接的东西,**原因恰恰在于**,它在这里是开端。假若它不是这个纯粹的无规定性,假若它已经得到规定,它就会被看作是一个经过中介的、已经进一步发展的东西;然而一个得到规定的东西已经包含着最初东西之外的一个**他者**。因此**开端自身的本性**就决定了,它是存在,此外无他。因此,为了进入哲学,这里既不需要别的准备工作，也不需要别的反思和衔接点。

真正说来，从"开端是哲学的开端"这个命题里面也不能得出开端的**更确切的规定**或**肯定的内容**。因为在开端那里，在事情本身尚且无迹可寻的那个地方，"哲学"仅仅是一个空洞的词语，或者说仅仅是一个假定的、未经辩护的观念。纯粹知识仅仅提供一个否定的规定，即开端应当是一个**抽象的**开端。一旦纯粹存在被当作纯粹知识的**内容**，纯粹知识就必须从它的内容那里退出来，让内容自己检验自己，而不是继续对其作出规定。——换言之，因为纯粹存在被看作是一个统一体，一个把最高程度的一体化知识与其对象统摄起来的统一体，所以知识已经消融在这个统一体里面，与之没有任何区别，从而没有给统一体留下任何规定。——除此之外，这里也没有留下任何东西或内容，可以用来制造出一个更具体的开端。 [73]

即便是那个迄今都被当作开端的规定，**存在**，同样也可以被抛弃，于是只剩下一个要求："应当制造出一个纯粹的开端。"在这种情况下，除了**开端**自身之外，没有任何别的东西，那么我们要看看，这个开端究竟是什么。——这个提法同时可以被看作是对于某些人的善意建议，一方面，他们（不管出于什么考虑）对于以存在为开端总是感到忐忑不安，更不相信存在能够过渡到无，另一方面，他们唯一知道的事情，就是一门科学以**预设一个表象**为开端——仿佛只要**分析**这个表象，相应的结果就能够在科学里提供最初已规定的概念。假如我们也考察一下这个方法，那么我们仍然不具有什么特殊的对象，因为开端，作为**思维**的开端，应当是一个完全抽象和完全普遍的东西，一个没有任何内容的形式；这样一来，我们除了一个单纯的开端本身的表象之外，没有任何别的东西。因此我们只需要看看，这个表象能够提供什么东西。

它尚且是无，而它应当成为某东西。开端并不是纯粹的无，而是一个应当引申出某东西的无；因此存在也已经包含在开端里面。开端包含着二者，存在和无；开端是存在和无的统一体，——换言之，开端作为非存在同时是存在，作为存在同时是非存在。

进而言之：存在和无作为**区分开的东西**位于开端里面；因为开端指向某个他者；它是非存在，与存在相关联，以之为一个他者；开端的东西尚未**存在着**；它刚刚达到存在。也就是说，开端包含着这样一种存在，它脱离了非存在，或者说把非存在当作一个对立面而加以扬弃。

[74]　　　进而言之，开端的东西已经**存在着**；但同样地，它**尚未存在着**。因此对立双方，存在和非存在，在开端里面直接合为一体；换言之，开端是二者**的未区分的统一体**。

由此可见，对于开端的分析同样提供了"存在"和"非存在"的统一体概念——或者说，在一个更为反思的形式下，提供了"区分开的存在"和"未区分的存在"的统一体概念——或"同一性"和"非同一性"的同一性概念。这个概念可以被看作是绝对者之最初的、最纯粹的、亦即最抽象的定义，——假若事情的关键在于绝对者的定义形式和名称，那么这个概念实际上就将是这样一个东西。而在这个意义上，既然那个抽象概念是绝对者之最初的定义，那么所有进一步的规定和发展也将仅仅是绝对者之更具体和更丰富的定义。有些人之所以对于以**存在**为开端感到不满意，是因为存在过渡到无，并且由此产生出存在和无的统一体；那么，他们不妨仔细看看，相比以存在为开端，这个从"**开端**"表象出发的开端，以及这个表象的分析（这些分析无疑是正确的，但同样得出了存在和无的统一体），是否能够令他们更满意。

对于这个方法，我们还需要做进一步的考察。那个分析假定"开端"表象是一个熟知的东西；就此而言，它是参照其他科学的例子来进行的。这些科学预设自己的对象，然后带着一种姑且如此的态度假定，每一个人对于这个对象都具有同样的表象，都会在其中认识到大致相同的规定，而这些规定是通过分析、比较以及其他各种琢磨而在对象身上捣鼓出来的。问题在于，那个造成绝对开端的东西，必须同样是一个熟知的东西；现在，如果它是一个具体的、随之在自身之内得到多方规定的东西，那么这个**自身关联**就已经被预设为某个熟知的东西；相应地，自身关联被当作某个**直接**

[75]　**的东西，而它并不是这样的东西**；因为它仅仅是不同东西之间的关联，随之

在自身内包含着**中介过程**。除此之外，具体东西也掺杂了各种偶然的、随意的分析和规定活动。究竟得出哪些规定，这取决于每一个人在他的直接而偶然的表象中**碰巧发现**了什么。包含在一个具体东西或一个综合统一体中的关联，只有在这种情况下才是一个**必然的**关联，即它不是被碰巧发现，而是通过诸环节之回归这个统一体的运动而得出的，——这个运动与分析方法正好相反，后者是一种外在于事情本身的活动，仅仅隶属于主体。

更确切地说，这里也意味着，那个造成开端的东西不可能是一个具体的东西，不可能是一个在**自身内部**包含着关联的东西。假若它是这样一个东西，就会在自身内部预设从一个最初的东西到一个他者的中介和过渡，其结果则是一个已经单纯化的具体东西。然而开端自身不应当已经是一个最初的东西**和**一个他者；假若它在自身内是一个最初的东西**和**一个他者，这就已经包含着一种得到推进的存在。因此，那个造成开端的东西，或者说开端自身，必须被看作是一个不可分析的东西，一个单纯的、未经充实的直接东西，也就是说，必须被看作是一个完全空洞的**存在**。

有些人没有耐心去考察抽象的开端，只想直接宣称："不应当以开端为开端，而是应当干脆利落地以**事情**为开端。"但这里所说的事情无非是那个空洞的存在，因为我们恰恰应当在科学的进程中才揭示出什么是"事情"，而不能在科学之前就预设它是众所周知的。

无论人们采用什么形式，以获得不同于空洞存在的另一个开端，这个开端都不能回避上述缺陷。那些始终不满意这个开端的人，不妨给自己提出一个任务，看看能不能以别的东西作为开端，同时回避这些缺陷。

这里不能完全无视一个独创的、在近代已经非常有名的哲学开端，即以**自我**为开端。这个开端一方面来自一个反思，即最初的真相必须推导出一切后继的东西，另一方面来自一个需要，即最初的真相应当是一个熟知的东西，或更确切地说，一个**直接确定的东西**。一般说来，这个开端并不是一个偶然的表象，即在一个主体那里是这个样子，而在另一个主体那里又是另外的样子。也就是说，自我，这个直接的自我意识，一方面本身首先显现为一个直接的东西，另一方面显现为一个在熟知程度上远远超 [76]

过其他表象的东西;别的熟知的东西虽然隶属于自我,但仍然是一个有别于自我的内容,随之是一个偶然的内容;与此相反,自我是一种单纯的自身确定性。但无论如何,自我**同时**也是一个具体的东西,或更确切地说,自我是最具体的东西,——它意识到自己是一个无限复杂的世界。为了让自我成为哲学的开端和根据,必须把这个具体的东西孤立出来,——通过这个绝对的行动,自我净化自身,作为抽象自我而进入自己的意识。但这样一来,这个纯粹的自我就**既不**是一个直接的自我,**也不**是我们的意识中通常熟知的那个自我,一个本应对每一个人而言都直接与科学联系起来的自我。真正说来,这个行动无非意味着提升到纯粹知识的立场,在那里不再区分主观东西和客观东西。但是,像这样**直接**要求这个提升,它就仅仅是一个主观的公设;为了证明这是一个真正合理的要求,我们必须已经揭示和呈现出,具体自我如何在自己那里,通过它自己的必然性,从直接的意识推进到纯粹知识。假若没有这个客观的运动,即使人们把纯粹

[77] 知识规定为**理智直观**,它也会显现为一个随意的立场,或者甚至显现为意识的某一个经验**状态**的立场,对这种立场而言,差别仅仅在于,一个人能够在自身内**碰巧发现**或制造出它,而另一个人做不到这一点。但是,由于这个纯粹自我必须是一种事关本质的纯粹知识,而纯粹知识只有通过自身提升这个绝对行动才能够被设定在个体意识之内,而不是直接现成地出现在个体意识里面,所以恰恰在这种情况下,哲学的这个开端本来应当提供的一个好处就丢失了,也就是说,开端本来应当是某种绝对熟知的东西,每一个人都能够在自身之内直接认识到它,并且将其与进一步的反思联系起来;但实际上,那个纯粹自我按照其抽象的本质性而言,是普通意识根本不熟悉的某种东西,是普通意识在自身之内根本不能碰巧发现的东西。相应地,这里反而出现了一个坏处,即这样一个错觉,仿佛这里谈论的是某种熟知的东西,是经验自我意识的自我,殊不知这里谈论的实际上是某种远离经验自我的东西。把纯粹知识规定为自我,不但会导致人们总是回想起主观的自我(其局限性本来应当是被忘掉的),而且始终保留着一个观念,仿佛那些在自我的进一步发展中涌现出来的命题和关系

也能够在普通意识之内出现（因为它们确实是由普通意识提出来的），并且被碰巧发现。这种混淆并未提供一种直接的清晰性，而是仅仅制造出一种更炫目的混乱和一种彻底的迷失；而从外在方面来看，它尤其引发了各种最粗俗的误解。

此外，就一般意义上的自我的**主观**规定性而言，纯粹知识确实消除了自我的有限意味，使自我与一个客体之间不再有一个不可克服的对立。至少从这个理由来看，我们已经**没有必要**再保留纯粹知识（作为自我）的主观态度和主观规定。关键在于，这个规定不但会带来那个造成困扰的歧义，而且仔细看来，它始终是一个主观的自我。那种以自我为开端的科学的现实发展表明，客体在这个过程中具有并且保留着对自我来说是一个**他者**的恒常规定，因此那个作为开端的自我并不是一种已经真正扬弃了意识对立的纯粹知识，而是仍然局限在现象的范围之内。 [78]

这里还需要补充一个根本重要的注释：即使**自在的自我**能够被规定为纯粹知识或**理智直观**，并且被树立为开端，但科学所关注的，不是那种**自在地**或**内在地**现成已有的东西，而是内在东西**在思维之内**的定在，以及思维在这个定在里面具有的**规定性**。但理智直观的定在，或者说永恒者或绝对者的**定在**（就理智直观的对象被称作永恒者、神性东西、绝对者而言），在科学的**开端**处只能是一个最初的、直接的、单纯的规定，此外无他。至于这个定在随后将会获得哪些比单纯的存在更丰富的名称，这仅仅取决于，这样一个绝对者如何进入**思维着的**知识，如何进入这个知识的表述。诚然，理智直观以一种粗暴的方式排除了中介活动和那种进行证明的外在反思，但它所表述出来的东西，却不仅仅是单纯的直接性，因此它是一个具体的、在自身内包含着不同规定的东西。但正如我们已经指出的，对这样一个东西的表述和呈现乃是一个中介化运动，它以诸多规定**之一**为开端，推进到另一个规定，尽管这个规定也是向着最初规定的回归；——与此同时，这个运动不应当是一个随意的或武断的运动。因此，在这样一种呈现里，**开端**不是具体东西本身，毋宁仅仅是一个单纯的直接东西，它就是运动的出发点。此外，如果一个具体东西被当作开端，这里 [79]

55

也缺乏一个证明,即为什么那些包含在具体东西里面的规定会联系在一起。

因此,在表述绝对者、永恒者或上帝的时候(而且**上帝**本来有最无可争辩的权利去担任开端),如果它们的直观或思想比纯粹存在**包含着更多东西**,那么**这些东西**应当首先**出现**在思维知识里面,而不是首先出现在表象知识里面。无论那些表述蕴含着多么丰富的东西,**最初**出现在知识里面的规定仍然是一个单纯的东西,因为只有单纯的东西才包含着纯粹开端,此外无他;只有直接的东西才是单纯的,因为只有在直接的东西里,才不会已经有从一个东西推进到另一个东西的存在。就此而言,虽然绝对者或上帝的表象形式是一种更丰富的东西,但无论它们关于存在表述了什么或应当包含着什么,这些东西在开端处都仅仅是一个空洞的词语,仅仅是存在;因此这个单纯的东西,这个不具有任何进一步规定的东西,这个空洞的东西,乃是哲学的绝对开端。

这个洞见本身是如此之单纯,以至于可以说,真正的开端既不需要什么准备工作,也不需要什么进一步的导论;至于前面那些先行的思考,其意图与其说是要引申出这个开端,不如说是要排除一切先行的东西。

存在的普遍划分

首先,存在针对一般意义上的他者而被规定;**其次**,存在在自身之内规定自身;**再次**,只要抛弃这个先行的划分,存在就是一种抽象的无规定性和直接性,在这种情况下,它必然是开端。

按照**第一个**规定,存在分割自身,与**本质**相对立,也就是说,它在它的［80］持续发展过程中表明,它的总体性仅仅是概念的**一个**层面或一个环节,与另一个层面相对立。

按照**第二个**规定,它是这样一个层面,包含着它的反映的各种规定和整个运动。在那里面,存在将会通过如下三个规定设定自身:

I.作为**规定性**本身;**质**;

II.作为**已扬弃**的规定性;**大小**,**量**;

III.作为**就质而言**已规定的**量**;尺度。

正如我们在导论里一般地谈到这些划分的时候已经提醒的那样,这里的划分是一个先行的列举;它们的规定只有通过存在自身的运动才会产生出来,并通过这个方式而得到界定和辩护。通常的做法是列举量、质、关系和模态之类范畴,而且康德仅仅把它们当作他的范畴表的纲目,但实际上,它们本身仍然是范畴,只不过是一些更普遍的范畴罢了。至于我们的划分法与这种列举法的分歧之处,这里不必多言,因为整个具体的展开过程将会表明,它在哪些方面不同于范畴的通常秩序和通常意义。

唯一需要指出的是,通常的做法都是把**量**的规定放在**质**的规定前面提出来,而这——和绝大多数做法一样——是毫无理由的。我们已经指出,开端是由存在**本身**造成的,因此是由一个质的存在造成的。通过比较

57

质和量,我们很容易发现,前者是本性上在先的东西。因为,量是一种已经转变为否定者的质;**大小**是一个不再与存在合为一体,而是已经与之区分开的规定性,是一种已扬弃的、变得无关紧要的质。大小作为存在的规定,包含着存在的可变化性,但事情本身,亦即存在,并没有因为大小就发生变化;与此相反,质的规定性却是与它的存在合为一体,它既没有超越存在,也没有停留在存在内部,因为它是存在的直接的受限状态。质作为**直接的**规定性乃是第一个规定性,因此它必须被当作开端。

[81]

尺度是一种关系(Relation),但不是一般意义上的关系,而是一种已规定的关系,即质和量之间的关系;康德放在关系纲目下的那些范畴将会在完全不同的地方找到自己的位置。如果人们愿意,也可以把尺度看作是一种模态,但由于在康德那里,模态不再构成内容的一个规定,而是仅仅应当涉及内容与思维、与主观东西的关联(Beziehung),所以这是一个完全异质的、不属于此处的关联。

存在的**第三个**规定之所以也位于质的篇章之内,原因在于,存在作为一种抽象的直接性,把自己降格为一个个别规定性,与它在这个层面内的其他规定性相对立。

第一篇　规定性（质）

存在是无规定的直接东西；它既不具有一个与本质相对立的规定性，也摆脱了它在自身内部能够获得的任何规定性。这个与反映无关的存在是一个直接的、仅仅依附于自身的存在。

正因为它是无规定的，所以它是一个无质的存在；然而**自在地看来**，它只有在与**已规定的东西**或质的东西相对立时，才具有"无规定性"这一特性。一般意义上的存在与严格意义上的**已规定的**存在相对立；但这样一来，它的"无规定性"本身就构成了它的质。因此事情将会表明：

首先，**最初的**存在是一个自在地已规定的存在；

其次，它在这种情况下过渡到**定在**，它就是**定在**；

再次，定在作为一个有限的存在扬弃自身，过渡到存在的无限的自身关联，过渡到**自为存在**。

第一章　存　在

A. 存在（Sein）

存在，**纯粹的存在**，——没有任何进一步的规定。作为一个无规定的直接东西，它仅仅等同于它自己（而非不同于一个他者），无论对内还是对外都不具有任何差异性。假若存在内部能够区分出一个规定或内容，或通过这个方式使存在与一个他者区分开，它就会不再坚持自己的纯粹性。它是纯粹的无规定性和虚空。——如果这里可以谈到直观，那么在存在那里**没有任何东西**可供直观；换言之，存在就是这个纯粹的、空洞的直观活动本身。在存在那里，同样没有任何东西可供思考，或者说它同样只是这个空洞的思维活动。存在，这个无规定的直接东西，实际上是**无**，既不比无更多，也不比无更少。 ［83］

B. 无（Nichts）

无，**纯粹的无**；它是单纯的自身等同，完满的虚空性，既无规定，也无内容，在其自身之内没有区分。——如果这里仍然要谈到直观或思维，那么得区分，到底有某东西还是**没有任何东西**可供直观或思考。就此而言，对于无的直观或思考便有了意义；只要区分有某东西或是没有任何东西可供直观或思考，无就**存在于**（实存于）我们的直观活动或思维活动之内；或更确切地说，无就是空洞的直观活动或思维活动本身，而这种空洞

61

的直观活动或思维活动就是纯粹存在。——由此看来,"无"和"纯粹**存在**"是同一个规定,或更确切地说,同一个无规定,因此二者总的说来是同一个东西。

C. 转变(**Werden**)

a. 存在和无的统一体

因此纯粹的存在和纯粹的无是同一个东西。这里的真理既不是存在,也不是无,而是从存在到无的过渡和从无到存在的过渡——不是正在过渡,而是已经过渡。但二者的未区分状态同样不是真理,毋宁说,**二者不是同一个东西,二者是绝对区分开的**,但同时又是未分割和不可分割的,而且**每一方都直接消失在它的对立面里面**。也就是说,它们的真理是这样一个**运动**,即一方直接消失在另一方里面,而这就是**转变**;在这个运动里,二者是区分开的,然而它们所依据的区别同样已经直接地瓦解自身。

[84]   注 释 一

"无"通常和"**某东西**"相对立;但某东西已经是一个已规定的存在者,有别于另一个某东西;因此,那个与某东西相对立的无,也是某东西的无,一个已规定的无。然而这里所说的无应当被看作是一个未规定的、单纯的无。——有些人认为,相比把无和存在对立起来,更正确的做法是把**非存在**(Nichtsein)和存在对立起来,而且从结果来看,这似乎也没有什么可反驳的,因为**非存在**已经包含着与**存在**的关联;在这里,**一个词语**["非存在"]就表述出了两个东西,即"存在"和对于存在的"否定",而这就是处于转变中的无。问题在于,这里所关注的,既不是对立的形式,也不是

关联的形式,而是一种抽象的、直接的否定,纯粹的无本身,一种无关联的否定,——如果人们愿意的话,也可以用单纯的"非"(Nicht)来表述这个东西。

埃利亚学派——尤其是巴门尼德,把"纯粹存在"当作绝对者和唯一的真理,并且在他那些保存下来的残篇里面,带着思维的纯粹亢奋(这是思维第一次在绝对抽象的意义上理解自己)——已经首先表述了"**纯粹存在**"这一单纯的思想:"只有存在存在,**无根本不存在**。"——在东方的各种体系里,从根本上来说在佛教那里,"无"或"空"是众所周知的绝对本原。——针对那个单纯而片面的抽象,深奥的赫拉克利特提出"**转变**"这一更高层次上的总体性概念,宣称"**存在和无都同样不存在**"或"万物流动",也就是说,"万物都是**转变**"。——那些流行的,尤其是来自东方的谚语,比如"一切存在者在出生的时候就包含着死亡的萌芽,而死亡反过来意味着进入新的生命"等等,在根本上都表达了存在和无的同样的统一体。但这些说法都承认有一个基体,而过渡是在这个基体上面发生的;它们把存在和无想象为一种在时间中分离崩析和不断更替的东西,而不是将其当作抽象的东西来思考,因此并未发现二者自在且自为地看来是同一个东西。 [85]

"Ex nihilo nihil fit"["无中生无"]是形而上学里公认具有重大意义的命题之一。在这个命题里,或者人们仅仅看到一种无内容的同语反复,或者,如果其中的"**生成**"或"**转变**"(fit, Werden)一词应当具有现实的意义,那么毋宁说,由于**无中仅仅生无**,所以在这中间实际上没有发生任何**转变**,因为无始终是无。转变意味着,无不是保持为无,而是过渡到它的他者,过渡到存在。——后来的形而上学(尤其是基督教形而上学)之所以谴责"无中生无"这一命题,是因为它们主张一种从无到存在的过渡;无论它们是以综合的方式还是以单纯表象的方式看待这个命题,总之,即使是一种最不完满的联合,也包含着一个点,在那里,存在和无融合了,它们的区分消失了。——"**无中生无,无就是无**"这一命题的真正重要性,在于它反对一般意义上的**转变**,随之反对从无中创造世界。那些主张

"无就是无",甚至为这个命题奔走呐喊的人,没有意识到,这些做法是在支持埃利亚学派的抽象**泛神论**,并且在实质上支持斯宾诺莎的泛神论。如果一种哲学观点把"*存在仅仅是存在,无仅仅是无*"当作原则,就是名副其实的"*同一性体系*";而这种抽象的同一性就是泛神论的本质。

　　尽管"存在和无是同一个东西"这一结果本身是耸人听闻的,看起来是悖理的,但这件事情不值得进一步的关注;实际上,真正令人诧异的是那样一种诧异,它在哲学里面以崭新的姿态招摇登场,却忘记了,这门科学里面出现的规定完全不同于普通意识和所谓的普通人类知性里面出现的规定,更何况这种知性不一定就是健全的,毋宁说,它已经在熏陶之下习惯于抽象,习惯于相信抽象(或更确切地说,迷信抽象)。在每一个例子里,在**每一个**现实的东西或思想里,要揭示出存在和无的这个统一体都是很容易的。此前关于直接性和中介过程(后者包含着一种**相互**关联,随之包含着一个**否定**)所说的东西,必须同样适用于**存在和无**,也就是说,**任何地方,无论天上或是地下,都没有什么东西不是在自身内包含着存在和无这二者**。诚然,这里谈论的是**某一个东西**或**现实的东西**,因此那些包含在其中的规定不再是完全不真实的东西——而作为存在和无,它们是完全不真实的——,而是在一个进一步的规定中,被理解把握为**肯定东西**和**否定东西**等等,前者是一种已设定的、已折返的存在,后者是一种已设定的、已折返的无;然而肯定东西和否定东西同样包含着二者,只不过前者以存在为抽象基础,后者以无为抽象基础。——就此而言,在上帝自身内部,**行动、创世、权力**等性质在本质上同样包含着一个否定的规定,——因为它们制造出一个**他者**。但在这里,用经验例子来解释那个主张,完全是多此一举。因为从现在起,存在和无的这个统一体,作为最初的真理,已经一劳永逸地成为基础,并且构成一切后续东西的要素,因此除了"转变"自身之外,所有进一步的逻辑规定,比如"定在"、"质"等等,乃至哲学的全部概念,都是这个统一体的例子。——至于那种以普通或健全自居的人类知性,如果它想要谴责存在和无之不可分割,那么最好是费点心思找出一个例子,以表明一个东西和另一个东西(比如"某东西"

和"界限"或"限制"，或如上面提到的，"无限者"或"上帝"和"行动"）在那里是可分割的。实际上，只有"存在本身"和"无本身"之类空洞的思想物才是可分割的东西，然而知性却是如此偏爱它们，胜过真理，胜过我们在任何地方看到的二者的不可分割性。 [87]

人们不要企图从所有方面去对付通常意识在处理这样一个逻辑命题时所陷入的混乱，因为它们是不可穷尽的。这里只能举几个例子。这类混乱的根据之一，在于当意识处理这类抽象的逻辑命题的时候，把某个具体东西的表象掺杂进来，却忘记了，这里所谈论的，不是某个具体的东西，毋宁仅仅是"存在"和"无"等纯粹抽象的东西，而且唯有这些东西是需要牢牢掌握的。

因为存在和非存在是同一个东西，**所以**，我存在或不存在，这座房子存在或不存在，这一百个塔勒存在或不存在于我的财产状况中，都是同一回事。——当人们对那个命题做出这样的推论或应用，就完全改变了它的意义。命题包含着"存在"和"无"等纯粹抽象的东西；但它的应用已经制造出一个已规定的存在和一个已规定的无。关键在于，正如之前所说，这里谈论的不是一个已规定的存在。一个已规定的、有限的存在是一个与他者相关联的存在；它是一个内容，与其他内容、与整个世界有着必然的联系。考虑到整体的交互规定的联系，形而上学可以提出一个（在根本上同语反复的）主张："假若一粒尘埃被摧毁，那么整个宇宙都会坍塌。"在那些反对上述命题的托词里，某个东西究竟存在抑或不存在，这看起来当然是至关重要的，但真正重要的不是存在或非存在，而是那个东西的**内容**，这内容把那个东西和其他东西联系起来。如果一个已规定的内容或一个已规定的定在被当作**前提**，那么，因为这个定在是一个**已规定的东西**，所以它和其他内容有着多方面的联系；而对于这个定在而言，它与之相关联的另一个内容究竟存在抑或不存在，这当然是至关重要的；因 [88]为只有通过这样一个关联，它才在本质上是它所是的那个东西。在**表象活动**中也是同样的情形（这里我们是在"表象活动"的更确定的意义上把非存在和现实性拿来做对比），在它的联系里，一个内容（它被表象为一个已规定的、与他者相关联的东西)究竟存在抑或不存在,这确实是至关重要的。

　　这个考察所包含的东西,恰恰被康德当作一个主要论据,用来批判关于上帝存在的本体论论证。对于康德的这个批判,我们在这里只谈谈其中出现的一个区别,即一般意义上的存在和**已规定的**存在的区别,或者说一般意义上的无和**已规定的**非存在的区别。——众所周知,本体论论证预设了一个"本质"概念,这个本质具有全部实在性,包括实存,因为后者同样也被当作诸多实在性之一。康德的批判主要强调一点,即"**实存**"(Existenz)或"**存在**"(这里作为同义词)不是一个**属性**,或者说不是一个**实在的谓词**,也就是说,这个概念所指代的那个东西不能添加到一个物的**概念**上面。① ——康德希望以此表明,存在不是一个内容规定。他接着说道,因此,"可能"并不比"现实"包含着更多东西,反过来,现实的一百个塔勒也不比可能的一百个塔勒多包含一丝一毫;——也就是说,从内容规定来看,前者和后者并无不同。就这个孤立出来予以考察的内容而言,它究竟存在抑或不存在,这实际上是无关紧要的;它并未包含着存在或非存在的区别,这个区别对它根本没有任何影响;一百个塔勒不会因为不存在就变得更少,也不会因为存在就变得更多。因此这个区别必定是来自于别的什么地方。——康德提醒我们:"但是,就我的财产状况而言,现实的一百个塔勒当然多于一百个塔勒的单纯概念或可能性。因为现实的**对象**不是仅仅**以分析的方式**包含在我的概念里,而是**以综合的方式添加到我的概念上面**(这个概念**规定着**我的一个**状态**),与此同时,通过这个位于我的概念之外的存在,这些位于思想中的一百个塔勒本身并没有增加一丝一毫。"

[89]

　　为了保留康德的那些晦涩难懂的术语,我们可以说,这里预设了两个状态:一个是康德所谓的"概念"(他把它理解为表象),另一个是"财产状态"。无论对前者还是对后者而言,无论对财产还是对表象而言,一百个

---

　　① 康德《纯粹理性批判》,第二版,第 626 页以下(B 626 ff.)。——黑格尔原注

塔勒都是一个内容规定，或者如康德所说的那样，它们以综合的方式添加到这样一个状态上面；我究竟是**占有**抑或不占有一百个塔勒，或我究竟是**想象着**抑或没有想象着一百个塔勒，在这里确实有着内容的区别。更一般地说：一旦"存在"和"无"等抽象东西获得一个已规定的内容，它们就不再是一些抽象东西；于是存在成为"实在性"，成为一个已规定的存在（100 塔勒的存在），而无成为"否定"，成为一个已规定的非存在（100 塔勒的非存在）。至于这个内容规定，一百个塔勒，就其本身作为一个抽象东西而言，在两种情况下都没有发生变化，仍然是同一个东西。但是，一旦存在接下来被当作财产状态，一百个塔勒就和一个状态发生联系，而对于这个状态来说，"一百个塔勒"这一规定性就不是无关紧要的；一百个塔勒的存在或非存在仅仅是一个**变化**；它们已经转移到**定在**的层面上面。所以，如果有人把"这个或那个东西（比如 100 塔勒）的存在或非存在毕竟不是无关紧要的"当作理由，以此反对存在和无的统一体，那么这只不过是一个错觉，即把我**拥有**或**不拥有**一百个塔勒的区别简单套用到存在和非存在上面，——正如已经指出的，这个错觉立足于一个片面的抽象，它抛开这些例子里面明摆着的**已规定的定在**，仅仅抓住存在和非存在，反 ［90］
过来又把本应得到正确理解的抽象存在和无转化为一个已规定的存在和无，转化为一个定在。但只有从**定在**开始，才包含着存在和无的实在区别，即**某东西**和一个**他者**的区别。——人们在表象中看到的，是这个实在的区别，而不是抽象的存在和纯粹的无的区别，不是它们的仅仅位于意谓中的区别。

　　按照康德的说法，"某东西是通过实存而进入整个经验的关联"，"通过这个方式，我们额外获得**知觉**的一个对象，但我们关于这个对象的**概念**并没有因此有所增益。"正如我们已经澄清的那样，这些说法的意思只不过是："正因为某东西在本质上是一个已规定的实存，所以通过实存，它与一个**他者**建立联系，随之也与一个知觉者建立联系。"——康德说，一百个塔勒的概念不会通过知觉而有所增益。在这里，**概念**指之前所说的那些存在于**孤立**表象中的一百个塔勒。通过这种孤立的方式，一百个塔

67

勒虽然是一个经验内容,但已经被抽取出来,和**他者**没有关系,也缺乏相应的规定性;自身同一性的形式剥夺了它们与他者的联系,使它们是否被知觉到成为一件无关紧要的事情。然而诸如"一百个塔勒"之类所谓的**概念**乃是一个虚假的概念;单纯的自身关联形式同样不属于这类受限的、有限的内容本身;这是主观的知性强加在内容身上的一个形式;"一百个塔勒"不是一个自身关联的东西,而是一个变动不居的、随时消失的东西。

[91] 思维,或者说那种仅仅盯着一个已规定的存在(即定在)的表象活动,必须回溯到刚才说过的科学开端,即巴门尼德曾经提出的那个开端。巴门尼德已经把他的表象活动和后世的表象活动精炼并升华为一个**纯粹思想**,即存在本身,随之创造出科学的要素。——**科学里的最初东西**必须表明自己**在历史里面也是最初东西**。我们必须把埃利亚学派的"**一**"或"**存在**"看作是我们关于思想所知道的最初东西;诸如"**水**"之类物质本原固然**应当**是普遍者,但它们作为物质,并非纯粹思想;同样,"**数**"既不是最初的单纯思想,也不是一个停留于自身之内的思想,而是一个完全位于自身之外的思想。

从各种**特殊的**、**有限的**存在回溯到存在本身,回溯到那种完全抽象的、普遍的存在,这既应当被看作是一个最最基本的理论要求,甚至也应当被看作是一个实践要求。也就是说,如果在谈到一百个塔勒的得失的时候,"我究竟**拥有**抑或**不拥有**它们",尤其是,"我究竟存在抑或不存在,或他者究竟存在抑或不存在"之类情况在我的财产状态里制造出一个区别,那么——且不说对于某些财产状态而言,是否占有一百个塔勒完全是无关紧要的——需要提醒的是,人在他的意念中恰恰应当提升到一种抽象的普遍性,在这种情况下,他实际上既不关心一百个塔勒(无论它们和他的财产状态是什么量化关系)究竟存在抑或不存在,也不关心他自己究竟存在抑或不存在,亦即在有限的生命中究竟存在抑或不存在(因为有限的生命是一个状态,一个已规定的存在),如此等等。——甚至一个罗马人也说过,si fractus illabatur orbis, impavidum ferient ruinae [哪怕天崩地裂,他自岿然不动]①,而基督徒更应当处于这种漠不关心的状态。

此外还需要指出,超越一百个塔勒和全部有限事物,和本体论论证以及康德的上述批判,这两件事情有一个直接联系。康德的批判已经通过其通俗的例子而变得普遍可信;谁会不知道,一百个现实的塔勒和一百个 [92] 单纯可能的塔勒是有区别的呢? 谁会不知道,二者在我的财产状态里构成了一个区别? 因为这种差异性在一百个塔勒身上表现得如此之突出,所以概念(即内容规定)作为空洞的可能性不同于存在;**所以**,上帝的概念也不同于上帝的存在,正如我不可能从一百个塔勒的可能性中制造出它 们 的 现 实 性 ,同 样 ,我 也 不 可 能 从 上 帝 的 概 念 中 " 刨 出 "(herausklauben)上帝的实存;至于本体论论证,据说就是通过这个方式从上帝的概念中"刨出"上帝的实存。现在,如果"概念不同于存在"确实是正确的,那么更值得注意的是,上帝不同于一百个塔勒和其他有限事物。只有按照**有限事物的定义**,概念才不同于存在,概念和实在性、灵魂和身体才是可分割的,而它们因此是随时消失的、有朽的;反之,按照上帝的抽象定义,他的概念和他的存在是**未分割**和**不可分割的**。真正的范畴批判和理性批判恰恰是要澄清对于这个区别的认识,并且防止这种认识把有限者的规定和关系应用于上帝。

注 释 二

此外需要指出,还有一个理由促使人们更加反感这个关于存在和无的命题。这个理由认为,"**存在和无是同一个东西**"这个命题并没有完整地表述出通过考察存在和无而得出的那个结果。这个命题和一般的判断一样,都是着重强调"**是同一个东西**",因为在命题里面,只有谓词才谓述出主词**是**什么东西。就此而言,这里的意义看起来是要否认那个同时在 [93]

---

① 引文出自罗马诗人贺拉斯(公元前65—公元前8年)《抒情短诗集》第三部分第3首。这句话形容的是斯多亚学派理想中的智者。——译者注

命题里直接出现的区别;因为它谓述出了**两个**规定,即存在和无,并且把二者当作已经区分开的东西包含在自身内。——但与此同时,这里的意思并不是说,人们应当抽离它们,仅仅坚持统一体。这个意义本身就表明自己是片面的,因为那些应当被抽离的东西就在命题里明摆着,并且被提到。——现在,由于命题"**存在和无是同一个东西**"谓述出两个规定的同一性,但实际上同样把它们当作已经区分开的东西而包含在自身内,所以它是自相矛盾的,并且自行瓦解。如果我们进一步审视这个情况,就会发现,这里提出的命题其实包含着一个运动,即通过自身而自行消失。但这样一来,在这个命题自身那里,就出现了一个应当构成其真正内容的东西,即**转变**。

就此而言,命题**包含着**结果,或者说命题就是**自在的**结果本身。但这里有一个值得注意的情况或缺陷,即结果本身在命题里面并没有**被表述出来**;毋宁说,是一个外在的反思在命题里面认识到结果。有鉴于此,我们必须从一开始就一般地提醒人们注意:命题,**在判断的形式下**,不适宜用来表述思辨真理;假若人们熟悉这个情况,就会克服许多对于思辨真理的误解。判断是主词和谓词之间的**同一性**联系;在这里,人们既不关心主词比谓词具有更多的规定性,也不关心谓词是主词的进一步发展。但现在的关键是,如果内容是思辨的,那么主词和谓词的**非同一性因素**就同样是一个本质环节,而这个环节在判断里并没有被表述出来。近代哲学的许多东西之所以在那些不熟悉思辨思维的人看来是悖谬的和光怪陆离的,就是因为人们总是用单纯判断的形式来表述思辨的结果。

[94]   为了克服这个缺陷,以表述思辨真理,人们首先用一个相反的命题即**"存在和无不是同一个东西"**来做补充,而这个命题在前面同样已经被说出来了。但在这种情况下,产生出另一个缺陷,即上述两个命题是彼此无关的,随之仅仅在二律背反中把内容呈现出来,哪怕它们的内容是与同一个东西相关联的,而且两个命题表述出来的规定应当绝对地联合起来,——在这种情况下,我们只能说,这个联合是**互不相容的东西**的一种**躁动**,亦即**一个运动**。最常见的那种强加于思辨内涵身上的偏颇做法,就

是把这个内涵弄成一种片面的东西,亦即仅仅强调相互对立的两个命题中的一个,殊不知这个内涵能够化解在两个命题里面。诚然,人们可以主张这个命题,这是不容否认的;**这个说法既是正确的,也是错误的**,因为,只要人们从思辨东西里面拿出**一个**命题,就至少必须同时重视并且提出**另一个**命题。——这里尤其有必要提到"统一体"这个所谓的不幸词语;"**统一体**"(Einheit)甚至比"**同一性**"(Identität)更加标示着一种主观反思;它主要被看作是一个关联,一个通过**比较**和外在反思而得出的关联。每当外在反思在两个**不同的对象**那里看到同一个东西,这里就有一个统一体,与此同时,外在反思假定,相对于这个统一体而言,那被拿来做比较的对象本身是完全**漠不相关的**,而在这种情况下,这种比较行为和统一体就丝毫不涉及对象本身,毋宁仅仅是一种外在于对象的行动和规定。因此统一体表达了一种完全**抽象的**同一性,而它谓述的对象愈是表现出巨大的区别,它自己就愈是强硬和引人注目。就此而言,那么不说"统一体",而是仅仅说"**未分割**"和"**不可分割**",貌似是一个更好的办法,但这样一来,整体关联的**肯定方面**就没有被表达出来。

因此,这里得出的完整而真实的结果,乃是**转变**,而且它并非仅仅是 [95]
存在和无的片面统一体或抽象统一体。毋宁说,转变立足于这样一个运动:1)纯粹存在是一个直接而单纯的东西;2)因此这个东西是纯粹的无;3)二者的区别一方面**存在着**,另一方面**扬弃自身,不存在着**。因此,这个结果虽然主张存在和无的区别,但这仅仅是一个**意谓中的**区别。

按照人们的**意谓**,存在是无的一个绝对他者,它们的绝对区别是一件再清楚不过的事情,而且说出这个区别看起来也是一件再轻松不过的事情。然而我们同样可以很轻松地让他们意识到,这件事情是不可能的,这个区别是**不可言说的**。**那些企图坚持存在和无的区别的人,不妨给自己一个任务,看看能否说出这个区别存在于什么地方**。假若存在和无具有某个规定性,以此相互区分开来,那么正如之前提醒的,它们就不再是这里所说的纯粹存在和纯粹的无,而是一个已规定的存在和一个已规定的无。因此它们的区别是完全空洞的,双方中的任何一方都同样是一个无规定的东西;也就是说,这个区别不是出现在它们自身那里,而是仅仅出现在一个第三者亦即**意谓**那里。然而意谓是主观方面的一个形式,并不隶属于呈现的序列。存在和无的持存(Bestehen)依赖于第三者,因此第三者必须也在这里出现;而它确实已经出现在这里,它就是**转变**。通过转变,存在和无成为区分开来的东西;只有当它们区分开来,才会有转变。这个第三者是一个不同于它们的东西;——它们的持存仅仅依赖于一个他者,而这意味着,它们的持存不是依靠它们自己。转变既是存在的持存,也是非存在的持存;换言之,它们的持存仅仅在于它们的存在**合而为一**;与此同时,恰恰是它们的这种持存扬弃了它们的区别。

[96]　　　要求说出存在和无的区别,意味着也要求说出**存在和无究竟是**什么东西。那些拒不承认存在和无都仅仅是向着对方的**过渡**,而是把这样那样的说法放在存在和无身上的人,不妨告诉我们,他们所说的究竟是**什么东西**,或者说不妨提出存在和无的一个**定义**,并表明这个定义是正确的。诚然,他们也认可并且使用古代科学的逻辑规则,但是只要他们没有满足古代科学的这个基本要求,那么他们的所有那些关于存在和无的主张都仅仅是一些保证或断言,不具有科学的有效性。有人曾经提出,实存——在这里,"实存"(Existenz)和"存在"(Sein)首先是被当作同义词来使用的——是**可能性的充实**,但这个说法已经预设了另一个规定,即"可能性",因此并没有把存在当作一个直接的东西,而是甚至当作一个非独立的、有条件的东西。至于"实存"这个术语,我们将会留给那种**经过中介的存在**。诚然,人们经常以形象的方式把存在**想象**为纯粹光明或透视的明晰性,把无**想象**为纯粹黑夜,并且把它们的区别和这种众所周知的感性差异性联系在一起。但实际上,只要人们仔细考察一下这种注视,就很容易发现,人们在绝对的明晰性和绝对的黑暗里都看不见任何东西,前一种注视和后一种注视都是纯粹的注视,即对于无的注视。纯粹光明和纯粹黑暗作为两种空洞的东西,实际上是同一个东西。只有在已规定的光明里面——这时光明被黑暗规定——,亦即在暗化的光明里面,同样,只有在已规定的黑暗里面——这时黑暗被光明规定——,亦即在照亮的黑暗

里面,某种东西才能够被区分开来,因为只有暗化的光明和照亮的黑暗才在自身内具有区别,随之是一种已规定的存在,即**定在**。

注　释　三

统一体——存在和无是它的不可分割的环节——同时不同于存在和无本身,因此可以说是一个**第三者**,而这个东西按照其最本真的形式而言,就是**转变**。**过渡**和转变是同一个东西,只不过在前者那里,存在和无中的一方已经过渡到另一方,更像是以静态的方式各据两端,仿佛过渡是在二者**中间**发生的。现在,无论在什么地方或以什么方式,只要谈到存在或无,这个第三者都必然是在场的;因为存在和无不是孤立地持存着,而是仅仅位于这个第三者亦即转变之内。这个第三者有着丰富的经验形态,然而抽象思维却对这些形态置之不理或不予重视,因为它想要紧紧抓住自己的产物,即孤立的存在和无,并且表明自己要捍卫它们,不让它们发生过渡。针对这样一种简单的抽象态度,我们的做法同样也很简单,即让它回忆起经验的实存,在其中,那种抽象本身仅仅是某东西,具有一个定在。换言之,通过一些反思形式,不可分割的东西应当被固定为已分割的东西。自在且自为地看来,这种反思规定本身就包含着它的对立面,正因如此,我们用不着回溯到并且求助于事情的本性,就可以让那个反思规定自己反驳自己,也就是说,当它宣称自己是什么东西的时候,它的他者已经出现在它自身之内。我们没有必要白费力气,把反思及其琢磨出的各种颠三倒四的说法和臆想一网打尽,以此杜绝它那些用来掩饰其自相矛盾的闪烁之词,并指出这些都是不可能的,如此等等。正因如此,我不打算回应人们针对"存在和无都不是某种真实的东西,毋宁只有转变才是它们的真理"而提出的漫天抗议和反驳。只有当人们对于知性形式具有批判的认识,获得相应的思想教化,才会认识到那些抗议和反驳的虚妄无聊,或更确切地说,才会亲自杜绝诸如此类的臆想。遗憾的是,那些最热衷于这类抗议的人却从一开始就用他们的反思来诋毁最初的命题,而不是通过深入研究逻辑来促使自己意识到这些粗俗反思的本性。

接下来要考察的一些现象,其源头在于,人们把存在和无相互隔绝,把其中一个放在另一个的范围之外,从而否认了过渡。

巴门尼德以最彻底的方式坚持存在,因为他同时宣称,**无根本不存在**,唯有存在存在。这个完全孤立的存在是一个无规定的东西,因此与他者没有关联;这样看来,**从这个开端出发**不可能有任何**推进**,因为,只有当开端与**外面的**某个陌生东西联系起来,才会发生一种从开端出发的推进。在这种情况下,这个推进,即"存在和无是同一个东西",就显现为第二个绝对的开端,——显现为一种孤立的、从外面附加于存在身上的过渡。假若存在具有一个规定性,就根本不是绝对的开端;因为在这种情况下,它就依赖于一个他者,而不是一个直接的东西,不是开端。但是,如果它是无规定的,随之是真正的开端,那么也不拥有什么东西,并借此过渡到一个他者,毋宁说它同时是终点。存在不可能绽放出任何东西,任何东西也不可能渗透到存在里面;无论是在巴门尼德那里还是在斯宾诺莎那里,从存在或绝对实体出发都不可能推进到一个否定的东西,即有限者。如果这里确实出现了一个推进,那么正如之前指出的,从无关联的、随之无推进的存在出发,这种情况只能以外在的方式发生,因此这个推进是第二个新的开端。同理,费希特的最绝对的、无条件的原理"A = A"是**设定**;第二个原理是**对立设定**;后者应当**部分地**是有条件的,**部分地**是无条件的(因此自相矛盾)。① 这是一个由外在反思造成的推进,它重新否定了那个作为绝对者的开端——对立设定是对于最初的同一性的否定,同时明确地立即把它的第二个无条件者当作一个有条件者。但总的说来,假若这个推进(即对于第一个开端的扬弃)是合法的,那么这个最初的东西本身必须包含着一种情况,即一个他者能够与它相关联;也就是说,它必须是一个**已规定的东西**。然而我们不能说**存在**或绝对实体是这样一个东西;毋

[99]

---

① 费希特知识学的第二原理是"A ≠ -A",它在内容上是有条件的(即依赖于 A 的存在),但在形式上是无条件的(即绝对地符合矛盾律)。——译者注

宁正相反。它是一个**直接的东西**，一个尚且绝对无规定的东西。

雅各比为了攻击康德的自我意识的先天**综合**，在他的论文《论批判主义把理性改造为知性的做法》（《著作集》第三卷，莱比锡 1816 年版）中提供了一些最雄辩的、但或许已经被遗忘的描述，以表明，从一个抽象的东西不可能过渡到一个具体的东西以及二者的联合。他提出一个任务（第 113 页），即人们应当指明，在一个**纯粹的东西**里面（不管这个东西是意识还是空间或时间）会发生或产生一个综合。"空间是**单一体**，时间是**单一体**，意识是**单一体**……你们只需说说，这三个单一体中的某一个如何能够在自身内成为一个**纯粹的杂多东西**？每一个都仅仅是**单一体**，不是**他者**；这是一种单一性，一种与这［空间］、这［时间］、这［意识］无关的'**这一这一这自身同一性**'！既然它们和**具体的**'这'仍然沉睡在无规定者的无限的零里面，一切东西和每一个**已规定的东西**又应当从哪里产生出来呢！是什么东西把**有限性**注入到那三个无限者里面？是什么东西用数和尺度先天地充实了空间和时间，把它们转化为一个**纯粹的杂多东西**？是什么东西让**纯粹的自发性**（自我）发生振荡？它的纯粹元音如何获得辅音，或更确切地说，它的**无声的**、延绵不断的**气息**如何自行中断或**终止**， ［100］以获得至少一种元音和一个**重音**？"——人们可以看出，雅各比已经非常明确地认识到抽象东西的**非本质**，不管这个抽象东西是所谓的绝对的（亦即纯粹抽象的）空间和时间，或是这样的纯粹意识，即自我；他死咬着这一点不放，以表明一种向着他者，向着综合的条件，向着综合本身的推进是不可能的。这个引发争议的综合一定不能被看作是**外在的**现成已有的规定的一个联系，因为这里需要关注的问题，一方面在于第一个东西究竟如何生产出第二个东西，或无规定的开端如何生产出一个已规定的东西，另一方面在于**内在的**综合或先天的综合，即已区分的东西的自在且自为存在着的统一体，［究竟是如何可能的］。**转变**是存在和无的这种内在综合；但是，因为人们在谈论"综合"的时候最容易想到彼此外在的、现成已有的东西的外在结合，所以最好是弃用"综合"、"综合统一体"等术语。——雅各比问，自我的纯粹元音**如何获得辅音**，是**什么东西把规定性**

注入到无规定性里面？针对这个"**什么东西**"，问题是不难答复的，而且康德已经用他的方式答复了这个问题；至于"**如何**"，即通过什么方式，依据什么关系等等，这个问题却是要求人们给出一个特殊的范畴；然而这里不可能谈论方式和知性范畴之类东西。实际上，对于"如何"的追问本身就是反思的恶劣行为之一，因为反思一方面追问可理解性，另一方面却以它自己的固定范畴为前提，从而预先就摆出全副武装的架势，抗拒问题的答复。在雅各比那里，对于"如何"的追问也不具有一种更高层次的意

义，也就是说，它并不追问综合的**必然性**。因为正如之前所述，雅各比一直死咬着抽象东西不松口，坚持认为综合是不可能的。在该书第 147 页，他尤其以一种生动的方式描述了空间的抽象化是如何达致的。"我必须竭尽全力，完全忘却我曾经看到过、听到过、摸到过或触动过的任何东西，甚至我自身也不例外。我必须完全、完全、完全忘却一切运动，而且，正因为这种**忘记**对我来说是最困难的，所以我必然对它是最关切的。总之，我在思维中抛开的一切东西，也必须完完全全让其**消灭**，除了那个**强行保留**下来的单纯对于无限的、**不变的空间**的直观之外，不留下任何东西。就此而言，我也不可以把我自己当作某种不同于空间、同时又与空间联系在一起的东西，**通过思维而将其重新放置在空间里面**；我不可以让我自己仅仅被空间**包围**和**渗透**，毋宁说，我必须完全**过渡到**空间，与之合为一体，把我转化为空间；除了**我的这个直观**本身之外，我必须把自己清理干净，以便把这个直观看作一个真正自主的、独立的、整全独一的表象。"

这种完全抽象的、纯粹的延续性，或者说表象活动的这种无规定性和空洞性，这种抽象东西，究竟是被称作"空间"，还是被称作"纯粹直观"或"纯粹思维"，都是无关紧要的。一切东西都是同一个东西，即印度人所说的**梵**；印度人可以长年在外表上寂然不动，同时在内心里漠然于感觉、表象、幻想、欲望等等，仅仅注视着自己的鼻尖，仅仅在内心里默念**唵、唵、唵**，或干脆什么都不念叨。这种沉闷的、空洞的意识，就其被看作意识而言，实际上就是**存在**。

雅各比接着说，他在这个空洞东西里面的遭遇，与康德向他做出的保

证正好相反;他发现自己不是一个**多样性东西**和**杂多东西**,而是一个与多样性和杂多性无关的单一体;嗯,"我就是**不可能性**本身,我是一切杂多东西和多样性东西的**消灭**,……我也**不可能**从我的纯粹的、绝对单纯的、不变的本质里面**重新制造出**一丁点杂多东西和多样性东西,或将其输入到我自身之内……因此,在这种纯粹性里面,一切相互外在和相互并列的存在,一切仅仅以这种相互外在和相互并列的存在为基础的杂多性和多样性,都表明自己是一种**完全不可能的东西**。" [102]

这种不可能性无非意味着一个同语反复:我坚持抽象的统一体并且排除一切多样性和杂多性,我固守在无区别和无规定的东西里面,无视一切区分开来的和已规定的东西。康德所说的自我意识的先天综合是这个统一体的一个分化行动,同时在这个分化行动中维系着自身,而雅各比却把它淡化为这样一种抽象东西。他把那个"**自在的综合**"或"**原初判断**"片面地改造为"**自在的系词**,一个没有开端和终点,与'什么'、'谁'和'哪些'无关的**是,是,是**。这种无限推进的重复之重复是那个最最纯粹的综合的唯一的事务、功能和产物;而那个综合本身是一种单纯的、纯粹的、绝对的重复。"(第 125 页)或者说,由于那个综合实际上不包含间断(亦即不包含否定和区分),所以它并不是一种重复,毋宁仅仅是一种未区分的、单纯的存在。——问题在于,如果雅各比恰恰抛弃了那个使统一体成为综合统一体的东西,这还称得上是综合吗?

当雅各比这样固守在绝对的(亦即抽象的)空间、时间和意识中时,首先有必要指出,他就用这种方式陷入并坚持某种**在经验上虚假的东西**;**根本就没有**,也就是说,在经验中根本就找不到他所说的那种空间和时间,仿佛其仅仅是一种无边界的空间性东西和时间性东西,而不是在其延续性中充满诸多有边界的定在和变化,以至于这些边界和变化以未分割且不可分割的方式隶属于空间性和时间性;同理,意识也充满了已规定的感觉、表象、欲望等等;它的实存没有脱离某种特殊内容。——经验中的 [103] **过渡**无疑是一件自明的事情,意识当然可以把空洞的空间、空洞的时间和空洞的意识本身,或者说把纯粹的存在当作对象和内容;然而意识不会停留于此,它不仅仅是过渡,而且要突破这样一种空洞性,走向一个更好的(亦即在某种意义上更具体的)内容,这个内容无论有多么糟糕,都毕竟是一种更好和更真实的东西;这样一个内容不是别的,恰恰是一般意义上的综合内容,而"综合"在这里具有一种更普遍的意义。正因如此,巴门尼德不得不讨论存在和真理的对立面,即假象和意见,而斯宾诺莎也不得不讨论属性、样式、广延、运动、理智、意志等等。综合包含并且指出那些抽象东西的虚假;它们在综合里面与自己的他者形成统一体,因此它们不是孤立地持存着,不是一种绝对的东西,而是一种纯粹相对的东西。

但这里的重点不是在于指出,空洞的空间等等在经验上是一种虚妄的东西。诚然,意识能够以抽象的方式让自己充满那种无规定的东西,而这些固定下来的抽象东西就是关于纯粹空间、纯粹时间、纯粹意识的**思想**。关于纯粹空间之类东西的思想,或者说纯粹空间之类东西本身,应当**凭借其自身**就揭示出自身的虚妄,也就是说,纯粹空间及其思想本身已经是自己的对立面,本身已经渗透着自己的对立面,本身已经是一种突破自身的存在,是一个规定性。

以上情况是在那些思想自身那里直接出现的。正如雅各比淋漓尽致地描绘的那样,那些思想是抽象的结果,并且被明确地规定为**无规定的东西**,这种东西如果追溯到其最单纯的形式,就是存在。然而这个**无规定性**恰恰构成了存在的规定性,因为无规定性与规定性相对立;就此而言,无规定性作为对立中的一方,本身就是一个已规定的东西或否定者,而且是一个纯粹的、完全抽象的否定者。当外在反思和内在反思把存在等同于无,宣称存在是一个空洞的思想物,是无,它们所陈述出来的,就是存在本身具有的这种无规定性或抽象否定。——或者人们也可以说,正因为存在是无规定的东西,所以它不是它所是的(肯定的)规定性,不是存在,而是无。

当我们的逻辑把**存在**本身当作开端时,过渡仍然隐藏在开端的纯粹反思里;正因为**存在**仅仅作为一个直接的东西而被设定,所以**无**只能直接出现在存在那里。然而一切随后的规定,包括紧接着要谈到的**定在**,都是

[104]

一些更具体的东西;在定在那里,已经**设定**了这样一种东西,它包含着那些抽象东西的矛盾,从而导致过渡。就存在作为一个单纯的、直接的东西而言,科学已经把那个回忆[或深入内核的过程]①——存在是完满抽象的结果,因此已经是一种抽象的否定性,是无——抛在身后,反而在其自身之内明确地从**本质**出发,把那个片面的**直接性**呈现为一种经过中介的直接性,在那里,存在被**设定**为**实存**以及这个存在的中介者,即根据。

借助那个回忆[或深入内核的过程],人们可以把从存在到无的过渡想象为某种自明的、稀松平常的东西,或如通常所说的那样,去**解释**这个过渡,**使之可以被理解**,而在这种情况下,那个被当作科学的开端的存在当然是无,因为人们可以抽离一切东西,而一切东西被抽离之后,剩下的就是无。接下来人们可以说,但这样一来,开端就不是一个肯定的东西,不是存在,而是无,于是无也是**终点**,这个无至少和直接的存在一样,甚至比它更有资格被当作终点。这里最简便的做法,就是去检验这种推理,看看它所坚持的结果是怎样的情形。如前所述,这种推理的结果是无,并且(和中国哲学一样)以无为开端,既然如此,人们也没有必要把手翻过来,因为他们还没来得及翻手,无已经同样颠转为存在(参看前面关于"无"的一节)。进而言之,假若人们以抽离**一切东西**为前提,而这里所说的"一切东西"毕竟指**存在者**,那么这种抽离或抽象必须得到更仔细的考察;抽离一切存在者之后得到的结果,首先是一种抽象的存在,即一般意义上的**存在**;好比在关于上帝存在的宇宙论证明里,人们从世界的偶然存在出发,在超越它的同时,仍然提出一个高高在上的**存在**,即把存在规定**为无限的存在**。诚然,人们甚至**能够**抽离这个纯粹的存在,把存在也算在已经被抽离的"一切东西"之内;于是只剩下无。如果人们愿意忘却对于

[105]

---

① 黑格尔在精神现象学里把"回忆"(Erinnerung)解释为意识"深入内核的过程"(Er-Innerung),以表明,那个在终点处回到起点的"绝对知识",不但是精神现象学的开端,而且是随后的逻辑学的开端。对此可参阅黑格尔《精神现象学》,先刚译,人民出版社 2013年版,第 463、502—503 页。具体的相关阐述亦可参阅我的《"回忆"与黑格尔精神现象学的开端》,载于《江苏社会科学》2019 年第 1 期。——译者注

无的**思维**(即无之颠转为存在),或对此佯装不知,他们当然**能够**打着"**能够**"的旗号继续前进;也就是说,他们(感谢上帝!)甚至能够抽离无——所谓的"创世"也可以说就是把无抽离走——,于是剩下的不是无(因为它已经被抽离了),而是重新回到存在。——这种"**能够**"提供了一种外在的抽离游戏,而在这个过程中,"抽离"本身仅仅是否定者的一个片面行动。这种"能够"本身首先意味着,存在和无对它来说都是无所谓的,只要双方中的一方消失,另一方就产生出来;其次,究竟是从无的行动出发还是从无出发,这同样是无所谓的;最后,无的行动(亦即单纯的抽离)和单纯的无具有同样的真实性,既不更多也不更少。

[106] 同理,柏拉图在《巴门尼德篇》里讨论"一"时所依据的辩证法,更应当被看作是一种外在反思的辩证法。"存在"和"一"作为埃利亚学派的两个形式,乃是同一个东西。但柏拉图在那部对话录里面认为,这二者也应当是区分开来的。他把"整体"与"部分"、"自身之内的存在"与"他者之内的存在"、"形状"、"时间"等诸多规定从"一"那里剥除之后,得出的结果是,"存在"不能归属于"一",因为"存在"只能按照上述方式之一归属于某东西。(*Parmenides*, 141e)在这之后,柏拉图讨论了"**一存在**"这个命题;我们需要注意,他从这个命题出发,如何过渡到"一"的**非存在**;这件事情是通过**比较**"**一存在**"这个预设的命题的两个规定而发生的;命题包含着"一"**和**"存在",因此"**一存在**"比单纯的"一"说出了更多的东西。通过"一"和"存在"的**差异性**,蕴含在命题中的否定环节就被揭示出来。很显然,这个方法有一个前提,而且是一种外在反思。

"一"和"存在"在这里被设定在一个联系中,既然如此,为了揭示出人们坚持的那种抽象的、**孤立的**存在,同时不让思维参与进来,最简单的办法就是把它放在另一个联系中,这个联系恰恰包含着上述主张的对立面。就存在被看作是一个直接的东西而言,它隶属于一个**主体**,是一个被谓述出来的东西,具有一种一般意义上的经验**定在**,随之处于限制和否定的范围之内。知性诉诸直接的现成已有的东西,以此为依据,坚决反对存在和无的统一体,但无论它使用什么术语或说法来表现自己的镇定自若,它在这个经验本身里面都只能发现一个**已规定的**存在,一个包含着限制或否定的存在,——即它所谴责的那个统一体。这样一来,对于直接存在的主张就还原到一种经验的实存,而且它不能谴责这种实存的**揭示**,因为它想要依靠的恰恰是思维之外的直接性。

无也是同样的情形,只不过方式相反而已,而且这个关于无的反思已经是众所周知的,几乎令人不胜其烦。无就其直接性而言表现为一个**存在者**;因为它在本性上和存在是同一个东西。无被思维、被表象、被言说,因此它**存在着**;无在思维、表象、言说等等那里具有自己的存在。进而言之,这个存在也不同于无;所以人们说,无虽然存在于思维或表象里面,但存在并不因此归属于**无本身**,毋宁说,只有思维或表象才是这个存在。在做出这样的区分的时候,同样不能否认的是,无与一个存在**相关联**;尽管关联也包含着区分,但在这个关联里,无与存在的统一体却是明摆着的。无论人们以什么方式陈述或揭示无,无都表明自己与一个存在有所联系或有所接触,与一个存在不可分割,而这恰恰是一个**定在**。 [107]

但是,当无在一个定在里被这样揭示出来的时候,人们的惯常做法仍然是以如下方式想象无与存在的区别:1)无的定在根本不是一种归属于无本身的东西,无就其自身而言并不具有一种存在,它不是**真正意义上的**存在;2)无仅仅是存在的**缺失**(Abwesenheit),正如黑暗仅仅是光明的**缺失**,冷仅仅是热的缺失,如此等等;3)黑暗只有在与眼睛相关联的时候,只有在与肯定东西(光明)的外在比较中,才具有意义,同理,冷仅仅是某种位于我们的感觉之内的东西;4)与此相反,光明、热和存在一样,本身就是客观的、实在的、发挥作用的东西,在性质和地位上完全不同于那些否定的东西,完全不同于无。在这些地方,人们经常引用一个非常重要的,并且具有深刻意义的反思和认识,即黑暗**仅仅**是光明的**缺失**,冷**仅仅**是热的**缺失**。对于这个敏锐的反思,我们可以在经验对象的这个领域里以经验的方式指出,黑暗在光明里面其实是发挥着作用的,因为它把光明规定为颜色,并且只有通过这个方式才赋予光明本身以可见性,因为如之前所述,人们在纯粹的光明和纯粹的黑暗里都同样看不到任何东西。可 [108]

见性是发生在眼睛里的作用,在这件事情上,那个否定东西的功劳丝毫不亚于这个被当作实在东西和肯定东西的光明。同理,在水、我们的感觉等等那里,冷也是一个极为常见的东西,而如果我们否认它的所谓的客观实在性,就根本不能获得任何关于它的认识。除此之外,我们必须批评的是,人们在这里和在前面一样,总是谈论一个具有特定内容的否定者,而不是专注于无本身,后者在空洞的抽象性方面和存在半斤八两,谁也不比谁更优越。——关键在于,我们必须从一开始就把冷、黑暗之类已规定的否定当作一种独立的东西,然后再看看,什么东西通过它们的普遍规定(它们是由于这个普遍规定而出现在这里)而被设定下来。它们不应当是一般意义上的无,毋宁应当是光明、热等等的无,亦即某个已规定的东西或内容的无;在这个意义上,人们可以说它们是一种已规定的、有内容的无。但正如后面将会表明的那样,规定性本身就是一个否定;因此它们是一种否定的无;然而否定的无就是某种肯定的东西。无通过自己的规定性——这个规定性之前已经显现为主体中或别的什么东西中的**定在**——而颠转为一个肯定的东西,这在坚持知性抽象的意识看来是一件最悖谬的事情;“否定之否定是某种肯定的东西”,这个认识是如此之简单,或者说,正因为简单,所以这个认识看起来是一种如此稀松平常的东西,以至于骄傲的知性对此不屑一顾,哪怕事情本身有其正确性,——事情不但具有这种正确性,而且基于规定的普遍性,更具有一种无限的扩张和普遍的应用,所以当然应当得到重视。

[109]　　关于“存在和无的相互过渡”这一规定,还需要指出的是,这个过渡同样可以无须进一步的反思规定就得到理解把握。过渡是直接的和完全抽象的,因为发生过渡的环节是抽象的,也就是说,在这些环节里,另一个环节的规定尚未设定下来,而它们是借助这另一个环节才发生过渡;尽管存在**在本质上**是无,反之亦然,但无尚未在存在那里**设定下来**。因此这里不允许使用下一步的已规定的中介环节,借助某种关系去理解存在和无,——那个过渡尚且不是一种关系。因此,如下说法都是不允许的,比如“无是存在的**根据**”或“存在是无的**根据**”、“无是存在的**原因**”、“事情只有以

某东西的**存在**为**条件**才能够过渡到无,或只有以某东西的非存在为**条件**才能过渡到存在"等等。关联的方式不可能得到进一步的规定,除非关联中的**双方**同时得到进一步的规定。很显然,根据和后果之类联系所结合的双方,已经不再是单纯的存在和单纯的无,而是作为根据的存在和另外某个东西,这个东西虽然仅仅是被设定的、非独立的,但并不是一个抽象的无。

注　释　四

迄今所述已经表明,针对**世界的开端**和世界的消灭(物质的**永恒性**应当通过这个方式而得到证实),辩证法有着怎样的表现,也就是说,针对**转变**,即一般意义上的产生或消灭,辩证法有着怎样的表现。——至于康德在讨论世界在空间和时间里的有限性或无限性时提出的二律背反,后面将会在"量的无限性"概念下加以详细考察。那种简单的、通常的辩证法在于坚持存在和无的对立。它通过如下方式证明,世界或某东西不 [110] 可能有一个开端:

无论某东西是否存在,都不可能有一个开端;因为,如果它存在,就不需要开端;但如果它不存在,也不会有一个开端。——假若世界或某东西已经开端,那么它是在无里面开端的,然而在无里面或者说无本身没有开端;因为,开端在自身内包含着存在,但无并不包含存在。无仅仅是无。但如果无通过一个根据或原因得到规定,它就包含着一个肯定或存在。——基于同样的理由,某东西也不可能终止存在。因为否则的话,存在就必定包含着无;然而存在仅仅是存在,不是自身的对立面。

很显然,针对转变、开端、终止、存在和无的这个**统一体**等等,这里除了将它们断然否认之外,没有说出任何别的东西,与此同时,相互割裂的存在和无却被认为是一种真实的东西。——即便如此,这种辩证法至少比那种反思的表象活动更为前后一贯。对后者而言,存在和无的彻底割裂是一个完满的真理;但另一方面,它又认为开端和终止是一些同样真实的规定,于是在事实上假定存在和无不是割裂的。

只要以存在和无的绝对割裂为前提,开端或转变就确实是某种**不可思议的东西**,而人们对此已经耳熟能详。但真正**不可思议的**,是人们自讨苦吃制造出来的一个不可能解决的矛盾,即他们首先以取消开端或转变为前提,**反过来**又承认有开端或转变。

以上所述也是知性在反对高等数学分析的"无限大小"概念时使用的同样的辩证法。关于这个概念,后面会作出更详细的讨论。——这些

[111] 大小本身已经被规定为一种**在消失的同时存在着的东西**,也就是说,它们既不是在消失**之前**存在着(否则它们就是有限的大小),也不是在消失**之后**存在着(否则它们就是无)。人们喋喋不休地指责这个纯粹的概念,宣称这样的大小**要么**是某东西,**要么**是无,而且存在和非存在之间没有一个**中间状态**——在这个地方,"状态"(Zustand)乃是一个不恰当的、野蛮的术语。这些说法同样假定了存在和无的绝对割裂。反之我们已经指出,存在和无实际上是同一个东西,或者借用从前的一个表述,**没有任何东西不是存在和无之间的一个中间状态**。数学之所以取得最辉煌的成就,恰恰在于它接受了知性所抗拒的那个规定。

上述推理不但提出一个错误的前提,即存在和非存在的绝对割裂,而且对此执迷不悟,因此它不应当叫作**辩证法**,毋宁应当叫作**诡辩**。所谓诡辩,就是从一个无根据的、未经批判和思索就接受下来的前提出发,直接进行推理。而我们所说的辩证法,乃是一种更高层次的合乎理性的运动,在其中,那些貌似绝对割裂的东西通过自己的本性而相互过渡,随之扬弃了[相互割裂]这一前提。存在和无的辩证的内在本性本身就表明,它们的统一体,即转变,乃是它们的真理。

b. 转变的环节

[112] 转变,产生和消灭①,是存在和无的未分割状态;转变不是一个抽离

---

① 拉松把"产生和消灭"放在这一节的小标题里,因为按照他的推测,这几个词语是出于某种疏忽而从标题滑到正文里面。——原编者注

了存在和无的统一体,毋宁说,它作为**存在和无的统一体**,是这个**已规定的统一体**,或者说一个让存在和无都**存在**于其中的统一体。但是,由于存在和无没有与自己的他者分割开,所以每一方都**不是它自己**。也就是说,它们虽然**存在**于这个统一体之内,但作为随时消失的东西,仅仅是一种**已扬弃的东西**。它们从一种起初位于想象中的**独立东西**,降格为一些**仍然有区别**,但同时已经被扬弃的**环节**。

就它们已经有所区别而言,在这个**状态**里,每一方都是与**他者**的统一体。因此转变包含着存在和无**这两个统一体**,其中每一方本身又是存在和无的统一体;一方是直接的存在,与无相关联,另一方是直接的无,与存在相关联:在这些统一体里面,规定有着不同的价值。

通过这个方式,转变具有双重的规定。按照其中一个规定,无是直接的东西,也就是说,规定以那个与存在相关联的无为开端,过渡到存在;而按照另一个规定,存在是直接的东西,也就是说,规定以那个过渡到无的存在为开端,——这就是**产生**(Entstehen)和**消灭**(Vergehen)。

二者是同一个东西,即转变,而作为两个如此不同的方向,它们相互贯穿,相互制约。其中一个方向是**消灭**;存在过渡到无,但是无同样也是自身的对立面,并且过渡到存在,而这就是产生。产生是另一个方向;无过渡到存在,但存在同样扬弃自身,并且过渡到无,而这就是消灭。——它们不是相互扬弃,不是一方以外在的方式扬弃另一方,毋宁说,每一方在其自身之内就扬弃了自己,每一方在其自身之内就是自己的对立面。

c. 转变的扬弃

[113]

产生和消灭之间设定的平衡,首先是转变本身。然而转变同样凝缩为一个**静止的统一体**。在其中,存在和无仅仅是随时消失的东西;但转变本身却完全依赖于二者的区分状态。因此二者的消失意味着转变的消失,或者说意味着消失本身的消失。转变是一个无休止的躁动,这个躁动又凝缩为一个静止的结果。

上述情形也可以这样表达:转变指"存在消失在无里面"和"无消失在存在里面",指一般意义上的存在和无的消失;然而它同时依赖于存在和无的区别。因此它是自相矛盾,因为它在自身内把相互对立的东西联合起来;然而这样一种联合却会摧毁自己。

结果是一种已消失的存在,但不是**无**;否则的话,它就仅仅回落到之前已经被扬弃的规定之一里面,不能说是**无和存在**的结果。它是存在和无的统一体,但已经转变为一种静止的单纯性。然而静止的单纯性是**存在**,只不过它不再是一个孤立的东西,而是成为整体的一个规定。

这样,转变就过渡到存在和无的统一体,就是**定在**;这个统一体**存在着**,换言之,它在形态上表现为这些环节的一个片面的直接统一体。

注　释

"扬弃"以及"已扬弃的东西"("观念性东西")是最重要的哲学概念之一,是一个无处不在的基本规定,其意义必须得到明确的理解把握,尤其必须和无区分开来。——一个东西扬弃自身,并不因此转变为无。无是**直接的东西**,反之,已扬弃的东西是一个**经过中介的东西**,它是一个非存在者,但却是一个由存在而得出的**结果**;就此而言,**它本身仍然具有一个规定性,并且产生自这个规定性**。

[114]

"扬弃"在语言里具有双重的意义,既意味着保存和**保留**,也意味着终止和**终结**。"保存"已经在自身内包含着否定,即某东西为了保留下来,被剥夺了直接性,随之被剥夺了一种向着外在影响敞开的定在。——就此而言,已扬弃的东西同时也是一个保存下来的东西,它仅仅失去了自己的直接性,但并没有因此被消灭。——"**扬弃**"的上述两个规定可以被收入词典,作为这个词语的两种**意思**以供引用。但这里不能忽视的是,一门语言竟然用同一个词语来表达两个相互对立的规定。对于思辨的思维来说,在语言里面找到一些本身就具有思辨意思的词语,这是一件令人愉悦的事情;德语就有很多这样的词语。拉丁文的"tollere"[抬高,清除]一

词虽然也具有双重意思——这个双重意思通过西塞罗的戏谑之言"tol-
lendum esse Octavium"["屋大维必须被架高（架空）"]而变得著名——，
但它并没有达到如此深远的地步，其肯定的规定仅仅意味着"抬高"而
已。某东西只有与它的对立面形成一个统一体，才可以说遭到扬弃；按照
这个更具体的规定，我们可以把这个折返回来的东西恰当地称作"**环节**"
（Moment）。在杠杆的一个点上面，**重量和距离**都可以叫作杠杆的力学**环
节**，因为二者的作用是**相同的**，哪怕二者在其他方面是如此之不同，也就
是说，重量是一个实在的东西，而直线却是一个观念性东西，即单纯的空
间规定（参看《哲学科学百科全书》1830 年第三版，第 261 节之注
释）。——尤其值得注意的是，哲学专业语言经常使用拉丁术语来表达
折返回来的规定，究其原因，或者是因为母语没有相应的术语，或者即使
有，但母语的术语更容易让人想到直接的东西，而外来语言更容易让人想   ［115］
到折返回来的东西。

从现在起，存在和无是一些**环节**，至于它们由此获得的更进一步的意
义和表达，必须通过对于定在的考察而体现出来，而定在是一个把存在和
无保存下来的统一体。只有当存在和无处于已区分开的状态，存在才是
存在，无才是无；但就它们的真理亦即它们的统一体而言，它们作为这些
规定已经消失了，已经成为别的东西。存在和无是同一个东西；**正因为它
们是同一个东西，所以它们不再是存在和无，并且具有一个不同的规定**；
在转变里，它们曾经是产生和消灭；而在一个另有规定的统一体亦即定在
里，它们又成了另有规定的环节。从现在起，这个统一体是它们的基础，
它们再也无法摆脱这个统一体，再也无法回到存在和无的抽象意义。

第二章　定在（Dasein）

定在是**已规定的**（bestimmtes）存在；它的规定性是**存在着的**规定性，即**质**。**某东西**通过它的质而与一个**他者**相对立，是**可变化的**和**有限的**，它不是仅仅相对于一个他者而言，而是在其自身之内就被规定为一个绝对否定的东西。它的这个首先与有限的某东西相对立的否定就是**无限者**；这些规定显现在一个抽象的对立中，而这个对立又消解在一种无对立的无限性亦即**自为存在**之中。

因此，对于定在的讨论包括如下三个部分：

A.定在本身；

B.某东西和一个他者，有限性；

C.质的无限性。

A. 定在本身

在定在那里，首先要区分

a）定在**本身**和

b）定在的规定性，即**质**。质既可以按照定在的一个规定被看作**实在性**，也可以按照定在的另一个规定被看作**否定**。在这些规定性里面，定在同样折返回自身，而作为这样一个东西，它就被设定为

[116]

89

c）**某东西**（Etwas）①，即定在者（Daseiendes）。

a. 一般意义上的定在

定在来自于转变。定在是存在和无的单纯的"一体化存在"（Eins-sein）。由于这种单纯性，它在形式上是一个**直接的东西**。它的中介过程，即转变，已经被抛在身后；这个中介过程已经扬弃自身，因此定在显现为一个最初的、可以作为出发点的东西。它首先处于一个片面的规定即**"存在"**之中；至于它所包含的另一个规定，即**"无"**，同样也会在它那里出现，并且与前一个规定相对立。

它不是单纯的存在，而是**定在**；从词源上来看，它指"位于某一个**地方**的存在"；但当前所述和空间表象毫无关系。一般说来，处于转变中的定在是一个与**非存在**相结合的**存在**，也就是说，这个非存在和存在一起被纳入到一个单纯的统一体之内。**非存在**被纳入到存在之内，于是构成了**规定性**本身，而具体的整体在形式上仍然是存在或一个直接的东西。

按照形式（亦即存在的**规定性**）而言，**整体**同样是一个已扬弃的、以否定的方式被规定的东西，因为存在已经在转变中表明自己同样仅仅是一个环节；但它仅仅**在我们的反思中**，**对我们而言**是如此，在其自身之内尚未**被设定**为这样一个东西。然而定在的规定性本身是一个被设定的规定性，这在**"定在"**这个术语里面也有所体现。——二者必须始终明确地区分开来；那种通过一个概念而**被设定**的东西，仅仅属于概念的内容，而

[117]

---

① "Etwas"是全书最重要的概念之一。我之所以不把它译为"某物"，而是译为"某东西"，关键原因在于，中文的"东西"和德语的"Dasein"具有惊人的一致性和绝妙的巧合，即都是用一个表示方位的词——如黑格尔随后强调的，"Dasein"中的"Da-"原本是指某一个"地方"（Ort）——来泛指一个最抽象、最一般的存在者。但实际上，无论是中文的"东西"，还是德语的"Da-"，都和方位以及空间规定没有任何关系。除了"东西"一词，我们找不出另一个说法，可以指代一个最抽象的存在者，同时与最初那个直接等同于"无"的"纯粹存在"区别开。相比之下，"物"、"某物"等说法已经包含着具体得多的规定（比如"实体性"和"偶性"等等），显然不适合于这里所说的"定在者"。——译者注

这依赖于概念的不断发展的考察。反过来,那种在其自身之内尚未被设定的规定性,却是属于我们的反思,它仅仅涉及概念自身的本性,或者说它仅仅是一个外在的比较;我们之所以指出后面这种规定性是值得注意的,目的只在于澄清或预先暗示那个将会在发展过程中把自身呈现出来的进程。我们通过一个外在的反思得知,整体,作为存在和无的统一体,位于一个**片面的规定性**即"存在"之中;然而通过否定,通过某东西和**他者**等等,这个规定性将成为一个**被设定**的规定性。——这里提出的区别必须得到重视;但是,假若让我们去关注和推敲反思能够制造出来的一切东西,恐怕会离题太远,竟至于去预测事情本身必然会得出的各种东西。尽管这类反思能够帮助我们在一定程度上通观和理解事物,但它们本身也包含着弊病,即在后面的讨论中被看作是一些无须论证的主张、理由和基础。因此人们只应当恰如其分地使用它们,并且把它们和事情本身的进程中的环节区分开来。

定在对应于之前层面中的**存在**;然而存在是一个无规定的东西,因此从它那里不能得出任何规定。反之,定在是一个已规定的存在,一个**具体的**存在;于是它在自身那里立即展现出它的环节的诸多规定和不同关系。

b. 质(Qualität)

基于直接性,存在和无在定在里面合为一体,形影不离;只要定在存在着,它就是非存在,就是一个已规定的东西。存在不是**普遍者**,规定性 [118] 也不是**特殊东西**。规定性尚未**脱离存在**;确切地说,规定性再也不会脱离存在,因为那个如今位于根基处的真相(das Wahre),是非存在和存在的统一体;一切随后的规定都是来自于这个位于根基处的统一体。在这里,规定性和存在的关联是二者的一个直接统一体,所以二者的区分尚未被设定。

当规定性被孤立出来,作为**存在着的**规定性,就是**质**,——一个完全单纯的、直接的东西。一般意义上的**规定性**是一种更普遍的东西,它既可以具有量的规定,也可以得到进一步的规定。由于这种单纯性,关于质本身已经不能说出更多东西。

无和存在都包含在定在之内,然而定在本身是一个尺度,衡量着质的片面性,因为质仅仅是一个**直接的**或**存在着的**规定性。质同样可以按照无的规定而被设定,而这样一来,直接的或存在着的规定性就被设定为一个区分开的、折返回来的规定性;于是无作为一个规定性的已规定的东西,同样也是一个折返回来的无,一个**拒斥**(Verneinung)。质,作为区分开的、**存在着的**质,就是**实在性**(Realität);当它与一个拒斥纠缠在一起,就是一般意义上的**否定**(Negation),后者同样也是一个质,但被看作是一个缺陷,进而被规定为界限和限制。

二者都是一个定在;**实在性**作为质,强调的是一个**存在着的**实在性,但这里有一个隐含的情况,即实在性包含着规定性,因此也包含着否定;也就是说,实在性仅仅被看作是某种肯定的东西,一种把拒斥、限制、缺陷都排除在外的东西。假若否定被看作单纯的缺陷,那就是无,但它是一个定在,一个质,只不过是由一个非存在来规定。

[119]   注　　释

“实在性”看起来是一个语义丰富的词语,因为它被用于不同的、甚至针锋相对的规定。在哲学的意义上,当人们谈到**单纯经验的**实在性时,基本上认为这是一个无价值的定在。反之,当人们宣称思想、概念、理论之类东西**没有实在性**的时候,其意思却是说,它们虽然没有得到**实现**,但**自在地看来**或就概念而言,理念(比如柏拉图的理想国的理念)确实有可能是一种真实的东西。在这里,有些人认为,理念并未因此失去其价值,而且能够与实在性**相提并论**,而另一些人却认为,相比所谓**单纯的**理念,相比**单纯的**概念,实在的东西才是唯一真实的东西。——后面这种看法是片面的,因为它认为一个内容的真理取决于外在定在;但前面那种看法同样是片面的,因为它把理念、本质或内在感觉等想象为一种与外在定在无关的东西，甚至认为一个东西愈是远离实在性，就愈是高贵。

说起"实在性"这个术语，亦有必要提到一个形而上学的**上帝概念**，所谓的关于上帝的定在的本体论论证，主要就是以这个概念为基础。人们把上帝规定为**一切实在性的总括**（Inbegriff），并且宣称，这个总括在自身内不包含矛盾，一个实在性不会扬弃另一个实在性，因为实在性只能是一个完满性，只能是一个不包含否定的**肯定东西**。也就是说，各种实在性并不相互对立，并不相互矛盾。

对于实在性的这个概念，人们假定，即使在思维中拿走全部否定，实在性仍然是实在性；但实际上，这样一来，实在性的全部规定性都被扬弃了。实在性是质，是定在；就此而言，实在性包含着否定者的环节，并且唯有如此才被规定为它所是的东西。不管人们是把实在性理解为所谓的**卓越的**实在性，还是理解为**无限的**实在性——就"无限"这个词的通常意思而言——，它都会扩散为一个无规定的东西，并且失去其意义。据说上帝的善不应当是通常意义上的善，毋宁应当是卓越意义上的善，据说这种善不是区别于公正，而是通过公正而得到**调和**（这是莱布尼茨的一个折衷术语），而公正反过来也是通过善而得到**调和**；但这样一来，善就不再是善，公正也不再是公正。据说权能应当通过智慧而得到调和，但这样一来，权能就不再是权能本身，否则它就是从属于智慧；——据说智慧应当扩大为权能，但这样一来，它就不再是一种规定着目的和尺度的智慧。无限者的真正概念（这个概念将会在后面出现），还有无限者的**绝对统一体**，都不应当被理解为一种调和、**相互限制**或混合，因为这些情况仅仅是一个肤浅的、云里雾里的关联，只能让那种缺乏概念的表象活动感到满足。在上帝的那个定义里，实在性被看作是一个已规定的质，但是，只要它超出自己的规定性，就不再是实在性，而是成为一个抽象的存在；上帝作为一切实在东西中的**纯粹**实在东西，或者说作为一切实在性的**总括**，同样是一个无规定和无内容的东西，一个空洞的绝对者，一切东西在其中都合为一体。

反之，如果实在性被看作是已规定的东西，那么由于实在性在本质上包含着否定者的环节，所以一切实在性的总括同样也会成为一切否定的

[120]

93

总括和一切矛盾的总括,但首先是成为一个绝对的**权能**,把一切已规定的东西吸纳到其中;但是,由于实在性自身的存在只能依赖于一个与之对立的尚未被扬弃的东西,所以当实在性在思维中被扩大为一种具体实施的、无限制的权能,它就成为一个抽象的无。据说上帝的概念应当通过"一切实在东西中的那个实在东西"或"一切**定在**中的**存在**"表述出来,但这类东西无非是一个抽象的存在,和无是同一个东西。

[121]   规定性是以肯定的方式设定下来的否定,——而这就是斯宾诺莎的命题"Omnis determinatio est negatio"["一切规定性都是否定"]的意思。这个命题具有无限的重要性;诚然,否定本身仅仅是一个无形式的抽象东西;有些人认为否定或无是终极的东西,但这件事情不能归咎于思辨哲学,因为思辨哲学既不会把实在性,也不会把无当作终极的东西。

从"规定性即否定"这一命题得出的必然结果,就是**斯宾诺莎的实体统一体**——或者说只有一个实体。**思维**和**存在**或广延是两个摆在斯宾诺莎面前的规定,他必须使二者在这个统一体里面合为一体;也就是说,二者作为已规定的实在性,乃是否定,而否定的无限性就是它们的统一体;按照斯宾诺莎的定义(后面还会谈到这一点),某东西的无限性就是它的肯定。因此他把它们理解为属性,而属性不具有一种特殊的持存,不具有一种自在且自为的存在,毋宁仅仅是一种被扬弃的东西,仅仅是环节;或更确切地说,他根本没有把它们看作是一些环节,因为实体是一个在其自身之内完全无规定的东西,而属性,还有样式,都是由一个外在知性区分出来的东西。——按照那个命题,诸个体的实体性同样是站不住脚的。个体是一个自身关联,因为它给一切别的东西设定界限;但这样一来,这些界限也是个体自身的界限,是一种他者关联,于是个体就并非在自身之内拥有它的定在。诚然,个体**多于**一个在所有方面完全遭到限制的东西,但这个"多于"属于概念的另一个层面;在存在的形而上学里,个体是一个完全被规定的东西;也就是说,个体作为有限者本身,乃是一个自在且自为的东西,反之规定性则是在本质上作为否定而发挥作用,并且把个体卷入知性的一个否定运动,这个运动使一切东西都消失在抽象统一体

（实体）里面。

否定与实在性直接地相互对立：接下来，在反思规定的真正层面里，［122］它与**肯定的东西**相互对立，后者是一种向着否定折返回来的实在性，——这种实在性将会在自己那里**映现**出那个暂时隐藏在实在性本身之内的否定东西。

只有当质在一个**外在关联**中表现为一个**内在规定**，主要从这个角度来看，它才是一个**特性**（Eigenschaft）。人们理解的"特性"，比如药草的特性，是这样一些规定，它们不是一般地仅仅为某东西所**特有**，而是使某东西能够在与其他东西的关联中以一个独特的方式**维系**自身，不让那些外来的影响在它自身之内驻足，而是让它特有的规定在一个他者那里**发挥作用**，无论这个他者是否拒斥这件事情。与此相反，人们既不把那些较为静止的规定性（比如形状、形态）称作"特性"，也不称作"质"，因为它们被看作是一种可变化的、与**存在**非同一的东西。

"**折磨**"或"**内化的折磨**"①是雅各布·波墨的哲学——这是一种深入到内核，但却迷失在其晦暗中的哲学——使用的一个术语，它意味着一个质（比如"酸""苦""热"等等）在自身内的运动，即按照自己的否定本性（按照自己遭受的**折磨**）摆脱他者而固定下来；总的说来，质是一种自身内的躁动不安，因此它只能在斗争中产生自身和维系自身。

c. 某东西

在定在那里，它的规定性作为质已经被区分开来；区别——即实在性

---

① 这里阐述的是德国哲学家波墨（Jakob Böhme，1575—1624）在其1619年发表的《论神性实体的三个本原》（*De tribus principiis*）中的核心思想。德语的"折磨"（Qual）和"质"（Qualität）具有相同的词根，因此这里的"折磨"（Qualierung）和"内化的折磨"（Inqualierung）分别也意味着"质的运动"或"内化的质"。在所有这些地方，"折磨"或"质"都代表着事物自身内部的矛盾，以推动事物的进一步发展。除此之外，波墨认为"折磨"或"质"在语义上与"源头"（Quelle）也是同源的，并在这个意义上将其解释为"本原"（Prinzip）。——译者注

和否定的区别——就**存在于**这个定在着的质那里。现在的情况是,在定在那里,这些区分开来的东西既可以说是现成已有的,也可以说是虚无缥缈的和遭到扬弃的。实在性本身包含着否定,是定在,而不是一个无规定的、抽象的存在。否定同样也是定在,不是一个抽象的无,而是在这里被设定为它的自在存在,即一个存在着的无,并且隶属于定在。就此而言,质根本没有脱离定在,而定在仅仅是一个已规定的、质的存在。

[123]

对于区分的扬弃不只是简单地收回区分,以外在的方式重新将其抛弃,或简单地返回到单纯的开端,返回到定在本身。区别不可能被抛弃,因为它**存在着**。事实上的现成已有的东西,包括一般意义上的定在、定在那里的区别,以及这个区别的扬弃;定在不是一个无区别的东西(就像刚开始的时候那样),而是一个**通过扬弃区别**而**重新**达到自身同一性的东西,因此定在的单纯性是以这个扬弃为**中介**。区别由于被扬弃而获得存在——这是定在所特有的规定性;因此定在是一个**内化存在**(Insichsein);定在是**定在者**或**某东西**。

"某东西"作为一个单纯的、存在着的自身关联,是**第一个否定之否定**。定在、生命、思维等等在本质上把自己规定为**定在者、有生命者、思维者**(自我)等等。这个规定是极为重要的,唯其如此,我们才不会停留于定在、生命、思维之类普遍性,不会只知道**神性**,却不知道上帝。表象有理由把**某东西**当作一个**实在的东西**;尽管如此,**某东西**仍然是一个非常肤浅的规定,好比**实在性**和**否定**、定在及其规定性虽然不再是抽象的存在和无,但仍然是一些完全抽象的规定。正因如此,它们也是一些最流行的术语,而那种不具有哲学素养的反思却最为频繁地使用它们,把自己作出的各种区分注入其中,以为这样一来就掌握了某种很优秀的、具有坚实规定的东西。——否定之否定作为**某东西**,仅仅是主体的开端;——内化存在起初只是一个完全无规定的东西。它在随后首先把自己规定为自为存在者,不断前进,直到在概念里,才获得主体的具体内涵。所有这些规定都以一个否定的自身统一体为基础。但在这里,**第一个否定(一般意义上的否定)**必须与第二个否定(否定之否定)区分开来,后者是一种具体的、

[124]

绝对的否定性,反之前者仅仅是一种**抽象的**否定性。

某东西作为否定之否定,是一个**存在者**;因为否定之否定就是单纯的自身关联的重建;——但这样一来,某东西同样也是一种**自身中介**。早在单纯的某东西那里,随后在自为存在、主体等更具体的东西那里,已经有一种自身中介,而在转变里面,只有一种完全抽象的中介;当**自身**中介在某东西之内**被设定**,某东西就被规定为一个单纯的**自身同一的**东西。——有些人主张,知识的本原是一种单纯的直接性,应当把中介排除出去;针对这个主张,我们只能提请人们注意,中介无论如何是一种现成已有的东西;但在接下来的过程中,我们不需要特别关注中介环节,因为它在任何时候和任何地方都包含在每一个概念里面。

自在地看来,某东西就是这种自身中介,后者作为否定之否定,在其自身并不具有任何具体的规定;因此它融入单纯的统一体,即**存在**。某东西**存在着**,而且是作为一个定在者而**存在着**;**自在地看来**,某东西也是**转变**,但这个转变已经不再以存在和无为自己的环节。前一个环节,存在,如今是定在,进而是一个定在者。后一个环节同样也是一个**定在者**,但被规定为某东西的否定,——被规定为一个**他者**(Anderes)。某东西作为转变乃是一个过渡,这个过渡的各个环节本身就是某东西,因此过渡就是**变化**(Veränderung),即一种已经变得**具体**的转变。——然而某东西首先仅仅在它的概念之内变化;在这种情况下,它尚未**被设定**为一个进行中介和经过中介的东西;它首先只是在它的自身关联里单纯地维系着自身,而它的否定同样是一个质的东西,只不过是一般意义上的**他者**。

B. 有限性

[125]

a)某东西和他者;二者首先是彼此漠不相关的;他者也是一个直接的定在者,一个某东西;因此否定落在二者之外。某东西**自在地**与它的**为他存在**(Sein-für-Anderes)相对立。但规定性也属于它的**自在体**

97

（Ansich），并且是

b）它的**规定**，这个规定同样过渡到**状况**（Beschaffenheit）；状况和规定是同一个东西，构成了一个内在的、同时被否定的为他存在，构成了某东西的**界限**，而界限是

c）某东西本身的内在规定，因此某东西是**有限者**。

在第一节考察一般意义上的**定在**的时候，定在作为首先被接纳的东西，被规定为**存在者**。正因如此，定在的发展环节，即质和某东西，同样是一些肯定的规定。反之在这一节里，定在内部的否定规定得到发展，这个否定规定在第一节里仅仅是一般意义上的否定或**第一个**否定，如今在某东西的**内化存在**这个点上面，则被规定为否定之否定。

a. 某东西和一个他者

1. 首先，某东西和他者都是定在者或**某东西**。

其次，每一方同样也是一个**他者**。至于首先仅仅把哪一方称作**某东西**，这是无关紧要的（在拉丁语里，当它们在一个命题里面出现的时候，二者都叫作 aliud［其他东西］，而 alius alium 意味着"其他东西中的一个"；反之，如果要强调二者的相互对立关系，类似的说法则是 alter alterum［二者中的前者］）。如果我们把一个定在称作 A，把另一个定在称作 B，那么 B 就被首先规定为他者。然而 A 同样也是 B 的他者。二者在同样的方式下都是**他者**。为了作出区分并且把那个具有肯定意义的某东西固定下来，我们称它为"**这一个**"（Dieses）。然而"**这一个**"恰恰意味着，那种把其中一个某东西区分开来并凸显出来的做法，其实是一种主观的、落在某东西自身之外的称谓。整个规定性都属于这种外在的称谓；甚至"**这一个**"这一术语也不包含任何区别，因为全部和每一个某东西都既是"**这一个**"，也是他者。人们**以为**能够用"**这一个**"表达出某种完全被规定的东西，却不知道，语言，作为知性的工具，仅仅说出普遍者，除非这是一个个别对象的**名字**；然而个体的名字是一种无意义的东西，因为它不是

[126]

表达出一个普遍者,而是显现为一种单纯被设定的、随意的东西,而这又是因为,个别名字既能够被随意接受和给予,也能够被随意改变。

因此对一个如此已规定的定在而言,异在(Anderssein)显现为一个陌生的规定或一个**外在于**定在的他者;定在本身并不是他者,毋宁说,它之所以被规定为他者,部分原因在于一个第三者的**比较行为**,部分原因在于有一个外在于它的他者。与此同时,正如已经指出的,即使对表象而言,每一个定在同样也把自己规定为**另一个**定在,也就是说,每一个保留下来的定在都不是单纯的定在,而是位于一个定在之外,亦即本身就是一个他者。

二者既被规定为**某东西**,也被规定为**他者**;就此而言,二者是**同一个东西**,其中仍然没有区别。然而规定的这种**同一性**同样只是出现在外在反思或二者的**比较**里面;一旦**他者**首先被设定,那么它虽然与某东西相关联,但**本身也是位于某东西之外**。

再次,他者因此必须被看作是一个孤立的、自身关联的东西;这是一个**抽象的**他者,即柏拉图所说的τò ἕτερον[异]。柏拉图把"异"当作总体性的诸环节之一,与"**一**"相对立,并且通过这个方式赋予**他者**一个特有的本性。因此真正意义上的他者不是某东西的他者,而是一个自在的他者,也就是说,它本身就是它自己的他者。——这个在本性上就是他者的东西是**物理自然界**,而物理自然界是**精神的他者**;因此它的这个规定首先是一种单纯的相对性。其表达出来的不是自然界本身的一个质,毋宁仅仅是一个外在于自然界的关联。但是,由于精神是真正意义上的某东西,而自然界本身只有在与精神相对立的时候才是自然界,所以,如果我们单独看待自然界,那么它的质恰恰意味着,它是一个自在的他者,一个(在空间、时间、物质等规定中)**外在于自身的存在者**。

单独看来的他者是一个自在的他者,随之是它自己的他者,即他者的他者,——一个在自身内绝对不一致的、否定着自身的东西,一个不断**变化**的东西。但与此同时,它保持着自身同一性,因为它所变化而成的那个东西是一个不具有更多规定的**他者**;然而不断变化的东西不是以不同的

[127]

99

方式,而是以同样的方式被规定为一个他者;因此它在他者那里**仅仅与自身融合**。于是它被设定为一个通过扬弃异在而折返回自身的东西,一个**自身同一的**某东西,而在这种情况下,异在——它是某东西的一个环节,同时有别于某东西——本身不能作为某东西而归属于某东西。

2. 某东西通过自己的非定在而**维系着**自身;它在本质上与自己的非定在**合为一体**,同时在本质上与之**不是合为一体**。因此它与自己的异在**相关联**;它并不完全是自己的异在。异在包含在某东西里面,同时仍然与某东西**分离**;它是**为他存在**。

定在本身是一个直接的、无关联的东西;换言之,它被规定为**存在**。但就定在在自身内包含着非存在而言,它是一个**已规定的**、在自身内被否定的存在,从而首先是一个他者,——但因为它在否定自身的同时也维系着自身,所以它仅仅是**为他存在**。

[128]　它通过自己的非定在而维系着自身;它是存在,但不是一般意义上的存在,而是作为自身关联而与它的他者关联**相对立**,作为自身一致性而与它的自身不一致性相对立。这样一种存在就是**自在存在**(Ansichsein)。

"为他存在"和"自在存在"构成了某东西的**两个环节**。这里出现了**两组规定**:1)**某东西和他者**;2)**为他存在和自在存在**。在前一组规定里,二者的规定性是无关联的;某东西和他者彼此漠不相关。然而它们的真理在于它们的关联,因此,后一组规定(为他存在和自在存在)被设定为同一个东西的两个**环节**,被设定为两个相互关联的、保存在它们的统一体(即定在的统一体)中的规定。在这种情况下,每一方本身又包含着那个有别于它的环节。

存在和无在它们的统一体里,在定在里,不再是存在和无,——它们只有在这个统一体之外才是这样的东西;而在它们的躁动不安的统一体里,在转变里,它们是产生和消灭。——某东西里面的存在是**自在存在**。存在,自身关联,自身一致性,现在不再是一个直接的东西,而是仅仅作为异在的非存在(作为折返回自身的定在)而与自身相关联。——同样,在存在和非存在的这个统一体里,非存在作为某东西的一个环节,也不是一般意义上的非存在，而是一个他者，或更确切地说，一个虽然**有别于**存在，但同时又与它的非定在**相关联**的东西，即为他存在。

由此看来，首先，**自在存在**以否定的方式与非定在相关联，并且与它自身之外的异在相对立，因为**自在的**某东西已经被剥夺了异在和为他存在。但是，其次，自在存在本身也包含着非存在，因为它本身**是**为他存在的**非存在**。

但另一方面，首先，**为他存在**否定了存在的单纯的自身关联，而这个否定首先应当是定在和某东西，因为他者之内的某东西，或一个为着他者而存在着的某东西，缺乏一个特有的存在。但是，其次，为他存在作为非定在，不是纯粹的无，而是指向自在存在（这是它的折返回自身的存在），正如自在存在反过来也是指向为他存在。 [129]

3. 两个环节都是同一个东西（"某东西"）的规定。**自在体**是某东西，因为它摆脱为他存在，返回到自身之内。然而某东西**自在地**（an sich，这里强调的是"在"）或**在它自身那里**（an ihm）也拥有一个规定或情况，而这个情况**在它自身那里**是外在的，是一个为他存在。

这就导致一个更具体的规定。自在存在和为他存在首先是不同的；但是，某东西**在它自身那里**也拥有它的**自在存在**，反过来，某东西作为为他存在，也是自在存在，——这就是自在存在和为他存在的同一性，因为按照规定，某东西本身就是两个环节的同一个东西，因此两个环节在某东西之内是未分割的。——这个同一性就形式而言已经出现在定在的层面里，随后在考察本质以及**内在性**和**外在性**的关系的时候则变得更加明显，而在考察理念（即概念和现实性的统一体）的时候则变得最为确定。——人们以为，"**自在体**"和"**内核**"等说法表达出了某种崇高的东西，殊不知某东西的**自在存在**仅仅停留在**它自身那里**；"**自在**"是一个完全抽象的规定，因此本身是一个外在的规定。诸如"**在它自身那里**没有任何东西"或"**在它自身那里**有某东西"之类说法虽然很含糊，但也意味着，凡是**在某东西自身那里**的东西，也属于某东西的**自在存在**，属于它的内在的、真正的价值。

相应地，**自在之物**（Ding-an-sich）的意义在这里也昭然若揭了。这本来是一个极为单纯的抽象东西，但在某个时期却被看作是一个无比重要的规定，仿佛是什么卓越无匹的东西，相应地，"我们不知道自在之物是[130] 什么东西"这一命题也曾经被认为是一种所向披靡的智慧。——所谓的自在之物，其实是抽离了全部为他存在，而这在根本上意味着，它们被理解为一种不具有任何规定的东西，被理解为无。在这个意义上，人们当然不知道自在之物是**什么东西**。因为当提问"这是**什么东西？**"的时候，要求说出**具体的规定**，但由于这里针对的是一种据说不应当有任何规定的**自在之物**，所以这个提问已经以一种糊涂的方式断定答复是不可能的，如若不然，人们就给出一个荒谬的答复。——自在之物和人们对其一无所知的那个绝对者是同一个东西，因为一切东西在其中都是合为一体的。就此而言，人们其实非常清楚这些自在之物**在其自身**是什么东西，也就是说，它们无非是一种空洞的抽象东西，缺乏任何真理。只有逻辑才会呈现出真正意义上的自在之物或真正意义上的自在存在者，但在这个过程中，我们所理解的"**自在体**"（Ansich）是某种胜过抽象的东西，即某种存在于自己的概念中的东西；概念在其自身之内是具体的，作为一般意义上的概念，它是可以理解把握的，而作为已规定的东西和这些内在规定的联系，它是可以认识的。

自在存在首先把为他存在当作它的对立环节；但自在存在也与一个**已设定的存在**（Gesetztsein）相对立；这个术语虽然也包含着为他存在，但它真正明确包含着的东西，是一个已经发生的弯转，即一个并非自在存在着的东西返回到它的自在存在，在其中成为一个**肯定的东西**。**自在存在**通常被认为是一个将概念表达出来的抽象方式，而真正说来，**设定**（Setzen）是在本质或客观反映的层面里才会出现的；根据**设定**了那个以之为根据的东西；原因还要**制造出**一个效果，制造出一个定在，这个定在的独立性**直接**遭到否定，因此它本身就意味着，它是在一个他者那里拥有它的**事情**，拥有它的存在。在存在的层面里，定在是**产生于转变**，换言之，[131] 虽然某东西和他者，有限者和无限者是同时被设定的，但有限者并没有制造出或**设定了**无限者。在存在的层面里，概念本身的**自身规定**起初仅仅是**自在的**，——所以它叫做过渡；就连存在的那些反映规定，比如某东西和他者，或有限者和无限者，尽管在本质上相互指涉，都是为他存在，但仍然被看作是一种**质的**、孤立持存的东西；**他者存在着**，而有限者被认为和无限者一样，都是**直接存在着的**、孤立持存的东西；它们的意义仿佛是完满的，哪怕没有它们的他者也无妨。与此相反，肯定的东西和否定的东西，原因和效果，虽然也被看作是孤立存在着的东西，但只要脱离对方，就没有任何意义；**在它们自身那里**，它们交互映现，每一个东西那里都有它的他者的映现。——在规定的各个层面里，尤其是在展开的进程里（确切地说，在概念的展开进程里），根本要务始终都是在于区分**自在的**东西和**已设定的**东西，区分概念中的规定和已设定的、或为着他者而存在着的规定。这个区分仅仅属于辩证的发展过程，反之形而上学的哲学思考（包括批判的哲学思考）却不懂得这个区分；形而上学通过定义、预设、划分和推论而企图主张和制造出来的东西，仅仅是**存在者**，而且是**自在存在者**。

为他存在位于某东西的自身统一体之内，和某东西的**自在体**是同一的；也就是说，某东西**在其自身那里**就有为他存在。因此，折返回自身的规定性仍然是一个**单纯的**、**存在着的**规定性，从而仍然是一个质，——即**规定**。

b. 规定，状况和界限

当某东西摆脱它的为他存在，折返回自身之内的**自在体**，后者就不再是一个抽象的自在体，而是作为它的为他存在的否定，以之为中介，因此它的为他存在是它的一个环节。自在体不仅仅是某东西的直接的自身同一性，而且是这样一种自身同一性，通过它，某东西**在它自身那里**也是它的**自在存在**；**在它自身那里**就有为他存在，因为**自在体**就是要扬弃为他存在，**从为他存在那里**返回到自身之内；但是，正因为自在体是抽象的，所以 [132]

103

它在本质上同样也是与否定,与为他存在纠缠在一起。这里不仅有质和实在性等存在着的规定性,而且有**自在存在着的**规定性,而所谓的发展过程,就是把它们**设定**为这种折返回自身的规定性。

1. 质是单纯的某东西之内的自在体,它在本质上与某东西的另一个环节即"**在它自身那里的存在**"(An-ihm-Sein)形成一个统一体。我们可以把这里所说的质称作"**规定**"(Bestimmung),并且在一个准确的意义上把这个词语与一般的"**规定性**"(Bestimmtheit)区分开。规定是一个肯定的规定性,即自在存在,以此为准绳,某东西虽然按照规定而与他者纠缠在一起,但仍然留在它的定在之内,并且通过它的自身一致性而维系着自身,让这种自身一致性在它的为他存在里面发挥作用。只要某东西的具体规定性——这个规定性是通过某东西与他者的关系而多方生发出来的——符合它的自在存在,成为它的内容,就可以说某东西**充实了**它的规定。规定包含着这个意思,即某东西**在它自身那里**也是它的**自在存在**。

人的规定①是思维着的理性:一般意义上的思维是人的单纯**规定性**,使人区别于动物;人是**自在的**思维,因为思维同样有别于他的为他存在,有别于他特有的自然性和感性(这两个东西使人和他者直接联系在一起)。然而**人自身那里**也有思维;人本身就是思维,他作为思维者**存在于那里**,而思维是他的实存和现实性;进而言之,由于人的定在包含着思维,思维也包含着人的定在,所以思维是**具体的**,必须被看作是一个具有充实内容的东西,即思维着的理性,并在这个意义上是人的**规定**。即便如此,**自在地看来**,这个规定仍然只是一个**应当**,也就是说,它连同那些融入它的自在体的充实内容,在自在体的形式下,一般地与那种没有融入其中的定在**相对立**,后者在这种情况下仍然是一种外在对立的、直接的感性和自然界。

2. 自在存在通过规定性而得到充实,这同样有别于那种仅仅是为他存在,并且位于规定之外的规定性。因为在质的东西的领域里,区分开的

---

① 在通常的语境里,"规定"(Bestimmung)这个词被翻译为"使命"。——译者注

东西虽然已经遭到扬弃,但对彼此而言仍然是一种直接的、质的存在。某东西**在它自身那里**拥有的东西于是划分自身,并从这个方面来看是某东西的外在定在,这个外在定在虽然是**它的**定在,但不属于它的自在存在。——这样的规定性就是**状况**（Beschaffenheit）。

某东西有这样或那样的状况,意味着它处于外在的影响和关系之中。状况依赖于一个外在关联（即通过一个他者而被规定）,而这个关联看起来是某种偶然的东西。然而某东西的质恰恰在于,它必须屈服于这种外在性,并且具有一个**状况**。

只要某东西发生变化,变化就归为状况;状况在某东西**自身那里**成为一个他者。某东西在变化中维系着自身,因此变化仅仅涉及它的异在的流动表面,并不涉及它的规定。

也就是说,规定有别于状况;就其规定而言,某东西的状况是无关紧要的。但某东西**在自身那里**拥有的东西,却是一个把规定和状况联系起来的推论中项。其实我们发现,**某东西自身那里的**存在已经分裂为两端,即规定和状况。单纯的中项是**规定性**本身;规定和状况都属于规定性的同一性。然而规定独自过渡到状况,状况也独自过渡到规定。这些都包含在迄今所述里面;确切地说,这个联系是这样的:只要某东西**在它自身那里**也是它的**自在存在**,它就和为他存在纠缠在一起,于是规定本身就能够和他者发生关系。规定性是一个环节,同时包含着一个质的区别,即它有别于自在存在,是某东西的否定者,是另一个定在。当规定性把他者包揽在自身之内,与自在存在联合,就把异在输入到自在存在或规定里面,而规定通过这个方式就降格为状况。——反过来,当为他存在作为状况而被设定为一个孤立的、单独的东西,在它那里,他者本身和它自身那里的他者（即它自身的他者）就是同一个东西;就此而言,它是一个**自身关联的**定在,一个具有规定性的自在存在,即**规定**。——相应地,由于二者必须保持分裂,而且状况仿佛是立足于一个外在东西或一般意义上的他者,所以为他存在也是**依赖于**规定,而外来的规定行动也是取决于某东西特有的、内在的规定。进而言之,状况属于某东西的自在存在:某东西伴

[134]

随着它的状况而发生改变。

　　某东西的这个改变（Änderung）不再是它最初仅仅按照它的为他存在而发生的变化（Veränderung）；"改变"曾经仅仅是一个自在存在着的、属于内在概念的变化；从现在起，变化也被设定在某东西自身那里。——某东西自身得到进一步的规定，而否定被设定在某东西自身之内，被设定为它的得到发展的内化存在。

　　规定和状况的相互过渡首先扬弃了它们的区别；通过这个方式，定在或一般意义上的某东西被设定，而且，由于那个区别在自身内同样包含着质的异在，而定在或某东西又是它的结果，所以这里有两个某东西。这两个某东西并非仅仅是彼此的一般意义上的他者，仿佛这里仍然是一个抽[135] 象的否定，并且仅仅依靠比较，毋宁说，从现在起，否定是**内在于二者**的。它们作为**定在者**彼此漠不相关，但它们的这个肯定不再是一个直接的肯定，毋宁说，每一方都**通过扬弃异在**而与自身相关联，而异在在规定里已经折返回自在存在。

　　这样看来，某东西是**从自身出发**而与他者发生关系，因为异在被设定为它特有的、内在的环节；某东西的内化存在包含着否定，借助于这个否定，它现在拥有了它的肯定的定在。然而他者与这个定在有着质的区别，因此被设定在某东西之外。某东西的质仅仅在于否定它的他者，因为某东西之所以是某东西，就在于扬弃它的他者。唯其如此，他者才真正与一个定在相对立；对最初的某东西而言，他者仅仅是一个外在的对立面，但是，由于某东西和他者事实上绝对地（即按照它们的概念而言）联系在一起，所以这个联系意味着，定在**已经过渡**到异在，某东西**已经过渡**到他者，如今某东西和他者一样，都是一个他者。现在，既然内化存在就是异在的非存在，且异在就包含在内化存在里面，同时作为一个存在者被区分出来，那么某东西自身就是否定，就是**一个他者在它那里的终止**；反过来，某东西被设定为一个具有否定姿态并因此维系着自身的东西；——这个他者，某东西的内化存在，作为否定之否定，是它的**自在存在**，与此同时，这个扬弃是某东西**自身那里**的单纯否定，即对于它之外的另一个某东西的否定。两个某东西有一个**共同的**规定性,这个规定性一方面等同于二者的内化存在,表现为否定之否定,另一方面既把这些否定(作为相互对立的两个某东西)联合在一起,也把它们相互隔断,让每一方都否定着他者,——这就是**界限**(Grenze)。

3. **为他存在**是某东西和它的他者的一个未规定的、肯定的共同体;在界限那里,"非为他存在"(Nichtsein-für-Anderes)凸显出来,这就是对于他者的质的否定,而他者因此被拒斥在那个折返回自身的某东西之外。我们必须关注这个概念的发展过程,而这个过程看起来更像是一团乱麻,充满矛盾。矛盾的第一个体现,就是界限作为某东西之折返回自身的否定,其包含着的"某东西"和"他者"等环节是**观念上的**东西,与此同时,这些不同的环节在定在的层面里却被设定为**实在的、有着质的区别的**东西。 [136]

α)因此,某东西是一个直接的、自身关联的定在,并且首先针对他者而有一个界限:界限是他者的非存在,不是某东西自身的非存在;某东西在界限那里限定(begrenzt)它的他者。——然而他者本身也是某东西,所以某东西针对他者而有的界限同时也是他者作为某东西而有的界限,即某东西的界限,而在这种情况下,他者就把起初的某东西作为**它的**他者排除出去,或者说成为**那个某东西的非存在**;就此而言,界限不是仅仅否定他者,而是既否定这个某东西,也否定那个某东西,随之否定一般意义上的某东西。

然而界限在本质上同样是他者的非存在,因此某东西同时通过它的界限而**存在着**。诚然,当某东西作出限定,就因此降格为一个本身受限定的东西;但与此同时,它的界限,作为它自身那里的他者的终止,本身仅仅是某东西的存在;**某东西通过界限成为它所是的那个东西,在界限那里拥有它的质**。——这个关系是下述情况的外在现象,即界限是单纯的否定或**第一个**否定,与此同时,他者却是否定之否定,是某东西的内化存在。

因此,某东西作为直接的定在,对另一个某东西而言是一个界限,但**它在自身那里**就有一个界限,并且通过这个界限的中介而成为某东西,而界限同样也是某东西的非存在。界限是一个中介过程,通过它,某东西和他者**既存在着也不存在着**。

β）现在，既然某东西在它的界限那里既**存在着**也**不存在着**，而且这些环节是一个直接的、质的区别，那么某东西的非定在和定在就彼此分离了。某东西在它的界限**之外**（或者如人们想象的那样，在它的界限**之内**）拥有它的定在；他者同样也是如此，因为它是界限之外的某东西。界限是**二者之间的中项**，二者在它那里都终止了。它们在**彼此之外**和**界限之外**拥有它们的**定在**；界限作为每一方的非存在，是双方的他者。

按照某东西和它的界限的这个差异性，**线**显现为一个完全位于它的界限（**点**）之外的线；**面**显现为一个完全位于线之外的面；**体**显现为一个完全位于它的限定面之外的体。——正是从这个方面来看，界限首先落入表象——表象是概念的位于自身之外的存在——，尤其是在涉及空间对象的时候得到承认。

γ）进而言之，位于界限之外的某东西，或者说不受限定的某东西，仅仅是一般意义上的定在。这样它就和它的他者没有区分开；它仅仅是定在，因此和它的他者具有同一个规定，每一方都仅仅是一般意义上的某东西，或者说每一方都是他者；因此，二者是**同一个东西**。但现在的情况是，它们起初的这种直接的定在是借助规定性（界限）而被设定的，在界限那里，二者都是自己，彼此有别。与此同时，界限是它们的**共同的**区分性，是它们的统一体和区分性，就和定在一样。二者（定在和界限）的这个双重的同一性意味着，首先，某东西仅仅在界限那里拥有它的定在，其次，由于界限和直接的定在相互否定，所以某东西一方面仅仅在它的界限那里存 在着，另一方面又与自身分离，超越自身，指向它的非存在，并且指出它的非存在是它的存在，随之过渡到存在。如果把这个情况应用到先前的例子上，那么第一个规定就是，某东西只有在它的界限那里才是它所是的东西。——就此而言，**点**并非仅仅是**线**的界限，仿佛线在点那里完全终止，仅仅是一个位于点之外的定在，——**线**并非仅仅是**面**的界限，仿佛面在线那里完全终止，同理，**面**也并非仅仅是**体**的界限。毋宁说，线同样是**开始**于点；点是线的绝对开端；即使线的两个方向都不受限定，或如人们所说的那样,即使线被设想为可以无穷延长,点始终是线的**元素**,正如线始终是面的元素,面始终是体的元素。这些**界限**是它们所限定的东西的**本原**;比如一,作为第一百个一,既是整个一百的界限,也是整个一百的元素。

　　第二个规定是,某东西在它的界限那里是躁动不安的,因为界限在本质上是一个**矛盾**,而这个矛盾促使某东西超越自身。就此而言,点自身的辩证法促使点成为线,线自身的辩证法促使线成为面,面自身的辩证法促使面成为整个空间。关于线、面和整个空间,于是有第二个定义,即线产生于点的**运动**,面产生于线的运动,如此等等。然而人们把点、线之类东西的**运动**看作是某种偶然的或仅仅如此设想的东西。为了纠正这一点,人们只需认识到,各种规定——线等等应当从中产生出来——是它们的**元素和本原**,与此同时,这些元素和本原无非是它们的界限;这样一来,人们就不会认为线等等的产生是偶然的或仅仅如此设想的。界限是内在于某东西的——这个界限的概念意味着,点、线、面,单独看来都是自相矛盾的,都是一种自己排斥自己的开端,因此在这种情况下,点从自身出发,通过自己的概念而过渡到线,**自在地推动自身**,使线产生出来,如此等等。当然,这个实例本身是属于空间考察的;而它在这里的意思是说,点是一个完全抽象的界限,但这个界限**位于一个定在之内**;这个定在仍然被看作是一个完全无规定的东西,它就是所谓的绝对的(亦即抽象的)空间,一种绝对延续的彼此外在的存在。由于界限不是一个抽象的否定,而是**位于这个定在之内**,由于界限是一个**空间性**的规定性,所以点是空间性的,是抽象否定和延续性的矛盾,随之过渡并且已经过渡到线,如此等等。其实**没有点**,正如**没有线和面**。 [139]

　　某东西通过那个内在于它的界限而被设定为一个自身矛盾,并且在这个矛盾的驱动之下超越自身,这就是**有限者**。

c. 有限性

　　定在是已规定的;某东西具有一个质,并且通过这个质不仅得到规

109

定,而且受到限定;它的质是它的界限,带着这个界限,它首先保持为一个
肯定的、静止的定在。但是,当这个否定进一步发展,以至于某东西的定
在与否定(即那个内在于某东西的界限)的对立本身就是某东西的内化
存在,而这个内化存在仅仅是某东西自身那里的转变,——这就构成了它
的有限性。

　　当我们说,**事物是有限的**,这里的意思是,它们并非仅仅有一个规定
性,质并非仅仅是实在性和自在存在着的规定,它们并非仅仅是受限定
的——在这些情况下,它们在它们的界限之外仍然拥有定在——,毋宁
说,非存在构成了它们的本性,构成了它们的存在。有限的事物**存在着**,
而它们的自身关联意味着,这是一种**否定的**自身关联,而恰恰在这种自身
关联中,它们超越了自身,超越了它们的存在。它们**存在着**,但这个存在
的真理却是它们的**终结**。有限者不仅和一般意义上的某东西一样发生变
[140] 化,而且会**消灭**,它的消灭并非仅仅是一种可能性,否则的话,它也有可能
不会消灭。实际上,有限事物的存在本身就把消灭的萌芽当作它们的内
化存在;它们的诞生时刻就是它们的死亡时刻。

α) 有限性的直接性

　　关于事物的有限性的思考导致了这种顾影自怜,因为有限性是一种
达于极致的质的否定,而在这个单纯的规定里,事物不再拥有一个肯定的
存在,以**区别于**它们的灭亡宿命。这种单纯的质的否定已经退步为无
(以及消灭)和存在的抽象对立,正因如此,有限性是知性最为顽固坚持
的一个范畴;一般意义上的否定、状况和界限等等都可以与它们的他者
(即定在)相容;抽象的无作为孤立的抽象东西也遭到放弃;但有限性是
一种**自在地固定下来的**否定,因此与它的肯定东西尖锐对立。诚然,有限
者能够活动,它本身是一个注定走向其终点的东西,但仅仅走向其终
点;——真正说来,有限者其实是一个顽抗,即拒绝以肯定的方式走向它
的肯定东西(即无限者),拒绝与无限者建立联系;因此有限者被设定为
一个与它的无形影不离的东西,随之根本不可能与它的他者(即肯定东

西）达成任何和解。有限事物的规定就是它们的**终点**,此外无他。知性沉迷于有限性的这种顾影自怜,因为它把非存在当作事物的规定,同时使之成为**一种恒久的和绝对的**东西。事物的可消逝性只有可能在它们的他者（即肯定东西）那里消灭;假若是这样,它们就会摆脱自己的有限性;只可惜有限性是它们的恒久不变的质,也就是说,这个质不会过渡到它们的他者（即它们的肯定东西）那里;**因此有限性是永恒的**。

　　这是一个非常重要的考察;诚然,没有哪个哲学、观点或知性愿意站　[141]
在自己的立场上承认,有限者是绝对的;毋宁说,它们明确宣称,有限者不是一个绝对的东西,而是一个受限制的、转瞬即逝的东西;有限者**仅仅**是有限者,不是恒久不变的东西;这些情况直接包含在它的规定和表述里面。但这里的关键是,在考察有限者的时候,是停留于**有限性的存在**,执着于**可消逝性**呢,还是说**可消逝性**和**消灭**本身也会消灭? 事实上,人们在考察有限者的时候恰恰没有认识到后面这个情况,从而把**消灭**看作是有限者的**终极规定**。人们明确宣称,有限者和无限者是不相容的、不可结合的,有限者和无限者是绝对对立的。他们把存在或绝对的存在判归无限者,坚持认为有限者是无限者的对立面或否定者;从有限者自己那方面来看,它和无限者是绝对不可结合的;它仅仅从肯定东西或无限者那里获得一点点肯定,然后走向消灭;至于有限者和无限者的联合,据说是一件绝不可能的事情。在他们看来,当有限者不再与无限者对立,而是走向消灭,那么正如之前所说的,这恰恰意味着,它的终结规定是消灭,而不是肯定东西,因为肯定东西只能是消灭的消灭。反之,假若有限者不是在肯定东西那里消灭,而它的终点被理解为**无**,那么我们就回到起初那个抽象的无,但这个东西本身早就已经消灭了。

　　这个无应当**仅仅**是无,但与此同时,它在思维、表象活动或言语里面又得到一个实存,因此在它那里出现了之前谈到有限者的时候的同一个矛盾,只不过这个矛盾在那里仅仅是**出现**,而在有限性这里则是被**明确提出**。它在那里显现为一个主观的东西,而在这里则是明确包含在如下主张里面:有限者**永远**与无限者**相对立**,它**是**自在的虚妄东西,它**作为**自在

111

[142] 的虚妄东西存在着。我们必须清楚地意识到这一点;有限者的发展过程表明,它作为这个矛盾,在它自身那里融入自身,从而现实地消解了这个矛盾;这里的意思并不是说,有限者仅仅是转瞬即逝的,并且走向消灭,毋宁说,消灭或无不是终极规定,而是本身走向消灭。

β）限制和应当

诚然,"**某东西**是有限的"或"有限者**存在着**"之类说法立即以抽象的方式包含着上述矛盾。但**某东西**或存在不再是一个抽象的东西,而是折返回自身,发展为内化存在,在自身那里具有一个规定和状况,或更确切地说,在自身那里有一个界限,而这个界限——它内在于某东西,并且构成了某东西的内化存在的质——就是有限性。我们得看看,"有限的某东西"这一概念里包含着哪些环节。

对外在反思而言,规定和状况表现为两个**方面**;规定已经包含着异在,后者属于某东西的**自在体**;异在的外在性一方面位于某东西自己的内在性之内,另一方面保持为一种与之有别的外在性,也就是说,它尚且是一般意义上的外在性,只不过是**依附于**某东西。但是,由于异在接下来被规定为**界限**,甚至被规定为否定之否定,所以那个位于某东西内部的异在就被设定为两个方面的关联。再者,由于规定和状况都属于某东西,所以某东西的自身统一体就是它的折返回自身的关联,这个关联来自于某东西的自在存在着的规定,同时否定着那个内在于某东西的界限。这样一来,自身同一的内化存在的自身关联,其实是与它自己的非存在相关联,但作为否定之否定,作为非存在的否定者,它同时在自身内保留了定在,因为定在是它的内化存在的质。当某东西把自己的界限设定为一个本质

[143] 上的否定者,这个界限就不仅仅是一般意义上的界限,而是**限制** (Schranke)。然而限制并不是唯一由于否定而被设定的东西,否定是一把双刃剑,因为那个通过它的否定而被设定的东西是**界限**;也就是说,界限既是某东西和他者的共同因素,也是规定本身的**自在存在**的规定性。相应地,这个自在存在作为一个否定的自身关联(因为另一方是它的有

别于它自身的界限,即限制),就是**应当**(Sollen)。

一方面,某东西自身那里的界限就是限制,另一方面,某东西必须在自身之内**超越界限**,并且在自身那里与界限相关联,同时**把界限当作一个非存在者**。某东西的定在仿佛静静地、漠不关心地位于它的界限**旁边**。但是,某东西要超越它的界限,就必须扬弃界限,并且作为一个自在存在去否定界限。相应地,由于界限在**规定**中本身就是限制,所以某东西**超越自身**。

因此,应当包含着双重的规定:**一方面**,规定是一个自在存在着的规定,与否定对立,**另一方面**,规定是一个非存在,后者作为限制有别于规定,同时本身又是一个自在存在着的规定。

在这种情况下,有限者已经把自己规定为一个关联,即它的规定与它的界限的关联;在这个关联里,规定是**应当**,界限是**限制**。就此而言,二者都是有限者的环节,随之本身都是有限的。然而只有限制才**被设定为**有限者;应当仅仅自在地看来(即对我们而言)是受限制的。应当之所以是受限制的,因为它与那个已经内在于它的界限相关联,但它的这个受限状态隐藏在自在存在里面,因为按照它的定在而言,亦即按照它的与限制相对立的规定性而言,它被设定为自在存在。

一切应当存在的东西,既**存在着**,也**不存在着**。假若它**存在着**,就并非仅仅**应当存在**。因此应当在本质上包含着一个限制。这个限制不是一个外来的东西;**一切仅仅应当存在的东西**,都是一个在事实上被设定的**规定**,亦即仅仅是一个规定性。 [144]

也就是说,某东西的自在存在之所以按照它的规定而把自己降格为**应当**,原因仅仅在于,那个构成其自在存在的东西,在同一个角度看来,和**非存在**是同一个东西;确切地说,在内化存在或否定之否定里,那个自在存在作为一个否定(即作出否定的东西),与另一个否定形成一个统一体,而由于后一个否定就质而言是另一个界限,所以那个统一体与它**相关联**。有限者的限制不是一个外在的东西,毋宁说,它自己的规定也是它的限制;这个限制既是规定本身,也是应当;限制是二者的共同因素,或更确

113

切地说,是二者的同一性因素。

接下来,有限者作为应当**超越**了它的限制;同一个规定性既是它的否定,也是一个被扬弃的东西,即它的自在存在;因此它的界限也不是它的界限。

这样一来,某东西作为**应当**,就**凌驾于它的限制之上**,但反过来,它只有**作为应当**才具有它的**限制**。这两个情况是不可分割的。也就是说,当某东西在它的规定中具有一个否定,它就具有一个限制,而规定就是一个已扬弃的限制。

注　　释

最近一段时间以来,"应当"在哲学里面扮演着一个重要角色,尤其在涉及道德的时候更是如此。而在一般的形而上学里,它也被当作一个终极的绝对概念,指代着自在存在(或**自身**关联)和**规定性**(或界限)的同一性。

"因为你应当,所以你能够"——这句意味深长的话就包含在"应当"概念里。应当意味着超越限制;在这个超越中,界限被扬弃了,因此应当的自在存在是一个自身同一的自身关联,随之是"**能够**"的抽象表现。——然而相反的说法,"**正因为你应当,所以你不能够**",同样是正确的。因为应当里面同样有着严格意义上的限制;那种奢谈可能性的形式主义发现,可能性本身与一个实在性或一个质的异在相对立,因此二者的相互关联是一个矛盾,即"不能够",或更确切地说,"不可能"。

对于有限性的超越,即无限性,开始于应当;而按照那种"不可能",应当在进一步的发展过程中呈现为一个无限的进展。

关于"**限制**"和"**应当**"的形式,我们可以明确批驳两个成见。首先,人们经常**过于**强调思维、理性等等遭受的限制,认为限制**不可能**被超越。但这个观点没有意识到,当某东西被规定为受限制的时候,本身已经超越了限制。一个规定性或界限只有在与它的一般意义上的他者(即它的**不**

[145]

受限制者）相对立的时候，才被规定为一个限制；限制的他者恰恰是对于限制的**超越**。石头、金属之所以没有超越它们的限制，原因恰恰在于，它们**不知道**这个限制是一个限制。针对知性思维提出的"限制不可能被超越"之类一般的命题，如果思维不愿意亲自去看看概念里面有什么东西，那么我们可以告诉它，在现实世界里，这类命题是最不真实的东西。思维**应当**是某种高于现实世界的东西，应当远离现实世界，坚守在一个更高的领域，而在这个意义上，它本身就被规定为一个**应当**。正因如此，思维一方面没有达到概念，另一方面处于一个窘境，即它无论是相对现实世界还是相对概念而言都表现为一个不真实的东西。——因为石头不思维，毫无感觉，所以它**不知道**它的限制是一个限制，也就是说，它不会去否定它所没有的感觉、表象、思维等等。但即使是石头，作为某东西，也被区分为 [146] 它的规定（或者说它的自在存在）和它的定在，并在这个意义上超越了它的限制；概念，作为石头的自在存在，包含着石头与它的他者的同一性。只要石头是一个可以酸化的基质，就是可以氧化和可以中和的，如此等等。通过氧化、中和等等，石头的限制（即仅仅作为基质而存在）扬弃自身；石头超越自己的限制，正如酸也超越自己的限制（即作为酸而存在），而且无论是在酸里面，还是在腐蚀性基质里面，都有一个**应当**（即超越它们的限制），所以它们只能借助外力而被固定为一种无水分的（即纯粹的、非中性的）酸和一种腐蚀性的基质。

实存包含着概念，如果这个概念并非仅仅是一个抽象的自在存在，而是一个自为存在着的总体，是冲动、生命、感觉、表象活动等等，那么实存从自身出发就完成了超越限制的举动。植物不但超越限制 a（作为种子而存在），而且超越限制 b（作为花而存在）、限制 c（作为果实而存在）、限制 d（作为叶子而存在）；植物发芽，花朵凋谢，如此等等。饥渴等限制中的感觉者是一个想要超越这些限制的冲动，而且这个冲动完成了超越。它感觉到**痛苦**，而一切有感觉的存在者都有一个特权，即能够感觉到痛苦；它的自主体里面有一个否定，这个否定在它的感受里**被规定为一个限制**，而这恰恰是因为，感受者对于它的**自主体**（Selbst）有所感受，而这个自主体作为总体,超越了那个规定。假若做不到这一点,它就不会觉得那个规定是对于它的否定,也不会有痛苦。——真正说来,理性或思维并非"能够"超越限制,因为理性是**普遍者**,而普遍者本来就超越了特殊性**本身**(即**全部**特殊性),所以理性本身已经是对于限制的超越。——诚然,并非每一个对于限制的超越和每一个凌驾于限制之上的存在都是真的摆脱了限制,都是一个真实的肯定;应当本身已经是一个不完满的超越和一般意义上的抽象。尽管如此,我们只需援引这样一个完全抽象的普遍者,就足以反驳"限制不可能被超越"这一同样抽象的断言,换言之,我们只需援引无限者,就足以反驳"有限者不可能被超越"这一断言。

[147]

这里可以顺带提及莱布尼茨的一个貌似很机智的想法。他认为,假若一根磁针具有意识,就会把"指向北方"看作是它的意志的一个规定,看作是它的自由的一个法则。但实际上,假若磁针具有意识,随之具有意志和自由,它就能够思考;而在这种情况下,它就会知道空间是一个**普遍的**空间,包含着**全部**方向,而北方作为其中**一个**方向,毋宁是对于它的自由的限制。类似地,"固定在一个位置"虽然对人而言是一个限制,但对植物而言则并非如此。

另一方面,**应当**虽然是对于限制的超越,但其本身仅仅是一个**有限的超越**。因此它的位置和它的有效性都属于有限性的领域,在那里,它坚持着自在存在和受限东西的对立,并且主张自在存在是准绳,是事关本质的东西,与虚无缥缈的东西相对立。义务是针对特殊意志,针对自私欲望和随心所欲而提出来的一个**应当**;只要意志在它的活动中能够脱离真实的东西,这个东西就作为一个应当摆在它面前。有些人把道德里面的应当抬到如此之高的地位,竟至于认为,只要不承认应当是一个终极的真实东西,就会摧毁道德性;此外还有一些喷子,他们的知性所能够获得的最大满足,莫过于拿出各种应当,随之摆出一副高人一等的姿态,去反对一切现实的东西,而正因如此,他们最为珍视的东西就是应当。这两种人都不知道,对于他们的有限的活动范围而言,应当已经完全得到承认。——但在现实世界里,合理性和法则绝不是一种悲惨的、仅仅应当**存在**的东

[148]

西——否则这里就只剩下"自在存在"等抽象说法——;他们也不知道,说"应当本身就是永恒的",这和说"有限性是绝对的"是同一回事。康德哲学和费希特哲学宣称,**应当**是解决理性矛盾的最高方案,但实际上,这个立场仅仅固守于有限性,随之固守于矛盾。

γ)有限者过渡到无限者

应当本身包含着限制,限制本身包含着应当。二者的相互关联就是有限者自身,也就是说,有限者在它的内化存在里包含着二者。它的这些规定环节在质上是相互对立的;限制被规定为应当的否定,应当同样被规定为限制的否定。因此有限者是一个内在的自身矛盾;它扬弃自己,走向消灭。但是,1)它的这个结果,一般意义上的否定,是它的**规定**本身;因为它是否定之否定。就此而言,有限者在走向消灭的时候并没有消灭;它只不过是已经转变为**另一个**有限者,后者在走向消灭的时候,同样过渡到另一个有限者,如此以至**无限**。2)如果我们仔细考察这个结果,就会发现,有限者在走向消灭或否定自身的时候,已经达到它的自在存在,已经在那里**与它自身融为一体**。它的每一个环节都包含着这个结果;应当过渡到限制,亦即超越自身;然而限制之外的东西,或者说应当的他者,仅仅是限制本身。限制直接超越自身,指向它的他者,而这个他者就是应当;然而应当和限制一样,都意味着**自在存在**和**定在**的分裂,因此二者是同一个东西;就此而言,所谓超越自身,仅仅意味着与自身融为一体。这种**自身同一性**,否定之否定,是一个肯定的存在,即有限者的他者(因为有限者必须把第一个否定当作自己的规定性);——这个他者就是**无限者**。 [149]

C. 无限性

无限者按照其单纯概念而言,可以首先被看作是绝对者的一个新的定义;它作为一个无规定的自身关联,被设定为**存在**和**转变**。有些规定可以被看作是绝对者的定义,但**定在**的各种形式不在其列,因为这个层面的形式就其自身而言只能被直接设定为规定性,而且是有限的规定性。但无限者却是被直接看作是一个绝对的东西,因为它被明确规定为有限者的否定,所以在无限者里面就明确出现了与受限状态的关联——虽然存在和转变本身不具有或没有展示出受限状态,但它们毕竟有可能陷入这种状态——,而且这样一个关联在无限者自身那里遭到否定。

但这样一来,无限者本身实际上并没有摆脱受限状态和有限性;这里的关键在于要区分无限性的真实概念和恶劣无限,区分理性的无限者和知性的无限者;后者是一个**有限化的**无限者,因为我们将会发现,只要无限者被当作一个纯粹的、远离有限者的东西,它就只能被有限化。

无限者

a)按照其**单纯规定**而言是一个肯定的东西,表现为有限者的否定;

b)但在这种情况下,它和**有限者**处于**交互规定**之中,是一个抽象的、**片面的无限者**;

c)这个意义上的无限者和有限者的自身扬弃,作为一个**进展**,——是**真实的无限者**。

[150]   **a. 一般意义上的无限者**

无限者是否定之否定,是一个肯定的东西,即一个从受限状态那里重建自身的**存在**。无限者存在着,并且比最初的、直接的存在具有更深刻的意义;它是真实的存在,是从限制那里提升上来的。当心灵和精神听到"无限者"的名称,无限者就**闪耀**出光芒,因为这个名称不是仅仅静止抽象**地存在**于自身那里,而是提升自身,走向自身,走向它的思维、它的普遍性、它的自由的光芒。

无限者的概念首先已经表明,定在按照它的自在存在把自己规定为有限者,并且超越了限制。有限者的本性就是要超越自身,否定它的否定,成为无限者。就此而言,无限者本身并不是作为一个完结的东西凌驾于有限者**之上**，以至于有限者竟然能够驻留在无限者**之外**或**之下**。即使**我们**仅仅是一个主观的理性，也仍然超越了有限者，进入无限者。有些人认为，"无限者"是一个理性概念，而我们是通过理性而提升于时间性东西之上；这些看法根本没有触及有限者半根汗毛，因为有限者和那个始终外在于它的提升没有半点关系。但是，如果有限者本身被提升到无限性，那么这并不是屈从于一个外来的暴力，毋宁说，它的本性就是要通过限制——这里既指严格意义上的限制，也指应当——而达到自身关联，随之超越限制，或更确切地说，有限者必须作为一个自身关联而否定限制，超越限制。并非扬弃了一般意义上的有限性之后，就有了一般意义上的无限性，毋宁说，有限者只需通过它的本性就会进入无限性。无限性是有限者的**肯定规定**，是有限者的真实的自在存在。

于是有限者消失在无限者里面，只有**无限者存在着**。

b. 有限者和无限者的交互规定

无限者存在着；在这个直接性里，它同时是对一个**他者**（即有限者）的**否定**。这样一来，无限者作为**存在者**，同时作为一个**他者**的非存在，就首先返回到"一般地已规定的某东西"范畴，然后——因为它**被设定**为一个折返回自身之内，通过扬弃一般意义上的规定性而得出的定在，随之被设定为一个有别于它的规定性的定在——返回到"具有界限的某东西"范畴。按照这个规定性，有限者作为一个**实在的定在**与无限者相对立；因此二者在一个质的**关联**中，**保持**为彼此外在的东西；无限者的**直接存在**重新唤醒了它的否定（即有限者）的**存在**，而有限者暂时看起来已经消失在无限者里面。

但无限者和有限者并非仅仅处于上述两个关联范畴之中；双方都得到了进一步的规定，即它们必须作为纯粹的**他者**而相互对立。也就是说，有限性被设定为严格意义上的限制，而定在也获得一个**规定**，即它必须过渡到它的**自在存在**，转变为无限者。无限性是有限者的无，是有限者的**自在存在和应当**，但与此同时，这个应当作为一个已经折返回自身、得到实

119

现的应当,仅仅是一个自身关联的、完全肯定的存在。无限性包含着一个满足,即全部规定性和变化,全部限制连同应当本身,都已经消失了,被扬弃了,只剩下有限者的无被设定下来。自在存在被规定为有限者的否定,于是它作为否定之否定,本身是一个肯定的东西。但这个否定,就质而言,是一个**直接的**自身关联,即**存在**;这样一来,无限者就返回到"与作为**他者**的有限者相对立"这一范畴;它的否定本性被设定为一个**存在着的**否定,随之被设定为最初的和直接的否定。通过这个方式,无限者与有限者纠缠在一起,与之对立;与此同时,有限者作为他者,仍然是一个已规定的、实在的定在,尽管它在它的自在存在(即无限者)里面已经被设定为一个遭到扬弃的东西;这就是"非有限者",一个具有否定规定性的存在。相对于有限者而言,相对于存在着的规定性和实在性的范围而言,无限者是一个无规定的虚空,凌驾于有限者之上,而且在它的定在那里不具有它的自在存在,因为定在是一个已规定的东西。

因此,如果无限者被设定在一个和有限者就质而言互为**他者**的关联之中,就叫作**恶劣的无限者**,即**知性**的无限者,因为知性把它当作是一个最高的绝对真理。只有当知性在应用和解释它的这些范畴的时候四处碰壁,它才会意识到,当它自以为通过调和真理而得到满足的时候,其实是置身于一个不可调和、不可化解的绝对矛盾之中。

这个矛盾的直接表现,就是无限者始终与作为定在的有限者相对立;于是有**两个**规定性,**有**两个世界,一个无限的世界和一个有限的世界,而在它们的关联中,无限者仅仅是有限者的**界限**,随之仅仅是一个已规定的、**本身即有限的无限者**。

这个矛盾把它的内容展现为一些更明确的形式。——有限者是一个实在的定在,后者始终留在那里,哪怕它已经过渡到它的非存在,过渡到无限者;正如之前所述,这个无限者按照其规定性而言,仅仅是最初的、直接的对于有限者的否定,而有限者作为一个因此被否定的东西,仅仅意味着一个**他者**,从而仍然是某东西。在这种情况下,当知性把自己提升到有限世界之上,达到它心目中的最高东西亦即无限者的时候,这个有限世界

[152]

[153]

对它而言仍然是一个此岸世界,以至于无限者仅仅被设定在有限者**之上**,**脱离**了有限者,而有限者也恰恰因此脱离了无限者,——二者**被安置在不同的地方**:有限者是此岸的定在,反之,无限者虽然是有限者的**自在体**,但作为一个彼岸世界,却被推到一个朦胧的、不可触及的远方,而有限者始终置身于这个远方**之外**。

虽然相互脱离,但无限者和有限者在本质上同样通过那个把它们隔断的否定而相互**关联**。二者都是折返回自身的某东西,而这个把它们关联在一起的否定则是双方相互之间的界限,也就是说,每一方都不是仅仅以对立的**他者**为界限,毋宁说,否定是它们的**自在存在**,因此每一方在脱离他者的时候,都是以自身为界限。但是,由于界限是第一个否定,所以双方受到限定,本身都是有限的。尽管如此,每一方作为一个肯定的自身关联,也否定了自己的界限;因此每一方都把界限作为它的非存在而直接排除在自身之外,在质上与之分离,并且把界限设定为它之外的**另一个存在**,也就是说,有限者把它的非存在设定为无限者,无限者同样把它的非存在设定为有限者。有限者必然会过渡到无限者,换言之,有限者通过自己的规定已经过渡到无限者,并且把无限者提升为自在存在,这些说法都很容易得到认可,因为有限者虽然被规定为一个持存的定在,但同时**也**被规定为一个**自在的**虚无缥缈的东西,即一个按照自己的规定而自行瓦解的东西,而无限者虽然被规定为与否定和界限纠缠在一起,但同时也被规定为一个**自在存在者**,因此这个抽象的自身关联构成了它的规定,而按照这个规定,有限的定在并不是位于那个肯定之内。但是我们已经指出,首先,无限者本身只能以否定为**中介**,作为否定之否定,转变为一个肯定的存在;其次,它的这个肯定,作为一个单纯的、质的存在,把包含在其中的 [154] 否定贬低为一个单纯的直接否定,随之贬低为规定性和界限,而这样一来,它同样与它的自在存在相矛盾,因此被逐出自在存在,被设定为一个非但不属于自在存在,反而与之相对立的东西,即有限者。因此,由于每一方在其自身那里,出于自己的规定,都要设定它的他者,所以双方是**不可分割的**。但它们的这个统一体**隐藏**在它们的质的异在中,因此这是一

个内在的、仅仅位于根基处的统一体。

这个统一体的显现方式由此得到规定；在**定在**里，它被设定为有限者向着无限者的反转或过渡，以及无限者向着有限者的反转或过渡；就此而言，无限者在有限者那里，有限者在无限者那里，他者在他者那里，仅仅是**出现**（hervortrete），也就是说，每一方都是在他者那里自行**直接地**产生出来，而它们的关联仅仅是一个外在的关联。

它们的过渡过程具有如下具体的形态。人们超越有限者之后，进入无限者。这个超越看起来是一个外在的行动。在这个凌驾于有限者之上的虚空里，什么东西产生出来呢？那里面的肯定东西是什么呢？因为无限者和有限者是不可分割的（或者说，因为这个独处一方的无限者本身是受限制的），所以界限产生出来；无限者消失了，它的他者（即有限者）登场了。然而有限者的登场看起来是一件在无限者之外发生的事情，而这个新的界限看起来不是产生自无限者，而是碰巧被发现的。这样的话，人们就回到之前那个徒然被扬弃的规定。但这个新的界限本身仅仅是一个应当被扬弃或应当被超越的东西。于是虚空或无再一次产生出来，人们在其中再一次遭遇那个规定性，即一个新的界限——**如此以至无限**。

[155]　　　这里呈现出**有限者和无限者的交互规定**；正如有限者只有在与应当或无限者相关联的时候才是有限的，同样，无限者只有在与有限者相关联的时候才是无限的。它们是不可分割的，同时作为绝对的他者而相互对立；每一方在其自身那里都有它的他者；因此，每一方都是它和它的他者的统一体，每一方按照其规定性而言都是一个定在，但这个定在**既不能**是它自己，**也不能**是它的他者。

这个既否定着自身，也否定着它的否定的交互规定，恰恰是那个作为**无限进展**而登场的东西，后者在许多形态和应用中都被当作一个再也不能被超越的**终极因素**，因为每次只要说起"如此以至无限"，思想就觉得已经到达自己的终点。——无论什么地方，只要各种**相对的**规定被推到它们的对立面，以至于它们处在一个不可分割的统一体之内，同时每一个规定都具有一个独立于其他规定的定在，那么上述进展就会登场。因此这个进展是一个未解决的**矛盾**，一个始终**明摆着的**矛盾。

我们发现，这里有一个抽象的、始终不完整的超越，因为**这个超越**本身并没有**被超越**。这里有一个无限者，人们当然可以超越它，因为一个新的界限被设定下来，而它恰恰因此返回到有限者。自在地看来，这个恶劣的无限性和那个恒久的**应当**是同一个东西；前者虽然是对于有限者的否定，但并不能把自己真正从有限者那里解放出来；在恶劣的无限性**自身那里**，有限者作为它的他者重新出现，因为这个无限者只能与另一个有限者**相关联**。由此可见，无限进展仅仅是一个不断重复的单调性，是有限者和无限者之间千篇一律的、无聊的**交替**。

无限进展的无限性始终与有限者本身纠缠在一起，因此是受到限定 [156] 的，并且本身就是**有限的**。这样一来，它实际上被设定为有限者和无限者的统一体。但这个统一体没有得到反思。它在有限者里面召唤出无限者，在无限者里面召唤出有限者，因此可以说，它是无限进展的发动机。无限进展是那个统一体的**外观**，是表象津津乐道的东西；千篇一律的交替恒久地重复着，那个跨越界限而走向无限性的空虚躁动也恒久地重复着，它在这个无限者里面**发现**一个新的界限，但既不能驻足于这个界限，也不可能留在无限者里面。这个无限者始终被规定为一个**彼岸世界**，这个彼岸世界是不可能被触及的，因为它**不应当**被触及，因为它没有摆脱彼岸世界（这是一个**存在着的**否定性）的规定性。按照这个规定，无限者与作为**此岸世界**的有限者相对立，后者同样不可能把自己提升到无限者，因为它被规定为一个**他者**，随之被规定为一个恒久的**定在**，它在它的彼岸世界里重新制造出自身，并且使之有别于彼岸世界。①

c. 肯定的无限性

在有限者和无限者的上述来来回回的交互规定中，二者的自在的真

---

① 拉松将这句话修改为："……随之被规定为一个定在，它在它的彼岸世界里重新制造出一个恒久的东西，并且使之有别于彼岸世界。"——原编者注

理已经是**明摆着的**,而人们只需接纳这个明摆着的东西。上述来来回回促成了概念的外在实现;在这个过程中,概念所包含的东西被设定下来,

[157] 但这是一种**外在的**、彼此分离的东西;人们只需比较这些不同的环节,就会发现那个给自己提供概念的**统一体**;——虽然我们已经多次指出一个情况,但这里仍然希望人们牢记,无限者和有限者的"**统一体**"对于那个真正意义上的统一体而言是一个歪曲的表述;尽管如此,那个明摆在我们面前的概念外化一定有办法去消除这个歪曲的规定。

按照统一体的最初的、纯粹直接的规定,无限者仅仅是对于**有限者**的**超越**;无限者被规定为有限者的否定;就此而言,有限者仅仅是一个必须被超越的东西。也就是说,**每一方都包含着他者的规定性**,而按照无限进展的意思,它们应当相互排斥,仅仅以交替的方式先后出现;没有哪一方能够脱离对方而得到设定和理解,无限者不能脱离有限者,有限者也不能脱离无限者。当人们**说**"无限者是有限者的否定",有限者本身就被连带着**说出来**;它对于无限者的规定而言是**不可或缺的**。人们只需**知道他们说的是什么**,就能够在无限者里面找到有限者的规定。单就有限者而言,人们立即承认,有限者是一个虚无缥缈的东西,但它的虚无缥缈恰恰等于那个与之不可分割的无限性。——按照这个理解,人们似乎是按照它们**与他者的关联**来看待它们。反之,如果人们把它们看作是**无关联**的东西,仅仅通过一个"**和**"字联系在一起,那么它们就是作为独立的、在自身那里就存在着的东西,相互对立。我们要看看,它们在这个方式下处于什么状况。这样提出来的无限者是**双方之一**;但如果无限者**仅仅**是双方之一,那么它本身就是有限的,不是一个整体,毋宁仅仅是一个方面;它以它的

[158] 对立面为它的界限;因此它是一个**有限的无限者**。只有**两个有限者**摆在我们面前。无限者**脱离**有限者,随之被设定为一个**片面的东西**,而这个情况恰恰意味着它的有限性,即它和有限者的统一体。——在有限者方面,当它被设定为一个孤立的、远离无限者的东西,它就是一个**自身关联**,在其中,它的相对性和依赖性,还有它的可消逝性,都被清除了;它和无限者一样,都具有独立性和自身肯定。

乍看起来，以上两种观察方式是把不同的规定性当作自己的出发点：前一种方式仅仅强调无限者和有限者的相互**关联**，或每一方与它的他者的关联，反之，后一种方式则是让它们完全脱离彼此；但二者的结论是一样的。当我们按照二者的相互**关联**来观察无限者和有限者——这个关联貌似位于它们之外，但实际上对它们而言是事关本质的（否则每一方都不是它自己）——，就会发现，每一方都在自身内把它的他者当作它自己的规定。同样，当我们把每一方看作**孤立的**东西，观察其**自在的**本身，也会发现，每一方都在自身内把它的他者当作它自己的环节。

于是我们得到有限者和无限者的一个——令很多人大呼小叫的——统一体，这个统一体本身是无限者，同时在自身内既包含着自己，也包含着有限性，——因此这个无限者的意思不同于那个与有限者分离，并且被置于另一方的无限者。现在，我们必须区分二者，而正如之前指出的，每一方在它自身那里都是二者的统一体；于是这里得出两个这样的统一体。两个规定性的共同因素或统一体，作为统一体，首先把二者设定为一种遭到否定的东西，因为每一方都应当是它处于区分状态下的样子：因此二者在它们的统一体里面失去了自己的质的本性；——这是一个与表象针锋相对的重要反思，因为表象在面对无限者和有限者的统一体的时候，总是希望按照它们在彼此分离时具有的质来看待它们，正因如此，表象在那个统一体里看到的无非是一个矛盾，却不知道，这个矛盾已经通过否定二者的质的规定性而得到解决；在这种情况下，无限者和有限者的最初单纯的、普遍的统一体就被歪曲了。 [159]

接下来，由于它们也被看作是有所区别的，所以无限者的统一体，作为这些环节中的每一个环节本身，在每一个环节里面都以不同的方式得到规定。无限者按照其规定而言，在它自身那里就具有一个有别于自身的有限性，也就是说，无限者是这个统一体的**自在体**，而有限性仅仅是无限者自身那里的规定性或界限；但这个界限是无限者的绝对他者，是它的对立面；无限者的规定，即严格意义上的自在存在，由于掺入这种类型的质而遭到败坏；因此它是一个**有限化的无限者**。按照同样的方式，由于有

125

限者本身仅仅是"非自在存在",但就这个统一体而言同样在它自身那里
具有它的对立面,所以也超出了自己的价值,而且可以说是无限拔高了;
它被设定为**无限化的有限者**。

按照同样的方式,知性不但歪曲了之前那个单纯的统一体,也歪曲了
无限者和有限者的双重统一体。这件事情之所以发生,原因同样在于,在
两个统一体的任何一方里,无限者都不是被当作一个遭到否定的东西,而
是被当作一个不应当具有规定性和限制的自在存在(据说否则的话,自
在存在就会遭到贬低和败坏)。反过来,有限者作为一个自在的虚无缥
缈的东西,同样没有被当作一个遭到否定的东西,于是当它和无限者联系
在一起,就被提升为一个它所**不是**的东西,随之违背它的并未消失、毋宁
恒久的规定,被无限化。

[160]　　　知性之歪曲有限者和无限者,就是坚持认为它们的相互关联是一个
质的差异性,同时主张它们是注定分离或绝对分离的东西;而知性之所以
这么做,是因为它忘了,这些环节的概念对它来说究竟意味着什么。根据
这个概念,有限者和无限者的统一体既不是二者的一个外在整合,也不是
一个粗暴的、与它们的规定背道而驰的联系,仿佛要把那些自在地分离而
对立的东西,那些彼此独立的存在者,亦即互不相容的东西,捆绑在一起。
毋宁说,每一方在它自身那里都是这个统一体,而且每一方都仅仅是对于
自身的**扬弃**,在其中,没有哪一方相对他方而言具有一个优先的自在存在
和肯定的定在。正如之前指出的,有限性仅仅是一种自身超越,因此无限
性(即有限性的他者)就包含在有限性里面。同样,无限性仅仅是对于有
限者的超越,因此它在本质上包含着它的他者,随之在它自身那里就是它
自己的他者。有限者虽然被无限者扬弃,但无限性在这里并不是一种外
在于有限者的力量,毋宁说,有限者的无限性就在于扬弃自身。

就此而言,这个扬弃并非变化或一般意义上的异在,并非对于**某东西**
的扬弃。有限者的自身扬弃依赖于无限者,因为无限者就是对于有限性
的否定;然而有限性本身早就是一个仅仅被规定为**非存在**的定在。所以
这里仅仅是**一个否定在否定中扬弃自身**。相应地,从无限性方面来看,无

限性作为有限性的否定者,随之作为一般意义上的规定性的否定者,就被规定为一个空虚的彼岸世界;无限者在有限者之内的自身扬弃是一种回归,即逃脱虚空,**否定**彼岸世界,因为彼岸世界本身是一个**否定者**。

因此现在摆在我们面前的,是二者中的同一个否定之否定。但**自在地看来**,这个否定之否定是一个自身关联,是一个肯定,同时表现为一个通过**中介活动**(即否定之否定)而实现的自身回归。这是一些我们必须 [161]
牢牢看在眼里的本质规定。其次需要注意的是,这些规定是如何**被设定**在无限进展之内,也就是说,它们尚未达到自己的终极真理。

但在这里,**首先**,二者(无限者和有限者)都遭到否定,——二者都以同样的方式被超越;**其次**,二者以轮流的方式,也被设定为彼此有别的、本身即肯定的东西。通过比较,我们把这两个规定抓取出来,正如我们通过一个外在的比较,已经区分了两种观察方式,即要么把有限者和无限者看作相互关联的东西,要么把它们看作孤立的东西。但无限进展具有更多的内涵,其中同样设定了区分开的东西的**联系**,只不过这个联系首先只是表现为过渡和交替;我们只需通过一个简单的反思就可以发现,这里实际上有什么东西。

无限进展里面设定了有限者和无限者的否定,这个否定首先可以被看作是一个单纯的否定,因此有限者和无限者表现为一种彼此外在的,仅仅前后相继的东西。如果我们从有限者出发,就会超越界限,否定有限者。接下来我们面对的是有限者的彼岸世界,即无限者,但界限在这个无限者里面重新**产生出来**;于是我们看到对于无限者的超越。一方面看来,这个双重的扬弃仅仅被设定为一个外在的活动和诸环节的交替,另一方面看来,它尚未被设定为**一个统一体**;在这里,每一个超越都是一个独立的开端,一个新的行动,于是它们脱离彼此。——但在接下来的无限进展里,也有它们的**关联**。**首先**,有一个**有限者**;随后,它被超越,而有限者的这个否定者或彼岸世界是无限者;**再往后**,这个否定又被超越,一个新的界限产生出来,因此又有一个**有限者**。——这是一个完整的、自身封闭的运动,并且已经达到那个造成开端的东西;**曾经的出发点**重新产生出来, [162]

也就是说,有限者被重新制造出来;因此,同一个东西已经**融入自身**,而这只不过意味着,**它在它的彼岸世界里重新找到自己**。

无限者那里也是同样的情形。在无限者亦即界限的彼岸世界里面,必定有一个新的界限产生出来,而这个界限的命运别无二致,即必须作为有限者而遭到否定。现在重新出现的,就是之前**那个**在新的界限里已经消失的无限者;就此而言,无限者虽然经历了它的扬弃,经历了新的界限,但并没有被继续推挤到外面,既没有远离有限者——因为有限者仅仅是一个必须过渡到无限者的东西——,也没有远离自己,因为它**已经回到自身那里**。

也就是说,二者(有限者和无限者)都是一个**运动**,即通过它们的否定而回归自身;它们仅仅是一个自身内**中介过程**,而且二者的肯定因素包含着二者的否定,是否定之否定。——因此它们是**结果**,不再是它们在**开端**时被规定所是的东西:——有限者不再是一个单方面的、被规定为有限的**定在**,无限者也不再是一个凌驾于这个定在之上的**定在**或**自在存在**。知性之所以如此顽冥不化,坚决反对有限者和无限者的统一体,原因仅仅在于,它假定限制、有限者、自在存在等等是**恒久的**东西;但这样一来,它就**看不到**无限进展里面事实上明摆着的二者的否定,同样它也看不到,二者在其中仅仅作为一个整体的环节而出现,而且它们只有借助于它们的对立面,但在本质上同样借助于扬弃它们的对立面,才会显露出来。

现在,如果自身回归从一开始既被看作有限者的自身回归,也被看作无限者的自身回归,那么这个结果本身就表现出一个错误,而这个错误又和我们刚才批评的那个歪曲有关;有限者作为**出发点**,和无限者作为**出发点**,这是两码事,唯其如此,才会产生出**两个**结果。当然,究竟是把哪一个当作开端,这是完全无关紧要的;这样一来,那个曾经造成**双重**结果的区别就被抛弃了。同理,在无限进展的两端不受限定的直线上,每一个环节都同样交替出现,至于哪一个环节被置于哪一个位置,哪一个环节被当作开端,这些都是一个完全外在的决定。——在无限进展里,它们是区分开的,但每一方都同样仅仅是另一方的环节。由于二者(有限者和无限者)

本身都是进展的环节，所以它们**同为有限者**，而由于它们在进展和结果里一同遭到否定，所以真正说来，这个结果，作为二者的有限性的否定，就是无限者。因此，它们的区别是二者都具有的一个**双重意义**。有限者的双重意义在于，首先，它仅仅是一个与无限者**相对立**的有限者，其次，它既是有限者，**同时**也是那个与它相对立的无限者。无限者同样具有双重意义：首先，它是那两个环节**之一**，这就是恶劣的无限者，其次，它是一个在自身之内把那二者（它自身和它的他者）仅仅当作一些环节的无限者。因此，无限者事实上是这样一个东西：首先，它是一个进展，在其中，它降格为它的诸规定**之一**，与有限者对立，随之它自己也仅仅是诸有限者之一，其次，它把这个自身区别扬弃为它的自身肯定，并且通过这个中介过程而成为一个**真实的无限者**。

真实的无限者的这个规定不能按照那个已经被批评过的**公式**（即有限者和无限者的一个**统一体**）来理解；**统一体**是一个抽象的、静止的自身同一性，其各个环节同样是一些静止的存在者。但无限者，包括它的两个环节，在本质上毋宁仅仅是一个**转变**，而就现在的情形而言，则是一个在其环节中得到**进一步规定**的转变。转变首先把抽象的存在和无当作自己的规定；随后，作为变化，它把定在者、某东西和他者当作自己的规定；现在，作为无限者，它把有限者和无限者这两个本身就转变着的东西当作自己的规定。 [164]

这个无限者，作为一个已经回归自身的存在（In-sich-Zurückgekehrtsein），作为一个自身关联，乃是**存在**，但不是一个无规定的、抽象的存在，因为它已经被设定为否定之否定；因此它也是一个**定在**，因为它包含着一般意义上的否定，随之包含着规定性。它**存在着**，**存在于这里**[定在着]，它真真切切地就在当前。只有恶劣的无限者才是一个**彼岸世界**，因为后者**仅仅**是对于**现实**设定的有限者的否定，从而是抽象的、最初的否定；**单纯**作为一个具有否定规定的东西，它在自身内不具有**定在**的肯定；而当它被固定为一个单纯的否定者之后，甚至**不应当存在于那里**，不应当被触及。然而这种"不可触及"绝不是它的卓越之处，毋宁是它的缺陷，而这个缺陷的终极根据在于坚持认为有限者本身是一种**存在着的**东西。非真实的东西是不可触及的；人们必须认识到，这样的无限者是一个非真实的东西。——无限进展的形象是一条**直线**，在它的两端界限那里只有无限者，始终只有无限者，即直线（这是一个定在）永远够不着的地方，于是直线走向它的这个非定在，亦即向着一个无规定的东西**超越**；作为真实的无限性，即一个弯曲回自身的无限性，它的形象是一个**圆圈**，而这实际上是一条已经达到自身的直线，它是封闭的、绝对临在的，没有**起点**和**终点**。

因此一般说来，真实的无限性作为一个**定在**，作为一个与抽象否定相对立的**肯定东西**，相比之前那种**单纯的**实在性而言，乃是一种更高意义上的**实在性**；它在这里已经获得一个具体的内容。有限者不是实在的东西，无限者才是。通过这个方式，实在性进而被规定为本质、概念、理念等等。当然，我们确实没有必要在更具体的东西那里重复"实在性"之类较早出现的、更为抽象的范畴，把它们当作一些更具体的（实则并非如此的）规定来使用。人们之所以反复唠叨"本质或理念是实在的东西"等等，原因在于，未经教化的思维最喜欢使用"存在"、"定在"、"实在性"、"有限性"之类最抽象的范畴。

[165]

这里之所以提到"实在性"范畴，还有一个更明确的原因，即否定——在和它的对立中，实在性是一个肯定的东西——在这里指的是否定之否定；就此而言，否定本身就与那种作为有限定在的实在性相对立。——在这种情况下，否定就被规定为"理念性"（Idealität）。反之，"观念性东西"①（das Ideelle）是有限者，确切地说，真实的无限者里面的有限者，——它是一个规定，一个区分出来的内容，但这不是一个**独**

---

① "理想"（das Ideale）比"观念性东西"具有一个明确得多的意义（比如美的理想及相关东西）；但这里尚未涉及那个意义；因此我们使用"观念性的"（ideell）这一术语。就"实在性"一词而言，日常的语言用法没有做出这个区别，因此"实际存在着的东西"（das Reelle）和"实在的东西"（das Reale）基本上被当作同义词来使用；至于这两个词语的重叠之处，可以忽略不计。——黑格尔原注

立**存在着**的东西,而是一个**环节**。"理念性"包含着一个更具体的意义,如果只是对有限的定在加以否定,就没有完整地表达出这个意义。当然,在谈到实在性和理念性的时候,人们却是这样理解有限者和无限者的对立,即把有限者看作一个实在的东西,把无限者看作一个观念性东西,正如他们在后面的地方,把概念看作一个观念性东西(而且是一个**单纯的**观念性东西),反过来把一般意义上的定在看作一个实在的东西。诸如此类的做法,即用"观念性东西"这个独特术语来替换否定的上述具体规定,当然是无济于事的;因为在那个对立里,人们已经重新 [166] 落入恶劣的无限者所特有的那种片面的抽象否定,执着于有限者的肯定的定在。

过　渡

理念性可以被称作无限性的**质**;但它在本质上是**转变**的进展,随之是一个过渡,好比从转变到定在的过渡,而这个过渡是我们现在必须加以说明的。这个自身回归,这个**自身关联**,作为对有限性的扬弃(它既扬弃了严格意义上的有限性,也扬弃了那个仅仅与之相对立的、单纯否定的无限性),乃是**存在**。这个存在包含着一个否定,因此是**定在**;进而言之,这个否定在本质上是否定之否定或一个自身关联的否定,因此是一个被称作**自为存在**的定在。

注 释 一

无限者——此处指通常意义上的恶劣的无限性——和**无限进展**,就和应当一样,都是一个**矛盾**的表现,而这个矛盾却宣称自己就是最终的**答案**。这个无限者意味着,感性的表象活动第一次把有限者提升为思想,但思想的内容仅仅是无,或一个**明确**被设定为非存在者的东西,——这是对于限制的逃避,但它既没有聚集在自身内,也不懂得把否定的东西带回到肯定的东西。真实的无限者的两个规定——有限者和无限者的**对立**,以及有限者和无限者的**统一体**——已经完整地摆在这个**残缺的反思**面前,但后者并没有把这**两个**不可分割的、如影随形的**思想**结合起来,而是仅仅让它们**交替**出现。无论什么地方,只要人们执着于两个规定的**统一体**和

[167] **对立**的矛盾,就会出现这个交替,即无限进展。有限者是一种自身扬弃,在自身内包含着它的否定(即无限性),——这是二者的**统一体**;**超越**有限者之后,就是它的彼岸世界(即无限者),——这是二者的**分离**;超越无限者之后,又有另一个有限者,也就是说,"超越"或无限者包含着有限性,——这是二者的**统一体**;这个有限者也是无限者的一个否定者,——这是二者的**分离**,——如此等等。同理,在因果关系里,原因和后果是不可分割的;一个没有后果的原因不是原因,正如一个没有原因的后果不是后果。于是这个关系提供了**诸原因和诸后果**的一个无限进展;某东西被规定为原因,但原因作为一个有限者(真正说来,它之所以是有限的,恰恰是因为它和后果分离),本身又有一个原因,也就是说,它也是一个后果;就此而言,**同一个东西**既被规定为原因,也被规定为后果,——这是原因和后果的**统一体**;被规定为后果的东西又有一个原因,这意味着,原因必须与它的后果**分离**,并且被设定为另一个某东西;但这个新的原因本身仅仅是一个后果,——这是原因和后果的**统一体**;它把一个他者当作自己的原因,——这是两个规定的**分离**,如此以至**无限**。

我们还可以通过如下办法赋予进展一个更为独特的形式。人们首先主张:"有限者和无限者是**一个统一体**。"这个错误的观点必须通过一个相反的观点即"它们是绝对不同的和相互对立的"而得到纠正。但后者必须通过另一个观点而再度得到纠正,即它们是统一的、不可分割的,其中一个规定已经包含着另一个规定;如此以至无限。——人们可以很轻松地理解无限者的本性,因为他们只需知道两件事情就可以了:首先,无

[168] 限进展,或者说知性的已展开的无限者,其状况是两个规定的**交替**,即两个环节的**统一体**和**分离**的交替;其次,这个统一体和这个分离本身是不可

分割的。

这个矛盾的解决不是在于承认两个观点都**同样正确**或**同样不正确**——这仅仅是恒久矛盾的另一个形态——,而是在于二者的**理念性**,在其中,二者作为相互有别和相互否定的东西,仅仅是一些**环节**;那个单调的交替在事实上既否定了二者的**统一体**,也否定了二者的**分离**。同样,那个单调的交替在事实上也包含着之前指出的情况,即有限者首先超越自身而进入无限者,然后超越无限者,发现自己被重新制造出来,随之和无限者一样,在这个过程中仅仅与自身融合在一起;也就是说,这个否定之否定得出的结果是一个**肯定**,因此这个结果证实自己是它们的**真理**和**本原**。就此而言,在这个存在里,在相互有别者的**理念性**里,矛盾不是抽象地消失了,而是被化解了,被调和了,而思想不但是完整的,而且**融为一体**了。通过刚才这个具体的例子,思辨思维的本性以一种明确的方式表现出来;它的唯一关键在于,把那些相互对立的环节理解把握为一个统一体。事实上,由于每一方本身就表明,它在自身那里具有它的对立面,并且在这个对立面那里与它自身融为一体,所以肯定的真理就是这个在自身内运动的统一体,就是这两个思想的统摄,就是它们的无限性,——这是一个自身关联,但不是一个直接的,而是一个无限的自身关联。

有些已经较为熟悉思维的人,经常认为哲学的本质在于这样一个任务,即去回答"**无限者如何超出自身而走向有限性**"这一问题。——人们 [169] 觉得这是一件**不可思议**的事情。无限者,就我们关于它已经得出的概念而言,未来将会在这个呈现过程里**进一步规定自身**,并且在自身那里借助全部丰富多彩的形式揭示出人们想要知道的这件事情,即它**如何走向有限性**。但在这里,我们对于这个问题的考察仅仅限于问题的直接性,同时顾及无限者此前通过考察而已经具有的意义。

一般说来,另外一个问题,"**是否存在着一个哲学**",正是依赖于我们对于上述问题的答复。人们装出一副乐意学习哲学的样子,同时却相信,这个问题本身是一个无法回答的悖谬,并且它拥有一个不可克服的神奇力量,可以使得他们十拿九稳地反对哲学的存在和学习哲学的可能性。当涉及其他对象的时候,为了懂得**提问**,需要以一定教养为前提,而当涉及哲学对象的时候,就更是如此,除非人们只想得到一个毫无价值的答案。——针对这样一类问题,我们必须严正指出,事情的关键不在于词句,而是在于这个或那个表述方式的可理解性。一旦某个问题使用了**"超越"**之类感性表象的表述,就会让我们怀疑这个问题恐怕是来自于通常的表象活动的地基,而它的答复也只能期待一些在日常生活中通行的表象,而且在形态上是一个感性的比喻。

如果不是谈论无限者,而是谈论一般意义上的存在,那么**"存在的规定"**,即存在自身那里的一个否定或有限性,看起来是更容易理解的。诚然,存在本身是一个无规定的东西,但它本身并没有直接表达出"它是已规定的东西的反面"这一意思。反之,无限者却是明确包含着这一点,即它是"非有限者"。这样看来,有限者和无限者的统一体就被直接排除了,而正因如此,残缺的反思就最为顽固地反对这个统一体。

[170]

但正如我们已经指出的,即使不管有限者和无限者的规定,我们也可以直接发现,当那个反思活动把无限者当作一个与有限者相对立的东西,那么,正因为无限者与有限者相对立,所以它在自身那里就有它的他者,因此已经受到限定,本身是有限的,因此是恶劣的无限者。就此而言,针对**"无限者如何转变为有限的"**这一问题,我们的答复是:根本就**没有**这样的无限者,仿佛**首先**是无限的,**然后**不得不转变为有限的,走向有限性;毋宁说,真正的无限者本身已经既是无限的,也是有限的。也就是说,那个问题假定:首先,无限者孤立地位于一方,其次,有限者已经走出无限者,与之分离(这里且不管有限者究竟是从何而来的),而且在脱离无限者的情况下,仍然是一个真实的实在东西。对此我们必须指出,这个分离是**不可思议的**。无论是这样的有限者,还是这样的无限者,都绝不具有真理;非真实的东西就是不可思议的东西。但人们同样必须指出,它们是可理解把握的;所谓理解把握它们,就是观察它们在表象中的样子,看到其中一方包含着另一方的规定,随之立即认识到它们的这种不可分割性;**这**

种不可分割性就是它们的概念。——与此相反，当那个问题把无限者和有限者当作**彼此独立**的东西，这就提出了一个非真实的内容，并且在自身内已经包含着这个非真实的内容的非真实的关联。因此我们不需要回答这个问题，而是只需否定其包含的错误前提，而这等于是否定这个问题本身。在追问那种无限者和有限者的真理的时候，立场发生了变化，而这 [171] 个变化将会把第一个问题制造出来的尴尬局面回掷给问题自身；至于我们提出的那个**问题**，作为第一个问题的源头，对反思而言是**新颖的**，因为这类反思活动不包含思辨的兴趣，它等不及把各个规定关联起来，就企图独自认识这些规定，却完全不管它所假定的这些规定究竟是不是某种真实的东西。但是，只要人们认识到，那个抽象的无限者，还有那个同样固守于自己一方的有限者，都是一种非真实的东西，那么，在谈到有限者走出无限者而达到超越的时候，我们必须说，无限者之所以**超出自身**而走向有限性，原因恰恰在于，这个被理解为抽象统一体的无限者在自身那里既不具有真理，也不具有持存；反过来，由于有限者同样是一个虚无缥缈的东西，所以它毋宁是**走进**无限者。或更确切地说，无限者已经永恒地超出自身而走向有限性，换言之，倘若无限者不是**在它自身那里**具有它的他者，那么它就和纯粹的**存在**一样，绝不可能孤立地**存在着**。

那个问题，"无限者如何超出自身而走向有限者"，甚至有可能包含着进一步的前提，即无限者**自在地**在自身内包含着有限者，从而**自在地**是它自己和它的他者的统一体，于是这里的困难在本质上与**分离活动**有关，因为这个活动与二者的假定的统一体相对立。按照这个假定，之前坚持的对立只不过换了一个形态而已；也就是说，统一体和**区分活动**彼此分离，成为孤立的东西。但是，如果统一体不是被看作一个抽象的、无规定的统一体，而是按照那个假定已经被看作**有限者**和**无限者**的一个已规定的统一体，那么其中同样包含着二者的区分活动——也就是说，这个区分不是放任二者成为彼此分离的独立东西，而是让它们作为**观念性东西**留在统一体里面。无限者和有限者的这个**统一体**和它们的**区分活动**，好比

135

有限性和无限性,都是同一个不可分割的东西。

注 释 二

　　"有限者是观念性东西"这一命题构成了**唯心主义**①。哲学的唯心主义的立场无非是不承认有限者是一个真实的存在者。每一个哲学在本质上都是唯心主义,或至少是把唯心主义当作自己的本原,而现在的问题仅仅在于,这个本原究竟在多大程度上得到现实的贯彻。哲学和宗教都是唯心主义,因为宗教也不承认有限性是一个真实的存在,或一个终极的、绝对的东西,或一个非设定的、非创造的、永恒的东西。在这个问题上,唯心主义哲学和实在论哲学的对立是没有意义的。任何一个哲学,只要她承认有限的定在本身具有一个真实的、终极的、绝对的存在,就不配拥有"哲学"这一头衔;古代哲学或近代哲学的本原,比如水、物质或原子,都是**思想**,都是普遍者或观念性东西,而不是直接摆在人们面前的物,即感性的个别物;甚至泰勒士所说的"水"也不是物,因为这个东西固然是指经验中的水,但除此之外,它同时也是所有别的事物的**自在体**或**本质**,而这些事物并不是独立的、以自己为根据的,而是通过一个他者(水)而**被设定**,因此是一种观念性东西。由于我们首先已经把本原称作普遍者和**观念性东西**(从这个角度来看,概念、理念、精神更应当被称作观念性东

　　① "Idealismus"这个术语,汉语学界历来有"唯心主义""观念论""理念论"等译法,不同的译法包含着对于这个术语乃至对于哲学本身的不同理解。大致说来,"Idealismus"意味着否定现实事物是最真实、最高的存在,但相关否定又分为"观念性东西"和"理念性"两个层次,前者执着于与现实事物的分裂和对立,这就是"观念论"或"主观唯心主义",反之,后者在否定现实事物的同时,强调返回到现实事物,并将其包揽在自身之内,而这就是"理念论"或"绝对唯心主义"。对此可参看译者《黑格尔论"理念性"和"观念性东西"》(刊于《广西大学学报》2017 年第 6 期)一文中的详细辨析。鉴于"观念论"和"理念论"各自都不能完整涵盖哲学史上的各种"Idealismus",因此本书采用了传统的包容性更强的"唯心主义"这一译法。这里唯一强调的是,以费希特、谢林、黑格尔为代表的,以"理念性"为旨归的德国古典哲学绝对不适用"德国观念论"这一错误的称谓,而是必须被称作"德国唯心主义"或"德国理念论",正如对以洛克、贝克莱、休谟为代表的英国经验论哲学而言,"英国观念论"是一个非常贴切的名称。——译者注

西)，然后又把个别的感性事物称作一种在本原、概念，尤其在精神里遭到扬弃的**观念性东西**，所以这里就和看待无限者一样，需要注意同一个双重意义，也就是说，一方面，观念性东西是具体的、真实存在着的东西，但另一方面，它的各个环节同样是观念性东西，已经在它那里被扬弃，因此实际上只有**唯一的一个**具体的整体，与那些环节不可分割。

每当谈到**观念性东西**，人们首先想到的是**表象**的形式，然后把我的全 [173]
部表象**里面**的东西，或概念**里面**、理念**里面**、想象**里面**的东西等等，全都称作**观念性东西**，以至于"观念性东西"完全成为"想象"或"表象"的同义词，即它们不但应当有别于实在的东西，而且在本质上**不应当**是实在的东西。实际上，精神才是真正彻底的**唯心主义者**；当它进行感觉、表象，尤其进行思考和理解把握的时候，其中的内容绝不是所谓的**实在的定在**；反之在单纯的自我里，这种外在的存在仅仅是被扬弃了，它**为着自我**而存在，作为**观念性东西**存在于自我之内。这种主观唯心主义——无论它是作为一般意识的不自觉的唯心主义，还是在一种自觉的意义上，被宣布或建立为本原——仅仅关注表象的**形式**，因为只有依据形式，一个内容才是我的内容；在一种体系性的主观唯心主义里，这个形式被认为是唯一真实的、排他的形式，与客观性或实在性(即那个内容的**外在定在**)的形式相对立。这种唯心主义是流于形式的，因为它不关心表象活动或思维活动的**内容**，于是内容在表象活动或思维活动里面能够完全保留自己的有限性。这种唯心主义没有损失任何东西，其中一个原因是，有限定在的实在性，即这种充斥着有限性的定在，保留下来了，另一个原因是，即使把这些内容抽取出来，但**自在地看来**，也不能给它增添任何东西。同样，这种唯心主义也没有收获任何东西，因为它根本就没有失去什么东西，因为自我、表象、精神始终充斥着有限性的相同内容。诚然，主观形式和客观形式的对立是诸多有限性之一；但是，一旦**内容**被吸收到感觉、直观里，或被吸收到表象、思维等更抽象的要素里，就会包含着大量有限性；人们只能消除某一个类型的有限性，即主观形式和客观形式的有限性，但根本没有办法消除所有这些有限性，而在这种情况下，它们更不可能自行消失。

第三章　自为存在（**Fürsichsein**）

在**自为存在**里，**质的存在完结了**；它是无限的存在。开端的存在是无规定的。定在是一个被扬弃的，但仅仅直接被扬弃的存在；它首先仅仅包含着这个最初的、本身即直接的否定；存在虽然也保留下来，而且和否定一起在定在那里联合为一个统一体，但正因如此，自在地看来，二者仍然是**不一致的**，它们的统一体**尚未被设定**。因此定在是差异或二元论的层面，是有限性的领域。规定性是严格意义上的规定性，是一个相对的、非绝对的已规定的东西。在自为存在里，存在和规定性（或否定）的区别被设定下来，并且达到平衡；质、异在、界限，还有实在性、自在存在、应当等等，都是否定在存在里面的不完满的内化塑造，因为这些内化塑造仍然立足于存在和否定的差异。但是，由于在有限性里，否定已经过渡到无限性，过渡到一个**已设定的**否定之否定，所以它是一个单纯的自身关联，也就是说，否定在它自身那里已经和存在达到平衡，——是一个**绝对地已规定的东西**。

首先，自为存在是一个直接的自为存在者，即**单一体**。

其次，单一体过渡到**单一体的多样性**，——即**排斥**；当单一体的异在在它的理念性里扬弃自己，——即**吸引**。

再次，通过排斥和吸引的交互规定，二者形成一个平衡状态，于是那个在自为存在里达到顶点的**质**就过渡到**量**。

A. 严格意义上的自为存在

[175] 自为存在的一般概念已经展现出来了。现在的关键仅仅在于去证明,当我们把"**自为存在**"这一术语和某个表象联系在一起的时候,这个表象确实符合那个概念,从而我们有权利用这个术语去指代那个概念。事情看来诚然如此;只要某东西扬弃异在,扬弃它与他者的关联和共通性,并且将其排除出去,从中抽离出来,我们就说这个东西是"自为的"①。他者在它那里仅仅**作为**一个已扬弃的东西,作为**它的环节**,存在着;自为存在的特征就是已经超越限制,超越它的异在,而且它作为这样一个否定,是一个无限的自身**回归**。——自在地看来,意识本身已经包含着自为存在的规定,因为,每当意识**表象着**它所感觉到或直观到的一个对象,就在**自身之内**拥有对象的内容,而在这种情况下,内容是一种**观念性东西**;意识在它的直观活动中,无论怎么和它的否定者或他者纠缠在一起,都仍然是**停留在自身那里**。自为存在以一种争吵式的、否定的态度对待那个作出限定的他者,并且通过否定他者而成为一个已经回归自身的存在,尽管如此,在意识的这个自身回归和对象的理念性**之外**,对象的**实在性**仍然保留下来,因为它**同时**被看作是一个外在的定在。意识**在现象中就是这个样子**,换言之,意识是一种二元论,它一方面把一个不同于它的外在东西当作认识对象,另一方面自为地存在着,在自身之内把对象当作一种观念性东西,不是仅仅停留在这样一个他者那里,而是同时停留在自身那里。反之,**自我意识**是一个**已完结的**、已设定的自为存在;另外一个方面,

---

① 在德语的日常语言里,"für sich"其实是一个很常见的词汇,其意思是"单独""独自""孤立""单就其自身而言"等等,而这些意思的根源就是"为自己"或"自为"。因此黑格尔所说的"自为存在"首要强调的是一个聚焦于自身的、独立的、且积极排他的个体,而这是"个人"(尤其是现代的"个人")的根本特征。当然,事情本身的辩证法将会表明,这个个体丝毫离不开它所排斥的东西,因此只有和它的他者一起才能达到真理。——译者注

即与一个**他者**或一个外在对象的关联，已经被消除了。就此而言，自我意识是无限性的当下性的一个最切近的例子，——诚然，这始终是一个抽象的无限性，但与此同时，相比一般意义上的自为存在，它具有完全不同的具体规定，而自为存在的无限性完全只具有质的规定性。

a. 定在和自为存在

[176]

正如之前提醒的，自为存在是一个已经融入单纯存在的无限性；它是**定在**，而这意味着，无限性，亦即否定之否定，其否定的本性在如今已设定的存在的**直接性**形式里，仅仅是一般意义上的否定，是一个单纯的、质的规定性。按照这个规定性，存在就是定在，同时也有别于自为存在，后者之所以是自为存在，仅仅因为它的规定性是那个无限的规定性；尽管如此，定在同时也是自为存在的一个环节，因为自为存在确实包含着一个与否定纠缠在一起的存在。在严格意义上的定在那里，规定性是一个**他者**和**为他存在**，但这个规定性已经掉头回到自为存在的无限性，而定在这一环节在自为存在里则是呈现为**为某一存在**（Sein-für-Eines）。

b. 为某一存在

这个环节表明，有限者在和无限者的统一体中是什么样子，或有限者作为观念性东西是什么样子。**在自为存在自身那里**，否定并不是一个规定性或一个界限，随之没有和另一个定在相关联。现在的情况是，虽然这个环节已经被称作**为某一存在**，但它并没有为着什么东西而存在，——"某一"①尚未

---

① "某一"（Eines，das Eine）和后文出现的"单一体"（Eins）在字面上的意思都是"一"或"一个"，前者仅仅是一般意义上的"多中之一"，但这时"多"尚未真正建立起来，因此归根到底只有泛泛的"一个"，即"某一"。与此相反，"单一体"是处在排斥和吸引关系中的"多中之一"，其存在本身就意味着"多"的存在。由于"某一"这个规定是在逻辑学的当前环节才出现的，所以在之前的几个段落里（比如本书边码 91、105—106），我们仍然将"Eines"或"das Eine"通译为"一"。——译者注

呈现出来,而为某一存在本来应当是"某一"的环节。事实上,这类东西尚未在自为存在里面固定下来。某东西应当为着"某一"而存在,后者(它在这里尚且不是某东西)应当是一般意义上的另一方,因此也是一个环节,本身仅仅是为某一存在,尚且不是"某一"。——就此而言,那两个能够在为某一存在里面摇摆不定的方面尚未区分开来;这里只有**某一个**为他存在,又因为它仅仅是**某一个**为他存在,所以为他存在同样仅仅是为某一存在;为某一存在仅仅是两个东西的理念性,对其中一个东西而言或在其中一个东西那里,规定仅仅是一个环节,至于另一个东西,则应当是为某一存在内部的一个环节。这样一来,**为某一存在**和**自为存在**相互之间根本就没有提供什么真正的规定性。乍看起来,这里有一个区别,而且是通过一个**自为存在者**表现出来的,但这个自为存在者,作为一个扬弃着异在的东西,把自己作为一个已扬弃的他者而与之相关联,因此是**为着某一**而存在;它在它的他者那里仅仅与自身相关联。观念性东西必然是**为着某一**而存在,但不是为着一个**他者**而存在;那个"某一"仅仅是观念性东西自身。——因此,自我、一般意义上的精神或上帝,都是观念性东西,因为它们是无限的;但它们作为观念性东西,作为自为存在者,和为某一存在没有什么不同。否则的话,它们就仅仅是一些直接的东西,或更确切地说,仅仅是定在和为他存在,因为,假若它们不包含"为某一存在"这一环节,那么那个为着它们而存在的东西就不是它们自身,而是一个他者。上帝之所以是**自为的**,因为他本身就是那个**为着他**而存在的东西。

也就是说,"自为存在"和"为某一存在"不是理念性的不同含义,而是其不可分割的本质环节。

注　释

乍看起来,我们德语在追问某东西的性质时的说法,"**什么东西为着某一个物**而存在?",是非常奇特的。但这个说法恰恰强调指出,这里考察的环节是一个自身反映。这个说法起源于唯心主义,因为它不是问"这个**为**

[177]

142

着另一个事物 B 而存在的事物 A 是什么?"或"这个为着另一个人而存在的人是什么?",而是问"什么东西**为着某一个物**而存在?"或"什么东西**为着某一个人**而存在?"①,而这意味着,这个为某一存在同时已经返回到这个物或这个人自身之内,也就是说,这个**存在着的东西**和那个**为着它**而存在的东西是同一个东西,因此这个同一性必须也被看作是理念性。

[178]

　　理念性首先属于那些已经被扬弃的规定,同时有别于那个**使得**它们被扬弃的东西,后者反过来可以被看作是实在的东西。这样一来,观念性东西重新成为两个环节之一,而实在的东西是另一个环节;但理念性意味着,两个规定都仅仅**为着某一**而存在,都仅仅被当作**某一**。因此,在未作区分的情况下,**这个**理念性就是实在性。在这个意义上,自我意识、精神、上帝都是观念性东西,是一个纯粹的、无限的自身关联。——自我为着自我而存在,二者是同一个东西,虽然这里两次提到自我,但它在两种情况下都仅仅为着"某一"而存在,是一个观念性东西;精神仅仅为着精神而存在,上帝仅仅为着上帝而存在,而且只有这个统一体才是上帝,才是作为精神的上帝。——但自我意识作为意识,陷入**它自己**和一个**他者**的区别——或者说它的理念性和它的实在性的区别:前者使它进行表象活动,后者使它的表象具有一个已规定的内容,而且这个内容被看作是一个未经扬弃的否定者,一个定在。当然,说思想、精神、上帝**仅仅**是一个观念性东西,这已经预设一个立场,即把有限的定在当作实在的东西,而观念性东西或为某一存在仅仅具有一个片面的意义。

　　在前面的注释里[本书边码 172 页],我们已经提出了唯心主义的本原,并且指出,接下来的关键是一个哲学在何种程度上贯彻这个本原。关于这个贯彻的方式,就我们手里已有的范畴而言,还可以进一步加以解释。这个贯彻取决于以下情况:首先,在自为存在之外,有限的定在是否仍然是一个独立的东西? 其次,无限者里面是否已经设定了"为某一存在"这一环

———————

①　这两句话的意思分别是:"这是什么样的一个东西?"和"这是什么样的一个人?"——译者注

[179]　节,即观念性东西作为观念性东西而与自身的关系？就此而言,埃利亚学派的存在或斯宾诺莎的实体仅仅是对全部规定性的抽象否定,其中并没有设定理念性。——在斯宾诺莎那里,正如后面将会提到的,无限性仅仅是对一个物的绝对**肯定**,随之仅仅是一个不动的统一体;相应地,实体根本不是来自于自为存在的规定,更不是来自于主体和精神的规定。高贵的马勒布朗士的唯心主义是一种在自身内展开的唯心主义:它包含着如下思想:由于上帝在自身内包含着全部事物的全部永恒真理、理念和完满性,所以这些东西仅仅**专属于**上帝,而我们只能在上帝内部看到它们;上帝通过一个跟感性东西完全无关的活动,在我们心中唤醒对于对象的感觉,于是我们想象,我们不仅掌握了对象的理念(它代表着对象的本质),而且感觉到了对象的定在(《真理的探求,关于理念的本性的说明》,巴黎 1674 年版)。因此,在上帝内部,无论是事物的永恒真理和理念(本质性),还是事物的定在,都是观念性东西,不是一个现实的定在;它们虽然是我们的对象,但仅**仅为着某一**而存在。由此可见,"展开的、具体的唯心主义"这一环节,即把绝对的理念性规定为一种知识,是斯宾诺莎主义所匮乏的。不过,虽然这种唯心主义是如此之成熟和深刻,但一方面看来,那些关系仍然包含着许多对思想而言未规定的东西,另一方面看来,其中有些内容又太过于具体了(诸如罪孽和解脱之类东西从一开始就成为讨论对象);严格说来,这种唯心主义必须立足于无限性的逻辑规定,但这个逻辑规定本身并没有得到贯彻,就此而言,这种崇高的、充实的唯心主义虽然是一个纯粹思辨的精神的产物,但不是一个纯粹思辨的思维的产物,因为唯有思维能够真正提供根据。

　　莱布尼茨的唯心主义更多的是囿于抽象概念的界限之内。——莱布尼茨所说的进行**表象活动**的存在者,**单子**,在本质上也是一种观念性东西。表象活动是一个自为存在,在那里面,诸规定性不是界限,随之不是

[180]　一个定在,毋宁仅仅是一些环节。诚然,表象活动同样是一个更具体的规定,但它在这里除了意指理念性之外,没有别的意思;因为在莱布尼茨看来,哪怕是一切无意识的东西,都在进行表象活动和知觉活动。因此在这个体系里,异在被扬弃了;精神和物体或全部单子对彼此而言都不是他

者,它们既不相互限定,也不相互影响;所有那些以一个定在为基础的关系都被取消了。杂多性仅仅是一个观念上的、内在的杂多性,单子在那里面始终只是与自己相关联,各种变化都是在单子的内部发展起来的,不是一个单子与另一个单子的关联。至于诸单子之间按照一个实在的规定而出现的定在关联,仅仅是一个独立的、**同时进行的**转变,而且被封闭在每一个单子的自为存在之内。——存在着**诸多单子**,而且诸多单子因此被规定为他者等等,这些情况都和单子本身毫不相干;这些都是一个第三者的外在反思;单子**在它们自身那里**并非**彼此的他者**;自为存在是纯粹的,不容许一个定在与它**并列**。——这些恰恰是这个体系的不完满的地方。单子仅仅**自在地**或**在上帝**——单子之单子——之内存在着,或者说**也在体系之内**存在着,并且进行表象活动。异在同样是一目了然的;它要么终归落入表象自身之内,要么按照一个第三者的规定,被看作他者,被看作"多"。单子的定在的多样性仅仅是被排除了,而且只是暂时性地被排除了,而单子只有通过抽象才被设定为这种"非他者"。如果说是一个第三者设定了它们的异在,那么也是一个第三者扬弃了它们的异在;但是,这整个**使单子成为观念性东西的运动**位于单子之外。这里值得注意的是,思想的这个运动本身仅仅位于一个表象着的单子之内,既然如此,同样值得注意的是,这种思维的**内容在自身之内、对自身而言**恰恰是外在的。这 [181] 就从绝对的理念性(单子之单子)的统一体直接地、不假思索地(通过"创造"观念)过渡到定在的抽象的(无关联的)**多样性**范畴,然后从这里出发,再度以抽象的方式返回到那个统一体。理念性,还有一般意义上的表象活动,始终是某种流于形式的东西,和那种已经攀升到意识的表象活动一样。此前我们已经提到莱布尼茨的一个关于磁针的想法,即假若磁针有一个意识,它就会把"指北"看作是它的自由的一个规定;这就是仅仅把意识看作是一个片面的形式,和它的规定和内容毫无关系。相应地,单子里面的理念性始终是一个位于多样性之外的形式。理念性应当内在于单子,它们的本性应当是表象活动;但一方面,单子的关系是一种和谐,和它们的定在不相干,因此是一种前定和谐,另一方面,它们的这个**定在**并没有被理解为为他存在,更没有进而被理解为理念性,而是仅仅被规定为一种抽象的多样性;也就是说,多样性的理念性和多样性进而达到的和谐规定不是内在于这个多样性本身,不属于它。

其他的唯心主义,比如康德和费希特的唯心主义,都没有超越**应当**或**无限进展**,而是止步于定在和自为存在的二元论。诚然,在这些体系里,"自在之物"或"无限的阻碍"直接进入自我,仅仅**为着自我**而存在;但这种唯心主义的出发点是一个不受控制的异在,一个恒久的否定的自在存在。所以,自我虽然被规定为观念性东西、自为存在者、无限的自身关联,但**为某一存在**并没有完结,没有消除那个彼岸世界或对于彼岸世界的追求。

[182]
c. 单一体

自为存在是它自己和它的环节(为某一存在)的单纯统一体。这里只有**一个**规定,即扬弃活动的自身关联。自为存在的**诸环节**融合为一个**无区别的东西**,即直接性或存在,但这是一个立足于否定活动的**直接性**,也就是说,否定活动已经被设定为它的规定。就此而言,自为存在是一个**自为存在者**,而且,由于它的内在意义已经消失在这个直接性里面,所以它是一个完全抽象的自身界限,——即**单一体**(das Eins)。

这里可以预先指出,以下关于单一体的**发展过程**的阐释是非常困难的,至于为什么困难,其缘由也值得注意。那些曾经构成单一体(即自为存在)的**概念**的**环节**,在这个发展过程中**四散分离**:

1)它们是一般意义上的否定;

2)它们是两个否定;

3)因此它们是对于两个东西的否定,而那两个东西是**同一个东西**;

4)它们是绝对对立的;

5)它们是一个自身关联,是严格意义上的同一性;

6)它们是一个**否定的**关联,同时是一个**自身关联**。

在这里,这些环节之所以四散分离,因为"**直接性**"或"**存在**"等形式进入作为自为存在者的自为存在；通过这个直接性，**每一个环节都被设定为一个独立的、存在着的规定**；尽管如此，它们同样是**不可分割的**。因此在谈到每一个规定的时候，都必须同时谈到它的对立面；在诸环节的抽象**状况**中，正是这个矛盾造成了困难。

B. 单一体和"多"

单一体是自为存在的单纯的自身关联，自为存在的诸环节在其中融为一体，于是自为存在具有"**直接性**"形式，而它的诸环节也转变为**定在着的**环节。

作为**否定者**的自身关联，单一体乃是一个规定活动，——而作为**自身**关联，它是一个无限的**自身规定活动**。但是，现在已经出现的直接性，这些**区别**不再仅仅被设定为同一个自身规定的诸环节，而是同时被设定为**存在者**。因此，自为存在的**理念性**，作为一个总体，首先转化为**实在性**，而且是一个最稳固、最抽象的实在性，即**单一体**。自为存在作为存在和定在的统一体，**被设定在单一体之内**，表现为他者关联和自身关联的一个绝对联合；但这样一来，也出现了"存在"这一规定性和"无限否定"这一规定或自身规定的**对立**，而在这种情况下，单一体的**自在存在就仅仅在它自身那里存在着**，而否定者则是一个有别于单一体的他者。那个作为单一体的他者而**呈现出来**的东西，是单一体自己的自身规定活动；单一体的自身统一体既然区别于它自己，就降格为**关联**和一个**否定**的统一体，也就是说，单一体把它自己作为一个**他者**而加以否定，把作为**他者**的单一体从作为它自己的单一体那里**排除出去**。

[183]

a. 在自身那里的单一体

一般说来，单一体**存在于**它自身那里；它的这个存在不是定在，不是一个规定性(即他者关联),不是一个状况;它已经否定了这个由范畴构成的圆圈。也就是说,单一体没有能力转变为别的东西;它是**不变化的**。

单一体是无规定的,但已经不同于存在;它的无规定性就是一个规定性,即一个自身关联,一个绝对地已规定的东西;它是一个**已设定的内化存在**。就其概念而言,单一体是一个自身关联的否定,因此它在自身内包含着区别,即一个趋向,这个趋向直接超越自身而走向他者,同时直接反转回来、回归自身,因为从"自身规定活动"这一环节来看,根本就没有它所指向的他者。

[184] 在这个单纯的直接性里,定在和理念性本身的中介过程,还有全部差异性和杂多性,都消失了。单一体里面**什么都没有**,而这个无,作为自身关联的抽象说法,在这里有别于内化存在本身;这个无是一个**已设定的东西**,因为内化存在不再是一个单纯的某东西,而是被规定为一个具体的中介过程。这个无,作为一个抽象的东西,虽然等同于单一体,但有别于单一体的规定。也就是说,这是设定在**单一体之内**的无,是作为**虚空**(Leeres)的无。——因此虚空是直接存在着的单一体的**质**。

b. 单一体和虚空

单一体是虚空,即一个否定的、抽象的自身关联。但是,虚空作为无,绝对地有别于单一体的单纯直接性和肯定存在,而且它们的差异性已经**设定下来**,因为它们处于单一体自身的**一个关联**之中。无作为虚空既然有别于存在者,也就位于存在着的单一体**之外**。

通过这个方式,自为存在把自己规定为单一体和虚空,随之重新获得一个**定在**。单一体和虚空把否定的自身关联当作它们共同的单纯基础。自为存在的诸环节走出这个统一体,成为彼此外在的东西;由于"存在"规定来自于诸环节的**单纯统一体**,所以这个规定降格为**一个方面**,随之降格为定在,并且在定在里面自己与自己相对立,也就是说,它既把自己规定为一般意义上的否定,也把自己规定为无的定在,规定为虚空。

注　释

处于这个定在形式中的单一体，作为范畴的一个阶段，在古人那里已经作为**原子论本原**而出现，按照这个本原，事物的本质是**原子**（τò ἄτομον [185] 或τὰ ἄτομα）和**虚空**（τò κενòν）。抽象发展到这个形式之后，就赢得了一个相比巴门尼德的**存在**和赫拉克利特的**转变**而言更丰富的规定性。诚然，这种抽象把单一体和虚空的单纯的规定性当作万物的本质，把世界的无限杂多性归结为二者的单纯对立，并且敢于从这个对立出发去认识世界的无限杂多性等等，这些做法都是把自己摆在一个**高超的**位置，但这并不能阻止表象着的反思活动**轻易地**把原子和虚空想象为**平行并列**的东西。因此，原子论本原在任何时代都保留下来，这就不足为奇了；与此同时，为了制造出具体东西和杂多性的假象，人们必须补充一种平庸而外在的**组合关系**，而这种关系就和原子本身及虚空一样流行。单一体和虚空是自为存在，但这种最高的、质的内化存在已经降格为一种纯粹的**外在性**；因为单一体是对于全部异在的否定，所以它的直接性或存在被设定为一个不可规定和不变化的东西；因此对于单一体的绝对封闭性而言，全部规定、杂多性、联系等等都是一种完全外在的关联。

尽管如此，在最早的那些原子论思想家那里，原子论本原并没有停留于这种外在性，毋宁说，它除了具有这种抽象性之外，也具有一个思辨的规定，即已经认识到**虚空**是**运动的源泉**；运动作为原子和虚空的另一个关联，完全不同于这两个规定相互之间的单纯并列和漠不相关。认识到虚空是运动的源泉，这一点具有至关重要的意义，因为这意味着，某东西通过自身运动只能进入一个虚空，而不是进入一个已经充实的空间，因为后者里面已经没有多余的地方；只要人们假定虚空仅仅是运动的前提或条件，而非运动的**根据**，并且假定运动本身是一个现成已有的东西，他们就 [186] 遗忘了那个真正的关键之所在，即运动的根据。"虚空构成运动的根据"这一观点包含着一个更深刻的思想，即自身运动的转变和躁动不安的根据位于一般意义上的否定者之内；但在这个意义上，否定者必须被看作是无限者的真实的否定性。——虚空之所以是**运动的根据**，唯一的前提在于，它是单一体与它的**否定者**——这个东西就是单一体自身，只不过被设定为一个定在者——的一个**否定的**关联。

但除此之外，古人对于原子的更多规定，比如它们的形状、位置和运动方向等等，却是极为随意和外在的，并且在这些地方与原子的基本规定处于直接矛盾之中。无论是那种执着于分子和微粒的物理学，还是那种从个体的个别意志出发的国家科学，都受困于原子这一极为外在的、随之极为缺失概念的本原。

c. 诸多单一体

排　斥

单一体和虚空构成了在其最初的定在中的自为存在。这两个环节都是把否定当作自己的规定，而且同时被设定为一个定在。按照单一体方面的规定，单一体和虚空是否定与否定的**关联**（或者说一个他者与它的他者的关联）；单一体作为否定，被规定为存在，虚空作为否定，被规定为非存在。单一体在本质上仅仅是一个自身关联，但这里的"自身"指一个关联着的**否定**，也就是说，单一体本身就是那个应当位于它之外的虚空。与此同时，二者也**被设定为**一个肯定的**定在**，前者是严格意义上的自为存在，后者是一般意义上的无规定的定在，而且二者相互关联，都把对方当作**另一个定在**。尽管如此，单一体的自为存在在本质上是定在和他者的理念性；它不是与一个他者相关联，而是仅仅与**自身**相关联。但是，由于自为存在被固定为单一体、自为**存在者**、一个**直接**现成的东西，所以它的**否定的自身关联**同时是与一个**存在者**相关联；后一个关联同样是一个否定的关联，因此它所关联的东西始终被规定为一个**定在**和一个**他者**；他者在本质上也是一个**自身关联**，因此不是一个无规定的否定，不是虚空，毋宁同样是**单一体**。就此而言，单一体本身就**转变为诸多单一体**。

[187]

150

真正说来，这并不是一个**转变**，因为转变意味着从**存在**过渡到无；而这里的情形正相反，**单一体**仅仅转变为**单一体**。单一体作为被关联者，把否定者当作关联包含在自身内，因此**在它自身那里**就包含着否定者。也就是说，首先，这里呈现出来的不是一个转变，而是单一体自身内部的一个关联；其次，由于这是一个否定的关联，而且单一体同时是一个存在者，所以单一体把自己**从自己那里**排除出去。单一体的否定的自身关联是**排斥**（Repulsion）。

这个排斥的意思是通过单一体自身而设定**诸多单一体**，而这意味着，单一体亲自来到自身之外，而且这些如今位于单一体之外的东西本身仅仅是单一体。这是就**概念**而言的排斥，一个**自在**存在着的排斥。它不同于第二个排斥，后者从一开始就浮现在外在反思的表象中，不是制造出诸多单一体，而是仅仅把诸多预先设定的、已有的单一体相互隔离。接下来我们得看看，那个**自在**存在着的排斥如何把自己规定为第二个排斥（即外在的排斥）。

首先我们必须确定，诸多单一体本身具有哪些规定。"多"的转变或"多"的生产，作为被设定的东西，直接消失了；被生产出来的是诸多单一体，它们不是为着他者，而是无限地与自身相关联。单一体仅仅把**自己**从自己那里排除出去，因此它不是转变而来的，而是**已经存在着**；那个被想象为被排斥者的东西，同样是一个**单一体**，一个**存在者**；排斥和被排斥以 [188] 同样的方式出现在排斥者和被排斥者那里，不构成任何区别。

因此，诸多单一体是作为**预先设定**的东西而相互对立：所谓"设定"，指通过单一体的自身排斥，而所谓"预先"，指它们作为**并非已设定**的东西而被设定；它们的已设定的存在已经被扬弃了，它们作为**存在者**，作为一种仅仅与自身相关联的东西，相互对立。

这样一来，多样性就不是显现为一个**异在**，而是显现为一个完全外在于单一体的规定。当单一体排斥自身的时候，它和被排斥者一样，始终是一个自身关联。至于诸多**别的**单一体相互对立，并且被统摄在多样性的规定性之内，这些事情和单一体本身毫不相干。假若多样性是诸多单一体相互之间的一个关联，它们就会限定彼此，并且本身就具有一个肯定的为他存在。它们通过它们的**自在**存在着的统一体而具有的关联，在这里虽然已经**被设定**,但并没有被规定为一个关联;毋宁说,它仍然是那个之前已设定的**虚空**。正因为这是一个位于它们之外的**界限**,所以它们不应当在其中**为着彼此**而存在。界限使被限定的东西既**存在着**,也**不存在着**;虚空被规定为一个纯粹的非存在,只有这个东西才构成它们的界限。

单一体的自身排斥意味着单一体的自在存在得以展开;无限性作为一个**四散分离**的东西,在这里是一个**已经来到自身之外的无限性**;而之所以来到自身之外,是由于无限者(即单一体)的直接性。无限性既可以说是单一体与单一体的单纯关联,更可以说是单一体的绝对的无关联性;前一种情况取决于单一体的单纯的、肯定的自身关联,后一种情况取决于单一体的否定的自身关联。换言之,单一体的多样性是单一体亲自设定的;单一体无非是单一体的**否定的**自身关联,而这个关联,即单一体本身,就是诸多单一体。但另一方面,多样性又是绝对地位于单一体之外,因为单一体恰恰是对于异在的扬弃,而排斥就是它的自身关联和单纯的自身一致性。单一体的多样性作为无限性,是一个无拘无束地创造着自身的矛盾。

[189]

注　　释

之前已经提到莱布尼茨的**唯心主义**。这里还可以补充道,这种唯心主义从**进行着表象活动的单子**——它们被规定为自为存在着的东西——出发,仅仅推进到刚才考察过的那种排斥,而且仅仅推进到**多样性**本身,在其中,每一个单一体都仅仅为着自己而存在,对于他者的定在和自为存在漠不关心,或者也可以说,他者对于单一体而言根本就不存在。单独的单子已经是一个完全封闭的世界,不需要别的单子;但是,单子既然被规定为自为存在者,它在它的表象活动中具有的这种内在的杂多性就不会造成任何变化。莱布尼茨的唯心主义把**多样性**当作一个**给定的东西**直接接受下来,而不是将其理解为单子的一个**排斥**,因此它所说的多样性仅仅是一种抽象的外在性。**原子论没有掌握"理念性"这一概念**;它不是把单一体理解为一个**在其自身之内**包含着"自为存在"和"为某一存在"这两

152

个环节的东西,亦即不是将其理解为一个观念性东西,而是将其仅仅理解为一个单纯的、枯燥的自为存在者。尽管如此,原子论毕竟超越了这种纯粹漠不相关的多样性;诸原子在一个更具体的规定中相互对立,但真正说来,这不过是一件顺理成章的事情;反之,在诸单子的那种漠不相关的独立性里,多样性始终是一个僵化的**基本规定**,因此它们的关联仅仅落到"单子之单子"[即上帝]或从事观察的哲学家里面。

C. 排斥和吸引

a. 单一体的排外

诸多单一体是存在者;它们的定在或关联是一种"非关联",一个位于它们之外的东西,——即抽象的虚空。但它们本身就是一个否定的自身关联,而这里的"自身"是一些**存在着的**他者;——这就是前面揭示出来的矛盾,即一个被设定在存在的直接性中的无限性。因此在这里,排斥**直接面对着**那个被它排斥的东西。按照这个规定,排斥就是**排外**（Ausschließen）;单一体仅仅把诸多不是由它生产出来、不是由它设定的单一体从自己那里排斥出去。这种排斥,无论是相互的还是全面的,都是一个相对的东西,即受到诸多单一体的存在的限定。

多样性首先是一个未被设定的异在,而界限仅仅是虚空,仅仅是一个使得诸多单一体**不存在着**的东西。但诸多单一体也在界限之内**存在着**;它们存在于虚空里,换言之,它们的排斥是它们的**共同的关联**。

这个相互排斥就是诸多单一体的已设定**定在**;这不是它们的自为存在(否则它们就仅仅在一个第三者那里区分为"多"),而是它们自己的维系着它们的区分活动。——诸多单一体相互否定,把彼此设定为单纯的**为某一存在**。但与此同时,它们同样否定了彼此单纯的为某一存在;**它们排斥**它们的这个**理念性**,并且**存在着**。——通过这个方式,那些在理念性中绝对地联合起来的环节就被分割开了。作为自为存在，单一体也是**为某一存在**，但它所为的"某一"就是它自己；它的自身区分活动直接被扬弃了。但在多样性里，已区分的单一体具有一个存在；单一体在排外的时候被规定为某一存在，而为某一存在就是为他存在。因此，每一个单一体都被一个他者排斥和扬弃，成为一个不是为着自己，而是为着"某一"（另一个单一体）而存在的东西。

[191]　　　这样一来，诸多单一体的自为存在的表现，就是以相互排斥为中介过程，维系自身；在这个过程中，它们相互扬弃，把对方设定为一个单纯的为他存在；但与此同时，这个中介过程的关键在于，不是为着一个他者而存在，而是排斥这个理念性，设定诸多单一体。但实际上，通过彼此的否定关联，诸多单一体与其说是维系自身，不如说是消解自身。

　　单一体不仅**存在着**，而且通过它们的相互排外而维系自身。但首先，它们借以坚持自己的差异性，并避免自己遭到否定的那个东西，是它们的**存在**，即它们的与相互关联相对立的**自在存在**；这个自在存在使得它们作为**单一体**而存在着。然而**全部单一体都是这个自在存在**；从它们的自在存在来看，它们是**同一个东西**，不可能坚持自己的差异性。其次，它们的定在和它们的相互关系，或者说它们的"**设定自身为单一体**"（Sich-selbst-als-Eins-Setzen），是一种相互否定；但后者同样是全部单一体的**同一个规定**，因此毋宁是把它们设定为同一个东西，——同理，由于自在地看来，它们是同一个东西，所以它们的那个通过他者而进行设定的理念性其实是**它们自己的理念性**，因此并不排斥它们。——因此，就它们的存在和设定而言，它们仅仅是**同一个肯定的统一体**。

　　以上对于单一体的考察，即发现它们从它们的两个规定（一方面作为存在者，另一方面作为相互关联）来看仅仅表现为同一个未区分的东西，是我们作出的比较。——但我们也需要看到，在它们的相互关联里，什么东西在它们自身那里**被设定**。——它们**存在着**，这一点在这个关联里已经被预先设定，——确切地说，它们只有在这种情况下才存在着，即它们相互否定，而且它们的这个理念性（即它们的被否定的存在）同时排斥自身,亦即否定彼此的否定。也就是说,它们只有在作出否定的时候才存在着,但是,当它们的这个否定遭到否定,它们的存在也就被否定了。诚然,作为存在者,它们不应当通过这个否定而遭到否定,因为否定对它们而言仅仅是一个外在的东西;他者的否定行为与它们擦肩而过,仅仅触及它们的表面。但是,只有通过他者的否定行为,它们才会回归自身;它 [192] 们仅仅是这个中介过程,而它们的自身回归就是它们的自身保存,就是它们的自为存在。但实际上,由于它们的否定行为没有造成任何后果,没有遭到存在者本身或那个作出否定行为的存在者的抵抗,所以它们没有回归自身,没有维系自身,没有存在着。

此前我们已经认识到,诸多单一体是同一个东西,其中每一个都既是**单一体**,也是他者。这不是我们作出的关联行为,不是一个外在的整合,毋宁说,排斥本身就是关联;单一体把诸多单一体排除在外,同时与它们相关联,亦即与自身相关联。就此而言,单一体相互之间的否定关系仅仅是一种**自身融合**。它们的排斥过渡到同一性,后者扬弃了它们的差异性和外在性,因为差异性和外在性会坚持把它们当作相互排外的东西。

诸多单一体的这种"**设定自身为单一体**"就是**吸引**（Attraktion）。

注　　释

当独立性被推到自为存在着的单一体的顶点,就是一种抽象的、流于形式的独立性,一种毁灭自身的独立性。这个最大、最顽固的谬误反而以为自己是最大的真理,——因此在一些更具体的形式下显现为抽象自由或纯粹自我,随后显现为恶。这是一种缺乏自知之明的自由,它把自己的本质放在这种抽象的自身封闭性里面,还以为这样就能赢得纯粹的自己。更确切地说,这种独立性是这样一个谬误,它把它自己的本质看作是一个否定的东西,并且对其抱着敌视的态度。因此这是一种否定的自身关系,当它想要赢得自己的存在的时候,恰恰摧毁了这个东西,而它的行为仅仅展现出这个行为的虚妄性。真正的和解在于承认它所敌视的东西毋宁是它的本质, [193]

因此不应当执着于**它的**自为存在,而是应当**摆脱**它的自为存在的否定性。

按照一个古老的命题,"**某一即多**",尤其可以说,"**多即某一**"。对此我们必须再次指出,"某一"和"多"的真理在命题里是通过一个不合适的形式而表述出来的,这个真理只能被理解和表述为一个转变,一个进展,排斥和吸引,而不应当被理解和表述为存在,仿佛这是一个在命题里被设定的静止的统一体。此前我们已经提到柏拉图在《巴门尼德篇》里借助命题"某一存在"而从"某一"推导出"多"的辩证法。概念的内在辩证法已经被揭示出来了;但命题"**多是某一**"的辩证法最容易被理解为一个外在的反思;这种辩证法之所以是外在的,因为对象"多"是一种彼此外在的东西。通过对"多"进行比较,我们立即发现,"某一"完全被规定为一个无异于他者的东西;每一个东西都是单一体,每一个东西都是"多"中的单一体,对于其他单一体而言都是排外的,——而在这种情况下,它们完全只是同一个东西,完全只具有**同一个**规定。这是一个**事实**,因此人们唯一需要做的,就是去理解把握这个单纯的事实。知性之所以顽固地拒绝这种理解,唯一的原因在于,它**也**看到了区别,而且这是无可厚非的;然而区别不会由于那个事实就消失,正如毫无疑问,那个事实也不会由于这个区别就不再存在。既然如此,当知性以朴素的方式理解区别的事实时,人们不妨这样宽慰它:"区别还会重新出现。"

b. 某个作为吸引者的单一体

[194] 排斥意味着单一体首先自身分裂为"多",而"多"的否定态度是软弱无力的,因为它们预先设定彼此为存在者;排斥仅仅是理念性的**应当**,而理念性是通过吸引而实现的。排斥过渡到吸引,诸多单一体过渡到一个单一体。二者,排斥和吸引,首先是区分开的,前者是单一体的实在性,后者是单一体的已设定的理念性。通过这个方式,吸引与排斥发生关联,并且把后者当作**前提**。排斥为吸引提供质料。假若没有诸多单一体,就没有什么东西可供吸引了;为了想象诸多单一体的持续的吸引或吸收,必须

以单一体的同样持续的产生为前提；为了以感性的方式想象空间中的吸引，必须以诸多被吸引的单一体的持续奔流为前提；在吸引点那里，原子消失了，取而代之的是另外一群可以说从虚空中无限地产生出来的东西。假若吸引贯彻到底，或者说，假若"多"能够汇聚到一个单一体的点上面，那就会只剩下一个僵化的单一体，不再有任何吸引。但值得庆幸的是，那个存在于吸引中的理念性在它自身那里就包含着"自身否定"这一规定，包含着它所关联的诸多单一体，因此吸引和排斥是不可分割的。

在诸多**直接**存在着的单一体里，吸引以同样的方式归属于每一个单一体；没有谁优先于谁；在这种情况下，吸引活动里面仿佛有一个平衡，或更确切地说，吸引和排斥本身里面有一个平衡，以至于只有一个僵化的单一体，没有存在着的理念性。但这里不可能谈论一个独具优先地位的单一体，因为这种做法等于在它们中间预先设定了一个区别。毋宁说，所谓"吸引"已经意味着把诸多单一体设定为未区分的东西。但是，只有**设定**一个有别于其他单一体的单一体，吸引才是吸引；它们是一些仅仅应当直接通过排斥而维系自身的单一体；但通过它们的已设定的否定，就出现了某个作为吸引者的单一体，而这个单一体因此被规定为一个经过中介的东西，**一个被设定为单一体的单一体**。起初的单一体，作为直接的单一体，并没有在它们的理念性之内回归自身，而是在另一个单一体那里具有这个理念性。 [195]

这个作为吸引者的单一体就是已实现的、并且在单一体那里被设定的理念性；它通过排斥的中介而成为吸引者；它在自身内包含着这个中介过程，将其当作**它的规定**。在这种情况下，它不是作为一个点而把那些被吸引的单一体卷入自身之内，也就是说，它不是抽象地扬弃它们。按照规定，它包含着排斥，因此同时把诸多单一体作为"多"而包含在自身内；换言之，它通过它的吸引而制造出某些东西，赢得广袤和充实。所以，这个单一体在自身内一般地包含着排斥和吸引的统一体。

c. 排斥和吸引的关联

"**某一**"和"**多**"的区别已经亲自把自己规定为它们的相互**关联**的区

别，而这个关联又分裂为两个关联，即排斥和吸引，其中每一方都首先独立地位于对方之外，但在本质上仍然联系在一起。二者的尚未被规定的统一体必须有进一步的体现。

首先显现的是作为单一体的基本规定的排斥，而且它是**直接**出现的，就和那些虽然是被它生产出来，但同时也是被直接设定的单一体一样；就此而言，它和吸引漠不相关，后者是作为一个预先设定的外在东西而附加到它身上。反过来，吸引不是由排斥预先设定的，因此它不应当干涉排斥的设定和存在，也就是说，排斥本身并非已经是一个自身否定，而诸多单一体本身并非已经是一些被否定的东西。通过这个方式，我们看到一种抽象的、孤立的排斥，正如相对那些作为**存在者**的单一体而言，吸引从某方面来看同样是一个直接的定在，并且从自身出发，作为一个他者而附加到诸多单一体身上。

[196]　　　因此，如果我们孤立地看待单纯的排斥，那么它就意味着诸多单一体分散为无规定的东西，来到排斥的层面之外；因为，所谓"排斥"就是否定诸多单一体的相互关联；而在一种抽象的意义上，无关联性就是它们的规定。但排斥并非仅仅是虚空；单一体作为无关联的东西，并没有进行排斥和排外，而这些本来应当是它们的规定。排斥虽然具有否定的意义，但在本质上毕竟是一个**关联**；相互拒斥和相互逃避并不意味着从它所拒斥和逃避的东西那里解脱出来，排外者和它所排除在外的东西**仍然处于联系之中**。然而关联的这个环节就是吸引，因此是位于排斥自身之内；吸引意味着否定那个抽象的排斥，因为在后者看来，诸多单一体仅仅是一些自身关联的存在者，而不是把彼此排除在外。

但是，由于人们已经从诸多定在着的单一体的排斥出发，随之把吸引设定为一种外在地附加到单一体身上的东西，所以，二者（排斥和吸引）作为直接的东西仍然被当作不同的、相互分离的规定。但我们已经看到，不仅排斥是吸引的前提，而且排斥反过来也和吸引发生关联，也就是说，吸引同样也是排斥的前提。

按照这个规定，排斥和吸引是不可分割的，而且每一方都同时被规定为对方的应当和限制。它们的应当是它们作为**自在存在者**而具有的抽象规定，但在这种情况下，每一方都绝对地超出自身，与**另一方**相关联，而且每一方都是借助**严格意义上的另一方**而存在着；它们的独立性在于，它们在这个中介过程中被设定为对彼此而言的**另一个**规定活动。——排斥意味着设定"多"，即在一个单一体之内否定诸多单一体的理念性，而吸引意味着设定一个单一体，对"多"做出否定，——也就是说，只有**借助**排斥，吸引才是吸引，正如只有借助吸引，排斥才是排斥。但是，进一步的考察表明，这个通过**他者**而进行的自身中介过程其实已经被否定了，毋宁说，排斥和吸引各自都是一个自身中介过程。这个结果把它们重新导向它们的概念的统一体。 [197]

起初，排斥和吸引都仍然是相对意义上的，而它们的相互关系表明，每一方都以**自身**为前提，并且在这个前提中仅仅与自身相关联。

相对意义上的排斥指**现成已有的**、直接摆在我们面前的诸多单一体的相互拒斥。但排斥本身就意味着诸多单一体的存在，因此它们的前提仅仅是它们自己的设定活动。诸多单一体被设定为单一体，除此之外，它们也具有**存在**的规定——这意味着它们是被**预先**设定的——，而且这个规定同样属于排斥。恰恰是排斥活动使诸多单一体作为单一体而展现出来和保存下来，使它们作为单一体而**存在着**。——它们的存在本身就是排斥；因此排斥不是与另一个定在相关联，而是从头到尾仅仅与自己发生关系。

吸引意味着把单一体设定为一个严格意义上的、实实在在的单一体，相对它而言，诸多单一体在其定在中仅仅被规定为一种随时消失的观念性东西。因此，吸引是以自身为前提，即按照规定（其他单一体的规定）作为一个观念性东西而存在着，而其他单一体不但应当为着自己和**他者**而存在着，而且应当为着某个吸引者和某个排斥者而存在着。它们不是通过与吸引发生关联才获得一个与排斥规定相对立的理念性；毋宁说，理念性是一个前提，是诸多单一体的**自在**存在着的理念性，因为它们作为单一体——作为一种同时被想象为吸引者的东西——，既是彼此有别的，也

159

是同一个东西。

两个规定都预先设定自身或以自身为前提,这种做法单独看来进而意味着,每一方都是把对方当作一个环节而包含在自身内。一般说来,"预先设定自身"或"以自身为前提"指在一个环节里把自己设定为自己的**否定者**,——这就是排斥;反之,如果被预先设定的东西和作出预先设定的东西是**同一个东西**,——这就是吸引。**自在地看来**,每一方都仅仅是一个环节,而这意味着,每一方都从自身出发而过渡到对方,在自身那里否定自身,并且把自己设定为它自己的他者。严格意义上的单一体意味着"来到自身之外",而之所以如此,仅仅因为它把自己设定为它的他者,设定为"多";至于"多",则是指融入自身,把自己设定为它的他者,设定为"某一",并在这个过程中恰恰只是与自身相关联,每一方都在它的他者那里建构自身,——既然如此,那么"来到自身之外"(排斥)和"设定自身为某一"(吸引)就是不可分割的。但是,**假若**相对意义上的排斥和吸引也是这种情形,也就是说,如果排斥和吸引也以一些直接的、**定在着的**单一体为前提,那么排斥和吸引在其自身那里都是一个自身否定,随之使自己延续到对方那里。诸多定在着的单一体的**排斥**意味着,一个单一体通过其他单一体的相互拒斥而维系自身,由此造成的后果是:1)其他单一体在**那个单一体那里**被否定——这个方面代表着它的定在或它的为他存在,因此是一个吸引,即诸多单一体的理念性;2)单一体是一个**自在的**东西,与其他单一体无关;但实际上,一般意义上的自在体早就已经过渡到自为存在,除此之外,**自在地看来**,亦即按照其规定而言,单一体本身就是那个转变为"多"的过程。——诸多定在着的单一体的**吸引**意味着它们的理念性,意味着设定一个单一体,在这种情况下,当吸引否定和产生一个单一体,就扬弃自身,而当它设定一个单一体,就是自己否定自己,就是排斥。

这样一来,自为存在的发展过程就完结了,而且达到了自己的结果。单一体作为一个**无限的自身关联**,作为已设定的否定之否定,是这样一个中介过程,即把自己作为它的绝对的(即抽象的)**异在**(即"**多**")而从自

[198]

己那里排除出去，而且，当单一体以否定的方式与它的这个非存在相关联，并将其扬弃的时候，它恰恰只是与它自身相关联；单一体仅仅是一个 [199] 转变，在其中，起初的那个规定——当它在**开端**被设定为直接的东西或存在者的时候，必须同时作为结果而把自己重建为一个同样**直接的**、排他的单一体——已经消失了；转变作为一个进展，任何时候都包含着单一体，并且仅仅把它设定为一个已扬弃的东西。扬弃首先仅仅被规定为一种相对意义上的扬弃，即扬弃与另一个定在者的**关联**，因此这个关联本身是一个已区分的排斥和吸引。与此同时，通过否定直接东西和定在者的外在关联，这种扬弃过渡到中介过程的无限关联，恰恰把之前的转变当作结果，而这个结果的诸环节虽然是运动不息的，但它本身已经沉入或更确切地说融入一种单纯的直接性。这个存在按照其如今**获得的**规定，**就是量**。

如果我们简要回顾一下这个**从质到量的过渡**的诸环节，就会发现，质的东西是把"存在"和"直接性"当作自己的基本规定；按照这个基本规定，界限以及规定性和某东西的存在是同一的，因此只要界限和规定性发生变化，某东西自身也会消失；一旦被如此**设定**，某东西就被规定为有限者。鉴于这个统一体的直接性，**区别**在其中消失了，但**自在地看来**，区别显然位于**存在**和**无**的统一体之内，因此它作为一般意义上的**异在**落到那个统一体**之外**。这个他者关联与直接性相矛盾，因为按照直接性，质的规定性是一个自身关联。异在在自为存在的无限性之内扬弃自身，而自为存在则是把那个它在自身之内、在自身那里通过否定之否定具有的区别加以实现，使之成为单一体、"多"以及二者的关联，并且把质的东西提升为一个真正的统一体，也就是说，这个统一体不再是一个直接的东西，而是被设定为一种自身和谐。

盖言之，1) 这个统一体是**存在**，但仅仅是一个**肯定的**存在，即一个通 [200] 过否定之否定而获得自身中介的**直接性**；存在被设定为一个**贯穿着**它的各个规定性和界限等等的统一体，它们在存在之内被设定为已扬弃的东西。2) 这个统一体是**定在**；按照这样一个规定，它作为肯定的存在的一个环节，是否定或规定性；但这不再是一个直接的否定，而是一个折返回自身,并非与他者相关联,而是与自身相关联的否定;一个绝对地、**自在地**已规定的存在,——即单一体;异在本身就是自为存在;3)这个统一体是**自为存在**,即那个贯穿规定性而延续下来的存在,在其中,单一体和"自在地已规定的存在"被设定为已扬弃的东西。按照规定,单一体已经超越自身,同时是一个**统一体**;通过这个方式,单一体或绝对地已规定的界限被设定为一个不是界限的界限,即一个在存在那里和存在漠不相关的界限。

注　　释

众所周知,吸引和排斥经常被看作是**两种力**。它们的这个规定,还有与之相关的关系,必须与一些对应着它们而出现的概念进行比较。——在那个表象里,二者被看作是独立的东西,因此并没有通过它们的本性而相互关联,也就是说,每一方都不是一个过渡到对方的环节,而是坚持与对方相对立。除此之外,人们想象着二者融合在一个**第三者**亦即**物质**里,但与此同时,他们并不认为这种"合为一体"是它们的真理,而是认为,每一方都是一个原初东西,都是一个自在且自为的存在者,至于物质及其各种规定,则是由二者设定并产生出来的。当人们说,"物质**在自身内具有两种力**",这其实是把力的统一体理解为一个联系,同时假定两种力都是存在于自身之内,互不干涉。

[201]　　众所周知,康德已经**用斥力和引力来建构物质**,或至少是(用他自己的话来说)提出了这个建构的形而上学要素。——仔细考察一下这个建构,大概是一件有趣的事情。针对一个不仅在其本身,而且在其各种规定中看起来都完全属于**经验**的对象,这个**形而上学的**阐释之所以值得重视,一方面的原因在于,它作为概念上的一个尝试,至少已经激励人们走向近代的自然哲学——这个哲学不是把自然界当作一个在知觉中以感性的方式被给予的东西,并将其当作科学的基础,而是从一个绝对的概念出发,去认识自然界的各种规定——,另一方面的原因在于,人们仍然经常止步

于康德的那个建构,以为它是物理学的哲学开端和基础。

诚然,诸如"感性物质"之类实存,就和空间及空间规定一样,都不是逻辑的对象。但是,就引力和斥力被看作是感性物质的力而言,二者也是以这里已经考察的关于单一体、"多"及其相互关联的两个纯粹规定为基础;我已经把这两个纯粹规定称作"排斥"和"吸引",因为这些名称是最贴切的。

康德从两种力里推演出物质,并且把这个方法称作"**建构**"(Konstruktion)。但仔细看来,他的方法配不上这个名称,除非每一种反思,甚至是分析式反思,都被称作"建构"。然而后来的某些自然哲学家恰恰就是这样,他们把最肤浅的推理,把那种毫无道理可言的、由随意的想象力和粗陋的反思炮制而成的大杂烩——这种大杂烩尤其喜欢谈论所谓的引力因素和斥力因素,并且在任何地方都把它们挂在嘴边——也称作"**建构行动**"(Konstruieren)。

也就是说,康德的方法在根本上是**分析式的**,而非建构式的。他**预先设定物质的表象**,然后追问,需要用哪些力来维持它们的预先设定的规定。所以,他一方面需要引力,其**理由**是,**假若只有排斥而没有吸引,那么物质根本不可能存在**(《自然科学的初始根据》第一版,第53页以下)。另一方面,他又从物质推演出排斥,其**理由**是,**我们把物质想象为不可入的**,也就是说,物质是依据"排斥"这一规定而被呈现给**触觉感官**,并通过这个感官而展示在我们面前。于是康德马上断定,排斥已经包含在物质的**概念**里面,因为它和物质一起,直接**被给予了**;与此相反,吸引是通过**推论**才被归之于物质。但这些推论同样以之前所述为基础,即一个仅仅具有斥力的物质并没有穷尽我们关于物质的表象。——很显然,这个方法来自于一种对经验进行反思的认识活动,后者首先在现象里**知觉**到一些规定,然后把它们当作基础,而为了**解释**这些规定,它假定有一些相应的**基本质料**或**力**产生出现象中的那些规定。

关于认识活动在物质里面发现的斥力和引力之间的上述区别,康德进而补充道,引力同样**属于**物质的**概念**,尽管它并没有从一开始就包含在

[202]

163

其中。后面这句话的着重号是康德自己加上的。但我们看不出,这里究竟有什么区别;因为,如果一个规定属于一个事物的**概念**,那么**它必定已经真实地包含在其中**。

[203]　　康德之所以遭遇困难并提出这个空洞的遁词,在于他从一开始就片面地仅仅把我们只能通过**触觉**而**知觉到**的"**不可入性**"规定归之于物质的概念,于是斥力,即从自身出发拒斥一个他者,就直接被给予了。进而言之,"假若物质脱离吸引,就不可能**存在**"这一主张的基础,是一个从知觉那里得出的物质表象;因此,"吸引"这一规定必须同样出现在知觉里面。我们当然能够知觉到,物质除了具有自为存在,以扬弃(抵抗)为他存在之外,也具有**自为存在者**的一个**相互关联**,即空间中的**延展性**和**凝聚性**,以及一个就刚度和强度而言非常坚实的凝聚性。解释式的物理学为了拆解一个物体,需要一个比物体各部分相互之间的**引力**更强大的力。从这个知觉出发,反思同样可以直接推演出引力,或者和对待斥力一样,**假定它被给予了**。实际上,如果我们仔细考察康德用以推演出引力的那些推论(比如该书对于"物质的可能性要求把一个引力当作第二个基本力"这一命题的证明),就会发现,它们的意思无非是,通过单纯的排斥,物质不可能具有**空间性**。康德既然假定物质填满了空间,于是把延续性归之于物质,然后假定引力是延续性的根据。

　　总的说来,这些所谓的对于物质的"建构"至多只具有一个分析的功绩,而且由于表述不清而屡受责难。尽管如此,它们的基本思想,即从这两个相互对立的规定(两个基本力)出发去认识物质,始终是值得高度重视的。康德的主要任务在于破除普通机械论①的表象方式,后者止步于

[204]　"**不可入性**"、"**自为存在着的单点**"等单方面的规定,把相反的规定,把物质的**自身内关联**或诸多物质(它们重新被看作特殊的单一体)的**相互关联**理解为某种**外在的东西**,——正如康德所说,机械论表象方式唯一承认的推动力,是那些仅仅通过挤压和碰撞,亦即仅仅通过外在作用而产生的

---

　　①　此处及随后的"机械论"(mechanisch)同时指"力学"。——译者注

力。这种**外在的**认识活动总是已经假定运动是一种外在于物质的**现成已有的东西**，从没想过把运动理解为某种内在的东西，或在物质之内理解运动自身，而正因如此，物质也被单独拿出来当作一种静止的、僵化的东西。这个立场仅仅看到一种普通机械论，却看不到一个内在的、自由的运动。——诚然，当康德把吸引，把彼此分离的物质的相互**关联**或外在于自身的一般意义上的物质的关联，理解为**物质自身的一个力**，他就扬弃了那种外在性；但另一方面，他所说的两个基本力虽然内在于物质，但**彼此之间始终是外在的、各自独立的**。

那种认识活动从自己的立场出发而放置在两个力之间的独立区别是一种虚无缥缈的东西，而另一个区别，即那个鉴于两个力的内容规定而**应当固定下来的东西**，同样必须表现为一种虚无缥缈的东西，因为真正说来，这两个力仅仅是两个相互过渡的环节。——接下来我要考察康德本人提出的其他区别规定。

他把引力规定为一个**贯穿的**力，以便一个物质能够透过接触面而同样**直接**作用于另一个物质的各部分；反之，他把斥力规定为一个**表面的力**，以便各种物质只能在共同的接触面上相互作用。为了证明斥力只能是一个表面的力，康德提出如下理由："相互**接触**的部分限定了彼此的作用范围，而斥力只有借助一个居间的部分才能够推动一个较远的部分；至于一个物质通过张力（在这里叫作斥力）就穿越各个部分而直接作用于另一个物质，这是不可能的。"（参看该书第 67 页的说明和附释。）　[205]

这里必须提请大家注意：1）一旦假定物质有**较近的**或较远的部分，那么**对于吸引而言**，其作用范围同样也会有**区别**；2）当一个原子作用于**另一个原子**的时候，较远的**第三个原子**——在它和第一个吸引的原子之间还有**别的**原子——会首先进入这中间更靠近它的那个原子的关联层面，因此第一个原子不可能**直接地**、单纯地作用于第三个原子；由此可知，无论是引力还是斥力，都是间接地发挥作用；3）进而言之，引力的**真正贯穿**之所以可能，唯一的前提是，物质的所有部分**自在且自为地**都是吸引者，而不是只有一个原子是主动的，其他原子都是被动的。——此外需要指出的是,在上述引文里,相互**接触**的部分(即一个**现成已有的**物质的**坚实性和延续性**)是直接地或对斥力自身而言出现的,而这个物质不允许排斥活动将其贯穿。各个部分在物质的坚实性里相互**接触**,不再被虚空分割开,但这个坚实性已经以**扬弃斥力**为前提;而按照当前占据支配地位的关于排斥的感性表象,相互接触的部分不会相互排斥。也就是说,这个结果完全是一个同语反复,即:无论什么地方,只要假定排斥不存在,那里就不可能发生排斥。在这种情况下,斥力并未获得一个更具体的规定。——其实只要人们稍作反思,想起相互接触的部分只有在相互**分开**的时候才会相互接触,就会认识到,斥力不应当仅仅位于物质的表面,而是应当位于单纯的吸引层面之内。

[206]

康德进而假定,通过引力,物质**仅仅占据一个空间,但并未填满这个空间**(见上引段落);因为物质没有通过引力而填满空间,没有其他居间的物质给它设定界限,所以它能够透过**虚空的空间**而发挥作用。——这个区别和之前所说的那个区别(一个规定虽然属于一个事物的概念,但并没有包含在其中)基本上是同一个意思,因为这里宣称,物质可以仅仅**占据**一个空间,却没有将其**填满**。相应地,如果我们止步于**排斥**的第一个规定,即诸多单一体仅仅以否定的方式相互排斥,那么它在这里的意思则是,诸多单一体**透过虚空的空间而相互关联**。然而按照康德的说法,是**引力确保空间是一个虚空的东西**;引力**并没有**因为与诸原子相关联就**填满**空间,也就是说,它**确保诸原子**处于一个**否定的相互关联**中。——我们看到,康德在这里无意识地触碰到了那个藏在事物的本性中的东西,也就是说,他恰恰把那个按照最初的规定而言与之相反的力归之于引力。当他致力于强化两个力的区别的时候,事与愿违,其中一个力却已经过渡到另一个力。——反过来,物质应当通过排斥而**填满**一个空间,进而让引力所维护的那个虚空的空间消失。实际上,排斥在扬弃那个虚空的空间时,也扬弃了诸原子或单一体的否定关联,亦即扬弃了它们的排斥;这意味着,排斥被规定为它自己的对立面。

康德在抹杀这些区别的同时,还制造出一个混乱。也就是说,正如我

们最初已经指出的那样,康德对于两个相互对立的力的阐述是分析式的,
而且从一开始就把物质当作一个现成已有的、已经建构好的东西,殊不知
物质首先应当依据其要素而被推导出来。在定义"表面的力"和"贯穿的
力"的时候,二者都被假定为推动力,以便**物质**能够要么按照前者要么按
照后者而发挥作用。——因此按照这里的阐述,不是物质首先通过两个
力才产生出来,毋宁说,物质已经是一个现成已有的东西,仅仅通过它们
而运动。但是,这里讨论的是两个力如何确保各种物质的相互作用和相
互推动,既然如此,这就完全不同于讨论它们作为物质的环节应当具有怎
样的规定的关联。

在进一步的规定里,**向心力**和**离心力**构成与引力和斥力同样的对立。
它们看起来保持着一个本质上的区别,因为在它们的层面里,有一个固定
的单一体,有一个核心,相对它而言,其他单一体不再是自为存在者,所以
这两个力的区别能够和这里预设的区别(即**一个**居于核心位置的单一体
和其他相对而言非固定的单一体的区别)联系在一起。但是,既然人们
用向心力和离心力来解释运动的现象——正是出于这个目的,人们假定
有**这两个力**,并且假定它们和斥力以及引力一样,相互之间是一种量的反
比例关系,即只要一方增加,另一方就会减少——,那么这个现象及其不
一致性就应当首先从这两个力里面推导出来。实际上,人们只需从两个
力的对立里面提取出一个最贴切、最好的对于现象的阐述,比如一颗行星
在围绕它的核心天体而运行的轨道上的不均匀的速度,就会立即认识到
那个在其中占据支配地位的混乱,而且不可能区分出两个力的大小,以至
于,每当他们假定一个力在增加,但在解释的过程中却总是发现它在减
少,反之亦然。为了清楚说明这一点,需要一个超出当前范围的冗长得多
的阐释,但必要的东西还是会在后面的**反比例关系**中谈到。

第二篇　大小（量）

　　量和质的区别已经被提出来了。质是最初的、直接的规定性,而量则是一个已经和存在漠不相关的规定性,一个同时不是界限的界限;量是一个自为存在,同时完全等同于为他存在,——是诸多单一体的排斥,同时直接是诸多单一体的"非排斥",即它们的延续性。

　　按照现在的设定,因为自为存在者不是把它的他者排除在外,而是以肯定的方式将自身延续到他者那里,所以它就是异在;相应地,**定在**重新出现在这个延续性中,**与此同时**,定在的规定性不再属于一个单纯的自身关联,不再是定在着的某东西的一个直接的规定性,而是被设定为一个自己排斥自己,并且在另一个定在(一个自为存在着的定在)那里与自身相关联的规定性。而且,由于这些定在**同时**是一些漠不相关的、折返回自身的、无关联的界限,所以规定性一般地位于**自身之外**,是一个绝对地**外在于自身的东西**,而某东西同样是一个外在的东西;这样的界限,它们对自身的漠不相关,还有某东西对它们的漠不相关,构成了某东西的**量的规定性**。

　　界限作为**已规定的**量,即**定量**(Quantum),必须立即与**纯粹的量**(Quantität)区分开。**首先**,纯粹的量是一个已经回归自身的、实在的自为存在,本身尚未具有任何规定性,——即一个坚实的、在自身内延续着自身的、无限的统一体。

　　其次,这个统一体推进到一个在它自身那里设定的规定性,一个同时不是规定性的规定性,或者说一个纯粹外在的规定性。它转变为定量。定量是一个漠不相关的规定性,即一个超越自身、自己否定自己的规定性;它作为异在的异在,落入一个**无限的**进展。然而无限的定量是一个已扬弃的漠不相关的规定性,是质的重建。

再次,定量在质的形式下是一个量的**比例关系**(Verhältnis)①。定量一般地仅仅超越自身;但在比例关系里,它超越自身而进入它的异在,并在后者那里具有它的规定,而异在同时被设定为另一个定量,——于是这里呈现出的,是定量的已经回归自身的存在,以及定量在它的异在里的一个自身关联。

这个比例关系仍然以定量的外在性为基础,彼此相比的定量是**漠不相关的**,也就是说,它们在这种异在里相互关联;——就此而言,比例关系仅仅是质和量在形式上的统一体。比例关系的辩证法就是从比例关系过渡到它们的绝对统一体,过渡到**尺度**。

注　释

在某东西那里,它的界限作为质,在本质上就是它的规定性。但如果我们把界限理解为一个量的界限,比如一块农田的界限,那么即使界限发生变化,农田仍然是一块农田。反之,如果是它的质的界限发生变化,那么它之所以为农田的规定性也会发生变化,于是它转变为草场、森林等等。——红色无论深浅,始终是红色,但如果它的质有所改变,它就不再是红色,而是转变为蓝色等等。——**大小**的规定,作为定量,如上面已经指出的,在任何别的例子那里都有所体现,也就是说,它以一个恒久的存在为基础,**这个存在和它所具有的规定性是漠不相关的**。

正如之前的例子表明的那样,"**大小**"(Größe)②这一术语被理解为**定**

---

①　"Verhältnis"这个词通常译为"关系",但在黑格尔《逻辑学》关于"量"的部分里,它作为一个专门的范畴,特指一个项与另一个项相互对比或互为比例的关系,尤其指部分与部分之间、部分与整体之间在量上的联动关系,因此本书在相关语境下将其译为"比例关系"。而在《逻辑学》下卷的"本质论"部分,当"Verhältnis"再次作为一个专门的范畴而出现,强调的是已区分开的东西的不同方式的统一体,因此在那些地方仍然被译为"关系"。——译者注

②　"Größe"这个词从字面意思上来说是"大",但正如黑格尔指出的,很多德语词汇在思辨的意义上本身就包含着自己的反面意思,而这个词同时也意味着"小",因此中文将其译为"大小"。——译者注

[211]　**量**,而不是被理解为量。正因如此,我们必须从外文那里借用这个名词。

　　数学里面为**大小**给出的定义也是涉及定量。按照通常的定义,大小是一个能够**增加**或**减少**的东西。所谓"增加",指某东西变得**更大**,而所谓"减少",指某东西变得**更小**。这里包含着一般意义上的大小与它自己的**区别**,即大小是一个可以改变其大小的东西。就此而言,这个定义是很笨拙的,因为它所使用的那个规定本身应当首先得到界定。既然大小不能被用于同一个规定,那么"**较多**"和"**较少**"就必须归结为"添加"和"削减",前者按照定量的本性而言,是一个外在的肯定,后者同样是一个外在的否定。在定量那里,一般而言,**变化**的本性把自己规定为这种**外在的**实在性和**外在的**否定。因此,在那个不完满的术语里,我们一定不能错认事情的关键;也就是说,变化是一种漠不相关的东西,它的概念本身就包含着它自己的"较多"或"较少",包含着它和自身的漠不相关。

第一章 量

A. 纯粹的量

量是已扬弃的自为存在;进行排斥的单一体仅仅以否定的方式对待它所排斥的单一体,同时已经过渡到与后者的**关联**,和他者表现为同一个东西,从而也失去了自己的规定;自为存在已经过渡到吸引。进行排斥的[212]单一体的绝对坚固性已经消融在这个**统一体**里面,而这个包含着单一体的统一体通过内在的排斥同时被规定为**自身外统一体**和**自身内统一体**。通过这个方式,吸引成为量里面的**延续性**环节。

因此**延续性**(Kontinuität)是一个单纯的、自身一致的自身关联,一个不会通过界限和排外而中断的东西,但**不是一个直接的统一体**,而是诸多自为存在着的单一体的统一体。其中仍然包含着**彼此外在的多样性**,但与此同时,后者并不是一个已区分的、**已中断的东西**。多样性在延续性里被设定为它自在所是的那个东西;"多"和他者合为一体,每一方都等同于对方,因此多样性是一个单纯的、无区别的一致性。延续性作为一个环节,代表着彼此外在的东西的**自身一致性**,意味着已区分开的单一体自行延续到那些有别于它们的东西。

因此,大小在延续性里直接具有**区间性**(Diskretion)环节,——这个环节如今在量那里代表着排斥。——持续性(Stetigkeit)是自身一致性,但这是"多"的自身一致性,而"多"并没有成为一个排外的东西;只有排斥才把自身一致性扩张为延续性。因此,区间性从它自己那方面来看是一个融合式的区间性,其中的诸多单一体并没有与虚空或否定者相关联,

173

毋宁说,它们自己的持续性或这种位于"多"之内的自身一致性从未中断。

量是"延续性"和"区间性"这两个环节的统一体,但在**形式**上首先只是两个环节中的一个,即延续性,而这是自为存在的辩证法的结果,因为自为存在已经融入"自身一致的直接性"这一形式。量本身是这个单纯[213]的结果,也就是说,它尚未把它的诸环节展开,并在自身那里加以设定。——量**包含着**这些环节,它们首先被设定为真正意义上的自为存在。因为按照规定,自为存在一边与自身相关联,一边扬弃自身,恒久地来到自身之外。然而那被排除在外的东西就是自为存在自身;因此排斥是一个不断进行的自身流溢。基于"被排除出去的东西就是它自己",这种区间活动是一个不间断的延续性;而基于"来到自身之外",这个延续性既是未中断的,同时也是多样性,而多样性始终保持着它的自身一致性。

注 释 一

纯粹的量尚且没有界限,或者说尚且不是定量;即使它转变为定量,也不会受到界限的限制;毋宁说,量的本性恰恰在于不受界限的限制,并且把自为存在当作一个已扬弃的东西而包含在自身内。至于其中也有区间性环节,这件事情可以这样解释,即无论什么时候,量都在自身内绝对地包含着单一体的**实在的可能性**,但反过来,单一体同样是一个绝对延续的东西。

缺乏概念的**表象**很容易把延续性想象为**复合**(Zusammensetzung),即诸多单一体的**外在的**相互关联,仿佛单一体仍然保留着自己的绝对坚固性和排外性。但我们已经表明,单一体本身自在且自为地已经过渡到吸引,过渡到它的理念性,因此延续性不是位于单一体之外,而是属于单一体本身,并且立足于后者的本质。一般说来,原子论就是执着于单一体的这种**外在的**延续性,并且在表象活动中很难将其抛弃。——与此相反,数学谴责这样一种形而上学,它企图用一些时间点**构成**时间,用一些空间点

构成一般意义上的空间或最初的线,用一些线**构成**面,用一些面**构成整个** ［214］
空间;也就是说,数学根本不承认这类非延续的单一体。诚然,数学也把
一个面的大小规定为无穷多的线的**总和**,但这个区间性仅仅是一个暂时
的表象,而且那个由**无穷多的**线构成的空间毕竟是一个受限的空间,因此
在说"无穷多"的时候已经扬弃了那些线的区间性。

斯宾诺莎已经掌握了那个与单纯表象相对立的"纯粹的量"的概念
(他主要关注的就是这个东西),因为他(在《伦理学》第一部分,命题 15
之附释)谈到量的时候是这样论述的:

Quantitas duobus modis a nobis concipitur, abstracte scilicet sive superfi-
cialiter, prout nempe ipsam imaginamur; vel ut substantia, quod a solo
intellectu fit. Si itaque ad quantitatem attendimus, prout in imaginatione est,
quod saepe et facilius a nobis fit, reperietur finita, *divisibilis et ex partibus
conflata*, si autem ad ipsam, prout in intellectu est, attendimus, et eam, quate-
nus substantia est, concipimus, quod difficillime fit, …*infinita, unica et indi-
visibilis* reperietur. Quod omnibus, qui inter imaginationem et intellectum dis-
tinguere sciverint, satis manifestum erit.［我们以两种方式理解量:或者把它
当作抽象的、表面的量(这是想象的产物),或者把它当作实体(这只能依
靠理智)。因此,如果我们考察那种位于想象中的量(这件事情经常发
生,而且更容易被我们注意到),就会发现它是有限的、**可分割的、由部分
复合而成的**;但是,如果我们考察理智中的量,把它理解为实体(这件事
情是非常困难的),就会发现……它是**无限的、唯一的、不可分割的**。对
于所有懂得区分想象和理智的人而言,以上情况是再清楚不过的了。］①

如果人们要求纯粹的量的更具体的例子,那么,空间和时间、一般意
义上的物质、光等等,甚至自我都算是;但正如之前指出的,唯一需要提醒
的是,不要把量理解为定量。空间、时间等等具有广延和多样性,它们是

———
① 此段文字参照原书附注的卡尔·格布哈特(Carl Gebhardt)的德译文以及斯宾诺
莎的拉丁文原文译出。——译者注

[215] 　一种来到自身之外的流动,但没有过渡到对立面,没有过渡到质或单一体,毋宁说,这种来到自身之外的流动是它们的统一体的恒久的**自身生产**。空间代表着这个绝对的**位于自身之外的存在**,与此同时,它是绝对未中断的,即"**反过来是异在的异在**"(Anders-und Wieder-Anderssein),或者说一个自身同一的东西,——时间代表着绝对地**来到自身之外**,它一边生产出单一体、时间点、"**现在**",一边直接消灭"现在",反过来继续消灭这个消灭;在这种情况下,非存在的这种自身生产同样是一个单纯的自身一致性和自身同一性。

　　至于作为量的**物质**,在莱布尼茨流传下来的第一篇论文的**七个命题**(位于其著作集第一部分最后一页)里,其中一个命题(即命题二)是这样说的:"Non omnino improbabile est, materiam et quantitatem esse realiter idem.[物质和量在现实中是同一个东西,这并不是完全不可能的。]"①——事实上,这些概念的唯一区别在于,量是纯粹的思维规定,而物质是位于外在实存中的思维规定。——**自我**同样具有纯粹的量的规定,因为自我是一个绝对地转变为他者的东西,是一个无限的远离或全方位的排斥,以便达到自为存在的否定的自由,但这个远离或排斥始终是一个绝对单纯的延续性,——即普遍性或自身内存在(Beisichsein)的延续性,它不会通过无穷多的界限,不会通过感觉、直观等等的内容而中断。——有些人拒不承认**多样性**是一个单纯的统一体,而且除了这个统一体的**概念**之外(这个概念意味着,在"多"里面,每一个东西和他者都是同一个东西,即"多"中之"某一")——因为这里所谈论的不是具体地已

[216] 规定的"多",不是绿色、红色等等,而是自在且自为地看来的"多"——,还想得到这个统一体的一个**表象**,殊不知这类表象早就出现在各种具有持续性的东西那里,而且这些东西是在单纯的直观中把演绎出的量的概念呈现出来。

---

① 莱布尼茨这篇写作于 1663 年的论文《论个体化原理》(*De Principio Individui*)直到 1837 年才完整发表。参阅格尔哈特(C.J.Gerhardt)主编《莱布尼茨哲学著作集》,柏林,1875 年起陆续出版。第 4 卷,第 15 页以下;绎理 2,第 26 页。——原编者注

注 释 二

量的本性在于,它是区间性和延续性的单纯统一体,而这恰恰造成了空间、时间、物质等等的**无限可分割性**的冲突或**二律背反**。

这个二律背反的唯一理由在于,区间性和延续性必须同样得到坚持。片面地坚持区间性导致把一个无限地或绝对地**已分割的存在**,随之把一个直接的东西当作本原;反之,片面地坚持延续性导致把一个无限的**可分割性**当作本原。

众所周知,康德的《纯粹理性批判》提出了**四个**(宇宙论)**二律背反**,其中**第二个二律背反**涉及**量的诸环节**所构成的一个**对立**。

康德的这些二律背反始终是批判哲学的一个重要部分;它们带头促成了之前的形而上学的崩溃,而且可以被看作是一个通向近代哲学的主要桥梁,因为它们尤其是间接地促成一个信念,即从**内容**这方面来看,有限性的各种范畴是一个虚无缥缈的东西,——这是一条比流于形式的或主观的唯心主义更正确的道路,因为在它看来,这些范畴的缺陷仅仅在于,它们是一种主观的东西,而不是一种自在的东西。康德的二律背反虽然居功甚伟,但其阐述是很不完备的;一方面,它在自身内设置障碍,与之纠缠不清,另一方面,它的结论也是不正确的,因为这个结论的前提是,认识活动除了有限的范畴之外,不掌握别的思维形式。——从以上两方面来看,这些二律背反都配得上一个更精确的批评,也就是说,我们既要细致澄清其立场和方法,也要把它们的关键论点从那个强加在其身上的形式里面解放出来。 [217]

首先,我注意到,康德企图借助他从范畴表那里拿来的划分原则,赋予他的四个宇宙论二律背反以完整性的假象。然而只要人们更深刻地认识到理性的二律背反本性(或更正确地说,理性的辩证本性),就会发现,**每一个**概念通通都是相互对立的环节的统一体,也就是说,这些环节在形式上都有可能成为二律背反的主张。"转变"、"定在"等等,还有每一个其他概念,都能够提供一个特殊的二律背反,以至于有多少概念,就能提出多少二律背反。——古代的怀疑论已经不厌其烦地揭示出,它在各种科学里面看到的全部概念都包含着这个矛盾或二律背反。

其次,康德不是按照概念本身,而是按照宇宙论规定的形式(这个形式已经是一个**具体的**东西)来理解二律背反。但是,为了掌握纯粹的二律背反,并且按照它们的单纯概念来对待它们,思维规定不应当把它们应用到"世界"、"空间"、"时间"、"物质"等表象上面,与之混为一谈;毋宁说,思维规定必须抛开这种不能提供帮助的具体质料,单独接受纯粹的考察,因为只有它们才构成了二律背反的本质和根据。

按照康德为这些二律背反给出的概念,它们不是诡辩的把戏,而是理性必定会"**撞上**"(借用康德的术语)的矛盾。——这是一个重要的观点。"理性一旦看清二律背反的自然假象的根据,固然不会再受其欺骗,但始终不免被其迷惑。"(《纯粹理性批判》第二版,第 449 页)——批判主义的

[218] 解决办法,就是诉诸知觉世界的所谓的先验理念性,而其唯一的结果,就是把所谓的冲突理解为某种**主观的**东西,而在这种情况下,假象当然始终是同一个假象,亦即和从前一样没有得到解决。因此,二律背反的真正解决办法只能是这样:既然两个规定相互对立,并且必然属于同一个概念,那么每一方都不能作为一个片面的东西而单独发挥作用,也就是说,它们只有在它们的已扬弃的存在中,在它们的概念的统一体中,才具有它们的真理。

仔细看来,康德的二律背反所包含的,无非是一个极其简单的直言主张,即在一个规定的两个相互对立的环节里,**每一方都是脱离对方而孤立的**。但与此同时,这个单纯直言的(实则斩钉截铁的)主张笼罩着一整套歪曲的、牵强附会的推理,从而制造出证明的假象,把那个武断因素隐藏起来,使之不被人察觉。这一点在更细致的考察中会得到揭示。

与本书这部分内容有关的二律背反,涉及所谓的**物质的无限可分割性**,并且立足于量的概念所包含的延续性环节和区间性环节的对立。

按照康德表述,正题是这样的:"**在世界中的每一个复合的实体都是由单纯的部分构成的,而且除了单纯的东西或者由单纯的东西复合而成**

的东西之外,任何地方都没有任何东西实存着。"(《纯粹理性批判》第二版,第 462 页)①

在这里,康德把**复合物**与单纯的东西或原子对立起来,这和持续的或延续的东西相比,是一个很落后的规定。——至于这些抽象东西(即世界里的实体)的基体,在这里无非意味着那些可知觉的感性事物,并且对于具有二律背反性质的东西毫无影响;它同样可以被看作是空间或时间。——现在,由于正题所讨论的仅仅是**复合**而非**延续性**,所以它其实是一个分析的或**同语反复的**命题。按照复合物的直接规定,它不是自在且自为的"**某一**",毋宁仅仅是一个外在地联结而成的东西,**由他者构成**。然而复合物的他者就是单纯的东西。也就是说,"复合物由单纯的东西构成"是一个同语反复的命题。——当人们追问"某东西**由什么东西构成**"的时候,其要求的答复是**一个他者**,而且这个他者能够和那个某东西**联系起来**。假若人们说墨水是由墨水构成的,那么在这里追问某东西由什么他者构成就没有任何意义,因为问题根本没有得到回答,而是仅仅重复自身。如此一来,人们必须进而追问,这里谈论的那个东西是否应当**由某东西构成**。复合物无论如何应当是一个联系而成的东西,由他者构成。——假若单纯的东西,作为复合物的他者,仅仅被当作一个**相对单纯的东西**,即它本身又是复合而成的,那么这个问题和从前也没有任何区别。诚然,在表象看来,一切东西都是复合而成的,所以它可以随意地把这个东西当作那个东西的**原子**,哪怕其本身仍然是一个复合物。但这里讨论的是**真正意义上的复合物**!

至于康德对于正题的**证明**,就和他对于所有别的二律背反命题的证明一样,采用了一种看起来非常啰唆的**间接方法**,即**反证法**。

他说:"假定复合的实体不是由单纯的部分构成的,那么,当**一切复合**都在思想中**被取消**,就会没有什么复合的部分留存下来,而且(按照刚

[219]

① 从这里开始,本节关于康德《纯粹理性批判》的引文皆采用李秋零译文(康德《纯粹理性批判》(第二版),李秋零译,中国人民大学出版社 2004 年版),个别地方略有修改。以下不另作说明。——译者注

179

才的那个假设)也没有任何单纯的部分留存下来,从而也没有任何东西留存下来,因而也没有任何实体被给予。"(《纯粹理性批判》第二版,第462 页)

[220]　　这个推论是完全正确的:如果只有复合物,那么,只要人们在思想中取消全部复合物,就没有任何东西留存下来;——人们当然承认这一点,但他们完全可以抛开这个同语反复的啰唆,直接从随后的论述开始:

"要么不可能在思想中取消一切复合,要么在取消一切复合之后就必须留存有某种无须任何复合而持存的东西,亦即单纯的东西。但在前一种情况下,复合物就会不是由实体构成(**因为在种种实体这里,复合仅仅是种种实体①的一种偶然的关系,即使没有这种关系,实体也必须作为独立持存的东西持存**)。如今,既然这种情况与前提条件相矛盾,那么就只剩下第二种情况:也就是说,在世界中实体性的复合物是由单纯的部分构成的。"(《纯粹理性批判》第二版,第462、464 页)

那个被康德顺带着放到括号里面的理由恰恰是关键之所在,它使前面所说的一切都成为完全多余的废话。这里有一个两难选择:要么复合物是持存的,要么不是,毋宁单纯的东西才是持存的。假若是前一种情况,即复合物是持存的,那么持存的东西就不是种种实体,因为**复合对它们而言仅仅是一种偶然的关系**;但种种实体是持存的,所以持存的东西是单纯东西。

很显然,即使不采用间接的反证法,正题"复合的实体由单纯的部分构成"也可以直接援引那个理由作为其证明,**因为复合仅仅是种种实体的一种偶然的关系**,所以这种关系外在于实体,与它们本身毫不相[221] 干。——假若复合的偶然性是一个正确的论断,那么本质当然就是单纯的东西。但这个关键的偶然性并没有得到证明,而是直截了当地(而且是顺带放到括号里面)被当作某种不言而喻的或无关紧要的东西。复合

---

①　在这里,不仅证明是啰唆的,就连语言都是啰唆的,比如"因为**在种种实体这里,复合仅仅是种种实体**的一种偶然的关系"这句话。——黑格尔原注

意味着偶然性和外在性,这一点确实是不言而喻的;问题在于,假若这里所讨论的仅仅是一种偶然的复合,而非延续性,那么我们根本没有必要为此提出一个二律背反,或更确切地说,对此根本就不可能提出任何二律背反。因此,正如之前指出的,主张"部分是单纯的"仅仅是一个同语反复。

因此,在间接的反证法那里,我们看到那个本应作为结论的主张已经出现了。简言之,这个证明可以概括如下:

假设种种实体不是由单纯的部分构成的,仅仅是复合的。现在,人们可以在思想中取消全部复合(因为复合仅仅是一种偶然的关系);如此,假若实体不是由单纯的部分构成的,就不会留存下来。但我们必须有实体,因为我们已经假定它们存在;我们不应当让一切东西消失,而是应当让某东西留存下来,因为我们已经预先设定这种持存的东西,即所谓的实体;所以,留存下来的某东西必定是单纯的。

为完整性起见,还需要考察如下结论:

"由此直接**得出**:世界上的事物全都是单纯的存在物,**复合只是它们的一种外在状态**,而且,……理性必须把基本实体……设想为单纯的存在物。"(《纯粹理性批判》第二版,第 464 页)

这里我们发现,复合的外在性(即偶然性)在此前的证明里是放在括号里面引入并得到使用的,但如今它已经被引以为**结论**。

康德尽力声辩,他在处理二律背反的相互冲突的命题的时候没有玩弄骗人的把戏,没有在搞(人们常说的)那种讼棍证明。但就我们考察的这个证明而言,与其指责这是一个骗人的把戏,不如说这是一个瞎忙活的兜圈子,其唯一的用处在于制造出一个证明的外在形态,同时遮遮掩掩地把那个本应作为结论而出现的东西放在括号里面,当作证明的枢纽。也就是说,这根本不是一个证明,毋宁仅仅是一个假定。 [222]

至于**反题**,则是这样的:"**在世界中没有任何复合的事物由单纯的部分构成,而且在世界中任何地方都没有单纯的东西实存着**。"(《纯粹理性批判》第二版,第 463 页)

相关**证明**同样采用了反证法。相比前一个证明,它同样是应当遭到责难的,只不过换一个方式而已。

康德说:"假定一个复合的事物(作为实体)由单纯的部分构成。由于一切**外部的关系**,从而还有实体的一切复合都唯有在**空间**中才是可能的,所以,该复合物由多少部分构成,它所占有的空间也就由多少部分构成。如今,空间不是由多个单纯的部分,而是由多个空间构成的。因此,复合物的每一个部分都必须占有一个空间。但是,一切复合物的绝对最初的部分都是单纯的。所以,单纯的东西占有一个空间。如今,既然一切占有一个空间的实在东西都在自身中包含着彼此外在的杂多,从而是复合的,而且……是由实体复合的,所以,单纯的东西就会是一个实体性的复合物;而这是自相矛盾的。"(《纯粹理性批判》第二版,第 463 页)

这个证明里面堪称有"整整**一窝**"①(借用康德在别的地方的一个说法)错误的方法。

[223]   首先,这个间接的反证法是一个无根据的假象。因为,当人们假定,**一切实体性东西都在空间中**,以及**空间不是由单纯的部分构成的**,这已经是一个直接的主张,并且被当作有待证明的东西的直接根据,而在这种情况下,整个证明其实已经完成了。

其次,这个反证法证明以命题"实体的一切复合都是一个**外部的关系**"为出发点,但令人诧异的是,它立即把这个命题忘得干干净净。也就是说,它进而推出,复合只有在**空间**中才是可能的,而空间不是由单纯的部分构成的,因此那个占有一个空间的实在东西是复合而成的。但是,一旦假定复合是一个外部的关系,那么空间性本身,即复合的可能性的唯一条件,对种种实体而言就恰恰是一个外部的关系,与实体毫不相干,既不触及实体的本性,也不触及人们能够从空间性规定里推导出来的其他东西。恰恰基于这个理由,种种实体就不应当被设定在空间里面。

---

①   康德在《纯粹理性批判》里指出,在关于上帝存在的宇宙论论证里,隐藏着"整整一窝辩证的僭越主张"。(KdrV, B637)黑格尔在之前的《精神现象学》里也挖苦了康德的这个说法,指出其道德世界观是"整整一窝"缺乏思想的矛盾。参阅黑格尔《精神现象学》,先刚译,人民出版社 2013 年版,第 379 页。——译者注

再次,康德假定,那个把种种实体包揽在自身内的空间不是由单纯的部分构成的,因为按照他的规定,空间是一个直观,一个只有通过唯一的对象而被给予的表象,而不是所谓的推论的概念。——众所周知,自从康德区分直观和概念之后,直观活动已经成了一件莫名其妙的事情,而为了省略概念上的理解把握,康德已经把那个区分推广到一切认识活动上面。这里的相关问题仅仅在于,倘若人们一般地希望进行概念上的理解把握,就必须同时对空间以及直观本身进行**概念上的理解把握**。这样一来,就产生出一个问题:假若空间作为直观也是一个单纯的延续性,那么我们是否必须认为,空间按照其概念而言是由单纯的部分构成的? 如若不然,空间就会陷入只有实体才会置身其中的同一个二律背反。实际上,正如之前指出的,如果人们在抽象的意义上理解二律背反,那么它就会涉及一般意义上的量,随之涉及空间和时间。 ［224］

但康德在证明的时候已经假定,空间不是由单纯的部分构成的,正因如此,单纯的东西不应当被设定在这个要素［即空间］里面,而这不符合单纯的东西的规定。——但在这种情况下,空间的延续性就和复合发生冲突;二者被混淆起来,前者被偷换为后者(这在推论中造成了 Quaternio terminorum ［四词项］①)。康德曾经明确宣称,空间是**唯一的**,其各个部分仅仅依赖于限制,因此这些部分"并非作为空间的**组成部分**而**先行于**唯一的、无所不包的空间(否则空间就有可能是**复合而成的**)。"(《纯粹理性批判》第二版,第39页)这个说法很正确地、明确地把空间的延续性和组成部分的复合**对立起来**。反之,按照这个论证,只要把实体设定在空间里面,这个做法本身就会导致一种"**置身于彼此之外的杂多**",随之导致一个"复合而成的东西"。为了避免这个情况,康德在前面的引文里明确指出,杂多性在空间里面的存在方式已经表明,复合是不可能的,且组成部分不可能先行于唯一的空间。

① 正确的三段论推论只能包含大词、中项、小词三个概念,而且中项只能出现在大前提和小前提里面。如果两次出现的中项虽然在字面上是同一个概念,但具有不同的意思,这就等于实际上使用了四个概念,而这就是"四词项"错误。——译者注

在反题证明的注释中,批判哲学的另一个基本观念也有明确表达,也就是说,只有当物体作为**现象**,我们才对它们有一个**概念**;但是,作为现象,物体必然以空间为前提,把它当作一切外部现象的可能性的条件。如果这里所说的"实体"仅仅指我们看到、摸到、尝到的物体,那么这里所讨论的根本就不是那些处于其概念中的物体,毋宁仅仅是一些通过感性而知觉到的东西。因此,反题的证明可以概括如下:我们的观看、触摸等全部经验给我们揭示出来的,仅仅是复合物;即使是最好的显微镜和最精细的测量仪器,也不可能让我们**撞上**任何单纯的东西。所以,理性也不要指望撞上某种单纯的东西。

[225]

现在,如果我们更仔细地审视这个正题和反题的对立,并且把它们的证明从一切无用的啰唆和兜圈子里面解放出来,那么可以发现,反题的证明——把种种实体设定在空间里面——武断地假设了**延续性**,而正题的证明——把复合当作实体性东西的一种关联——则是武断地假设了**这个关联的偶然性**,随之武断地假设种种实体是**绝对的单一体**。也就是说,整个二律背反可以归结为量的两个环节的割裂和直接主张,即把这两个环节当作绝对割裂的东西。按照单纯的**区间性**,实体、物质、空间、时间等等是绝对地已分割的东西;单一体是它们的本原。按照**延续性**,这个单一体仅仅是一个已扬弃的东西;分割行动始终是可分割性,它始终是分割的**可能性**,但它作为可能性,并没有真正走到原子那里。现在,即使我们止步于这些对立通过之前所述而获得的那个规定,那么也可以说,延续性本身就包含着"原子"这一环节,因为延续性完全意味着分割的可能性。同理,那些已分割的东西,区间性,也扬弃了诸多单一体的全部区别——因为这些单纯的单一体是同一个东西——,随之同样包含着它们的一致性乃至它们的延续性。由于在相互对立的双方里,每一方本身就包含着对方,不可能被设想为脱离对方,所以由此可以推出,这些规定中的单独某一个都不具有真理,毋宁说,只有它们的统一体才具有真理。这既是对它们的真正的、辩证的考察,也是它们的真正的结果。

[226]

相比刚才考察过的康德的二律背反,古代**埃利亚学派**提出的辩证法例子,尤其是涉及**运动**的时候,具有无限丰富得多和深刻得多的意义,而这些例子同样也是立足于量的概念,并且在这个概念里面找到解决办法。如果还要在这里考察这些例子,恐怕就会铺陈得太远了;它们涉及空间和时间的概念,这些可以在哲学史里面去讨论。这些例子给它们的发明者的理性带来了最高荣誉;它们把巴门尼德所说的纯粹存在当作**结果**,因为它们揭示出,一切已规定的存在都在自身之内瓦解,就此而言,它们本身就是赫拉克利特所说的**流逝**。正因如此,这些例子应当获得一种更为深刻的考察,而不是像人们通常宣称的那样,说这些只不过是诡辩。这个断言倚仗的是经验的知觉,并且追随第欧根尼①的那个——对普通人类知性来说如此明白的——先例,因为当一个辩证法家揭示出运动所包含的矛盾时,第欧根尼并没有动用他的理性,而是通过沉默地来回走动以表明运动是一个显而易见的事实②。这样的断言和反驳,比起深入到思想之中,紧盯着思想——这个思想不是从远处拿来的,而是在通常的意识里自行形成的——所陷入的纠纷,并且通过思想本身而找到解决办法,当然要轻松得多。

亚里士多德针对这些辩证形态而提出的解决办法,应当得到高度赞扬,这个解决办法包含在他关于空间、时间和运动的真正思辨的概念里。在各种反对运动的证明里,那些最著名的说法都是立足于无限的可分割性——这个东西仿佛只要出现在想象中,就已经实现了,并且和那种无限的已分割的存在(即原子)是同一个东西——。针对这种无限的可分割性,亚里士多德提出时间和空间的延续性与之相对立,并且指出,无限的(亦即抽象的)多样性仅仅**自在地**,就**可能性**而言,包含在延续性里面。与抽象的多样性和抽象的延续性相对立的现实东西,是具体的"多"和具体的延续性,即时间和空间本身,而相对于它们而言,运动和物质又是更具体的现实东西。**抽象的东西**仅仅自在地存在着,或者说仅仅就可能性 [227]

---

① 希诺佩的第欧根尼(Diogenes von Sinope, 413—323),犬儒学派最重要的代表。——译者注

② 见第欧根尼·拉尔修(Diogenes Laertius)《名哲言行录》(VI,40)。——译者注

而言存在着;它仅仅是一个实在东西的环节。贝尔①在他的《哲学词典》的"芝诺"条目里宣称,亚里士多德针对芝诺的辩证法而提出的解决办法是"可怜的",但他根本没有理解"物质仅仅**就可能性而言**是无限可分割的"这句话究竟是什么意思;他反驳道,物质既然是无限可分割的,那么就**现实地**包含着无穷多的部分;但按照他的意思,这已经不是一个 en puissance［潜在的］无限者,而是一个实实在在地、现实地实存着的无限者。——实际上,**可分割性**本身仅仅是一个可能性,不等于**各个部分实存着**,而一般意义上的多样性仅仅作为一个环节或已扬弃的东西被设定在延续性里面。敏锐的知性——在这个方面,亚里士多德也是无可匹敌的——没有能力理解把握和评价亚里士多德的思辨概念,正如第欧根尼的那种粗劣的感性表象也没有办法反驳芝诺的论证。那种知性的错误,在于把"无穷多的部分"之类思想物或抽象东西当作某种真实的、现实的东西;而这种感性意识的错误,则是在于没能超越经验而走向思想。

康德对于二律背反的解决办法,同样只是提出:理性不应当**飞越感性知觉**,而是应当把现象当作现象来处理。这个解决办法把二律背反的内容本身搁在一边置之不理;它没有从**概念**的本性出发理解二律背反的各种规定,因此也不知道,每一个孤立出来的规定都是一个虚无缥缈的东西,每一个规定本身只能过渡到它的他者,而量作为它们的统一体,因此具有它们的真理。

[228]

B. 延续的大小和区间的大小

1. 量包含着"延续性"和"区间性"这两个环节。它必须被设定在二者里面,因为二者是它的规定。——它已经立刻是二者的**直接的**统一体,

---

① 贝尔(Pierre Bayle,1647—1706),法国启蒙主义哲学家,代表作为 1697 年出版的《历史和批判词典》(*Dictionnaire historique et critique*)。——译者注

也就是说,它本身首先仅仅被设定在其中一个规定亦即延续性里面,而这就是**延续的大小**。

换言之,延续性固然是量的环节之一,而且只有通过另一个环节亦即区间性才会达到完满。但量之所以是一个具体的统一体,唯一的原因在于,它是**不同环节**的统一体。因此两个环节必须被分别对待,但不应当重新退回到吸引和排斥,而是应当按照它们的真理,相互统一起来,亦即保持为一个**整体**。延续性只有作为区间性的统一体,才是一个关联性的、坚实的统一体;按照这个**设定**,它不再仅仅是一个环节,而是完整的量,——即**延续的大小**。

2.**直接的**量是延续的大小。然而量根本不是一个直接的东西;直接性是一个规定,当它被扬弃之后,就是量本身。因此量必须被设定在它的内在规定性之内,而这个规定性就是单一体。量是**区间的大小**。

区间性和延续性一样,都是量的一个环节,但它本身也是完整的量,原因恰恰在于,它是量的整体的一个环节,因此和这个整体没有区分开,没有脱离它和另一个环节的统一体。——量是一种自在的"彼此外在"(Außereinandersein),当这种彼此外在把自己持续地设定为一个不包含否定的东西,一个在自身内与自身一致的联系,这就是延续的大小。反之,当这种彼此外在不是延续的,而是中断的,这就是区间的大小。虽然存在着诸多单一体,但这并不意味着诸多原子和虚空(即一般意义上的排斥)会重新出现。正因为区间的大小是量,所以它的区间性本身就是延续的。区间性之所以是延续的,原因在于,诸多单一体是彼此一致的,或者说它们具有同一个**统一体**。因此,区间的大小是诸多**彼此一致的**单一体的彼此外在,它不是被设定为诸多一般意义上的单一体,而是被设定为**诸多单独的统一体**。 [229]

注　释

在通常关于延续的大小和区间的大小的观念里,人们忽视了,**每一方**

都在自身之内包含着"延续性"和"区间性"这两个环节,至于它们的区别之所以被建构起来,只是由于其中一方是**已设定的**规定性,而另一方仅仅是自在存在着的规定性。空间、时间、物质等等都是一些持续的大小,因为它们自己排斥自己,在流动中来到自身之外,与此同时,这种"来到自身之外"并不意味着过渡到一个质的他者或与之发生关系。它们具有一种绝对的可能性,即能够在自身的任何地方设定一个单一体;这不是一种空洞的可能性,即仅仅承认有一个他者(好比人们说,一棵树可能取代这块石头的位置),毋宁说,它们本身就包含着单一体本原,而这个本原是它们由之得以被建构起来的规定之一。

反过来,人们也不应当忽视,区间性大小本身就包含着延续性;这个环节,正如之前指出的,是作为统一体的单一体。

延续的和区间的大小可以被看作是量的**类**(Art),但在这里,大小不是按照某个外在的规定性,而是按照**它自己的**环节的**各种规定性**而被设定的;通常所说的从种(Gattung)到类的过渡允许某些**外在的**规定按照某个**外在的**划分根据而出现。在这种情况下,延续的大小和区间的大小尚且不是定量;它们就是量本身,只不过处于量的两个形式之一。它们之所以被称作"大小",大概是因为它们和定量有一个共同之处,即都是量本身的一个规定性。

[230]

C. 量的限定

第一,区间的大小把单一体当作本原;第二,它是诸多单一体;第三,它在本质上是持续的,它是单一体,同时是一个已扬弃的东西,是**统一体**,即诸多单一体的区间性中的自身延续活动本身。因此,它被设定为**一个**大小,而它的规定性就是单一体,一个在这个已设定的存在和定在那里**进行排外的**单一体,即统一体自身那里的界限。区间的大小本身不应当直接受到限定;但因为有别于延续的大小,所以它是一个定在和某东西,其规定性是单一体,而它在一个定在那里,也是最初的否定和界限。

这个界限与统一体相互关联,并且是统一体**自身那里**的否定;除此之外,它作为单一体,也是一个**自身关联**;唯其如此,它才作为一个包揽式和包容式的界限而**存在着**。在这里,界限一开始并未和它的定在(即某东西)区分开,毋宁说,它作为单一体,直接就是这个否定的点本身。在这里,存在虽然受到限定,但在本质上是延续性,并且借助这个延续性而超越了界限和这个单一体,与它们漠不相关。因此,实在的、区间的量是**一个量**或定量,——即作为一个定在和某东西的量。

单一体,作为界限,把区间的量的诸多单一体包揽在自身之内;就此而言,它既设定了这些单一体,也在自身之内扬弃了它们;它是一般意义上的延续性自身那里的界限,于是在这里,延续的大小和区间的大小的区别就是无关紧要的了;或更确切地说,它既是**其中一方**的延续性自身那里的界限,同样也是**另一方**的延续性自身那里的界限;**二者**过渡到下一个环节,即作为定量而存在。

第二章　定量（Quantum）

首先,定量是一般地具有一个规定性或界限的量,并且就它的完满规定性而言,是**数**。

其次,定量首先将自身区分为**外延的**定量(在它那里,界限是对定在着的**多样性**的限制),然后——因为这个定在过渡到自为存在——又将自身区分为**内涵的**定量,亦即**度数**,后者一方面是**自为的**,同时是一个**漠不相关的界限**,另一方面直接**超越**自身,在一个他者那里具有它的规定性。定量作为这个已设定的矛盾,一方面是一个单纯的自身规定,另一方面在自身之外具有它的规定性,并且指向自身之外的这个规定性。

再次,定量作为一个在其自身那里已设定的外在东西,过渡到**量的无限性**。

A. 数

量是定量,换言之,无论是作为延续的大小,还是作为区间的大小,量都有一个界限。在这里,这两类大小的区别暂时没有什么意义。

量,作为已扬弃的自为存在,已经自在且自为地与它的界限漠不相关。但这并不意味着,作为界限或一个定量而存在对量来说是一件漠不相关的事情;因为量包含着单一体,一个绝对的已规定的存在,并且在自身之内将其当作它自己的环节,因此这个环节在量的延续性或统一体那里被设定为量的界限,而这个界限始终保持为单一体,因为量无论如何已经转变为单一体。

因此这个单一体是定量的本原,同时是**量**的单一体。在这种情况下,**第一**,单一体是延续的,它是**统一体**;**第二**,单一体是区间性的、自在存在着的诸多单一体(即在延续的大小中)或已设定的诸多单一体(即在区间的大小中),它们是相互一致的,都具有那种延续性,或者说都具有同一个统一体;**第三**,单一体作为单纯的界限,也是对于诸多单一体的否定,即把它的异在从它自己那里排除在外,用它的规定去反对**其他**定量。就此而言,单一体是 a)一个**自身关联的**界限,b)一个**包揽式的**界限,c)一个**将他者排除在外的**界限。

[232]

当定量按照这些规定而被设定为一个完整的东西,就是**数**。完整的已设定的存在取决于界限的定在,而这个定在是**多样性**,从而有别于统一体。正因如此,数虽然显现为区间的大小,但在统一体那里同样具有延续性。也就是说,数也是一种具有完满**规定性**的定量,因为在数那里,界限是已规定的**多样性**,而单一体作为一个绝对地已规定的东西,把这种多样性当作自己的本原。单一体仅仅**自在地**,作为一个已扬弃的东西,包含在延续性里面,而当延续性被设定为统一体,在形式上就是一种无规定性。

定量只有作为严格意义上的定量,才是一般地受限定的;它的界限是定量的抽象的、单纯的规定性。但由于定量是数,所以这个界限被设定为**一个自身内的杂多东西**。界限包含着诸多单一体(它们构成了界限的定在),但并不是以不确定的方式包含着它们,毋宁说,界限的规定性就在那些单一体之内。界限把其他定在(即其他的“多”)排除在外,而那些被它包揽着的单一体则是一个已规定的数量(Menge),即**数目**(Anzahl);数目是数里面的区间性,它的他者是**统一体或单位**①,即数的延续性。“**数目**”和“**单位**”构成了数的**两个环节**。

---

① 迄今为止,我们都把“Einheit”这个术语翻译为“统一体”;接下来,当它在具体语境中作为“数目”的对立面而出现时,我们将其译为“单位”。在此提请读者注意。——译者注

　　关于数目，我们还得仔细看看，那些**构成**数目的诸多单一体，在界限那里是怎样的情形；当我们说，数目由"多"构成，这个说法是正确的，因为诸多单一体在数目那里不是已经被扬弃，而是**存在着**，只不过伴随着一个排外的、与它们漠不相关的界限。也就是说，这个界限并非针对它们。在定在那里，界限与定在的关系的首要表现，就是定在始终作为一个肯定的东西持存于自己的界限之内，而界限或否定却是超出定在，位于定在的边缘；同样，在诸多单一体那里，它们的中断，即某个单一体对于其他单一体的排除，则是显现为一个位于那些被包揽的单一体之外的规定。但此前我们已经表明，首先，界限贯穿着定在，与定在形影不离，其次，某东西因此按照其规定而言就是受限定的，亦即有限的。——比如，人们在量的东西里可以这样设想"100"这个数，即只有当第一百个单一体限定许多单一体之后，它们才是 100 个。一方面，这个想法是正确的；但另一方面，在这 100 个单一体里，没有哪一个具有优先地位，因为它们是完全相同的；同理，每一个单一体都是第一百个单一体；因此它们全都属于界限，唯其如此，才有"100"这个数；就其规定性而言，"100"离不开任何一个单一体；因此，针对第一百个单一体，其他单一体并未构成一个位于界限之外的定在，或一个仅仅位于界限之内而又不同于界限的定在。也就是说，数目并不是一种与进行包揽和限定的单一体**相对立**的多样性，而是亲自构成了这个限定，即一个已规定的定量；诸多单一体构成了一个数，比如**一个"2"**，**一个"10"**、**一个"100"**等等。

　　现在，进行限定的单一体是与他者相对立的一个已规定的存在，是一个数与其他数的区分。然而这个区分并没有转变为一个质的规定性，而是保持为一个量的规定性，而且仅仅出现在那个对此进行比较的**外在**反思里面；数作为单一体，始终是一个已经回归自身，与他者漠不相关的东西。这种**漠不相关**是数的本质规定；它构成了**数的自在的已规定的存在**，同时构成了**数自己的外在性**。——所以，数是一个**计数的**（numerisches）单一体，它作为一个绝对地已规定的东西，同时具有单纯的直接性的形式，因此对它而言，他者关联是一种完全外在的东西。单一体作为**数**，进

［233］

193

[234] 　而具有**一个作为他者关联而存在着的规定性**,并且在**区分**"**单位**"和"**数目**"的时候把二者当作它自身内部的环节,而数目本身是**单一体的**多样性,也就是说,单一体在自身之内就是这种绝对的外在性。——数或一般意义上的定量的这个自相矛盾,就是定量的质,而在这个质的各种进一步的规定中,这个矛盾也得到发展。

注　释　一

　　空间大小和数的大小通常被看作是两类大小,仿佛空间大小本身和数的大小一样,都是一个已经明确规定的大小;据说,它们的区别仅仅在于"延续性"和"区间性"这两个不同的规定,但作为定量,它们处在同一个层次上。一般而言,几何学在空间大小里以延续的大小为对象,算术在数的大小里以区间的大小为对象。由于对象不同,它们也不是以同样的方式具有限定的完满性或已规定的存在的完满性。空间大小仅仅具有一般意义上的限定;既然它应当被看作是绝对地已规定的定量,那么就需要数。几何学本身并不**测量**空间形象,它不是一种测量技艺,而是仅仅**比较**那些形象。即使在几何学的定义那里,一部分规定也是取材于边、角、距离的**相等**。因为圆的唯一根据在于圆周上的全部可能的点与圆心的距离是**相等的**,所以它的规定不需要数。这些基于相等或不相等的规定是真正属于几何学的东西。但它们是不够的,另外一些东西(比如三角形和四边形)仍然需要数,因为数按照其本原(即单一体)而言,包含着自为存在,而不是通过一个他者的帮助(即通过比较)而包含着一个已规定的存在。诚然,空间大小在点那里具有一个对应于单一体的规定性;但是当点[235] 来到自身之外,就成为一个他者,成为线;因为点在本质上仅仅是单一的**空间**,所以它在**关联**中成为一个延续性,在其中,单点性,自为的已规定的存在(Für-sich-Bestimmtsein),单一体,已经被扬弃了。由于这个自为的已规定的存在应当在自身之外的存在中维系自身,所以线必须被设想为一定数量的单一体,**界限**也必须在自身内获得**诸多**单一体的规定,也就是说,直线的大小——和其他空间规定的大小一样——必须被认为是数。

算术考察数及其形态,或更确切地说,它不是考察这些形态,而是用它们来运算。数是一个漠不相关的、僵化的规定性;它必须从**外部**获得影响,并被置于关联之中。这些关联方式就是**算法**。它们在算术中被依次列举出来,因此很显然,一种算法是依赖于另一种算法的。尽管如此,那条指引着它们前进的线索在算术里面并没有凸显出来。反之,数本身的概念规定轻易地展示出一个系统的排列,而教科书里关于这些要素的说法,恰恰是要求这样一个排列。这些占据主导地位的规定在这里应当得到简要评述。

数的本原是单一体,正因如此,一般而言,数是一个外在地统摄起来的东西,是一个纯粹分析的形态,不包含任何内在的联系。既然数仅仅是一个外在地生产出来的东西,那么一切计算都是数的产生,都是一种**计数**(Zählen),或**更确切地说**,一种**统计**(Zusammenzählen)。这种外在的产生始终做着同样的事情,因此它的差异性只能取决于那些应当被统计的数相互之间的区别;这个区别本身必须来自别的地方,来自一个外在的规定。

质的区别构成了数的规定性,而正如我们看到的,这个区别就是**单位**和**数目**的区别;就此而言,任何能够出现在算法中的概念规定,都必须归结为这个区别。然而各个数作为定量所具有的这个区别,是一个外在的同一性和外在的区别,即**相等**和**不相等**;这些反思环节将在后面区分本质的各种规定时得到讨论。 [236]

此外还可以预先指出,一般而言,数能够以两种方式产生出来:要么通过统摄,要么通过分割已经统摄起来的东西;——由于这两种做法都是涉及一些以同样的方式被规定的数,所以人们可以把数的统摄称作**肯定的算法**,把数的分割称作**否定的算法**;至于算法本身的规定,并不依赖于这个对立。

1.经过这些评述,我们可以在这里列出一些计算方法。数的**最初的**产生是把"多"本身统摄起来,即把其中的每一个东西仅仅设定为**单一**

体,——这就是**计数**(Numerieren)。由于诸多单一体是彼此外在的,所以它们通过一个感性形象呈现出来,而那个产生出数的运算,就是掰着几根手指或看着几个点而进行清点。什么是"4"、"5"等等,只能加以**指陈**(gewiesen)。至于什么时候中断这个统摄,则是一件偶然的、随意的事情,因为这是一个外在的界限。——当数目和单位的区别出现在算法的进程里,就奠定了二进制、十进制等数的一个**体系**;就整体而言,这个体系是基于一种随意性,因为人们总是可以随意地把某个数目当作单位。

[237] 通过计数而产生出来的**数**又被计数;由于它们是被直接设定的,所以它们彼此之间尚且没有任何关联,与相等和不相等漠不相关;它们相互之间的大小是偶然的,因此一般说来是**不相等的**,——这就是**加法**。——人们之所以知道"7+5 = 12",是因为他们用 5 个单一体(比如手指或别的什么东西)接着 7 进行计数,——然后通过**死记硬背**①把这个结果保存下来;因为这里没有任何内在的东西。同样,人们之所以知道"7×5 = 35",也是借助手指之类进行清点,通过五次对 7 进行计数而得到答案,然后同样通过死记硬背把这个结果保存下来。诸如"1+1 = 2"、"1×1 = 1"等等,都只能通过死记硬背而学会,但一旦它们成为现成的结论,这种去寻找总和或乘积的计数办法就不那么辛苦了。

康德(在《纯粹理性批判》导论第五节里)把命题"7+5 = 12"看作是一个综合命题。他说:"人们起初固然会设想(没错!),这个命题是纯粹分析的命题,即按照矛盾律从 7 和 5 的**总和**这一**概念**而得出结论。"总和的概念无非意味着一个抽象的规定,即这两个数**应当**被统摄起来,而数是一种外在的(亦即无概念的)东西,——也就是说,从 7 开始继续计数,直到应当添加的单一体(它们的数目已经被规定为五个)被全部列举出来,结果就是那个众所周知的"12"。康德接着说道:"只不过,如果人们仔细考察,就会发现,7 和 5 的总和的概念无非意味着,把两个数**联合**为唯一的一个把二者统摄起来的数,但与此同时,人们根本没有**思考**这个唯一的

---

① 德语的"死记硬背"(auswendig)在字面上的意思为"从外面拿来"。——译者注

数是**什么**……对于这个可能的总和的概念，无论我怎么分析，都不能在其中找到 12。"凭借对于总和的**思考**，对于概念的分析，当然不可能得出那个结果。于是康德补充道："人们必须超越这些**概念**，借助于直观、五根手指等等，把**在直观中被给予的**五个单位添加到 7 的**概念**上面。"诚然，5 在直观中被给予了，也就是说，随意重复的思想以一种完全**外在的**方式被整合在一起，被当作一个单一体；然而 7 同样不是一个概念；这里根本没有什么需要超越的概念。5 和 7 的总和是这两个数的一个无概念的联系，即在和概念无关的情况下，从 7 开始持续计数，直到五个东西被全部列出；对于这种做法，人们可以称之为整合、综合，而这和从 1 开始计数没有任何区别，——这种综合就本性而言完全就是分析，因为这个联系完全是一个人为的联系，凡是其中包含的或后来进入的东西，没有什么不是完全外在的、现成已有的。要求把 5 加到 7 上面，相当于要求一般地进行计数；同理，要求延长一条直线，相当于要求拉伸一条直线。 [238]

"综合"是一个空洞的说法，同样，说什么"综合是**先天地**发生的"，这也是一个空洞的规定。诚然，计数不是一个感觉规定，因为按照康德对于直观的界定，感觉规定完全被看作是**后天的**东西，而计数行为不管怎样总是以抽象的直观活动为基础，也就是说，这种直观活动通过范畴而规定一个单一体，同时不但抽离了所有别的感觉规定，而且抽离了概念。一般而言，**先天的**东西是某种完全模糊不清的东西；感觉规定作为冲动、感性等等，同样在自身内具有先天性环节，而空间和时间是被后天地规定为实存着的空间性东西和时间性东西。

这里还可以补充与此相关的一点，即康德的那个主张，"纯粹几何学的原理具有综合的性质"，同样缺乏深入的考察。康德承认，有很多原理确实是分析的，但为了支持他的那个综合观念，他仅仅举出"两个点之间的直线是最短的"这一原理。他说："我关于'**直**'的**概念**不包含大小，而是仅仅包含着一个质。因此，'最短的'这一**概念**完全是后来添加的，而且不可能通过分析'**直线**'的**概念**而得出。因此这里必须求助于**直观**，唯其如此，综合才是可能的。"——这里涉及的不是一般意义上的"直"的概 [239]

197

念,而是"直线"的概念,但直线已经是一个空间性东西或被直观到的东西。直线的规定(如果人们愿意,也可以说直线的概念)无非意味着,它是一条**绝对单纯**的线,即在来到自身之外(所谓的点的运动)的同时,绝对地与自身相关联,而在直线的延展中,根本没有设定规定的差异性,没有设定它与另一个点或外面的另一条线的关联,——这是**一个绝对内在于自身的、单纯的方向**。这个单纯性无疑是直线的质,如果说看起来很难以分析的方式给直线下定义,那也仅仅是出于单纯性规定或自身关联的缘故,此外还有一个原因,即反思在作出规定的时候,首先只掌握一种"更多",因此是通过他者而作出规定。但本身说来,要理解把握"广延在自身内的单纯性"或"广延不受他者规定"等等,这根本不是什么难事;——欧几里得的定义所包含的,无非是这个单纯性。——现在的关键是,从质("直")到量的规定("最短")的过渡本应造成一个综合,但它实际上完全是分析式的。线是一般意义上的空间性的量;从定量的角度来说,最单纯的意思就是**最少**,而把这一点应用到线身上,就是**最短**。几何学可以接受这些规定,将其当作定义的绎理;但我们应当知道,阿基米德在其关于圆球和圆柱体的著作(参阅 K.Fr.豪伯的译本,图宾根 1798 年版,第 4 页)中,已经以最完满的方式把直线的那个规定确立为原理,而

[240] 在同样正确的意义上,欧几里得把平行线的规定放在诸原理的后面,因为这个规定的发展过程(其目标是成为一个定义)同样不是直接属于空间性,而是需要一些更为抽象的质的规定,比如之前提到的"方向的单纯性"和"相等",以及诸如此类的东西。除此之外,这些古人赋予他们的科学以一种生动突出的特性,其表述则是严格遵循其素材的独特性,随之把那些对素材而言异质的东西排除在外。

康德在**先天综合判断**里提出的那个概念——**区分开的东西**同样是**不可割裂的,同一的东西**在其自身就是一个**未割裂的区别**——,属于他的哲学的伟大而不朽的一部分。诚然,直观活动同样包含着这个概念,因为它就是概念本身,而一切东西自在地看来都是概念;然而那些例子所体现出来的各种规定,并没有呈现出这个概念;毋宁说,数是一个同一性,计数是

一个同一性的产生，这些情况完全是外在的，仅仅是一个外在的综合，即诸多单一体的一个统一体，但这些单一体本身并不是相互同一的，而是被设定为彼此外在的、孤立的、割裂的东西；在直线那里，"两个点之间的最小距离"这一规定毋宁仅仅以"抽象的同一的东西"这一本身无区别的环节为基础。

现在我从这段插话回到加法本身。与之对应的否定的算法，即**减法**，同样是以一种纯粹分析的方式在数里面进行分割。也就是说，无论是在加法里，还是在减法里，数都是一般地被规定为彼此**不相等**的东西。

2. 接下来的规定，是那些应当被计数的数的**相等**。由于这个相等，它们是一个**单位**，与此同时，数那里也出现了单位和**数目**的区别。**乘法**的任务在于对一定数目的单位加以统计，而这些单位本身就是一个数目。在这里，两个数中的哪一个被当作单位，哪一个被当作数目，这是无关紧要的。比如说在 4 乘以 3 的情况下，4 是数目，3 是单位，但人们也可以反过来说 3 乘以 4[，这时 3 是数目，4 是单位]。——我们已经指出，乘积最初是通过单纯的计数（即清点手指等等）而被找到的。在这之后，人们之所以能够**直接**说出乘积，只不过是依靠那些乘积的汇总，依靠算法口诀和对于算法口诀的死记硬背。 [241]

按照同样的区别规定，**除法**也是一个否定的算法。在除数和被除数这两个要素里，哪一个被规定为单位，哪一个被规定为数目，这同样是无关紧要的。如果除法的任务在于找出，**一个数**（单位）有**多少次**（数目）包含在一个已知的数里，那么除数就被规定为单位，而被除数则被规定为数目。反之，如果任务在于把一个数分成一定数目的均等部分，并且找出这个部分（单位）的大小，那么除数就被看作数目，而被除数则被看作单位。

3. 当两个数分别被规定为单位和数目，它们作为数，对彼此而言都仍然是直接的，从而一般说来是**不相等的**。接下来的相等，是单位和数目本身的相等；这样，那些包含在数里面的相等之走向相等规定的进程就算完结了。按照这个完整的相等，计数是**乘方**（其否定的算法则是开方）——

199

即首先把一个数提升到**平方**——，而这是计数行为在自身内达到的一种完满地已规定的存在。在这里，1）诸多相加的数是同一些数；2）它们的多样性或数目，和那个被多次设定的数的多样性或数目，是同一个东西，即单位。在数的概念里，此外没有什么规定能够提供一个区别；同样，数里面的区别也不可能达到另外一种平衡。至于把数提升到一些比平方更高的幂方，乃是一个**形式上的**持续工作：一方面，如果幂数是偶数，那么这仅仅是平方的**一个重复**，另一方面，如果幂数是奇数，那么就重新出现不相等；因为，当一个新的要素既和数目，也和单位达到形式上的相等（比如首先在立方那里），那么它作为一个与数目（平方）相对立的单位，就是一个不相等的东西（3 对 3×3）；至于 4 的立方，就更是如此，因为数目 3 本身就不同于另外一个数，后者作为单位应当依据它而进行自乘。——"数目"和"单位"这两个规定本身就构成了概念的本质上的区别，应当被均分为完整的"回归自身"和完整的"来到自身之外"。此外，上述内容还包含着一个理由，即：一方面，为什么更高阶的方程式的解答必须以回到二次方程为基础，另一方面，为什么奇数幂数的方程式只能在形式上得到规定，而且，恰恰只有当方根是有理数时，这些方程式才能通过一个虚构的公式而被发现，而这意味着，它既是方根的反面，也是方根所表达出来的东西的反面。——由此看来，算术的平方在自身内仅仅包含着一个绝对地已规定的存在，因此其他形式的幂方的方程式必须回溯到平方，正如在几何学里，直角三角形包含着一个绝对地在自身内已规定的存在（这在毕达哥拉斯定理那里已经体现出来），因此一切别的几何学形态都必须完全回溯到直角三角形的规定。

[242]

一门依据逻辑学构成的判断而不断推进的课程，应当在讲授比例学说之前，首先讲授幂方学说。诚然，比例关涉到单位和数目的区别，而这个区别构成了第二种算法的规定；但比例已经脱离了**直接的**定量，后者作为一个单一体，仅仅把单位和数目当作自己的环节；依据于定量的持续规定对于定量本身来说始终是外在的。在比例关系里，数不再是**直接的**定量；定量已经把规定性当作一个中介过程；至于质的比例关系，将在后面

[243]

得到考察。

　　针对刚才提到的各种算法的持续规定,我们可以说,这不是一种关于算法的哲学,不是对于算法的内在意义的阐明,因为它实际上并不是概念的一个内在的发展过程。尽管如此,哲学必须懂得分辨这种按其本性而言外在于自身的质料,这样才会知道,在这样的东西里,概念的进程只能以外在的方式发生,它的诸环节也只能出现在它们的独特的外在性形式(比如这里所说的"相等"和"不相等")里。为了对实在的对象进行哲学思考,同时避免用理念去干扰外在东西和偶然东西的独特性,或用不适当的质料去歪曲这些理念,并使之流于形式,人们必须在根本上学会区分各个层面,知道概念的哪一个特定形式会出现在哪一个层面上,即在那里表现为实存。但那个外在性——在其中,概念的诸环节在外在的质料亦即数那里显现出来——在这里却是一个适当的形式;这些环节把对象呈现为一个可理解的东西,而且由于不包含思辨的要求而看起来很容易,所以适合在初级教科书里得到应用。

注　释　二

　　众所周知,毕达哥拉斯已经用**数**来呈现**理性关系**或**哲学论题**;即使在近代,人们也在哲学里使用数以及数的关联形式(比如幂方等等),借此 [244] 整理或表达各种思想。——从教育学的角度看,数已经被当作内在直观活动的最适宜的对象,而对于数的比例关系的计算则被看作是精神的活动,通过这个活动,精神直观到了自己的最为特有的关系,以及本质的全部基本关系。——正如我们看到的,数的概念本身就表明,数能够在多大程度上具有这种崇高的价值。

　　我们曾经把数看作量的绝对规定性,把它的要素看作一个已经变得漠不相关的区别,——这是一个自在的规定性,同时完全只是被设定为外在的。算术是一门分析的科学,因为无论在它的对象那里出现什么联系和区别,它们都不是位于这个对象之内,而是完全从外面施加在它身上。

算术没有一个具体的对象;具体的对象自在地具有一些内在的关系,这些
关系刚开始的时候尚且不为人知,不是在直接的表象中被给予,而是只有
通过认识活动的努力才被揭示出来。算术不仅不包含概念,随之没有给
概念把握式思维提出任务,而且它本身就是概念的反面。由于联系不具
有必然性,所以那些被联系起来的东西彼此之间是漠不相关的,而这意味
着,思维在这里的行动——这个行动同时是思维自身的极端外化——是
在无思想性中运动,把那些不可能具有必然性的东西联系在一起。这种
对象是一个关于**外在性**本身的抽象思想。

　　作为这个关于外在性的**思想**,数同时是感性杂多性的抽象;它从感性
东西那里所保留下来的,无非是外在性本身的一个抽象规定;这样一来,
感性东西在数里面就最接近于思想;数是一个关于思想的自身外化的**纯
粹思想**。

[245]　　当精神试图把一个要素当作它的纯粹**表象**,当作**它的本质的表达式**
(Ausdruck),它就超然于感性世界,并且认识到自己的本质。因此,在精
神尚未把思想本身理解为要素,随之为要素的呈现找到一个纯粹的精神
性表达式之前,它有可能陷入那种情况,即选择了**数**,这个内在的、抽象的
外在性。所以我们在科学史里面发现,人们很早以前就把数当作哲学论
题的表达式。数构成了那种不完满性——即把普遍者和感性东西混杂在
一起加以理解——的最后阶段。古人已经明确意识到,数处在感性东西
和思想的中间。根据亚里士多德的记载(《形而上学》第一卷,第 5 节),
柏拉图曾经说过,除了感性东西和理念之外,还有居间的事物的数学规
定,其区别于感性东西的地方在于,它们是不可见的(永恒的)、不动的,
其区别于理念的地方在于,它们是一种"多",并且具有相似性,而理念是
绝对的自身同一,本身仅仅是"某一"。——马尔科斯①的《毕达哥拉斯

_____

　　① "马尔科斯"是新柏拉图主义哲学家波菲利奥(Porphyrios,233—305)年轻时使用
的名字。波菲利奥作为柏罗丁的学生,其最大的贡献是把亚里士多德的逻辑学思想整合到
柏拉图主义之内。——译者注

生平》（里特胡斯版，第 30 页以下）记载了卡蒂克斯的摩德拉图①关于这个问题的一个更具体和更深刻的反思，即毕达哥拉斯学派虽然执着于数，但还没有能力**在理性里清晰地**理解把握基本理念和最初的本原，因为这些本原是很难加以思考和表述的；他们在授课中频繁使用数的图示，这是以几何学家为榜样，因为后者虽然不能在思想中表述形体东西，但却能够借助各种形状而指出"这是一个三角形"等等，而他们这么做的目的，不是为了把眼前的这个图示当作三角形，而是仅仅为了设想三角形的思想。通过这个方式，毕达哥拉斯学派把"统一体"、"同一性"、"相等"等思想，把一切自身同一的东西之所以达到和谐、联系和保存的根据，宣称为**单一体**，如此等等。——这里也无须赘言，毕达哥拉斯学派已经从数的表达式过渡到思想的表达式，过渡到"相等"和"不相等"、"界限"和"无限性"之类显而易见的范畴。至于那些数的表达式（参阅上书第 31 页引自弗提奥②《毕达哥拉斯生平》第 722 页的注释），我们通过记载已经知道，毕达哥拉斯学派区分了"某一"（Monas）和"单一体"或"一"（Eins），并且把前者看作思想，把后者看作数；同理，他们把"二"（Zwei）看作算术的东西，而把"某二"（Dyas，因为它在那里只应当被这样称呼）看作无规定者的思想。——这些古人很正确地率先认识到数的形式不能满足思想规定，然后同样正确地指出，必须放弃起初的救急说法，转而为思想找到一个独特的表达式。他们的反思是如此之超前，相比之下，当代人们的做法却正好相反，即首先用数本身以及"幂方"之类数的规定去取代思想规定，然后用"无穷大"、"无穷小"、"通过无限者而划分出的单一体"或类似规定——这些规定本身通常只是一种颠倒的数学形式主义——去取代思想规定，并且认为，回到那种懵懵懂懂的童年的是一件值得赞美的、甚至非常深刻的事情。

[246]

---

①　摩德拉图（Moderatos von Gades）生活于公元 1 世纪中期，新毕达哥拉斯主义者，通常被认为是柏罗丁的思想先驱之一。——译者注
②　弗提奥（Photius，820—891），罗马政治家和学者。——译者注

按照之前的记载,数处于**感性东西**和思想的中间,而它和感性东西的共同点在于,其本身就是"**多**"或一种彼此外在的东西。对此需要指出的是,这个"多"本身,这个被接纳到思想中的感性东西,就是"多"自身那里的外在东西的相应范畴。至于进一步的、具体的、真正的**思想**,即那种最有生命力的、最为运动着的、仅仅**在关联活动中得到概念把握的东西**,一旦被放置到"外在于自身的存在"这一要素里,就会成为一些僵死的、静止的规定。思想愈是具有丰富的规定性(随之愈是具有丰富的关联),其在数的形式里的呈现就一方面愈是含糊混乱,另一方面愈是随意武断和意义空洞。无论是"一"、"二"、"三"、"四",还是"独一"(Henas)或"某一"、"某二"、"某三"、"某四",都仍然接近于完全**单纯而抽象的**概念;但是,如果数应当过渡到具体的比例关系,那么人们就不要企图始终把它们当作概念来对待。

[247]

现在,假如"一"、"二"、"三"、"四"造成的思维规定被称作概念的运动,仿佛概念只有通过这些规定才是概念,那么这将是思维遭遇到的最艰难的事情。思维在它的对立面(即无关联性)的要素中运动;它的事业是一种疯癫的工作。比如,要理解"一是三"和"三是一",这件事情是非常困难的,原因在于,"一"是一种无关联的东西,也就是说,它本身没有表现出一个规定,然后过渡到它的对立面;毋宁说,"一"绝对地排除和拒斥关联。反过来,知性却利用这一点去反对思辨的真理(比如那个包含在所谓的"三位一体"学说中的真理),即通过对三位一体中那些构成**一个**统一体的规定进行**计数**,以表明这是一个明显的矛盾,——也就是说,知性本身就采取了一个悖谬的做法,即把那种纯粹是关联的东西理解为一种无关联的东西。但人们在使用"三位一体"这个词语的时候当然没有预料到,知性会把"一"和数看作是内容的**本质**规定性。这个词语表达出一种对于知性的蔑视,但知性仍然执着于"一"和数,并且用这种虚妄做法来反对理性。

[248]

把数和几何学形状(比如圆形、三角形等等)当作单纯的**象征**,比如把圆形当作"永恒性"的象征,把三角形当作"三位一体"的象征,一方面看来是某种天真质朴的表现，但另一方面看来却是一个愚昧的观点，即以为象征能够**比思想把握和表达更多的东西**。这样一些象征，包括种种在各民族的神话和诗歌艺术里通过**幻想**而产生出来的象征，相比那些与幻想无关的几何学形状，无疑是一种贫乏的东西，因为几何学形状应当**包含着**一种深刻的智慧，一种深刻的**意义**。而思维的唯一任务恰恰在于，把那种仅仅包含在**其中**（不仅在**象征**中，而且在**自然界**和**精神**中）的智慧呈现出来；在象征里，真理仍然受到感性要素的**干扰**和**遮蔽**；唯有在思想的形式里，它才完全启示在意识面前；**意义**仅仅是思想本身。

与此同时，有些人把数学范畴抓取过来，企图用它们来规定哲学科学的方法或内容。这种做法在本质上是本末倒置，因为，数学公式虽然意味着思想和概念区别，但它们的意义必须首先在哲学里面得到宣述、规定和论证。在哲学的各门具体科学中间，哲学必须从逻辑学里，而不是从数学里提取出逻辑性。只有那些在哲学上一筹莫展的人，才会无奈求助于那种应急措施，把逻辑性在其他科学里具有的形态分化——在这些形态分化里，很多东西只是对于逻辑性的朦胧预感，其他东西也只是逻辑性的退化——当作哲学的逻辑性。不分青红皂白地使用这些借用过来的公式，无疑是一个外在的行为；在使用它们之前，对于它们的价值和意义，人们必须有所意识，但这种意识仅仅来自于思维着的考察，而不是来自于数学为这些公式提供的权威。逻辑学本身就是对于数学公式的意识，这种意 ［249］识剥夺了数学公式的特殊形式，使之成为多余的、无用的东西，并且纠正这些公式。唯有这种意识才给它们提供了校正、意义和价值。

迄今所说已经表明，就数和计算的使用应当构成**教育学**的主要基础而言，这种使用具有哪些重要性。数是一个非感性的对象，而和数及数的关联打交道的工作是一种非感性的工作；在这种情况下，精神专注于自身内反思，专注于一种内在的、抽象的工作，这件事情具有一种伟大的（然而片面的）重要性。从另一方面看，由于数仅仅以一个外在的、无思想的区别为基础，所以数学是一种无思想的、机械的工作。它主要付出的努力，在于坚持无概念的东西，同时以无概念的方式把它们联系起来。内容

是空洞的单一体;这个无内容的单一体必定会排除伦理生命和精神生命
及其个体的形态分化的充实内涵,而人们本应用这些最高贵的营养成分
来抚育年幼的精神;如果数学训练被当作主要宗旨和主要事务,那么唯一
的后果就是在形式上和内容上掏空精神,磨钝精神。正因为计算是一种
如此外在的,随之如此机械的事务,所以它只能制造出各种**机器**,以最完
满的方式从事算术运算。对于计算的本性,假若人们唯一知道的就是上
述情况,那么无论他们想到什么事情,都会坚决地把计算当作精神的主要
训练工具,以此折磨精神,并使自己成为一台完美的机器。

B. 外延的和内涵的定量

a. 二者的区别

1. 如前所述,定量以**数目**中的界限为它的规定性。它是一个在自身
内具有区间的东西,一个"多",不具有一个有别于它的界限且位于界限
之外的存在。所以,定量连同它的界限——这个界限在其自身是一个多
重的东西——就是一个**外延的大小**。

外延的(extensive)大小必须与**延续的**大小区分开;前者的直接对立
面不是区间的大小,而是**内涵的**(intensive)大小。外延的大小和内涵的
大小是量的**界限**本身的规定性,而定量与它的界限却是同一的;与此相
反,延续的大小和区间的大小是**自在的大小**(即量本身)的规定,因为在
定量那里,界限已经被抽离了。——外延的大小在其自身那里,在它的界
限那里,就包含着延续性这一环节,因为它的"多"完全是一个延续的东
西;就此而言,界限作为否定,在"多"的**这个相等**那里显现为统一体的限
定。延续的大小是一个自身推进的量,与界限无关,而当它被设想为具有
一个界限,这个界限就是一般意义上的限定,**同时在其自身那里并没有设
定区间性**。假若定量仅仅是一个延续的大小,那么就还没有被真正规定

为一个自为的东西,因为它缺乏单一体(这是"自为的已规定的存在"的基础),缺乏数。同样,直接的区间的大小仅仅是一般意义上的区分开的"多",而由于它应当具有一个界限,所以它仅仅是一个数量,即一个无规定的已限定的东西;假若它是一个已规定的定量,那就必须把"多"统摄为单一体,使"多"与界限成为同一个东西。延续的大小和区间的大小, [251] 每一方作为一般意义上的**定量**,都已经在自身那里仅仅设定两方面之一,而通过这个方式,定量得到完满规定,成为**数**。数是直接**外延**的定量,——即一个**单纯**的规定性,它在本质上是**数目**,只不过是同一个**单位**的数目。外延的定量与数的唯一区别在于,在后者那里,规定性被明确设定为多样性。

2. 然而,不管某东西的大小如何,其通过数而获得的规定性都不依赖于别的大小的东西,也就是说,为了规定这个大小的东西本身,并不需要另一个大小的东西,因为一般而言,大小本身的规定性是一个已规定的、漠不相关的、单纯地与自身相关联的界限;在数那里,这个规定性被设定为一个封闭在自为存在着的单一体之内的东西,并且**在其自身内部**具有外在性或他者关联。进而言之,界限本身的这个"多"和一般意义上的"多"一样,并不是一个在自身内不相等的东西,而是一个延续的东西;"多"里面的每一个东西和别的东西都是同一个东西;因此,它作为许多彼此外在的存在者或区间性东西,并未构成严格意义上的规定性。也就是说,这个"多"和它自己的延续性融为一体,成为一个单纯的统一体。——数目仅仅是数的一个环节,但它**作为一定数量的计数单一体**,并未构成数的规定性,毋宁说,这些单一体作为漠不相关的、彼此外在的东西,在数的已回归自身的存在那里遭到扬弃;外在性虽然构成了诸多单一体,但已经消失在一个单一体(即数的自身关联)里面。

定量作为外延的东西,把它的定在着的规定性当作一个外在于自身的数目,于是它的界限过渡到**单纯的规定性**。在界限的这个单纯规定里,它是**内涵的大小**;从现在起,那个与定量同一的界限或规定性也被设定为

207

一个单纯的东西,——即**度数**(Grad)。

因此度数是已规定的大小,定量,但与此同时,它不是一个数量,或者说不是一个**在其自身内部的多数东西**(Mehreres);度数仅仅是一个**多数性**(Mehrheit);**多数性**是一个将多数东西收纳其中的**单纯**规定,是一个已经回到自为存在的定在。诚然,度数的规定性必须通过一个**数**而表现为定量的完满的已规定的存在,但它不是**数目**,而是一个单纯的东西,仅仅是**一个度数**。当人们说 10 度数或 20 度数的时候,那个在自身内包含着如此之多度数的定量,就是第十个度数或第二十个度数,而不是各个度数的数目和总和,——否则的话,它就是一个外延的东西了;毋宁说,它仅仅是**一个度数**,即第十个度数或第二十个度数。度数包含着一个属于 10、20 等数目的规定性,但这个规定性不是多数东西,而是数,即一个**已扬弃的数目**,一个**单纯的**规定性。

3. 在数里,定量被设定为一个完整地已规定的东西;但作为内涵的定量,就其概念而言或自在地看来,它被设定在它的自为存在之内。也就是说,定量在度数那里所具有的自身关联形式,同时也是**度数的位于自身之外的存在**。数作为外延的定量,是计数的多样性,并且因此在其自身内部具有多样性。这个外在性作为一般意义上的"多",落入无区分的状态,并且在数的单一体里,在数的自身关联里,扬弃自身。但定量所包含的规定性就是数目;正如之前指出的,定量包含着数目,哪怕数目在它那里并没有被设定下来。也就是说,**度数**作为一个内化存在,不再是**在自身之内**,而是在**自身之外**具有这种**外在的异在**,以之为它的规定性,并且与之相关联。一种外在于度数的多样性构成了单纯界限的规定性,而这个界限就是度数本身。数目一方面在数的内部属于外延的定量,另一方面在其中扬弃自身,而这个规定的结果,就是数目被设定在数的外部。由于数被设定为单一体,被设定为一个折返回自身的自身关联,所以它把数目的

漠不相关和外在性从自己那里排除在外,成为这样一种**自身关联**,即通过**自身而与一个外在东西相关联**。

定量于是具有一个与它的概念相适应的实在性。规定性的**漠不相关**

构成了定量的质,也就是说,规定性在其自身就是一个外在于自身的规定性。——因此,度数是内涵的**多数性之下**的一个单纯的大小规定性,这些内涵彼此有别,每一个都仅仅是一个单纯的自身关联,同时相互之间又有一个本质上的关联,以至于每一个内涵都是在和其他内涵的延续性中具有自己的规定性。度数通过自身而与它的他者相关联,这个关联使度数表的升降成为一个持续的进程或流动,即一个不间断的、不可分的变化;在彼此有别的多数东西里,每一方都没有脱离他者,而是仅仅在这些他者里具有它的已规定的存在。作为一个自身关联的大小规定,每一个度数和其他度数都是漠不相关的;然而自在地看来,它同样与这个外在性相关联,它只有借助这个外在性才是一个度数;它的自身关联,就是在一个度数里并非漠不相关地与外在东西相关联,并且通过这个关联而具有它的质。

b. 外延的大小和内涵的大小的同一性

度数不是一个在其自身之内而外在于自身的东西。关键在于,它不是一个**无规定**的单一体,不是一般意义上的数的本原,后者仅仅是否定的数目,因此不是数目。内涵的大小首先是**多数东西**里的一个单纯的**单一体**;存在着多数度数;但是这些度数既没有**被规定为**单纯的单一体,也没有被规定为多数东西,而是仅仅处在这个**外在于自身的存在的关联**之中,或者说处于单一体和多数性的同一性之中。因此,尽管多数东西本身是位于单纯的度数之外,但度数的规定性却是立足于它和它们的关联;因此度数包含着数目。正如"20"作为外延的大小把二十个单一体作为区间性东西而包含在自身内,同样,已规定的度数则是把它们当作延续性而包含在自身内,而延续性就是这个已规定的多数性;这个度数是**第二十个度数**,而且它只有借助这个本身就外在于它的数目,才是第二十个度数。 [254]

因此我们必须从双重的方面考察内涵的大小的规定性。内涵的大小是由**其他**内涵的定量来规定的,并且与它的他者处于延续性中,以至于它的规定性就是立足于这个他者关联。现在,**一方面**,由于它是**单纯的**规定性,所以它是**相对于**其他度数而得到规定,也就是说,它把其他度数从自己那里排除在外,而且它的规定性就在于这个排外。但是,**另一方面**,它在其自身就得到规定,而这意味着,数目是**它的**数目,不是被排除在外的数目或其他度数的数目。第二十个度数本身就包含着"20";它不是仅仅被规定为有别于第十九个度数、第二十一个度数等等,毋宁说,它的规定性就是**它的**数目。但是,既然数目是它的数目,同时规定性在本质上是数目,那么度数就是外延的定量。

因此,外延的大小和内涵的大小是定量的同一个规定性;它们的唯一区别在于,前者具有的数目在它自身之内,后者具有的同样数目在它自身之外。外延的大小过渡到内涵的大小,因为前者的"多"自在且自为地融为一体,不再有位于统一体之外的"多"。但反过来,这个单纯的东西仅仅在数目(而且是**它的**数目)那里具有自己的规定性;它和其他已规定的内涵漠不相关,因此在其自身那里就具有数目的外在性;所以,内涵的大小在本质上同样是外延的大小。

[255] 伴随着这个同一性,**质的某东西**也出现了;因为,同一性是一个通过**否定它们的区别**而与自身相关联的统一体;但这些区别构成了定在着的大小规定性;因此这个否定的同一性是**某东西**,确切地说,一个与它的量的规定性漠不相关的某东西。**某东西**是一个定量;然而现在的情况是,这个质的定在,就其自在存在而言,却**被设定为**一个与定量漠不相关的东西。过去,人们可以仅仅谈论定量、数本身等等,仿佛不需要某东西作为它们的基体。但从现在起,某东西通过否定它的这些规定而实现**自身中介**,并作为一个**自为的定在者**而与它们相对立,而且,由于某东西具有一个定量,所以也具有一个外延的和内涵的定量。它所具有的定量,作为它的**唯一的**规定性,是在**单位**和**数目**等彼此有别的环节中被设定下来的;这个规定性并非仅仅**自在地**是同一个规定性,毋宁说,当它在这些区别中被设定为外延的和内涵的定量,就返回到一个否定的统一体,而这个统一体

210

是一个被设定为与区别漠不相关的某东西。

注　释　一

　　在通常的观念里，**外延的和内涵的定量**经常被区分为**两类大小**，仿佛存在着这样的对象，其中一些仅仅具有内涵的大小，而另一些仅仅具有外延的大小。此外还有一种关于哲学的自然科学的观念，它把多数东西或**外延的东西**（比如按照物质的基本规定，以及按照其他概念，那种应当填满一个空间的东西）转化为**一种内涵的东西**，同时以为，内涵的东西作为**动力的东西**乃是一个真实的规定，至于密度或特殊的空间填充物等等，从本质上看，不能被理解为一个定量的空间里的物质部分的某个**数量或数目**，而是应当被理解为物质的空间填充**力**的某个**度数**。

　　这里必须区分两个规定。当人们声称，机械论或力学的考察方式已经转化为动力学的考察方式，这就出现了两个不同的概念，一个是"**彼此外在地持存着、独立的部分**"（它们仅仅以外在的方式被联系在一起），另一个是"**力**"。同样的东西，从一个方面看，仅仅是一群彼此外在的、填满空间的原子，而从另一个方面看，则是一个基本的、单纯的力的外化。——整体和部分的这个关系，还有这里出现的相互对立的两个东西（力与其外化）的关系，不是我们当前的讨论对象，而是将在以后得到考察。这里仅仅指出，力与其外化的关系对应于内涵的东西，它虽然相对于整体和部分的关系而言，是一个更真实的关系，但即便如此，力的片面性并不亚于内涵的东西，至于**外化**，或者说外延的东西的外在性，同样是和力**不可分割的**，所以这两个形式（即内涵的东西和外延的东西）里面呈现出**同一个内容**。

　　这里出现的另一个规定性，是**量的规定性本身**，它作为外延的力量已经被扬弃，已经转化为度数，转化为一个应当真实存在着的规定；但我们已经指出，度数和量的规定性都意味着，这一形式对于那一形式而言是本质性的，相应地，每一个定在都表明，它的大小规定既是外延的定量，也是内涵的定量。

[256]

就此而言,一切看起来具有大小规定的东西都可以作为上述情况的例子。即便是**数**,也必然在其自身那里直接具有这个双重的形式。就数是外延的大小而言,它是一个数目;但它也是单一体,一个"10",一个"100",因为它同时过渡到内涵的大小,而在这个统一体里,杂多就融合为一个单纯的东西。单一体是自在的外延的大小,能够被想象为任意数目的部分。比如"第十"和"第一百"就是这样的单纯的东西或内涵的东西,它在那些外在于它的多数东西那里,亦即在外延的东西那里,具有它的规定性。数是"10"、"100",同时也是数的体系里的"第十"、"第一百";二者是同一个规定性。

[257]

圆圈里的单一体叫作**度数**,因为从本质上看,**圆圈**的部分是它在那些外在于它的多数东西那里具有的规定性,并且被规定为这些单一体的封闭的数目中的一个单一体。圆圈的度数,作为单纯的空间大小,仅仅是一个通常意义上的数;作为度数来看,它是内涵的大小,这个大小只有通过一定数目的由圆圈分割而成的度数的规定,才具有意义,正如一般说来,数只有在数的序列里才具有意义。

一个更具体的对象的大小,按照它的定在的双重规定,同样呈现出自己的双重方面,即它既是外延的,也是内涵的,从其中一个规定来看,显现为**外在的东西**,而从另一个规定来看,又显现为**内在的东西**。比如,**质量**作为重量,既可以是一个**外延的大小**(因为它构成了一定数目的磅或公担等等),也可以是一个**内涵的大小**(因为它施加一定压力,而压力的大小是一个单纯的东西),一个度数,并且在压力度数表那里具有它的规定性。作为施加压力的东西,质量显现为一个内化存在,显现为一个具有内涵的大小区别的主体。——反过来,施加压力的这个**度数**的东西,有能力让某个**数目**的磅移动位置,并通过这个方式来测量压力的大小。

或者说,**热**也有一个度数;热的度数或温度,无论是"第十"、"第二十"等等,都是一个单纯的感觉,一个主观的东西。然而这个度数同样表现为**外延的**大小,表现为流体(比如温度计里面的水银)、空气或声音等等的延展。更高度数的温度表现为一个更长的水银柱或一个更狭窄的传声筒;按照同样的方式,它能够加热一个较大的空间,而较低的度数只能加热一个较小的空间。

更高度数的**声音**,作为**更有内涵的**或更强的声音,同时也是一个**更大数量**的振动;换言之,如果一个更响亮的声音具有一个更高的**度数**,它就 [258] 能够在一个更大的空间里被听见。——按照同样的方式,更有内涵的或更浓的**颜色**能够比更淡的颜色渲染更大的平面;或者说,**更明亮的东西**(这是另一类型的内涵)比起不那么明亮的东西,能够在更远的地方被看见,如此等等。

同样,在**精神性东西**里,**内涵丰富的**性格、天分、天才也具有**更包罗万象**的定在、**更广泛的**影响和**更多方面的**接触点。**最深刻的**概念具有**最普遍的**意义和应用。

注 释 二

康德以一种独特的方式,把内涵的定量的规定性应用于**灵魂**的一个形而上学规定。在批判那些关于灵魂的形而上学命题时(他把它们称作纯粹理性的谬误推理),他发现人们是从灵魂的单纯性推出灵魂的恒久性。针对这个推论,他反驳道:"即使我们承认灵魂有这种单纯的本性,因为它不包含彼此外在的杂多,从而不包含**外延的**大小,人们也毕竟**就像对任何一个实存者那样**,不能否认**内涵的**大小,也就是说,不能否认就其一切能力而言的实在性的一个**度数**,甚至一切构成其存在的东西一个度数,这个度数可能通过一切**无限多的较小的度数**而减弱,这样,所说的实体……虽然不是通过分解,但却通过其力量的逐渐减退(remissio)……而转化为无。因为即便是**意识**,也在任何时候都有一个总是还能够减弱的度数,因此意识到自己的那种能力以及一切其余的能力亦复如是。"(《纯粹理性批判》第二版,第414页)①—— 在理性心理学这种抽象的形而上

① 据李秋零译文,术语翻译有所改动。——译者注

学里,灵魂不是被看作精神,而是被看作一个单纯直接的**存在者**,一个**灵魂物**(Seelending)。既然如此,康德当然有权利"像对任何一个实存者那样",把"定量"范畴应用到灵魂身上,正如只要这个存在者被规定为单纯的东西,就可以把"内涵的定量"这一范畴应用到它身上。精神当然具有**存在**,但它的内涵完全不同于内涵的定量的内涵,也就是说,在精神的内涵里,单纯直接的存在的形式,以及这个存在的一切范畴,都已经被扬弃了。无疑,"外延的定量"范畴已经被拿走,但这还不够,整个"定量"范畴都应当被拿走。此外人们还必须认识到,定在、意识、有限性如何存在于精神的永恒本性里,并且从中脱颖而出,而精神并没有因此转变为一个物。

c. 定量的变化

对于定量的规定性本身而言,外延的和内涵的定量的区别是漠不相关的。但一般说来,定量被设定为一个已扬弃的规定性,后者作为一个漠不相关的界限,同样是它自身的否定。在外延的大小里,这个区别得到发展,但内涵的大小却是这个外在性(即内在于自身的定量)的**定在**。这个区别被设定为一个自相矛盾,也就是说,它既是一个单纯的、**自身关联的**规定性,也是它自身的否定,不是在它自己那里,而是在另一个定量那里具有它的规定性。

因此,一个定量就其质而言,被设定为与它的外在性,与它的异在处于一种绝对的延续性之中。定量不是仅仅**能够**超越每一个大小规定性,不是仅仅**能够**发生变化,毋宁说,按照它的**设定**,定量**必须**发生变化。大小规定延续到它的异在,以至于只能在与一个他者的延续性中具有它的存在;它不是一个**存在着**的界限,而是一个**转变着**的界限。

单一体是无限的,换言之,它是一个自身关联的否定,即一个自己排斥自己的东西。定量同样是无限的,被设定**为**一个自身关联的否定性;它自己排斥自己。然而定量是一个**已规定的**单一体,一个已经过渡到定在,

214

已经过渡到界限的单一体,也就是说,它是规定性的自身排斥,但不是像单一体的排斥那样生产出自身一致的东西,而是生产出它的异在;现在,按照它自身那里的设定,它必须**超越自身**,转变为一个他者。定量的本质在于自身的增加或减少;它在自身那里就是单纯性的外在性。

定量超越自身;它所转变而成的他者,本身首先是一个定量;这个定量同样不是一个存在着的界限,而是一个推动自己超越自身的界限。在这个超越里,又产生出一个界限,而不管怎样,这个界限只能重新扬弃自身,走向下一个界限,**如此以至无限**。

C. 量的无限性

a. 量的无限性的概念

定量发生变化,转变为另一个定量;至于这个变化的进一步规定(即"推进到无限"),则是在于定量被设定为一个本身就自相矛盾的东西。——定量转变为一个**他者**;但它**延续到**它的异在;因此他者也是一个定量。但这个定量并非仅仅是**一个**定量的他者,而是定量**本身**的他者,是对它本身作为受限东西的否定,因而代表着它的非受限状态或**无限性**。定量是一个**应当**;它意味着**自为地被规定**,而这个自为的已规定的存在毋宁说是**一个他者之内的已规定的存在**;反过来,它在一个他者之内的已规定的存在已经遭到扬弃,是一种**漠不相关的**自为持存。

在这种情况下,有限性和无限性,每一方都在自身那里立即获得一个 [261]双重的,亦即相互对立的意义。定量的**有限性**首先在于它是一般意义上的受限东西,其次在于它超越自身,是一个他者之内的已规定的存在。反之,定量的**无限性**首先在于它是一个非受限的存在,其次在于它已经回归自身,成为一个漠不相关的自为存在。如果我们把这些环节加以比较,就会发现:首先,定量的有限性的规定,即超越自身而走向一个他者(定量的规定就在这个他者之内),同样是无限者的规定;其次,界限的否定和规定性的超越是同一回事,因此定量在这个否定亦即无限者之内具有它的终极规定性。无限性的另一个环节是一个与界限漠不相关的自为存在;但定量本身是一个受限东西,而且它对于它的界限,随之对于其他定量和它的超越,都是一个自为的漠不相关的东西。在定量那里,有限性和(那个应当与它割裂的、恶劣的)无限性,每一方在自身那里都已经把对方当作自己的一个环节。

质的无限者和量的无限者的区别在于,在前者那里,有限者和无限者的对立是就质而言的,而且从有限者到无限者的过渡或二者的相互关联仅仅位于**自在体**(Ansich)之内,即位于它们的概念之内。质的规定性,作为直接的规定性,在本质上与异在相关联,并且把后者当作它的另一个存在;它之所以**被设定**,不是为了在其自身那里具有它的否定或它的他者。反之,大小本身是一个**已扬弃的**规定性;它之所以**被设定**,是为了与自身不一致,和自身漠不相关,从而是一个可变化的东西。就此而言,质的有限者和质的无限者是绝对地(亦即抽象地)相互对立的;它们的统一体是一个位于根基处的**内在关联**;所以,有限者仅仅**自在地**,但不是**在其自身那里**,延续到它的他者。与此相反,量的有限者**在其自身那里**就与它的无限者**相关联**,并且在后者那里具有它的绝对规定性。它的这个关联首先呈现为**量的无限进展**。

[262]

b. 量的无限进展

无限进展一般说来是矛盾的表现,而在这里,则是量的有限者或一般意义上的定量包含着的矛盾的表现。它是有限者和无限者的交互规定,而我们在质的层面里已经考察过这个交互规定,只不过这两处地方的区别在于,正如刚才指出的,在量的东西里,界限在自身那里就推进到了它的彼岸世界,而量的无限者反过来也被设定为一个在自身那里就具有定量的东西,因为定量在它的位于自身之外的存在那里同时是它自身;定量的外在性属于它的规定。

现在，**无限进展**仅仅是这个矛盾的**表现**，而不是这个矛盾的**解决**；但由于一个规定性延续到另一个规定性，所以它把二者联合起来，提出一个虚假的解决办法。按照其最初的设定，无限进展是一个以无限者为目标的**任务**，并未达到无限者：它恒久地**生产出**无限者，却没有超越定量本身，没有让无限者成为一个肯定的、当前存在着的东西。定量在概念上就意味着，它有一个凌驾于它之上的**彼岸世界**。**首先**，这个彼岸世界是定量的**非存在**这一环节；定量自在地瓦解自身；因此它是按照**质的**对立环节而与它的**彼岸世界**或它的无限性相关联。**其次**，定量处在与这个彼岸世界的延续性中，因为它的本质恰恰在于，它是它自己的他者，是一个外在于自身的东西；因此，这个外在的东西不是一个他者，毋宁就是定量；也就是说，**彼岸世界**或无限者本身就是**一个定量**。通过这个方式，已逃离的彼岸 [263] 世界被召唤回来，无限者也被达到了。但是，因为这个已经转变为此岸世界的东西仍然是一个定量，所以这仅仅意味着又设定一个新的界限；这个新的界限作为定量，继续逃离自身，自己超越自己，并且把自己从自己那里排斥到它的非存在或它的彼岸世界中，而这个非存在或彼岸世界同样恒久地转变为一个定量，就和定量不断把自己排斥到彼岸世界中一样。

定量和它的他者之间的延续性制造出二者的联系，其表现是一个**无限大**或无限小的东西。由于二者在自身那里仍然保留着定量的规定，所以它们始终是可变化的，而那个绝对的规定性（这应当是一个自为存在）并没有被达到。规定的这种**位于自身之外的存在**被设定在一种双重的、按照**较多**或较少而与自身相对立的无限者（即无限大和无限小）之内。在每一方自身那里，定量都通过与它的彼岸世界的恒久对立而**保留下来**。大的东西，无论如何扩张，都会缩小为一个微不足道的东西；但由于它把无限者当作它的非存在而与之相关联，所以对立是**质的**对立；也就是说，扩张的定量并没有从无限者那里拿来任何东西；无论什么时候，无限者都是定量的非存在。换言之，定量的增大并未**接近**无限者，因为从本质上看，定量和它的无限性的区别也包含着这样一个**环节**，即它不是一个量的

217

区别。"无限大"仅仅是矛盾的一个更加尖锐的表现：它应当是**大的东西**，亦即是一个定量，但它又应当是**无限的**，亦即不是一个定量。——同理，无限小，作为小，也是一个定量，因此对无限者来说，它绝对地（即就质而言）太大了，并且与无限者相对立。无限大和无限小始终包含着无限进展的矛盾，而这个进展本来应当已经在二者里面找到它的目标。

[264]　　　这个无限性，就其牢牢地被规定为有限者的彼岸世界而言，可以称作**恶劣的量的无限性**。它和质的恶劣的无限性一样，都是在常驻的矛盾的一个环节和另一个环节之间，即在界限和界限的非存在之间，恒久地来回往复。在量的东西的进展里，随后的东西固然不是一个抽象的、一般意义上的他者，而是一个被设定为有所区别的定量，但它始终是以同样的方式与它的否定相对立。就此而言，进展同样不是一个推进和进步，而是同一个东西的重复：设定、扬弃、重新设定、重新扬弃，——是一种软弱无力的否定东西，也就是说，每当它扬弃什么东西，恰恰在这个扬弃活动中，那个东西又作为延续的东西重新出现。两个东西被联系在一起，同时绝对地逃避对方；但当它们逃避对方的时候，它们不可能分离，而是在它们的相互逃避中被联系在一起。

注　释　一

　　　恶劣的无限性，尤其是在"**量的东西的无限进展**"形式下——不断飞越界限，却无力扬弃界限，并且恒久地重新落入界限——，经常被看作是某种崇高的东西和侍奉上帝的方式，而且在哲学里也被看作是一个终极答案。这个进展已经广泛地服务于各种慷慨激昂的言论，使之成为令人惊叹的崇高作品。但实际上，这种**时髦**的崇高并没有使**对象**变得伟大（毋宁说，对象已经消逝了），而是仅仅使那个气吞山河的**主体**看起来很伟大。这种崇高始终是主观的，它沿着量的东西的梯子不断爬升，最后终于发现自己是一个枯燥无味的东西，并且承认它在白白地辛劳之后并未接近无限的目

[265] 标半分，因此如果要达到目标，当然得采取完全不同的做法。

如下的这类慷慨激昂的言论同时表明，这种崇高将过渡到什么东西，并终止于什么东西。比如康德（在《实践理性批判》的结语里）所展示的"崇高"就是这样的："主体借助思想而使自己超越它在感官世界里所占据的位置，把联系扩张到无限大，联系到诸星辰之上的诸星辰、诸世界之上的诸世界、诸天体体系之上的诸天体体系，甚至联系到它们的周期运动及其开端和延续的无穷时间。——表象活动由于这种向着无限远方的推进而疲于奔命，因为**最遥远的**世界之外始终有一个**更遥远的**世界，无论怎么回溯过去，其后面**总还有**一个过去，无论怎么前推未来，其前面**总还有**另一个未来；**思想**由于不可估量者的这个表象而**疲于奔命**；就像在梦里，当一个人长途跋涉之后，仍然要面对一眼望不到尽头的漫漫长路，就以**摔倒**或**晕倒**为结局。"①

这个表述精炼而充分地描绘了量的崇高的内容，但它值得赞扬的地方，主要在于它的真诚，因为它坦率承认了这种崇高的最终下场：思想疲于奔命，结局是摔倒和晕倒。然而什么东西能够让思想疲于奔命，并且让它摔倒和晕倒呢？无非是**无聊的**重复，即让一个界限消失、重新出现、重新消失，以至于一个东西**之后**总是有另一个东西，一个东西**里面**总是有另一个东西，此岸世界在彼岸世界里、彼岸世界在此岸世界里，都是恒久地产生和消失。这些情况只能让人感觉到这个无限者或这个应当的**软弱无力**，即它想要主宰有限者，却没有能力做到这一点。

哈勒尔②对于**永恒**的描写——康德称这个描写是"令人战栗的"——

① 黑格尔或许读到了一个盗版的《实践理性批判》，要不然就是他杜撰出这段文字的后半部分。按现今通行的康德《实践理性批判》的各个版本，其"结语"里只能找到这样一段话："前者[我头顶上的星空]从我在感官世界里所占据的位置开始，把我身处其中的联系扩张到无限大，联系到诸世界之上的诸世界和诸天体体系之上的诸天体体系，甚至联系到它们的周期运动及其开端和延续的无穷时间。"（*Kants Werke*, Akademie Textausgabe, Band Ⅴ, S.162.Berlin 1968）接下来的破折号之后从"表象活动由于……"开始的部分没有出现在康德的著作里，而且从文风来看更像黑格尔自己的手笔。——译者注

② 阿尔布莱希特·冯·哈勒尔（Albrecht von Haller，1708—1777），瑞士医学家、植物学家、诗人，其诗歌方面的代表作品是 1729 年发表的宏大诗作《阿尔卑斯山》（*Die Alpen*）。——译者注

[266]　也经常得到人们的赞叹,但通常说来,人们所赞叹的每每不是其真正值得赞叹的那一方面:

> 我将庞大的数字,
> 堆积成万千群山,
> 我将时间堆上时间,世界堆上世界,
> 当我站在可怕的峰巅,
> 晕眩着向你望来,
> 数的全部力量,哪怕乘以千万遍,
> 都不及你一星半点。
> 我拿走它们,你就全然出现在我面前。①

　　假若人们仅仅关注数和世界的繁复堆砌,以为这就是对于永恒的描述,他们就忽视了,诗人本人不但指出这种"令人战栗的"超越是某种徒劳而空洞的东西,而且由此推论出,只有**通过扬弃**这个空洞的无限进展,真正的无限者本身才会**活生生地出现在他面前**。

　　有些**天文学家**经常为他们的崇高科学感到沾沾自喜,因为天文学研究的是**无穷**数量的星辰,**无穷的**空间和时间,而在这样的时空里,那些本身已经如此巨大的距离和周期,就其从属于统一体而言,即使乘以很多倍,仍然缩小为微不足道的东西。他们沉迷于肤浅的惊诧,眼巴巴地希求从一个星球旅行到另一个星球上去生活,并且在一种不可估量的东西里面获得**诸如此类的**新知识,——在他们看来,这就是他们的科学的主要卓

[267]　越之处。然而真正值得惊叹的,不是这种量的无限性,而是理性在这些对象里面认识到的**尺度比例关系和法则**,这些东西作为理性的无限者,与那个非理性的无限性相对立。

---

　　① 阿尔布莱希特·冯·哈勒尔《关于永恒的未完成诗作》,出自《瑞士诗歌尝试集》,伯尔尼 1732 年出版。——原编者注

　　针对那种与外在的感性直观相关联的无限性,康德提出了另外一种无限性:"个体返回到他的不可见的自我,把他的意志的绝对自由当作一个纯粹的自我,与命运和暴政的全部恐怖相对立,从他周围最接近的事物开始,让它们自行消失,进而让那些看起来恒久不绝的东西,让诸世界之上的诸世界,坍塌为废墟。这时他就孤独地认识到**他的自身同一性**。"①

　　诚然,自我在这种孤独的自身同一性里就是已达到的彼岸世界,它已经回到自身,**停留在自己那里**,停留在**此岸世界**;在纯粹的自我意识里,绝对的否定性成为肯定和临在,而在那种超越感性定量的推进里,这些东西是没有踪影的。但是,由于这个纯粹自我固化为一个抽象的、无内容的东西,所以它仍然把一般意义上的定在,把自然宇宙和精神宇宙的充盈内容,当作一个与它相对立的彼岸世界。无限进展所立足的那个矛盾,同样在这里呈现出来;也就是说,它在回归自身的同时,直接外在于自身,与它的他者(即它的非存在)相关联;这个关联始终是一个**渴慕**,因为自我一方面坚持自己是一个无内容的、无立足点的虚空,另一方面又把那些在否定中呈现出来的充盈内容固化为它的彼岸世界。

　　关于上述两种崇高,康德还加上了一个注释:"对于(第一种外在的)崇高的惊叹和对于(第二种内在的)崇高的敬重虽然**激励研究**,但不能弥补研究的**缺乏**。"②——就此而言,他承认那些超越是不能满足理性的,因为理性不可能止步于这类东西及相关情绪,不可能把彼岸世界和虚空当作终极的东西。

　　实际上,无限进展主要是在应用于**道德性**的时候被当作终极的东西。[268]前面提到的有限者与无限者的第二个对立,即杂多世界与已经提升到自由的自我的对立,首先是质的对立。自我在自己规定自己的同时,也希望规定自然界,并且让自己从自然界里面解脱出来;因此,自我是通过自身

---

　　①　黑格尔引用的康德这段文字同样不可考。——译者注
　　②　康德《实践理性批判》结语,其准确的原文为:"只不过,惊叹和敬重虽然激励研究,但不能弥补研究的缺乏。"(*Kants Werke*, Akademie Textausgabe, Band Ⅴ, S. 162. Berlin 1968)——译者注

而与它的他者相关联,后者作为外在的定在,既是一种丰富多彩的东西,也是一种量的东西。与量的东西相关联,本身也会成为量的东西;因此,自我与量的东西的否定关联,自我对于非我、对于感性和外在自然界的掌控,就被设想成这样,即道德性应当愈加**增大**,而感性的力量应当愈加**减小**。至于意志完全契合于道德法则,这件事情被放置到一个无限进展里面,亦即被设想为一个**绝对的**、**不可触及的**彼岸世界,而且,正因为它是一个不可触及的东西,所以它才是真正的归宿和真正的慰藉;据说道德性应当是一个斗争,而斗争的唯一前提在于意志与法则的不契合,因此法则对于意志而言是一个绝对的彼岸世界。

在这个对立里,自我 vs.非我,或者说纯粹意志和道德法则 vs.自然界和意志的感性,都被预设为完全独立的、彼此漠不相关的东西。纯粹意志有着独特的、在本质上与感性相关联的法则;自然界和感性同样有自己的法则,这些法则不是来自于意志并与之契合,而且,即使不同于意志,也并非自在地、在本质上就与意志相关联,毋宁说,它们根本就是为自己而规定的,在自身内完成而完满的。与此同时,意志和自然界是**同一个单纯本质**(亦即自我)的两个环节;意志被规定为自然界的否定者,也就是说,意志之所以是意志,仅仅因为存在着一个不同于它的东西,这个东西被意志扬弃,而意志在这个过程中与之接触,受到它的刺激。自然界,作为人的感性,是一个包含着诸多法则的独立体系,并不在乎通过一个他者而受到限制;自然界受到法则意志的限定,借此维系自身,并且作为一个独立的东西进入关联,反过来限定着那个法则意志。——意志规定自身并且扬弃自然界这一异在,后者被设定为定在者,延续到它的被扬弃状态,因此没有被扬弃,这些情况都是**同一个**动作。这里蕴含的矛盾在无限进展里没有被解决,反而被呈现并被断定为一个未解决的、不可解决的矛盾;道德性和感性的斗争被设想为一个自在且自为地存在着的、绝对的关系。

只要人们没有能力掌控有限者和无限者的质的对立,没有能力理解把握真正意志的理念或实质性的自由,就会把**大小**当作自己的避难所,用它来当中介者,因为它是已扬弃的质的东西,是一个已经变得无关紧要的

[269]

区别。问题在于，由于对立双方始终是两个根本不同的东西，所以在这种情况下，当它们在相互关联中表现为两个定量，其中每一方就立即被设定为一个和这个变化漠不相关的东西。自然界受自我规定，感性受善良意志的规定；感性通过善良意志而在自身那里出现的变化仅仅是一个量的区别，这个区别让感性作为感性而持存着。

费希特的知识学，作为康德哲学（或至少是康德哲学的本原）的一个更抽象的表述，以同样的方式把无限进展当作基础和终极的东西。这个表述的第一个原理是"自我＝自我"，随后的第二个原理（这个原理独立于第一个原理）则是非我的**对立设定**（Entgegensetzung）；接下来，自我和非我的**关联**也被认为是一个**量**的区别，即非我的**一部分**是受自我规定的，**一部分**则不是。通过这个方式，非我延续到它的非存在，并且在它的非存在中始终是一个未被扬弃的对立面。所以，当这些矛盾在体系里面得到发展之后，最终的结果就是开端里的那个关系；非我始终是一个无限的阻碍，一个绝对的他者；非我和自我的最终的相互关联是一个无限进展，**渴慕**和**追求**，——这个矛盾和起初的矛盾是同一个矛盾。

因为量的东西是一个按照设定而言已扬弃的规定性，所以人们相信，只要把全部对立贬低为一个纯粹的量的区别，就能够在很大程度上乃至完全掌握绝对者的统一体或那个**唯一**的实体性。曾经有一段时间，"**全部对立仅仅是量的对立**"①成了近代哲学的一个金科玉律；它的意思是，相互对立的规定具有同一个本质、同一个内容，它们是对立的两个实在方面，其中每一方面都在自身内具有对立的两个规定或两个因素，只不过一个因素在这一方面**占有优势**，另一个因素在那一方面**占有优势**，或者说一个物质或活动在这一方面比在那一方面具有**更大的数量**或**更强的度数**。既然预设了不同的质料和活动，那么量的区别毋宁是证实并且完成了它们的外在性，以及它们相互之间的漠不相关和对于它们的统一体的漠不相关。据说，**绝对统一体里的区别应当是一个纯粹的量的区别**；量的东西

[270]

————————————

① 这是谢林的同一性哲学主要强调的观点。——译者注

虽然是已扬弃的直接规定性,但仅仅是不完满的否定或**第一个**否定,不是无限的否定,不是否定之否定。——当存在和思维被设想为绝对实体里的量的规定,它们作为定量,就和低级层面里的碳和氮一样,也是完全外在于彼此,相互之间毫无关联。唯有一个第三者,一个外在的反思,才会抽离它们的区别,认识到它们的**内在的**、仅仅**自在存在着的**、尚且不是**自为存在着**的统一体。因此,这个统一体实际上仅仅被设想为最初的**直接的统一体**,或者说仅仅被设想为这样一个**存在**,它在它的量的区别中**保持**自身一致,但不是通过自身而**设定**自身一致;就此而言,它没有被理解为否定之否定,没有被理解为无限的统一体。只有在质的区别里,才会出现一个已设定的无限性,即自为存在,至于量的规定,正如接下来我们会看到的那样,其本身就过渡到质的东西。

注 释 二

此前已经提到,当有限者和无限者的对立在一个**具体的**形态中应用于表象的一些更特殊的基体,其表现就是康德的**二律背反**。当初考察的那个二律背反,包含着质的有限性和质的无限性的对立。而在另一个二律背反,亦即四个宇宙论二律背反里面的**第一个**里,主要考察的是量的界限的冲突情况(《纯粹理性批判》第二版,第 454 页以下)。因此我愿意在这里对这个二律背反加以研究。

这个二律背反涉及**世界在时间和空间里的有界或无界**。——这个对立同样可以从时间和空间自身出发而加以考察,因为,无论时间和空间是事物自身的关系,抑或仅仅是直观的形式,都不能改变一个事实,即时空中的有界或无界具有二律背反的性质。

通过进一步分析这个二律背反,我们立即发现,两个命题及其证明——这些证明和之前考察过的二律背反一样,也采取了反证法的方式——最终说来无非是两个单纯的、相互对立的主张:一方面,**有一个界限**,另一方面,**必须超越这个界限**。

正题是：　　　　　　　　　　　　　　　　　　　　　　　　　　[272]

"世界有一个时间中的开端,就空间而言也被封闭在界限之内。"

证明的**前半部分**涉及**时间**,它首先假定相反的情况：

"……假定世界在时间上没有开端,那么,**直到每一个被给予的时间点为止**,都有一个永恒已经过去,从而在世界中有种种事物前后相继的各种状态的一个无限序列**已经流逝了**。但如今,一个序列的无限性恰恰在于它绝不能通过渐进的综合来**完成**。因此,一个无限的已经流逝的世界序列是不可能的,从而世界的一个开端是它的定在的必要条件;这是首先要证明的一点。"

证明的**后半部分**涉及**空间**,并且归结到时间。为了把一个在空间上无限的世界里的各个部分统摄起来,需要一个无限的时间,后者必须被看作已经流逝了,因为空间里的世界不应当被看作是一个正在转变的东西,而是应当被看作一个已完成的被给予的东西。然而证明的前半部分已经指出,无限的时间不可能被看作是已经流逝的。

但人们立即发现,以上所述并不需要采取反证法的证明,甚至根本就不需要一个证明,因为这个证明本身就直接包含着一个主张,而这个主张的基础恰恰是需要加以证明的。也就是说,它假定,直到某一个或每一个**被给予的时间点**为止,都有一个永恒已经过去(在这里,"永恒"仅仅具有一个卑微的意义,即指一个恶劣无限的时间)。然而"**一个被给予的时间点**"无非意味着时间里的一个已规定的**界限**。因此在上述证明里,时间的界限已经被**预设**为现实的东西;然而这个界限恰恰是**应当加以证明的**。因为正题的观点就是,世界有一个时间中的开端。

这里的唯一区别在于,**假定的**时间界限作为一个**现在**,意指之前已经流逝的时间的终点,而有待证明的时间界限作为一个**现在**,则是意指一个[273]未来的开端。但这个区别是无关紧要的。**现在**被假定为一个点,在那里,世间万物的一个无限序列的前后相继的状态应当**已经流逝**,也就是说,现在被假定为终点或一个**质的**界限。假若这个**现在**仅仅被看作是一个量的界限,一个不断流动着、不仅不能被超越、甚至自己就超越自己的界限,那么无限的时间序列在那里就没有**流逝**,而是继续流动着,于是证明的论据也就崩溃了。反之,如果人们假定,时间点对于过去而言是一个质的界限,因此同时对于未来而言是一个**开端**——因为**自在地看来**,每一个时间点都是过去与未来的关联——,那么对于未来而言,它也是一个**绝对的**(亦即抽象的)**开端**,而这恰恰是应当加以证明的。事情本身很清楚,在这个时间点的未来之前,在未来的这个开端之前,已经有一个过去;由于这个时间点是一个质的界限——之所以有此假定,在于"**完成**"、"流逝"、"**自身不再延续**"等规定已经意味着这一点——,所以时间在它那里**中断**了,而那个过去也和未来无关,后者只有在与过去相关联的时候才能够被称作未来,而在没有这个关联的情况下,仅仅是一般意义上的时间,一个具有绝对开端的时间。但是,假若这个时间(无论采取什么做法)通过现在这一被给予的时间点而与过去相关联,随之被规定为未来,那么从另一方面看,这个时间点也就不是一个界限,而无限的时间序列也会延续到所谓的未来里,而不是像假定的那样**已经完成**。

真正说来,时间是纯粹的量;至于康德在证明中提到的**时间点**(据说时间应当在它那里中断),毋宁仅仅是现在的**正扬弃着自身**的自为存在。

[274] 这个证明的唯一成果,就是把正题所主张的时间的绝对界限理解为一个**被给予的时间点**,并且不由分说地假定这是一个已完成的(亦即抽象的)点,——这是一个通俗的规定,感性的表象活动很容易把它当作一个**界限**,从而在证明里把这个本来有待证明的东西当作自明的前提。

反题的说法是:

"**世界没有开端,没有空间中的界限,相反,无论就时间而言还是就空间而言,它都是无限的。**"

对此的证明同样首先假定相反的情况:

"假定世界有一个开端。既然开端是一个定在,有一个事物尚不存在的时间先行于它,所以,必须有一个世界尚不存在的时间,亦即一个虚空的时间已经过去了。但如今,在一个虚空的时间中**不可能**有某个事物的产生,因为这样一个时间的任何部分都不会先于别的部分,不会先于非存在的条件就自在地具有存在的某种**作出区分**的条件……因此，在世界中虽然可能开始一些事物的序列，但世界自身却不可能有开端，因此它就过去的时间而言是无限的。"

这个反证法证明和其他证明一样，包含着一些直接的、未经证明的主张，而这些主张恰恰是它应当加以证明的。也就是说，它首先假定世界定在的一个彼岸世界，一个虚空的时间，然后**持续不断地让世界定在同样超越自身，进入这个虚空的时间**，并且通过这个方式扬弃虚空的时间，**推动着定在以至无限**。世界是一个定在；这个证明**假定**，这个定在是**产生出来的**，而且产生有一个在时间中**先行的条件**。然而**反题本身的观点恰恰希望表明**，没有什么无条件的定在，没有什么绝对的界限，正相反，世界定在总是要求一个**先行的条件**。可见，有待证明的东西反而成了证明里的自明的前提。——接下来，康德在虚空的时间中寻找**条件**，而这无非意味着，他把条件当作时间性的东西，随之当作定在和受限制的东西。总的说来，这个证明假定，世界作为定在，以时间中的另一个有条件的定在为前提，如此以至无限。 [275]

关于**空间**中的世界的无限性，其证明也是一样的。康德首先以反证法的方式假定世界在空间上的有限性；"这样，世界就处在一个虚空的、无界的空间之内，并且与之有一个**关系**，而这意味着一个**没有**相关对象的关系；但这样的关系是无。"

在这里，应当首先加以证明的东西，同样在证明中被直接当作前提。它直接假定，有界的空间世界处于一个虚空的空间之内，并且应当与之有一个**关系**，也就是说，必须**超越**这个世界，——一方面进入虚空，进入彼岸世界和世界的**非存在**，但另一方面，这个世界又与彼岸世界有**关系**，亦即将**自身**延续到其中，于是在这种情况下，人们只能在想象中用世界定在去充实彼岸世界。反题的主张，即空间中的世界的无限性，无非一方面意指虚空空间，另一方面意指世界与虚空空间的**关系**，亦即世界在虚空空间中的延续性，或者说虚空空间的充实；这个矛盾——空间是虚空的，同时是充实的——就是空间中的定在的无限进展。而在证明里，这个矛盾本身，即世界与虚空空间的关系,却被直接当作基础。

可见,正题和反题及其证明无非呈现出两个相互对立的主张:一方面,**有一个界限**,另一方面,界限只能是一个**已扬弃的**界限;界限有一个彼岸世界,同时与之**相关联**,因此无论怎么超越界限,总是有一个不是界限的界限再次产生出来。

和之前的二律背反一样,这个二律背反的**解决办法**也是先验的,也就[276] 是说,它主张空间和时间作为直观形式,是一种观念性东西,而这意味着,世界**在其自身**并不自相矛盾,并不自己扬弃自己,毋宁说,只有那个进行着直观,并且把直观与知性和理性相关联的**意识**,才是一个自相矛盾的东西。对于世界而言,这真是一个太过于温情的做法,即为了把矛盾从世界中清除出去,反过来把矛盾放置到精神和理性里面,并且听任它在那里得不到解决。实际上,精神是如此之强大,它不但能够忍受矛盾,而且懂得如何解决矛盾。至于人们所谓的世界——无论它叫作“客观的、实在的世界”,还是按照先验唯心主义的说法,叫作“主观的直观”和“受知性范畴规定的感性”——,在任何时候和任何地方都不缺少矛盾,但它没有能力忍受矛盾,于是只好听命于产生和消灭。

c. 定量的无限性

1. 自在地看来,**无限的定量**,作为**无限大**或**无限小**,本身就是一个无限进展;作为大或小,它既是定量,同时也是定量的非存在。因此,无限大和无限小是一种想象出来的东西,我们只需仔细考察,就可以发现它们只不过是一些虚无缥缈的朦胧阴影。但在无限进展里,这个矛盾是明摆着的;相应地,定量的本性,那个作为内涵的大小已经获得其实在性的东西,如今在它的**定在**里**被设定为**在它的**概念**里的样子。这个同一性是我们现在要考察的。

定量作为度数,是一个单纯的、自身相关联的东西,并且在自身那里就得到规定。通过这个单纯性,异在和规定性在定量自身那里被扬弃了,

成为一个外在于定量的东西；定量在自身之外具有它的规定性。它的这

个外在于自身的存在，首先是全部定量的**抽象的非存在**，是一种恶劣的无 ［277］

限性。进而言之，这个非存在也是一个大小；定量延续到它的非存在中，

因为它恰恰是在它的外在性里具有它的规定性；因此，它的这个外在性本

身同样是一个定量；这样一来，它的那个非存在，无限性，就受到限定，也

就是说，这个彼岸世界遭到扬弃，本身也被规定为一个定量，于是定量在

遭到否定时仍然停留在自身那里。

但这就是定量本身**自在地**所是的样子。因为**它本身**恰恰通过它的外

在存在而存在着；外在性所构成的那个东西，使定量停留在自身那里。因

此在无限进展里，定量的**概念被设定下来**。

如果我们把这个概念首先放在其已经呈现出来的抽象规定里考察，

那么可以发现，**这个概念不但包含着定量的扬弃，而且包含着它的彼岸世**

界的扬弃，也就是说，既包含着定量的否定，也包含着这个否定的否定。

它的真理就是它们的统一体，而它们是其中的一些环节。——这个统一

体是矛盾的解决，而矛盾的表现是定量的概念，于是统一体的首要意义在

于**重建"大小"概念**，即指出大小是一个漠不相关的或外在的界限。在严

格意义上的无限进展里，人们通常仅仅反思到，每一个定量，无论多大或

多小，都会消失，所以定量必须被超越，不能被当作目标；但他们没有反思

到，定量的这个扬弃，即彼岸世界或恶劣的无限者，本身也会消失。

最初的扬弃，即一般意义上的质的否定（定量因此被设定），**自在地**

看来已经是否定的扬弃——定量是一个已扬弃的质的界限，从而是一个

已扬弃的否定——，但与此同时，定量仅仅**自在地看来**是如此；它被设定

为一个定在，于是它的否定固化为无限者，固化为定量的彼岸世界，而定

量则是作为此岸世界，作为一个**直接的东西**，持存着；在这种情况下，无限

者仅仅被规定为**第一个**否定，于是看起来处在无限进展中。但我们已经 ［278］

指出，无限进展包含着更多的东西，包含着否定之否定或真正的无限者。

此前我们已经发现，这导致定量的**概念**的重建；这个重建首先意味着，定

量的定在已经获得其更具体的规定；也就是说，已经有一个**受其概念规定**

的定量产生出来,有别于之前的**直接的定量**;现在,**外在性**仅仅是它自身的反面,并且被设定为**大小本身**的一个环节,——即这样一个定量,它借助于它的非存在(即无限性),在另一个定量那里具有它的**规定性**,亦即**就质而言**是定量所是的那个东西。尽管如此,定量的**概念**与定量的定在的这个比较,主要属于我们的反思,属于一个在这里尚未出现的比例关系。按照最切近的规定,定量已经返回到**质**,从此被规定为一个质的东西。因为它的独特性,它的质,就是规定性的外在性和漠不相关;按照现在的设定,定量在它的外在性里才是它自己,才与它自身相关联,才是一个单纯的自身统一体,亦即被规定为一个**质的东西**。——这个质的东西仍然可以得到进一步的规定,即被规定为自为存在;原因在于,定量所获得的自身关联,来自于一个中介过程,来自于否定之否定。定量不再是在自身之外,而是在自身那里就具有无限性,具有一个"自为的已规定的存在"(Fürsichbestimmtsein)。

无限进展里的无限者仅仅具有一个空洞的意义,即指一个非存在,一个不可触及、但总是被寻求的彼岸世界。但实际上,这个无限者无非是**质**。定量作为漠不相关的界限,超越自身,进入无限者;在这种情况下,它所寻求的无非是一个"自为的已规定的存在",一个质的环节,但这个东西仅仅是一个应当。定量与界限漠不相关,从而缺乏一个自为存在着的

[279]   规定性,于是只好超越自身;正是这些情况使得定量成为定量;它的那个超越应当遭到否定,并且在无限者里面找到它的绝对规定性。

总而言之:定量是已扬弃的质;但定量是无限的,它超越自身,否定自身;因此**自在地看来**,它的这个超越是对于已否定的质的否定,亦即质的重建;这个设定意味着,那曾经显现为彼岸世界的外在性,被规定为定量**自己的一个环节**。

这样一来,定量就被设定为一个遭到自身排斥的东西,从而有了两个定量,但二者已经遭到扬弃,仅仅是**同一个统一体**的环节,而这个统一体就是定量的规定性。——当定量在它的外在性中作为一个无关紧要的界限而**与自身相关联**,随之被设定为一个质的东西,这就是**量的比例关**

系。——在比例关系里，定量外在于自身，不同于自身；它的这个外在性是一个定量与另一个定量的关联，其中每一方都只有在与对方相关联的时候才有效；现在，这个关联构成了定量的规定性，而定量本身是一个统一体。在这个过程中，定量不是具有一个漠不相关的规定，而是具有一个质的规定，它在它的这个外在性中已经回归自身，并且在这个外在性中就是它所是的那个东西。

注释一：数学的无限者的概念规定性

一方面，**数学的无限者**之所以是有趣的，在于它被引入数学之后，不但扩展了数学，而且带来了伟大的结果；另一方面，它之所以值得注意，在于这门科学仍然不能通过概念（真正意义上的概念）来论证数学的无限者的使用。最终说来，各种论证都是基于一些按照那个规定并且**通过别的理由而得到证明的结果的正确性**，而不是基于对象的清晰性和得出结果的运算的清晰性，以至于运算本身反而被当作是一种不正确的东西。 [280]

这已经是一个自在且自为的误解；这样一种方法是不科学的。此外它还带来一个危害，也就是说，由于数学不懂得形而上学，不懂得如何批判自己的这个工具，从而没有认识到工具的本性，所以它既不能规定工具的应用范围，也不能确保工具不会遭到滥用。

从哲学的角度看，数学的无限者之所以重要，是因为它实际上立足于真正的无限者的概念，从而远远高于通常所谓的**形而上学的无限者**，而人们总是从后者出发，对数学的无限者提出各种责难。针对这些责难，数学科学经常采用的自救方法，就是去谴责形而上学多管闲事，因为在它看来，只要在自己的领域里做到前后一贯，就和形而上学毫不相干，而且不需要理睬形而上学的各种概念。在数学看来，它不需要考察自在的真相，只需考察它的领域里的真相。形而上学在和数学相矛盾的时候，无法否认或取消后者在使用数学的无限者时获得的辉煌结果，而数学也搞不清楚形而上学对于数学概念的解释，因此也搞不清楚在使用无限者的时候，需要怎样的推导方式。

假若数学唯一感到棘手的困难在于搞不懂一般意义上的**概念**是怎么回事,那么它完全可以直截了当地把概念抛在一边,因为概念只不过给出一些本质上的规定性,即一个事物的知性规定,至于这些规定性的**精确**

[281] **性**,却逃不出数学的手掌心;换言之,数学作为一门科学,既不需要与它的对象的概念打交道,也不需要通过概念的发展(哪怕仅仅通过推理)而生产出它的内容。然而在使用数学的无限者的时候,数学发现,这个东西作为科学的唯一立身之本,作为它的**独特的方法**,本身却包含着一个**重大矛盾**。因为,为了计算无限者,其允许并且要求的解法,恰恰是数学在用有限的大小来运算时必须完全拒斥的解法,与此同时,当数学处理无限的大小和有限的定量时,又企图把适用于有限的定量的解法应用于无限的大小;由此看来,数学训练的主要方面,就是要掌握普通演算的一个形式,以便解释和处理那些**超验的**规定。

尽管两种运算方法存在着冲突,但数学表明,它通过这些运算而得出的结果,和那些通过真正的数学方法(即几何学方法和分析方法)而得出的结果,是完全一致的。但是,**一方面**,并非全部结果都是如此,而且数学之所以引入无限者,不是仅仅为了缩短通常的道路,而是为了得到一些在通常的道路上不可能得出的结果。**另一方面**,成果本身并不能论证**道路或方法**的合理性。就计算无限者而言,这个方法的麻烦在于它本身就宣称自己是**不精确的**,也就是说,它首先给有限的大小添加一个无限小的大小,然后在接下来的运算中,保留其一部分,省略其另一部分。这个解法的奇特之处在于,它原本承认自己是不精确的,却又忘记这一点,因此竟然宣称,这不是一个**大致如此的**,其误差可以**忽略不计**的结果,而是一个**完全精确的**结果。诚然,在得出结果之前,在进行**运算**的时候,**人们必须设想**,有些东西虽然不等于无,但毕竟是如此之**微不足道**,以至于可以忽

[282] 略不计。但是,就我们理解的数学规定性而言,根本谈不上更大的精确性和更小的精确性的区别,正如哲学并不关心更大的和更小的或然性,而是仅仅关心真理。假如无限者的方法和使用是通过成果而得到论证的,那

么,要求把成果放在一边而论证方法的合理性,就不是多此一举,总好过要求鼻子证明它有使用鼻子的权利。数学知识作为一种科学知识,在本质上就专注于证明,而且在面对各种结果的时候也是如此,也就是说,严格的数学方法不会把每一个结果都标记为成果,因为这个标记无论如何都仅仅是一个外在的标记。

我们有必要多费些力气,更仔细地考察数学关于无限者的概念和一些最值得重视的尝试,这些尝试的意图在于论证无限者的使用,并且克服方法遭遇到的困难。在这个注释里,我希望尽可能全面地考察数学的无限者的论证和规定,这个考察同时也会最充分地揭示真正的概念本身的本性,并且表明,概念是如何浮现在那些论证和规定面前,成为它们的基础。

数学的无限者的通常规定是:它是这样一个**大小**,如果被规定为无限大,那么**在它之上不再有更大的**大小,而如果被规定为无限小,那么**它之下不再有更小的**大小,换言之,在前一种情况下,它比任何大小都更大,而在后一种情况下,它比任何大小都更小。——诚然,这个定义没有表达出真正的概念,而是如已经指出的,仅仅表达出无限进展里的同一个矛盾;但我们不妨看看,什么东西已经**自在地**包含在那里面。在数学里,"大小"被定义为一个能够增加和减少的东西,——因此一般说来是一个 [283] 漠不相关的界限。现在,既然无限大或无限小是一个不再能够增加或减少的东西,那么它实际上就不再是**真正意义上的定量**。

这个结论是必然的、直接的。但人们没有想想,定量——在这个注释里,我一般提到的定量都是指有限的定量——已经被扬弃。只要反思到这一点,就会给通常的理解带来困难,因为定量既然是无限的,就要求被设想为一个已经被扬弃的东西或一个不是定量的定量,同时**始终保留着它的量的规定性**。

这里我们引用一下康德对于那个规定的评价①。他发现,那个规定与人们所理解的"**无限的整体**"不一致:"按照通常的概念,一个大小,如

———————————————

① 参阅《纯粹理性批判》里第一个二律背反的正题的说明。——黑格尔原注

果在它之上不可能有更大的大小（也就是说，超出其中所包含的一个被给予的统一体的**数量**），它就是无限的。如今，没有任何数量是最大的数量，因为总是还能够附加上一个或者多个统一体。——这个概念与人们对于一个无限的整体的理解不一致，由此并没有表现出它有**多大**，从而它的概念也不是'**最大者**'概念（或'**最小者**'概念），而是由此仅仅思维了它与一个任意假定的**统一体**的**关系**，就这个统一体而言，它是大于一切的数。根据这个统一体被假定得更大或是更小，无限者也就更大或者更小；然而，无限性既然仅仅在于与这个被给予的统一体的**关系**，它就会总是保持为同一个无限性，哪怕整体的绝对的大小由此还根本不为人所知。"（《纯粹理性批判》第二版，第 458、460 页）

[284] 　　康德反对把无限的整体看作是一个"最大者"（Maximum）或一个被给予的统一体的一个**已完成的**数量。"最大者"或"最小者"（Minimum）看起来始终仍然是一个定量，一个数量。根据康德列举的后果，这类表象不可避免会导向一个更大的或更小的无限者。简言之，只要无限者被设想为一个定量，就总是会面临一个更大东西或更小东西的区别。只不过，这个批判并没有涉及真正的数学的无限者的概念，没有涉及"无限差分"（unendliche Differenz）的概念，因为"无限差分"不再是一个有限的定量。

　　反之，康德关于"无限性"的概念，即他所说的"真正的先验概念"，意思是说："在测量一个定量的时候，统一体的渐进**综合绝不可能已经完成**。"他假定，有一个一般地被给予的定量；这个定量应当通过统一体的**综合**而成为一个数目，成为一个被明确规定的定量，但这个综合绝不可能已经完成。很显然，这里所说的无非是一个无限进展，只不过被设想为一个**先验的**，真正说来主观的、心理学意义上的东西。诚然，自在地看来，定量应当已经完成，但是通过先验的方式，即在**主体**里（它把定量和一个统一体放在一个**关系**中），产生出来的仅仅是定量的一个未完成的、完全依附于彼岸世界的规定。因此，康德在这里完全止步于大小所包含的矛盾，同时把这个矛盾分摊给客体和主体，以至于前者只是处于受限状态，后者却必须超越它所把握的每一个规定性，走向恶劣的无限者。

234

但此前我们已经指出，数学的无限者，尤其是应用于高等分析的时候，它的规定是符合真正的无限者的概念的；现在，我们应当在一个更具体的发展过程里面把这两个规定整合起来。——首先，真正无限的定量　[285]已经把自己规定为一个**在其自身那里**就无限的东西；它之所以是这样一个东西，正如我们看到的，是因为有限的定量或一般意义上的定量、定量的彼岸世界、恶劣的无限者，都已经**以同样的方式**遭到扬弃。因此，已扬弃的定量已经返回到单纯性和自身关联，但不是仅仅成为一个外延的定量，因为外延的定量早就过渡到内涵的定量，后者仅仅**自在地**在一个外在的多样性那里具有它的规定性，同时应当和多样性漠不相关，且有别于多样性。真正说来，无限的定量在其自身那里首先包含着外在性，其次包含着外在性的否定；就此而言，它不再是某一个有限的定量，不再是一个把**定在**当作**定量**的大小规定性，而是一个单纯的东西，从而仅仅是一个**环节**；它是一个具有**质**的形式的大小规定性；它的无限性就在于作为一个**质的规定性**而存在着。——因此，作为一个环节，它与它的他者形成一个本质统一体，仅仅受它的这个他者所规定，也就是说，它只有在与一个与它处于**比例关系**中的东西相关联的时候，才具有意义。**离开这个比例关系**，它就是**零**，因为定量本身恰恰应当和**比例关系**漠不相关，同时无论如何应当包含着一个**直接的**、静止的规定。在比例关系里，它仅仅是一个环节，不是一个自为的漠不相关的东西；正因为它同时是一个量的规定性，所以它在作为**自为存在**的无限性里仅仅是一个**为"某一"**的东西。

无限者的概念在这里已经以抽象的方式展示出来，并且将会表明自己是数学的无限者的基础。只要我们把定量**当作一个比例关系环节**，由低到高考察其各个表现层次——在最低的层次上，定量同时仍然是定量本身，而在一个较高的层次上，定量已经意指并且表达出真正无限的大小——，那个概念本身就会更加清楚。

我们首先看看，**比例关系**中的定量，作为一个**分裂的数**（即分数），是什么情况。比如 $\frac{2}{7}$ 这个分数，就不是一个如同 1、2、3 等等的定量，它虽然是一个通常意义上的有限的数，但不是一个直接的、如同整数那样的　[286]

235

数,而是由**另外两个数**加以间接规定,这两个数互为数目和单位,而且单位也是一个已规定的数目。但是,如果抽离它们相互之间的这个更具体的规定,仅仅按照它们在当前的这个关联里作为定量的样子来考察它们,那么可以说,2 和 7 其实是漠不相关的定量;但是,由于它们在这里仅仅作为彼此的**环节**,随之作为一个第三者——即那个号称指数(Exponent)的定量——的**环节**而出现,所以它们不是直接作为 2 和 7 就有效,而是仅仅按照它们的**相互**规定性才有效。正因如此,人们同样可以用 4 和 14 或 6 和 21 等等替代它们,如此以至无限。换言之,它们在比例关系里开始具有一个质的特性。假若它们被当作纯粹的定量,那么在 2 和 7 那里,一个绝对地只是 2,另一个绝对地只是 7;至于 4 和 14,6 和 21 等等,则是某种绝对不同于 2 和 7 的东西,又因为它们全都只是直接的定量,所以前者不能取代后者的位置。但是,既然 2 和 7 按照规定性不能被当作直接的定量,那么它们的漠不相关的界限就被扬弃了;因此,从这个方面来看,它们在其自身那里就具有无限性这一环节,因为它们并非简单地不再是定量,毋宁说,它们的量的规定性保留下来,但表现为一个自在存在着的质的规定性(也就是说,取决于它们在比例关系里的值)。诚然,无限多的其他的数能够取代它们的位置,但按照比例关系所具有的规定性,分数的值不会有任何改变。

尽管如此,无限性在一个分数那里的呈现仍然是不完满的,因为分数的两方面,2 和 7,也可以脱离比例关系,成为通常的漠不相关的定量;2 和 7 之所以相互关联,是为了在比例关系中作为环节而存在,但这个关联对它们而言是某种外在的、漠不相关的东西。这个**关联**本身同样是一个通常的定量,即比例关系的指数。

普通算术运算所使用的**字母**,作为从数提升上来的第一种普遍东西,按照其属性而言并不属于一个已规定的数值;它们仅仅是每一个已规定的值的普遍符号和无规定的可能性。如此,分数 $\frac{a}{b}$ 看起来是无限者的一个更合适的表达式,因为 a 和 b 一旦脱离它们的相互关联,就始终是无规定的,而且在割裂的情况下也不具有一个特殊的、独特的值。——只不过,虽然这些字母被设定为无规定的大小,但它们的意义却在于,作为某一个有限的定量而存在着。它们虽然是普遍的表象,但仅仅属于一个**已规定的数**,既然如此,它们同样无所谓是否处于比例关系之中,而且在这个关系之外也保留着自己的值。

只要我们更仔细地考察比例关系所包含的东西,就会发现,比例关系本身就具有两个规定:**首先**,它是一个定量,**其次**,这个定量不是一个直接的定量,而是在自身那里具有一个质的对立;与此同时,它在这个对立里始终是那个已规定的、漠不相关的定量,因为它已经摆脱它的异在,摆脱对立,返回到自身之内,从而也是一个无限者。这两个规定在接下来的大家熟知的形式里,呈现为进一步发展起来的相互有别的东西。

分数 $\frac{2}{7}$ 可以表现为 $0.285714\cdots\cdots$,$\frac{1}{1-a}$ 可以表现为 $1 + a + a^2 + a^3 \cdots\cdots$。因此这是**一个无限的**序列;分数本身叫作这个序列的总和或**有限的表达式**。如果我们比较这两个表达式,就会发现,前者(即无限的序列)不再把分数呈现为一个比例关系,而是将其呈现为这样一个定量,后者是一定**数量**的相互添加的东西,是一个数目。——这里根本不用考虑,那些使分数成为数目的大小本身又是由一些十进制分数构成,亦即本身是由一些比例关系构成;因为这个情况所涉及的是这些大小的特殊类型的**单位**,而不是涉及那些构成**数目**的大小;这就好比,人们认定十进制体系的一个由众多符号构成的整数在本质上是一个数目,并不关心它其实是由一个数和"10"及其幂方的**乘积**构成的。同理,我们也不关心,除了这里所说的 $\frac{2}{7}$ 之外,是否存在着别的分数,以及它们成为十进制分数之后,是否提供一个无限的序列;但是,每一个分数都可以表现这个单位之外的其他单位的数的体系。 [288]

无限的序列应当把分数呈现为一个数目,现在,由于序列中的一个方面(分数作为比例关系)消失了,所以另一个方面(如之前指出的,分数**在其自身**就具有无限性)也消失了。但这个无限性已经通过别的方式渗透进来;也就是说,序列本身就是无限的。

现在,序列的无限性究竟属于什么类型,已经再清楚不过了;它就是恶劣的无限进展。序列包含着矛盾,呈现出矛盾,也就是说,某东西本来是一个比例关系,并且在这个关系里具有**质**的本性,但这个东西必须被表述为一个不在比例关系中的东西,被表述为一个单纯的**定量**或一个数目。相应的后果是,在序列表现出来的一个数目里,总是缺少某种东西,以至于人们必须不断超越已设定的东西,以便触及他们所要求的那个规定性。进程的发展是众所周知的;它就在定量的规定中(这个规定包含在分数里),就在形式的本性中(形式应当表现出这个规定)。如果人们**觉得有必要**,数目确实可以通过序列的推进而成为一个相当精确的东西;但这种表现依赖于序列的推进,因此始终只是一个**应当**;它依附于一个不可能被扬弃的**彼岸世界**,因为,把一个立足于**质**的规定性的东西表现为**数目**,乃是一个**恒久的矛盾**。

[289]   在这个无限的序列里,**非精确性**是一个现实的东西,但它在真正的数学的无限者那里仅仅作为假象而出现。这**两类数学的无限者**和两类哲学的无限者一样,绝不可以混淆起来。在把真正的数学的无限者呈现出来时,最初使用的是**序列的形式**,而这个形式在近代又死灰复燃了。但对于真正的数学的无限者来说,它并不是必然的;正相反,后面将会表明,无限序列的无限者在本质上有别于真正的数学的无限者。我们甚至可以说,无限序列比分数这一表达式更加低级。

也就是说,无限序列包含着恶的无限性,因为那个应当把序列表现出来的东西始终是一个**应当**,而它实际表现出来的东西,则是依附于一个不会消失的彼岸世界,并且**不同于那个应当被表现出来的东西**。序列之所以是无限的,不是因为有一些已设定的项(Glieder),而是因为它们是不完满的,因为那个在本质上属于它们的他者,却位于它们的彼岸世界;在无限序列里,无论有多少已设定的项,实际存在着的都是一个真正意义上的有限者或一个注定了的有限者,即这样一个东西,**它不是它应当所是的东西**。反之,这个序列的所谓的**有限的表达式**或总和,[亦即分数],却没有欠缺;分数完整地包含着序列徒劳寻求的值;彼岸世界已经从逃避之处被召回;"它所是"和"它应当所是"不是割裂的,而是同一个东西。

更确切地说，二者的区别在于，在无限序列里，**否定者**位于序列的诸项**之外**，这些项只有作为**数目**的部分，才出现在序列中。反之，在有限的表达式（即比例关系）里，**否定者**是内在的，表现为比例关系两端的**相互**已规定的存在，即一个已经回归自身的存在或一个自身关联的统一体，而作为否定之否定（比例关系的**两端**仅仅是**环节**），它**在自身内**具有**无限性** [290]这一规定。——因此，通常**所谓的总和**，$\frac{2}{7}$ 或 $\frac{1}{1-a}$，实际上是一个**比例关系**；至于这个所谓的**有限的表达式**，其实是真正**无限的表达式**。反之，无限**序列**真正说来其实是**总和**；它的目的在于，把那个自在地是比例关系的东西在总和的形式下呈现出来，至于序列里的项，则不是一个比例关系的项，而是一个集合的项。进而言之，无限序列其实是一个**有限的表达式**，因为它是一个不完满的集合，在本质上始终是一个有所欠缺的东西。从那些存在于序列中的东西来看，无限序列是一个已规定的定量，同时少于它应当所是的那个东西；这样一来，它所欠缺的东西也是一个已规定的定量；这个欠缺的部分，实际上就是那个在序列里号称无限者的东西，后者从单纯的形式方面来看，是一个欠缺的东西，是一个**非存在**，而从内容来看，则是一个有限的定量。只有当那些存在于系列中的东西再加上序列所欠缺的东西，才构成了分数这一已规定的定量，即序列**应当**是，却不可能是的那个东西。——"无限"这个词语，即使在无限的序列里，也被经常看作是某种崇高的、令人肃然起敬的东西；然而这是一种迷信，知性的迷信；人们已经发现，这个东西其实可以归结为"有缺陷"这一规定。

此外可以指出，有些无限序列是不能总和的，但对于一般意义上的序列形式而言，这仅仅是一个外在的、偶然的情况。相比能够总和的序列，那些无限序列包含着一个更高类型的无限性，即一个不可通约性或一种不可能性，也就是说，不可能把包含在序列中的量的比例关系（哪怕它是一个分数）呈现为一个定量；无论如何，序列具有的**序列形式**本身就包含着恶劣无限性这一规定，后者同样出现在一个能够得出总和的序列里面。

刚才在分数和分数的序列那里，我们已经看到了表达式的反转。但 [291]这个反转在另一种情况下也发生了，即人们把**数学的**无限者——这不是之前所说的,而是真正的数学的无限者——称作**相对的**无限者,反之把通常所谓的**形而上学的**无限者——这里指抽象的、恶劣的无限者——称作**绝对的**无限者。但实际上,这个形而上学的无限者仅仅是一个相对的无限者,因为它所表达出来的否定仅仅与一个界限相对立,以至于后者始终在它之外**持存着**,并未被它扬弃;与此相反,数学的无限者已经在自身内真正扬弃了有限的界限,因为界限的彼岸世界已经和它合为一体。

前面已经指出,无限序列的所谓的总和或有限的表达式,其实应当被看作是一个无限的表达式。正是在这个意义上,斯宾诺莎针对恶劣无限性的概念,提出了真正无限性的概念,并且用一些例子来加以解释。只要我把他的相关言论和我迄今的阐释结合起来,他的那个概念就会变得极其明白。

他首先把**无限者**定义为某一个事物的实存的**绝对肯定**,反过来把有限者定义为**规定性**或**否定**。也就是说,一个实存的绝对肯定必须被看作是这个实存的**自身关联**,而不是由于有一个他者;反之,有限者是否定,是一个终止,意味着与一个**在它之外**开始的**他者**的**关联**。诚然,一个实存的绝对肯定并没有穷尽无限性的概念;这个概念意味着,无限性是一个肯定,但不是一个直接的肯定,毋宁仅仅是一个通过从他者那里返回自身而得以重建的肯定,或者说否定之否定。但在斯宾诺莎那里,实体及其绝对统一体在形式上是一个不动的、亦即没有以自身为中介的统一体,是一个僵化的东西,在其中,尚未出现自主体(Selbst)的否定统一体的概念,尚未出现主体性。

[292]　　斯宾诺莎用来解释真正的无限者的数学例子(《书信集》之十二),是一个介于两个不相等的圆圈之间的空间,其中一个圆圈包含在另一个圆圈之内,但没有填满后者,而且二者不是同心的。① 他似乎非常看重这个

---

① 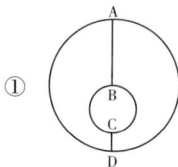 斯宾诺莎的具体说明和图示可参阅《斯宾诺莎书信集》,洪汉鼎译,

商务印书馆 1993 年版,第 53—54 页。——译者注

图示以及那个以图示为例的概念,甚至把它当作他的伦理学的座右铭。——他说:"数学家的推论是,那些能够在这样一个空间中出现的不相等是无限的,但这不是因为有无限**数量**的部分(因为空间的大小是**已规定的**和**有界的**,而且我可以随意设定更大的或更小的这样的空间),而是因为**事情的本性**超出了任何规定性。"——很显然,斯宾诺莎谴责那个把无限者想象为未完成的数量或序列的观念,并且提醒我们,在这个作为例子的空间里,无限者不是位于空间的彼岸,而是完整而真实地出现在这个空间里;这个空间是有界的,但它同时是一个无限者,"因为事情的本性超出了任何规定性",因为包含在其中的大小规定不可能同时呈现为一个定量,或用康德的那个术语来说,因为**综合**不可能完成为一个区间性的定量。——至于**延续的**定量和**区间性的**定量的对立究竟以什么方式导致无限者,这一点应当在下一个注释里面加以讨论。——斯宾诺莎把序列的那个无限者称作**想象中的无限者**,反过来把作为自身关联的无限者称作**思维中的无限者**或 infinitum actu [**现实的无限者**]。也就是说,后者之所以是**现实的无限者**,因为它是一个已经在自身内完成,并且真实地存在于我们眼前的东西。就此而言,序列 0.285714…… 或 $1 + a + a^2 + a^3$ …… 仅仅是想象中或意谓中的无限者,因为它不具有现实性,总是绝对地欠缺某些东西;反之,$\frac{2}{7}$ 或 $\frac{1}{1-a}$ 是**现实的**无限者,其中不仅有序列中的那些项,而且有序列所欠缺的东西,即序列**应当所是**的东西。与此同时,$\frac{2}{7}$ 或 $\frac{1}{1-a}$ 也是一个有限的大小,跟斯宾诺莎所说的介于两个圆圈之间的封闭空间及其不相等的部分没有什么不同,而且和这个空间一样,能够变得更大或更小。当然,这并不会导致"更大的无限者"或"更小的无限者"之类荒谬东西,因为整体的这个定量和它的环节的比例关系,和**事情的本性**(即质的大小规定)毫不相干;那**存在于无限序列中的东西**,同样是一个有限的定量,但除此之外仍然是一个有所欠缺的东西。——与此相反,**想象**始终止步于定量本身,却没有反思到质的关联,更不知道这个东西构成了眼前的不可通约性的根据。

在斯宾诺莎的例子里,不可通约性一般地包含着曲线的函数,从而更

[293]

241

加接近数学在这样的函数里,或一般地在**变量的函数**里已经引入的无限者。后者作为**真正的数学的无限者**,量的无限者,也被斯宾诺莎想到了。现在这个规定应当得到更深入的讨论。

首先,从**可变化性**(这里指的是那些与函数相关联的大小)这一如此重要的范畴来看,大小的可变化在意义上应当不同于在分数 $\frac{2}{7}$ 中,2 和 7 这两个数的可变化,也就是说,后者能够被 4 和 14、6 和 21 等如此以至无限的其他的数替代,同时并不改变那个在分数中已设定的值。同理,在 $\frac{a}{b}$ 里,a 和 b 也能够被任意的数替代,同时并不改变 $\frac{a}{b}$ 应当表达的东西。现在,只有当一个函数中的 x 和 y 也能够被无穷**数量**的数替代,在这个意义上,a 和 b 才和 x 和 y 一样,都是变量。正因如此,"**变量**"(veränderliche Größen)①这一表达式是一个非常含混的说法,而不幸的是,人们居然选择它来指代"**大小规定**"(Größenbestimmung),殊不知后者的旨趣和处理方式**完全不在于**大小的单纯的可变化性。

[294]

高等分析致力于研究一个函数的诸环节,而为了搞清楚这些环节的真正规定之所在,我们必须把经历过的层面明确地重新梳理一遍。在 $\frac{2}{7}$ 或 $\frac{a}{b}$ 里,2 和 7 各自都是自为地已规定的定量,而关联对它们而言不是本质性的;a 和 b 同样应当代表着一些即使位于比例关系之外也仍然不失为定量的定量。此外,$\frac{2}{7}$ 和 $\frac{a}{b}$ 也是一个固定的定量,一个商数;比例关系构成一个数目,分母表示数目的单位,分子表示这些单位的数目——或者反过来说,虽然 4 和 14 等等能够替代 2 和 7,但比例关系作为定量,始终是同一个东西。但是,比如在函数 $\frac{y^2}{x}$=p 里,上述情形就发生了根本变化;在这里,x 和 y 虽然能够作为已规定的定量而存在,但是并非 x 和 y,毋宁只有 x 和 y^2 具有一个已规定的商数。就此而言,**首先**,比例关系的**两端**,x 和 y,不是已规定的定量,**其次**,不仅如此,它们的**比例关系**也不是一个固定的定量(而且不像在 a 和 b 那里一样,**意味着**这样一个东西),不是一个固定的商数,毋宁说,商数**作为定量**,绝对是**可变化的**。但

---

① 这个概念的字面意思为"可变化的大小"。——译者注

之所以如此,唯一的原因在于,x 并非和 y 之间有一个比例关系,而是和 y 的**平方**之间有一个比例关系。大小和**幂方**的比例关系不是一个**定量**,而是在本质上是一个**质的**比例关系;**幂方比例关系**作为一个**背景**,可以被视为**基本规定**。——但在直线函数 $y = ax$ 里, $\frac{x}{y} = a$ 是一个普通的分数和商数;因此,这个函数仅仅**在形式上**是一个变量函数,换言之,x 和 y 在这里的情形和 $\frac{a}{b}$ 里的 a 和 b 是一样的,不需要按照微积分计算的规定来接受考察。——从微积分计算的角度看,鉴于变量的**特殊**本性,所以合适的 [295] 做法是,既为它们引入一个特殊的名称,也为它们引入另外一些**标记**,以区别于每一个有限的(已规定的或无规定的)方程式里的**未知量**的通常标记;因为,变量在本质上不同于方程式里的单纯的未知量,后者自在地看来,是完满地已规定的定量或特定范围内的已规定的定量。——同样,人们之所以用直线方程式之类一阶函数来处理单独的微分计算,原因仅仅在于,他们不知道是什么独特的东西构成了高等分析的旨趣,并且导致微分计算的需求和发明;此外,另一种误解也促成了这种形式主义,它以为,为了满足方法的**普遍化**这一自在正确的要求,应当抛弃那个需求所立足其上的**特殊**规定性,以至于这个领域里面仿佛只处理**一般意义上的变量**。实际上,假若人们知道,形式主义并不涉及变量本身,而是涉及**幂方规定**,他们在考察和处理这些对象的时候,早就会把形式主义弃之如草芥了。

数学的无限者还会以独特的方式出现在接下来的层次上。在一个方程式里(x 和 y 首先通过一个幂方比例关系而被规定和设定在其中),x 和 y 本身仍然应当意味着定量;现在,这个意味已经完完全全消失在一些所谓的**无限小的差分**里面。dx 和 dy 不再是定量,它们也不再应当意味着定量,而是仅仅在它们的关联中,**仅仅作为一些环节**,具有意味和**意义**。它们不再是**某东西**(即作为定量的某东西),不再是有限的差分;但它们也**不是无**,不是一个无规定的零。诚然,假若离开它们的比例关系,它们 [296] 就是纯粹的零,但它们只应当被看作是比例关系的环节,只应当被看作是微分系数 $\frac{dx}{dy}$ 的**规定**。

在无限者的这个概念里,定量真正完成为一个质的定在;它被设定为现实地无限的;它不是作为这个或那个定量而被扬弃,而是作为一般意义上的定量而被扬弃。但是,**量的规定性**,作为定量的**元素**,始终是本原,或如人们曾经说的那样,是处在**其最初概念**中的定量。

一切针对这个无限者的数学基本规定的攻击,还有一切针对微积分的数学基本规定的攻击,都是指向这个最初概念。正是数学家自己的错误观念,导致这个概念没有得到承认;但主要说来,这些争执的源头在于,人们没能论证对象就是**概念**。但正如前面已经指出的,数学在这里不可能回避概念;因为,只要数学去讨论无限者,就不再把自己限定在它的对象的**有限**规定性上面,而在纯粹数学里面,空间和数及其规定就是仅仅作为有限的东西而得到考察并相互关联;毋宁说,数学现在是把一个从别处拿来,并由它处理过的规定输入到**对立面的同一性**里面,比如把一条曲线变为一条直线,把圆圈变为多边形等等。也就是说,数学作为微积分所采用的运算,与单纯有限的规定的本性及其关联完全冲突,于是只能在**概念**里为自己辩护。

[297] 如果数学在讨论无限者的时候坚持认为,那些量的规定是一些随时消失的大小,即一个不再是定量,但也不是无,而是**与他者相对立的规定性**,那么,在存在和无之间没有一个所谓的**中间状态**,这似乎就是再清楚不过的了。——至于这个责难,还有所谓的中间状态,究竟是怎么回事,我们在前面讨论"转变"范畴的注释四里已经指出来了。无论如何,存在和无的统一体不是一个**状态**(Zustand);大致说来,状态是存在和无的一个规定,这些环节仅仅通过错误的思维而以偶然的方式落入其中,就好像落入一种疾病或外在感染一样;但实际上,唯有这个中项和统一体,这种消失或转变,才是它们的**真理**。

此外,人们曾经说过:"无限者**不可**与更大的或更小的东西**做比较**,因此,无限者和无限者之间不可能有一个比例关系,至于无限者的秩序和等级之分,也不可能像数学里的无限差分的区别一样出现。"——这个责难前面已经提到过了,它的一贯基础在于认为,这里谈论的**定量**应当是一些可供比较的定量,而且,只要诸规定不再是定量,相互之间就不再有比例关系。但实际上，那**仅仅**存在于比例关系中的东西，并不是定量；定量是这样一个规定，它在离开比例关系之后，就仅仅具有一个完全漠不相关的定在，无所谓是否有别于一个他者；反之，质的东西仅仅是一个存在于与他者的区别中的东西。因此，那些无限的大小不仅是可比较的，而且仅仅作为比较或比例关系的环节而存在着。

我在这里列举了数学关于这个无限者已经提出的一些最重要的规定；从中我们可以看出，它们的基础，即事情的思想，与这里已经得到发展的概念是一致的，只不过它们的原创者没有把这个思想作为概念而加以论证，而在应用它的时候，又不得不找来一些与他们的更好宗旨相矛盾的解决办法。[298]

没有人比牛顿更正确地规定了这个思想。在这里，我舍弃了那些属于运动和速度的观念——他把这个观念称作"流数"（Fluxionen）——的规定，因为这里出现的思想不再表现为一个抽象的东西，而是表现为一个具体的、与无关本质的形式混杂在一起的东西。牛顿宣称（《自然哲学的数学原理》第 50 节第 1 段，第 11 辅助命题之附释），他所理解的流数不是**不可分者**，而是一种随时消失的可分的东西。然而早期的数学家，比如卡瓦列里①等人，就使用了"不可分者"（Unteilbares）②这一形式，其中包含着一个**自在地已规定的**定量的概念。再者，流数不是已规定的部分的总和和比例关系，而是**总和**和**比例关系**的**界限**（limites）。有人反驳说，随时消失的大小不具有**最终的比例关系**，因为在它们消失之前，谈不上"最终的"，而在它们消失之后，又谈不上"比例关系"。但实际上，"随时消失的大小的比例关系"**不是**指一种在它们消失**之前**和**之后**存在着，而是指一种**和它们一起消失**（quacum evanescunt）的比例关系。同样，正在生成的大小的**最初比例关系**，也是和**它们一起**生成的。

牛顿只是按照当时的科学方法的水平，指出对一个术语应当作何理解；至于人们究竟将其理解为什么东西，真正说来，仅仅是一个主观的臆

---

① 卡列瓦里（Francesco Bonaventura Cavalieri, 1598—1647），意大利数学家。——原编者注

② 这个词语在字面上的意思等同于"原子"（Atom）。——译者注

测或连带着一个历史学的要求,而这并没有表明,这样一个概念自在且自为地就是必然的,并且具有内在的真理。尽管如此,以上引证毕竟表明,牛顿提出的这个概念与前面的阐述里通过对定量的反思而逐步产生出来的"无限的大小"是一致的。这是一些正在消失的大小,也就是说,它们不再是定量;此外,它们不是已规定的部分的比例关系,而是**比例关系的界限**。因此,不仅自为的定量(即比例关系的两端)应当消失,作为定量的关联关系也应当消失;大小比例关系的界限,就是意味着在那里,这种关系既存在着也不存在着;确切地说,在那里,定量已经消失,而保留下来的,只有比例关系(作为质的量比例关系)和比例关系的两端(作为质的量环节)。——牛顿补充道,从随时消失的大小的最终比例关系出发,并不能推出,存在着最终的大小或**不可分的东西**。否则的话,这仍然是从一个抽象的比例关系跳跃到比例关系的两端,仿佛两端作为"不可分者",作为某个与比例关系无关的单一体,在脱离相互关联的情况下本身仍然具有价值。

[299]

针对那个误解,牛顿亦提醒我们,**最终比例关系**不是**最终的大小**的比例关系,而是一些界限,那些可以无限减少的大小的比例关系比每一个**被给予的**(亦即有限的)区别更加接近这些界限,但不会逾越它们,否则自己就成为无。——正如之前所述,诚然,**最终的大小**本来可以被理解为一个"不可分者"或单一体,但是,在**最终比例关系**的规定里,无论是"漠不相关的单一体"或"与比例关系无关的东西",还是"有限的定量",所有这些表象都被清除了。因此,最终比例关系既不需要**无限的减少**(牛顿认为这种情况只会发生在定量身上,而且仅仅表达出一个无限进展),也不需要可分性这一规定,因为,假若被要求的规定已经把自己进而塑造为大小规定——它仅仅是比例关系的一个环节——的概念,可分性在这里就不再具有一个直接的意义。

至于**即使诸定量消失,比例关系仍然保留下来**,这一点(在别的地方,比如卡尔诺①的《关于微分计算的形而上学的反思》,1797)的表现在

[300]

---

① 卡尔诺(Lazare Nicolas Marguerite Carnot,1753—1823),法国政治家。——原编者注

于，**借助持续性法则**，随时消失的大小仍然保留着比例关系，哪怕它们在消失之前已经脱离这个关系。——这个观念**表达**了事情的真正本性，唯一的前提是，人们不要认为定量在无限进展里具有的持续性会一直延续到定量的消失中，以至于在定量的**彼岸世界**里，重新只是产生出一个有限的定量，即一个**新的序列项**；但是，一个**持续**的推进总是只能这样来设想，即它所经历的值仍然是一些有限的定量。反之，在那个向着真正的无限者的过渡里，比例关系是**持续**的；它是如此地**持续**并且保存自身，以至于过渡的目标在于，一方面把比例关系纯粹地提取出来，另一方面让那个与比例关系无关的规定消失，因为这个规定的意思是，定量作为比例关系的一端，即使脱离这个关联之后仍然是定量。——就此而言，所谓清除掉量的比例关系，无非是指**在概念上理解把握**一个经验的**定在**。通过这个方式，定在被提升到它自身之上，而它的概念也和定在本身包含着**同样的规定**，但这些规定如今是按照它们的本质性而被理解为概念的**统一体**，在其中，它们已经失去自己的漠不相关的、与概念无关的持存。

　　同样令人感兴趣的，是牛顿在阐述这里所说的大小时，采用的另一个形式，即"**能生产的大小**"或"**本原**"。与此相反，一个生产出来的大小（genita）既可以是一个乘积，或商数、方根、长方形、正方形等等，也可以是长方形或正方形的边长，——总之是一个**有限的定量**。"因为它被看作是可变化的，即在持续的运动和流动中增加或减少，所以他使用了'**暂时**'（Momente）这一名称，把它理解为暂时的（monentan）**增量**或**减量**。但 ［301］这些'暂时'不应当被理解为一堆零碎的已规定的大小（particulae finitae），后者本身不是'**暂时**'，而是由'暂时'**生产出来**的大小。实际上，这些'暂时'应当被理解为有限的大小的正在生成的**本原**或**开端**。"——在这里，定量本身就区分出两种情况：一种是作为产物或定在者，另一种是作为在它的**生成或转变**中，在它的**开端**和**本原**中，亦即在它的**概念**中，或者说在它的质的规定中的东西；在后一种情况下，各种量的区别，无限的增量或减量，仅仅是一些环节；只有生产出来的东西才是一个已经过渡到定在的漠不相关和外在性的东西,即定量。——如果说这些鉴于增量或减量而引入的关于无限者的规定必须得到那种以真正概念为旨归的哲学的承认,那么同时需要指出的是,"增量"之类形式本身是位于"直接的定量"和刚才提到的"持续的推进"等范畴之内;至于因为 x 的基础上有了 dx 或 i 等等,所以对此大谈**增量**、**增长**、增加之类观念,则必须被看作是方法里面的根本恶习,——必须被看作是一个恒久的阻碍,不让人们从通常的定量的观念里纯粹地提取出质的量环节的规定。

相比上述规定,**"无限小量"**①这一隐藏在增量或减量自身之中的**观念**,是一个落后得多的观念。按照这个观念,不但相比有限的大小,无限小量**应当忽略不计**,而且它们的较高秩序相比较低秩序,或多数的乘积相比个别的乘积,也**应当忽略不计**。以前的数学家在处理这些大小的时候,发明了这个方法,而在莱布尼茨那里,对于这种**忽略不计**的要求同样出现了,而且更加引人注目。无限小量的主要问题在于,它虽然给运算带来了方便,但却赋予这个运算以非精确乃至明显不正确的外貌。——沃尔夫的独特本领在于把事情通俗化,即把概念弄得混乱不堪,并用错误的感性观念取代其位置,而他也尝试过让无限小量变得通俗易懂。也就是说,他把忽略不计较高秩序和较低秩序之间的无限差分,比拟为一个几何学家的做法,后者在测量一座山的高度的时候,不会因为忽略风吹走了山顶的一粒沙子,其精确度就受影响,同理,他在计算月食的时候,也不会因为忽略了[地面上的]房屋和塔楼的高度,其精确度就受影响(见《普通数学原理》第一卷"数学分析原理",第二部分,第一章之附释)。

尽管普通人类知性容忍这样一种非精确性,但反过来,所有几何学家都在谴责这个观念。很显然,首先,数学科学里面绝不会讨论这种经验意义上的精确性,其次,数学测量立足于运算或几何学的构造和证明,因此完全不同于田野丈量,不同于对经验中的线条和形状等等的测量。即使不考虑这些,正如前面说过的,分析学家通过比较按照严格的几何学方法

[302]

---

① 这个概念的字面意思为"无限小的大小"。——译者注

和按照无限差分的方法而获得的结果,也指出,两种方法得出的结果是同一个东西,绝不会出现精确性的增加或者减少。不言而喻,一个绝对精确的结果不可能得自于一个不精确的方法。即便如此,从另一个方面来看,不管人们如何抗议前述论证方式,**任何方法本身**都避免不了那种忽略不计,因为有些东西确实是无足轻重的。正是由于这个困难,分析学家们致力于澄清这里包含的悖谬,并将其清除掉。 [303]

　　就这个问题而言,必须首先列出欧拉①的观点。由于他以牛顿的一般定义为基础,所以他坚持认为,微分计算所考察的是一个大小的**增量的比例关系**,而无限差分本身却必须被完全看作是**零**(《微分计算教程》,柏林 1755 年版,第一部分,第三章)。——如何理解这一点,前面已经谈过了;无限差分仅仅是定量的零,而不是一个质的零,确切地说,它作为定量的零,仅仅是比例关系的一个纯粹环节。它不是**多出一个大小**的区别;然而正因如此,一方面,把那些叫作"无限小量"的环节也称作增量或减量,并且称作**差分**,这无论如何不是一个妥当的做法。这个规定的根据在于,首先有一个有限的定量,接下来给它**增添**一点东西或从它那里**拿走**一些东西,而这就是加法或减法,一个**算术的**、**外在的**运算。至于从变量函数到它的微分的过渡,我们的看法是,必须把这个过渡看作是一个在本性上完全不同的东西,因为按照之前的讨论,它的意思是把有限的函数归结为一种质的比例关系,后者又是函数的量的规定之一。——另一方面,当人们说,增量本身就是零,于是我们只需考察它们的比例关系,这显然也是一个不妥当的做法,因为零根本不再具有任何规定性。诚然,这个观念可以一直走向定量的一个否定者,并且明确地将其说出来,但这个否定者并未同时包含着质的量规定的肯定意义,这些量的规定一旦离开比例关系,被当作定量,就仅仅是零了。——拉格朗日②(《解析函数理论》,巴黎 [304] 1797 年版,导言)对于"**界限**"或"**最终的比例关系**"等观念的看法是,如

---

①　欧拉(Leonhard Euler,1707—1783),瑞士数学家。——原编者注
②　拉格朗日(Joseph-Louis Lagrange,1736—1813),法国数学家,物理学家。——译者注

果人们能够很轻松地设想两个始终有限的大小的比例关系,那么,只要比例关系的项同时转变为零,这个关系就不会给知性提供一个清晰而明确的概念。——实际上,知性必须超越这个单纯否定的方面(即比例关系的项是作为定量的零),以肯定的方式把诸项理解为质的环节。——关于这个规定,欧拉(在前引书第 84 节以下)补充了一些说法,以图表明,两个所谓的无限小量虽然无非就是零,但相互之间仍然有一个比例关系,因此我们不是使用零的符号,而是使用别的符号来指代它们;然而这些说法实在不能令人满意。他希望通过算术比例关系和几何比例关系的区别来论证这一点;在前者那里我们关注的是差分,在后者这里我们关注的是商数,尽管前者相当于两个零之间的比例关系,但后者却绝非如此;假若 $2:1 = 0:0$,那么基于比例的本性,由于第一个项是第二个项的两倍大,所以第三个项也必须是第四个项的两倍大;因此按照比例,$0:0$ 应当被看作是 $2:1$ 的比例关系。——即使按照普通算术,也可以得知,如果 $n:0 = 0$,那么 $n:1 = 0:0$。——问题在于,正因为 $2:1$ 或 $n:1$ 是定量的比例关系,所以没有一个带着 $0:0$ 符号的比例关系与之对应。

我不想继续堆砌例证,因为以上考察已经足以表明,无限者的真正概念确实包含在那里面,只不过还没有按照其规定性而得到提炼和理解。所以,只要人们推进到运算本身,就不可能让真正的概念规定在其中发挥作用;毋宁说,有限的量的规定已经重新出现,而运算也不可能回避一个单纯**相对小的东西**的观念。计算必定会让所谓的"无限大小"遵从加法等通常的算术运算(这些运算是基于有限大小的本性),从而把它们当作某一瞬间的有限大小来处理。但是,计算本来应当为自己的以下做法加以辩护,即它凭什么一方面把无限大小贬低为有限大小,将其当作增量或差分来处理,另一方面把有限大小的形式和法则应用于无限大小,然后把后者当作定量而忽略不计?

[305]

关于几何学家为克服上述困难而做出的尝试,我再列举其中最主要的东西。

对于以上问题,古代的分析学家很少有什么顾虑;但近代人的努力目标主要在于,让无限者的计算重新获得**真正的几何学方法**的自明性,并且通过这个方法在数学里达到"**古人的严谨证明**"(这是拉格朗日的原话)。然而,既然无限者的分析原理在本性上高于有限大小的数学原理,那么这个分析就必须立即放弃对于**自明性**的追求,正如哲学也不可能要求具有一门以感性事物为对象的科学(比如自然史)所具有的那种清晰性,——正如相比思维和概念理解,吃吃喝喝总是一项更容易理解的事务。因此,接下来就只谈谈那种想要达到"古人的严谨证明"的努力。

许多人已经做出尝试,在完全抛开无限者的概念的情况下,掌握那些看起来必须使用这个概念的东西。——比如,拉朗格日就谈到了兰登① 发明的一个方法,并且对此评论道,它是完全分析的,不使用无限差分,而 [306] 是首先引入变量的**不同的值**,然后设定它们为**相等**。此外,他亦指出,这样一来,微分计算的独特优点,即方法简单、运算容易等,就失去了。——这个方法和笛卡尔的切线方法的基础颇有契合之处,而对于后面这个方法,我们接下来还会详谈。这里能够指出的,是一些显而易见且众所周知的情况:第一,那整个一套方法(即首先假定变量的不同的值,然后将其设定为相等)都是属于微分计算方法本身之外的另一个数学领域;第二,微分计算的现实的、具体的规定可以归结为一种单纯的比例关系,即推导出的函数与原初函数的比例关系,而这种关系的独特性(对此我们后面还会加以详细讨论)并没有得到强调。

近代人里的较老一辈,比如费马②、巴罗③等人,第一次在那个后来发展为微积分计算的应用里使用了"无限小"。后来的莱布尼茨及其追随者,包括欧拉,已经坚定地相信,可以忽略无限差分的乘积及其更高的幂方,其唯一的理由是,它们**相对于**较低的秩序而言已经**消失**了。唯有以此为基础,他们才提出那个**基本原理**,去规定什么东西是一个乘积或一个

---

① 兰登(John Landen,1719—1790),英国数学家。——原编者注
② 费马(Pierre de Fermat,1601—1665),法国数学家。——原编者注
③ 巴罗(Isaac Barrow,1630—1677),英国神学家和数学家。——原编者注

幂方的微分,也就是说,**他们的整个理论学说都可以归结为这一点**。除此
之外,一部分是发展的机械论,一部分是下面还会加以考察的应用,而这
[307] 个应用实际上是更高的,或更确切地说,唯一令人感兴趣的东西。——就
当前讨论的问题而言,这里只需举出一些初步的东西,也就是说,基于同
样的理由(即认为"无限小"是**无足轻重的**),人们也假定了曲线的一个基
本原理,即曲线的元素(横坐标和纵坐标的**增量**)之间的比例关系相当于
次切线和纵坐标的比例关系;为了获得相似的三角形,人们把弧线——它
使自己成为三角形的第三条边,补上过去那个名副其实的**典型三角形**的
两个增量——看作是一条直线,是切线的一部分,随之认为其中一个增
量达到了切线。这些假定一方面把那些规定提升到有限大小的本性之
上,但另一方面却把方法应用到现在所谓的无限环节身上,殊不知那个
方法仅仅适用于有限大小,而且不容许任何东西由于"无足轻重"就被
忽略不计。在这些处理方式里,方法所遭遇的巨大困难始终压在人们
头上。

这里可以提到牛顿的一个值得注意的手法(《自然哲学的数学原理》
第二卷,第二辅助定理,第七命题之后),——为了克服算术在求微分时
采取的错误做法(即把无限差分的乘积或无限差分的较高秩序忽略不
计),他发明了一个巧妙的技艺。他以如下方式发现了乘积的微分,从而
很轻松地推导出商数、幂方等等的微分。也就是说,对于 x 和 y,如果每
一方的无限差分都减小**一半**,那么它们就过渡到 $xy - \dfrac{xdy}{2} - \dfrac{ydx}{2} + \dfrac{dxdy}{4}$;
但是,如果让 x 和 y 同样增加一倍,那么它们就过渡到 $xy + \dfrac{xdy}{2} + \dfrac{ydx}{2} + \dfrac{dxdy}{4}$。现在,如果拿走这第二个乘积,$ydx + xdy$ 就成了盈余,而这
就是**增长一整个 dx 和一整个 dy 之后的盈余**,因为正是这个增长把两个
[308] 乘积区分开来;所以这就是 xy 的微分。——很显然,在这个处理方式里,
其主要困难在于 *dxdy* 这一项(即两个无限差分的乘积)自己就把自己清除
了。但是,如果不顾忌牛顿的鼎鼎大名,那么我们必须指出,这样一个运算
虽然是很基础性的,但仍然是错误的;也就是说,$\left(x + \dfrac{dx}{2}\right)\left(y + \dfrac{dy}{2}\right) -$

$\left(x - \dfrac{dx}{2}\right)\left(y - \dfrac{dy}{2}\right) = (x + dx)(y + dy) - xy$ 是错误的。我猜想，如果不是为了论证流数计算的重要性，否则一个像牛顿这样的人是不会蒙蔽于这样一个证明的。

牛顿在推导微分时使用的其他形式，涉及元素及其幂方的具体的、与运动相关联的意义。——他的杰出方面在于使用了**序列形式**，但我们很容易发现，任何人在任何时候都有权利通过添加更多的项而使大小达到**他所需要的那个精确性**，同时认为其忽略不计的都是**相对而言无足轻重的东西**，因此总的说来，结果仅仅是一个**近似**。然而上述理由是不能令人满意的，正如人们不可能基于一个粗俗的理由（即认为某些东西是微不足道的），就用近似的方法去解答高阶方程式，把那些更高的幂方——它们之所以出现，是为了替代给定的方程式里的每一个已发现的、但仍然不精确的值——忽略不计；对此可看拉格朗日《数字方程》（1798 年版），第 125 页。

牛顿的**错误**在于通过忽略不计那些具有本质意义的更高幂方来解决问题。这个错误给他的敌手们可乘之机，即用他们的方法去战胜他的方法。拉格朗日在其最新的相关研究（《解析函数理论》第三部分，第四章）中已经揭示出这个错误的真正起源，并且证明，那个工具的使用仍然包含着**流于形式的东西**和**不确切的东西**。拉格朗日指出，牛顿之所以犯了那个错误，是因为他忽视了序列的项，而项所包含的幂方才是解决问题的关键之所在。也就是说，牛顿执着于那个流于形式的肤浅原理，坚持要忽略不计那些相对而言微不足道的项。——众所周知，在**力学**里，一个运动的函数是在序列中展开的，而序列的诸项具有一个**已规定的意义**，即第一个项或第一个函数应当与速度环节相关联，第二个函数应当与加速力相关联，第三个函数应当与阻力相关联。就此而言，序列的项不应当仅仅被看作一个总和的诸部分，而是应当被看作**一个概念整体的质的环节**。这样一来，对于其余项（它们属于恶劣的无限序列）的**忽略不计**就获得了一个**完全不同的意义**，即不再是以那些项相对而言的微不足道为理由而把它

[309]

253

们忽略不计。① 牛顿的解决办法之所以犯了那个错误,**不是因为它把序列的项仅仅看作一个总和的诸部分**,而是因为它没有注意到,**项所包含的质的规定**才是解决问题的关键之所在。

在这个例子里,方法应当依赖于一个质的**意义**。就当前的联系而言,我们可以提出一个普遍的主张:假若人们不是采用形式主义的做法——即在给微分**起名字**的时候,才提出**微分**的规定,或在一个函数的变量得到**增长**之后,才提出这个函数和它的**变化**的一般区别——,而是指出原理的**质的意义**,并且使运算依赖于这个意义,那么原理的整个困难都将会被克服了。在这个意义上,当一个序列通过 $(x + dx)^n$ 的发展而表现出来,x^n 的微分就通过该序列的第一个项而表现为一个已经完全穷尽的东西。至于其余的项之所以没有得到考虑,并不是因为它们是相对而言微不足道的;——这里并没有预设一个非精确性,一个可以通过别的谬误而得到**抵消**或**改良**的错误或谬误;正是基于这个观点,卡尔诺为微分计算的通常方

---

① 拉格朗日在讨论直线运动的一章里把函数理论应用到力学身上时,用一个简单的方式把两个观点并列起来(《函数理论》第三部分,第一章,第四节)。已经过的空间被看作是已流逝的时间的函数,从而提供了 $x = ft$ 这一方程式;这个方程式作为 $f(t + \theta)$ 得到发展之后,就提供了 $ft + \vartheta f' t + \dfrac{\theta'^2}{2} f'' t +$ usw。于是,在时间里已经过的空间就通过这个公式呈现出来: $= \vartheta f' t + \dfrac{\theta^2}{2} f'' t + \dfrac{\theta^3}{2 \cdot 3} f''' t +$ usw。因为这个空间是借助运动而经过的,又因为分析的发展过程提供了许多乃至无限多的项,**所以**,可以说运动是由不同的局部运动**组合而成的**,而这些局部运动与时间相对应的空间,就是 $\vartheta f' t, \dfrac{\theta^2}{2} f'' t, \dfrac{\theta^3}{2 \cdot 3} f''' t$,如此等等。在已知的运动里,第一个局部运动在形式上是匀速的,其速度被规定为 $f' t$;第二个局部运动是均匀的加速运动,来自于一个与 $f'' t$ 成比例的加速力。"现在,既然其余的项**不是与单纯的、已知的运动相关联**,那么就没有必要特殊地**考虑**它们,而且我们将指出,按照运动的规定,人们在时间点的开端**把它们抽离**。"随后这一点确实被指出来了,当然,仅仅是通过**比较**如下两个东西:一个是各种序列(它们的项**全都**属于在时间中已经过的空间的**大小规定**),另一个是该书第一章第三节为落体运动提出的 $x = at + bt^2$ 这一方程式(其中只有这两个项)。然而这个方程式之所以获得这个形态,只是因为它预设了一个**解释**,将其**强加**在那些**通过分析的发展过程**而产生出来的项上。它所预设的是,均匀加速运动是由一个借助在之前的时间部分里得到的速度而持续推进的匀速运动和一个被指派给重力的增长($s = at^2$ 中的 a ,即一个经验系数)**组合而成的**,——这个区别绝不可能在事情的本性中具有任何实存或根据,而是仅仅以错误的物理学方式表达出那个在假定的分析处理过程中冒出来的东西。——黑格尔原注

法进行辩护。由于这里**不是**涉及一个**总和**，而是涉及一个**比例关系**，所以 ［311］
微分完全可以**通过第一个项**就被找到；即使它还需要更多的项，需要更高
秩序的微分，那么其规定也没有包含着作为**总和**的一个序列的延续，而是
包含着同一个**比例关系**的**重复**，而这个比例关系是人们唯一想要得到的
东西，并且**在第一个项**那里已经是**完满**的。因此，对一个**序列**及其总和的
形式的需要，还有与之联系在一起的东西，都必须与那种**对于比例关系的
兴趣**完全区分开。

　　卡尔诺为"无限大小"的方法作出的种种解释，包含着一些最为清楚
明白的东西，并且以最清楚的方式揭示出了那些出现在上述观念里的东
西。然而在过渡到运算本身的时候，或多或少都会出现那样一些通常观
念，即认为相比另外一些项而言，被忽略不计的项是无限地**微不足道**的。
实际上，卡尔诺对于那个方法的辩护，不是基于事情本身的本性，而是基
于"**结果是正确的**"这一事实，基于引入"**不完整的方程式**"——按照他的
说法，在这类方程式里，确实发生了一种在算术上不正确的忽略不计——
而为简化和缩短计算而带来的**便利**。

　　众所周知，拉格朗日重新捡起了牛顿的原初方法，即序列的方法，以
便克服"无限小"以及"最初和最终的比例关系和界限"等观念本身具有
的困难。他的函数计算在精密性、抽象性和普遍性等方面的优点已经得
到足够承认，而这里唯一需要指出的是，他的出发点是这样一条基本原
理，即差分虽然不会转变为零，**但可以被看作如此之小，以至于序列的每
一个项在大小上都超越了所有后续项的总和**。——此外，这个方法是从
函数的"**增长**"和"**差分**"等范畴开始，当函数的变量得到**增长**，就会出现 ［312］
原初函数的一个令人厌烦的序列；同样，在追溯这个序列的时候，那些可
以忽略不计的项只是由于构成一个**总和**，才得到考虑，至于为什么要把它
们忽略不计，则是基于它们的**定量**的相对性。因此，一方面，这里的忽略
不计并没有一般地返回到此前指出的那个出现在某些应用中的观点，即
序列的项应当具有一个已规定的、**质的意义**，而某些项之所以被忽略不
计，不是因为它们在大小上是无足轻重的，而是因为它们在质上是无足轻

重的;另一方面,这个忽略不计本身在一个根本重要的观点里也被抛弃了,而这个观点在拉格朗日那里,只有在涉及所谓的微分系数的时候,只有在所谓的计算**应用**里,才以明确的方式凸显出来,对此我们将会在下一个注释里加以更详细的讨论。

通过讨论所谓的"无限小"里的大小形式,**一般意义上的质的特性**已经得到证实。这个特性的最直接的出没之处,就是刚才提到的"**比例关系的界限**"范畴,而在计算中使用这个范畴已经被标记为一个独特的方法。拉格朗日对这个方法的评价是,第一,它在应用中并不方便,第二,"**界限**"这一说法没有提供一个明确的理念,如此等等;在这里,我们愿意接受其第二条评价,并且看看"界限"可以具有哪些分析的意义。"界限"观念确实包含着一个已经提到的真正范畴,即变量的"**质的**比例关系规定";因为,那些基于变量的形式,即 dx 和 dy ,无论如何应当仅仅被视为 $\frac{dy}{dx}$ 的环节,而 $\frac{dx}{dy}$ 本身应当被视为一个唯一的不可分的符号。这里不必

[313]

理睬,在这种情况下,对于计算的机理而言,尤其是在计算的应用中,它通过孤立微分系数的各方而得出的优点已经失去了。现在,那个界限应当是一个给定的函数的**界限**;——它应当在和这个函数相关联的时候,给出一个通过推导的方式而得到规定的值。然而,无论是借助于单纯的范畴,还是借助于这个注释里已经讨论过的东西,我们都不能进而揭示出,那个在微分计算中作为 dx 和 dy 而出现的"无限小"并非仅仅具有一个否定的、空洞的意义,即仅仅指一个非有限的、未给定的大小——好比"无限的数量"、"如此以至无限"之类说法——,而是具有一个已规定的意义,即指量的东西或一个比例关系环节本身的质的规定性。尽管如此,这个范畴和一个给定的函数之间尚且没有一个比例关系,而且它本身没有介入对于这个函数的处理,没有被用来在函数身上提出那个规定;在这种情况下,假若"界限"观念止步于这个通过它而得到证实的规定性,就不会推导出任何东西。然而"**界限**"这一说法本身就已经意味着,它是**某东西的**界限,亦即表达出了一个包含在变量函数中的值;而我们必须看看,界限的这个具体情况是怎样的。——它应当是两个**增量**之间的**比例关系**的

界限,人们假定这两个增量又**增长**了两个变量,这两个变量在一个方程式里相互联系在一起,其中一个被看作另一个的函数;在这里,"增长"被看作一般地无规定的,因此"无限小"没有用武之地。但是,首先,这个寻找界限的方法同样导致了其他方法也包含着的前后不一贯。这个方法是这样的:如果 $y = fx$,那么,当 y 过渡到 $y + k$, fx 就应当发生变化,成为 $fx + ph + qh^2 + rh^3 \cdots$,所以 $k = ph + qh^2 \cdots$,而 $\dfrac{k}{h} = p + qh + rh^2 \cdots$ 。 [314]

现在,如果 k 和 h 消失了,那么除 p 之外,第二个项也消失了,于是从现在起, p 是两个增长的比例关系的界限。可见, h 作为定量被设定为0,但与此同时, $\dfrac{k}{h}$ 不应当因此就是 $\dfrac{0}{0}$,而是应当保持为一个比例关系。"**界限**"观念提供了一个优点,就是拒绝这里出现的前后不一贯;与此同时, p 不应当是诸如 $\dfrac{0}{0}$ 这样的现实的比例关系,毋宁仅仅应当是一个已规定的值,比例关系可以**无限地接近**这个值,以至于**每一个后来的区别都能够小于前面给定的区别**。接下来我们要考察,对于那些真正应当彼此接近的东西而言,"**接近**"有什么更确定的意义。——诚然,相比任何一个给定的量的区别,不仅**能够**,而且**应当**有一个更小的已规定的量的区别,绝无例外,这一点本身是如此之清楚,如此之自明,可以说不亚于数学中的任何自明的东西;但这个情况仍然没有超越 $\dfrac{dy}{dx} = \dfrac{0}{0}$ 。反之,如果 $\dfrac{dy}{dx} = p$ 被假定为一个已规定的量的比例关系(事实上也的确如此),那么 $h = 0$ 这一预设就反过来处于尴尬之中,而只有通过这个预设,人们才找到 $\dfrac{k}{h} =$ p。但是,如果人们承认 $\dfrac{k}{h} = 0$ ——实际上,只要 h 等于0,那么 k 本身也等于0,因为从 k 到 y 的增长仅仅以 h 的增长为前提——,那么我们就得追问, p 作为一个完全已规定的量的值,究竟是什么东西?对此人们立即可以找到一个简单的、枯燥的答案,即它是一个系数,是通过推导而产生出来的,——是原初函数通过一个确定的方式推导出来的第一个函数。如果人们满足于这个答案,正如实际上拉格朗日**事后**也对此感到满足那样,那么可以说,微分计算科学的普遍部分,紧接着还有它的这个形式本身(所谓的**界限理论**),就摆脱了增长,随之摆脱了增长的无限的或任意的小,摆脱了那样一个困难,即除了第一个项(或更确切地说,第一个项 [315]

257

的系数)之外,必须再次把序列里通过引入那些增长而不可避免会出现的其他项忽略不计;除此之外,与之相关联的,首先是"无限者"、"无限接近"等形式上的范畴,然后是"延续的大小"①等在这里同样空洞的范畴,还有人们通常认为必不可缺的**一个变化**的"**目标**"、"**转变**"、"**时机**"等范畴,也被清除了。但这样一来,人们有必要指出,p 除了具有一个在理论上能够令人满足的枯燥规定(即它无非是一个通过二项式的发展过程而

[316]

推导出来的函数)之外,还有什么**意义**和**价值**,即对以后的数学需求而言,还有什么**关联**和**用处**;这些应当是下一个注释处理的问题。——这里接下来讨论的,是人们由于经常使用上述"**接近**"观念而已经带来的混乱,而人们之所以使用这个观念,还是为了理解把握迄今我们一直讨论的比例关系的真正的、质的规定性。

我们已经指出,第一,所谓的"无限差分"表达了作为定量的比例关系两端的消失,第二,剩余下来的东西,即它们的量比例关系,是一个纯粹的东西,因为它是以质的方式得到规定;在这个过程中,质的比例关系并没有消失,毋宁说,它恰恰是那个通过有限大小之转化为无限大小而得出的结果。正如我们看到的,事情的整个本性就在于这个地方。——因此,比如在**最终比例关系**里,横坐标和纵坐标的定量就消失了;然而这个比例关系的两端在本质上始终分别是横坐标的元素和纵坐标的元素。由于人

---

① "**延续的大小**"或"**流动的大小**"等范畴是通过考察**外在的**和**经验的**大小变化而确立下来的,而这些大小通过一个方程式而具有一个互为函数的关联;但是,既然微分计算的科学对象是某一个(通常通过微分系数而表达出来的)比例关系,而这个规定性又可以被称作**法则**,那么对于这个特殊的规定性而言,单纯的延续性从一个角度看来已经是一个陌生的方面,而从另一个角度来看无论如何都是一个抽象的、在这里可以说空洞的范畴,因为它除了表达出延续性法则之外,没有表达任何别的东西。——至于这里最终会出现怎样一个流于形式的定义,可以参看我尊敬的同事狄尔克森教授[Enno Heeren Dirksen,1792—1850。柏林大学数学教授]关于微分计算的演绎的基本规定而作出的敏锐而全面的阐述,这个阐释同时批评了最新的几部关于微积分的著作,并且发表于《科学批判年鉴》(1827)第 153 号以下;他在该年鉴第 1251 页甚至引用了这样一个定义:"一个**持续的**或**延续的**大小,即延续物,是人们在转变状态下想到的每一个大小,**而且是这样**,即这个转变不是以**跳跃的方式**,而是通过**不间断的推进**而发生的。"但很显然,这仅仅是关于**被定义者**的一个同语反复。——黑格尔原注

们在想象中让一个纵坐标**无限接近**另一个纵坐标，所以之前区分开的纵坐标就过渡到另一个纵坐标，而之前区分开的横坐标也过渡到另一个横坐标；但就本质而言，纵坐标不会过渡到横坐标，横坐标也不会过渡到纵坐标。如果要继续使用变量的这个例子，那么可以说，纵坐标的元素不应当被看作**一个纵坐标和另一个纵坐标的区别**，毋宁说，它作为区别或**质的大小规定**，是与**横坐标的元素**相对立；**一个变量的本原和另一个变量的本原之间有一个比例关系**。由于区别不再是有限大小的区别，也就不再是一个在自身内部多样化的东西；它已经消融为一个单纯的内涵，消融为一个质的比例关系环节针对另一个质的比例关系环节而具有的规定性。 [317]

但是，事情的这个状况之所以被弄得云里雾里，是因为所谓的"元素"（比如纵坐标的元素）被理解为**差分**或**增量**，以至于它仅仅是一个纵坐标的定量和另一个纵坐标的定量之间的区别。就此而言，**界限**在这里并不意味着比例关系；它仅仅被当作最终的值，另一个大小能够按照人们的意愿以同样的方式不断接近它，以至于几乎和它没有区别，于是最终的**比例关系**成了**相等**比例关系。所以，无限差分就是一个定量与另一个定量的游移不定的区别，至于质的本性（它使 dx 在本质上不是针对 x ，而是针对 dy 而有一个比例关系规定），则是退回到观念中。人们希望 dx^2 在 dx 面前消失，但实际上是 dx 在 x 面前消失，而这其实意味着，它**仅仅和 dy 有一个比例关系**。——几何学家在阐述这些问题的时候，主要目的是想**解释**一个大小如何**接近**其界限，以及定量与定量的区别如何既是一个区别，又不是一个区别。但不管怎样，"接近"这一范畴本身没有说出任何东西，也没有解释任何东西；dx 已经把"接近"抛在身后，它既不是近的，也不是一个更近的东西；所谓"无限的近"本身不过是对于临近和接近的否定。

从现在已经发生的事情来看，增量和无限差分仅仅是从定量的方面得到考察——后者已经在前两者中消失——，仅仅被看作定量的界限，而在这种情况下，它们就被理解为一些**与比例关系无关**的环节。由此会得出一些错误的观念，以为在最终的比例关系里，可以把横坐标和纵坐

[318] 标——或者正弦、余弦、切线、反正弦以及一切别的东西——设定为相等。乍看起来,如果把弧线当作一条切线来处理,这个观念是合适的;因为,**弧线**也是不能用一条**直线**来**通约**的,而且它的元素就**质**而言本来就不同于直线的元素。相比混淆横坐标和纵坐标、余弦和正弦等等,看起来更荒谬和更不能让人接受的,是 quadrata rotundis [圆的正方形]之类东西,或把弧线的一个无限小的部分当作一段切线,从而当作直线来处理。——只不过,这个处理方法和刚才谴责的那个混淆有着本质上的区别;它的正当性在于,无论是把一条弧线的元素及其横坐标和纵坐标的元素当作三角形的三条边,还是把弧线的那个元素当作一条直线(即切线)的要素,在这两种情况下,都是**同一个比例关系**;那些**角**——它们构成一个**本质性的比例关系**,也就是说,即使抽离诸元素本应具有的有限大小,诸元素之间仍然是同一个比例关系——也是同样的一些角。对此人们也可以说,那些无限小的直线已经过渡到曲线,而它们在其无限性中的相互比例关系是曲线比例关系。按照其定义,直线是两点之间的**最短距离**,既然如此,它与曲线的区别就是基于**数量规定**,基于那个能够以这个方式区分开的东西的**较小数量**,而这就是一个关于**定量**的规定。但是,就直线被看作内涵的大小、无限的环节、元素而言,这个规定已经消失了,相应地,它和曲线的区别,作为一个仅仅基于定量区别的区别,也消失了。——因此,作为无限的东西,直线和弧线之间没有保留量的比例关系,从而(根据那个已知的定义)也没有保留质的差异性,毋宁说,直线已经过渡到弧线。

[319]   以上做法在于断定那些异质的规定是相等的;与之相似,但又有所不同的,还有一个本身无规定的、完全无关紧要的假设,即认为同一个整体的**无限小的部分**是彼此**相等的**;然而,一旦把这个假设应用于一个在自身内异质的对象(也就是说,这个对象的大小规定在本质上是一个不均匀的东西),它就会导致一个包含在高等力学命题中的独特反转。这个命题认为,在**相等的**、且无限小的时间里,一条曲线的无限小的部分是在**匀速运动**中经过的;与此同时它又认为,借助这个运动,在相等的、**有限的**、亦即实存着的时间部分里,经过了曲线的**有限的**、亦即实存着的、**不相等**

的部分,也就是说,这个实存着的运动是、并且被认为是一个非匀速的运动。这个命题用文字表达了一个分析项应有的意味,这个项是在一个公式的上述发展过程中产生出来的,而公式所涉及的对象,则是一个非匀速的、此外又符合法则的运动。早期的数学家试图用文字和命题表达新发现的微积分计算——它始终都是和具体对象打交道——的结果,并且用几何学图表将它们呈现出来,而这些做法的根本目的,是为了按照通常的证明方式把它们当作定理来使用。分析的处理方法把一个对象(比如运动)的**大小**分解为一个数学公式里的诸项,而这些项在那里获得了一个**对象**的意义,比如可以指代着速度、加速力等等;它们应当按照这些意义而提供正确的命题和物理法则,而按照分析的联系,它们的客观的联结和比例关系也应当得到规定,比如,恰恰是在一个均匀加速的运动里,存在着一个特殊的、与时间成比例的速度,但除此之外,总是还要加上重力的增长。这类命题在力学的现代形态亦即分析的形态里,总是被当作计算 [320] 的结果而加以引用,但人们既不关心它们本身是否具有一个**实在的**意义(即与一个实存相符合的意义),也不关心这个意义的证明;如果某些规定确实具有实在的意义,那么,要解释它们的联系,比如从那个绝对均匀的速度到一个均匀的加速度的过渡,就是一件困难的事情,但人们认为,分析的处理方法已经完全克服这个困难,因为根据这个方法,它们的联系就是运算如今的固定权威的单纯结果。人们宣称,科学的一个重大胜利在于通过单纯的计算就**超越了经验**,并且找到了实存的一些法则或命题,哪怕它们本身并不具有一个实存。然而在微积分计算最初的幼稚时期,人们应当借助于几何学图标而赋予那些规定和命题以一个实在的、自足的意义,使其令人信服,并且在这个意义上用它们来证明那些关键的主要命题(此处人们可参看牛顿在《自然哲学的数学原理》第一卷第二部分第一命题对他的万有引力理论的基本原理的证明,并且将其与舒伯特①的《理论天文学》第一版[莱比锡,1798 年版]第三卷第 20 节做比较,在后

①　舒伯特(Friedrich Theodor von Schubert,1758—1825),德国天文学家。——译者注

者那里,作者承认,在证明的关键之处,事情本身并不是像牛顿所假定的那样**精确**)。

不可否认的是,在这个领域里,人们主要是借助于"无限小"这一烟幕弹而坦然地把许多东西当作证明,而他们这样做的唯一理由,就是任何结果都始终是事先已知的,而这样安排得出的证明,至少制造出了**一整套证明的假象**——直到现在,人们仍然觉得这个假象胜过单纯的信仰和那些来自于经验的知识。但我毫不犹豫地认为,这种手法完全是一个单纯的鬼把戏,是一种挂羊头卖狗肉冒充证明的东西。甚至牛顿的证明,尤其是刚才提到的他那些说法,也可以归入其中,而人们居然依据这些东西就把牛顿吹捧上了天,甚至把他放到开普勒的头上,究其原因,无非是牛顿以数学的方式"证明"了开普勒**仅仅通过经验**而发现的东西。

[321]

人们制造出这一套空洞的"证明",去证明物理法则。但数学根本没有能力去证明物理学的大小规定,因为后者是一些立足于诸环节的**质的本性**的法则;理由很简单,因为数学不是哲学,**不是从概念**出发,而且质的东西也不是通过辅助定理而得自于经验,因此位于数学的层面之外。有些人宣称,数学的**尊荣**在于一切数学命题都应当得到**严格的证明**,而这个说法让数学经常忘记了自己的界限;曾几何时,人们认为,只要承认**经验**是**经验命题**的源泉和唯一证明,就冒犯了数学的尊荣;后来的时间里,相关意识已经变得更有教养;但是,只要人们还没有清楚地意识到那个区别,即什么东西是数学可以证明的,什么东西只能取自别的地方,以及,什么东西仅仅是分析发展过程的项,什么东西是物理的实存,那么科学性就不可能把自己提升到一个严格的和纯粹的态度。——毫无疑问,牛顿的那一套证明,还有他的另外一座由**光学实验**和相关的**推论**搭建起来,却没有根基的辉煌大厦,都将遭到同样的公正审判。应用数学仍然是一堆由经验和反思构成的大杂烩;但是,正如长久以来,**事实上**牛顿的光学已经一部分接着一部分在科学里遭到无视,哪怕有点出人意料的是,剩余的那些与科学相矛盾的东西仍然保留下来,——同样,那些虚假证明的一部分已经自行沉入忘川或被别的证明取代,这也是一个**事实**。

[322]

注释二：从微分计算的应用推导出微分计算的目的

在前面的注释里，部分考察了微分计算中使用的"无限小"的概念规定性，部分考察了这个概念规定性之所以引入微分计算的原因；二者都是抽象的，因此本身都是很容易的；至于所谓的应用，则是既表现出更大的困难，也表现出更有趣的一方面；这个具体方面的元素应当是现在这个注释的讨论对象。——微分计算的整个方法都在如下这个命题里交代完毕了：$dx^n = nx^{n-1}dx$，或 $\dfrac{f(x+i) - fx}{i} = P$，也就是说，$P$ 是按照 dx 或 i 的幂方而展开的二项式"$x+d, x+i$"的第一个项的**系数**。[除此之外，]人们不需要学习更多的东西；随后的各种形式，比如一个乘积或一个指数大小的微分，都可以以机械的方式从中推导出来；只需要一点点时间，或许半个小时，人们就能够掌握整个理论，因为只要找到微分，就可以反过来通过它们而找到原初函数，亦即积分。真正耗费时间的，是为了认识并且理解如下问题而必须付出的努力：也就是说，诚然，第一个**情况**的任务在于**找到那个系数**，其办法是首先让变量通过一个增长而获得二项式的形式，然后按照分析的、亦即完全算术的方式，通过变量的函数的发展而找到那个系数；但是，在第一个情况轻松搞定之后，**第二个情况**，即在一个正在产生的序列里，除了起初的项之外，其余的项必须被忽略不计，也应当具有其正确性。假若人们仅仅需要那个系数，那么正如之前所述，人们可以借助系数的规定在半小时以内就处理完一切涉及理论的东西，至于把序列的其余的项忽略不计，这件事情不构成任何困难，因为这里并没有把它们当作序列的项来讨论（它们作为第二、第三个函数等等，其规定同样已经伴随着第一个项的规定而交代完毕），因为这里的事情跟它们毫不相干。[323]

这里可以预先指出，显而易见，微分计算的方法不是为着它自己而被发明和建立的；人们不仅违背它的本性而把它确立为另一种分析方法，而且他们的那种粗暴做法更是完全违背了一切数学原理。也就是说，他们不由分说地断定，那些在一个函数的发展过程中产生出来的项——这里已经假定,这个发展过程的**整体完整地**隶属于**事情**,因为事情被看作是一个变量(其在形态上已经是二项式)的已发展的函数与原初函数的**区别**——可以忽略不计。人们需要一种分析方法,而这种方法本身又缺乏论证,这些情况立即表明,其源头和基础必定在于别的什么地方。在别的科学中也曾经发生过这样的事情,即人们从一开始就把某些东西确立为基础性的东西,然后从中推导出科学的各种命题,但那些东西并不是自明的,而且它们的理由和基础反而取决于后来的东西。微分计算的历史进程表明,在各种所谓的切线方法里,其出发点基本上都是一个**仿佛位于人工制品中的事情**;只有当方法被应用于更多对象之后,人们才自觉地把它的处理方式纳入一些抽象的公式,进而试图把这些公式也提升为**原理**。

[324]　　我们已经指出,诸定量首先被设定为一些相互具有比例关系的定量,而它们的**质的**量规定性,就是所谓的"**无限小**"的概念规定性;与此相联系的是一种经验研究,即在一些关于"无限性"(就其被假定为无限差分或类似东西而言)的描述或定义中,去证实这个概念规定性。——这件事情只有出于对抽象的概念规定性本身的兴趣才会发生;接下来的问题大概是,这个概念规定性如何过渡到数学的形态和应用。为了澄清这一点,首先,人们必须继续考察理论的东西,即概念规定性,而它本身将会表明自己并不是一无是处的;其次,人们必须考察它和应用的关系,并且就当前的讨论范围而言在二者那里证实,一般的结论不但符合微分计算的目的,而且符合微分计算的处理方式。

　　首先有必要提醒的是,数学里讨论的概念规定性所具有的那个形式,已经被顺带提出来了。量的东西的质的规定性最初是在一般意义上的量的**比例关系**里揭示出来的;但在验证各种所谓的计算方法的时候(参看相关注释[边码 234 以下]),我们已经预见到,正是在那个后来应当在其独特位置而得到考察的**幂方比例关系**那里,只要把数的各个概念环节(即单位和数目)当作相同的东西,数就被设定为一个已经回归自身的数,从而在其自身就获得了"无限性"或"自为存在"(即一个自己规定自己的存在)这一环节。相应地,正如同样已经提醒过的,那个明确表达出来的质的大小规定性就在本质上与各种幂方规定相关联，而且，既然微分计算的独特之处在于使用质的大小形式来运算，那么它的独特的数学对象就必定是幂方形式的处理方式，而微分计算的全部任务及其解决都表明，幂方规定的处理方式是唯一令人感兴趣的东西。 [325]

　　尽管这个基础是如此之重要，并且立即把某些东西置于顶端位置，不但用其替代"变量"、"延续的大小"、"无限的大小"等纯粹流于形式的范畴，而且替代一般意义上的函数，但它还是太空泛了；其他运算同样也在做这些事情；无论是提升到幂方和方根，还是处理指数大小和对数、序列、高阶方程式等等，其唯一令人感兴趣并为之付出努力的东西，都是一些基于幂方的比例关系。无疑，它们必须合在一起构成一个幂方处理方式的体系；但是，在各种比例关系里，究竟哪一个能够包含幂方规定，究竟哪一个是微分计算的真正对象和唯一兴趣之所在，这些关键必须取决于微分计算本身，也就是说，取决于微分计算的所谓的**应用**。实际上，这些应用就是事情本身，就是数学在解决一定范围内的问题时采用的现实方法；这个方法比理论或普遍的部分更早出现，只有当它与一个后来创立的理论——后者一方面企图给它提出一个普遍的方法论，另一方面企图给它提供原理（即论证）——相联系，才被称作"应用"。但是，我们在前一个注释里面已经指出，无论是给方法的迄今理解方式找出一些原理，指望它们真正解决其中出现的矛盾，还是仅仅以某些东西虽然对数学方法来说是必要的，但在这里却是无足轻重的为例，将这个矛盾忽略不计，或者以有可能无限接近或随意接近这样一个东西为借口，以图谅解或掩盖这个 [326] 矛盾，这些全都是白费力气的操劳。假若我们能够在迄今的做法之外另辟蹊径，从数学的现实部分亦即所谓的"微分计算"里抽取出方法的普遍因素，那么，那些原理和那些与之相关的操劳都可以省省了，更何况它们本身就表明自己是某种歪斜的、恒久地处于矛盾中的东西。

　　只要我们直接接受那些现成地包含在数学的这个部分里的东西，然后去探究其独特之处，我们就会发现：

　　（1）对象是一些方程式，在其中，任意数目的大小（一般而言，我们可以在这里始终以数目"二"为限)结合成这样一个规定性整体，**首先**，就像一个方程式那里通常发生的那样，这些大小先是以作为固定界限的**经验大小**为自己的规定性，然后以它们与经验大小的联系方式和它们自身之间的联系方式为自己的规定性；但是，由于两个大小只有**一个**方程式(虽然相对而言，更多的大小有更多的方程式，但方程式在数目上终归少于大小)，所以这些方程式属于**无规定的**方程式。**其次**，这些大小在这里之所以具有自己的规定性，是因为它们(至少它们中的一个)在方程式里处于一个比最初的**幂方更高**的幂方。

此处还需要补充几句。第一，按照刚才所说的第一个规定，大小的唯一特性在于，它们是那些出现在**无规定的**分析任务中的**变量**。它们的值是未规定的，但其特点在于，如果从别的地方得出一个完满已规定的值，也就是说，如果一个大小获得一个数值，那么另一个大小也得到规定，所以一个大小是另一个大小的**函数**。因此，正如之前说过的，"变量"、"函数"之类东西的范畴，对于这里讨论的特殊的大小规定性而言，仅仅是**流于形式的**，因为它们来自于这样一个普遍性，其中尚未包含着微分计算唯一感兴趣的特殊东西，自然不可能通过一种分析而从自身中展示出这样的东西；它们本身是一些单纯的、无足轻重的、轻松的规定，只有当人们把那个原本不属于它们的东西(即微分计算的特殊规定)放置到它们里面，以便随后将其从中推导出来，它们才会带来困难。——第二，至于所谓的**常数**，那么可以说，它首先是一个无关紧要的经验大小，同时仅仅在经验定量方面规定着变量，表现为变量的最小值和最大值的界限；但是，对于特殊函数(即这些大小)的本性而言，常数和变量的联系方式本身就是诸多环节之一。反过来，常数本身也是函数；比如，如果一条直线的意义在于作为一条抛物线的**参数**而存在，那么它的这个意义就在于，它是函数 $\frac{y^2}{x}$；正如在二项式的一般发展过程里，如果常数是第一个发展项的系数，那么它就是诸方根的总和，而如果它是第二个发展项的系数，那么它就是两个方根与两个方根的乘积的总和，如此等等，因此一般说来，这些常数就是诸方根的函数；在积分计算里，如果常数是由一个已知的公式所规定

[327]

266

的,它就被当作这个方程式的一个函数来处理。接下来,我们将按照另一个规定,不再把那些系数看作是函数,但函数在具体东西里的意义恰恰是唯一的兴趣之所在。

那个把微分计算中的变量考察和无规定的任务中的变量考察区分开的独特东西,已经在前面指出来了,也就是说,在那些大小里,至少有一个或干脆全都处于一个比最初的幂方更高的幂方,而在这种情况下,那些大小究竟是否全都处于同一个更高的幂方,还是处于不同的幂方,这仍然是无关紧要的;它们之所以在这里具有一个特殊的无规定性,原因仅仅在于,它们**在这样一个幂方比例关系里**是互为**函数**的。这样一来,变量的变化就被规定为**质的东西**,从而是**延续**的,而这个延续性——它本身仍然仅仅是一个流于形式的范畴,比如"**同一性**"、"在变化中保留下来的、保持等同的规定性"——在这里具有它的已规定的意义,或者也可以说,延续性仅仅在幂方比例关系里具有它的已规定的意义,因为幂方比例关系不但把定量当作自己的指数,而且构成了变量的比例关系的**非量的**、恒久的规定性。所以,针对另一种形式主义,还需要指出,第一个幂方只有在与更高幂方的比例关系里才是幂方;本身而言,x 仅仅是某一个无规定的定量。所以,去求直线方程式 $y = ax + b$ 或绝对均匀的速度 $s = ct$ 本身的微分,根本没有意义;如果 $y = ax$ 或 $y = ax + b$ 转变为 $a = \dfrac{dy}{dx}$,或 $s = ct$ 转变为 $\dfrac{ds}{dt} = c$,那么同样可以说,$a = \dfrac{y}{x}$ 是切线的规定,或 $\dfrac{s}{t} = c$ 是绝对速度的规定。后者作为 $\dfrac{dy}{dx}$ 的指数,处于均匀加速运动的发展过程的**联系**中;但是,正如早先指出的,以为有一个单纯的、绝对均匀的、亦即不受运动的某一环节的更高幂方所规定的速度,而且以为这个速度会出现在均匀加速运动的体系里,这些本身是一个空洞的、仅仅墨守成规的假设。既然这个方法的出发点是变量应当承受的增长,那么变量作为第一个幂方的函数,当然也能够承受一个增长;在这个基础上,为了找到微分,如果必须区分由此产生出来的第二个方程式和已知的方程式,那么运算就表现为一个空虚的东西,因为正如已经指出的,无论是对于所谓的增长而言,还是对于变量本身而言,方程式在运算

[328]

[329]

之前和之后都是同一个方程式。

（2）通过以上所述，有待处理的方程式的本性已经得到规定，而现在需要指出，方程式是基于**什么兴趣**而得到**处理**。这个考察只能提出一些众所周知的结果，即那些在形式上尤其遵循拉格朗日的理解而得出的结果；但我已经把这个解释置于如此基础的地位，以便把那些与之混杂在一起的异质规定清除掉。——就已知类型的方程式的处理而言，其基础在于，把位于**自身内部**的幂方理解为一个比例关系，理解为**比例关系规定的一个体系**。幂方在前面已经被表述为数，因为按照之前的证明，它的变化**是通过它自己而规定的**，它的两个环节（单位和数目）是同一的，——它首先在平方中是完满的，然后在更高的幂方里是更形式的（这一点无关宏旨）。现在，既然幂方作为**数**——如果人们觉得"**大小**"这个说法胜过那些更一般的说法，那么它**自在地**始终是数——是一个**数量**，并且呈现为一个总和，那么人们当然可以首先在它内部把它分解为任意数量的数，而这些数对彼此而言和对它们的总和而言，都只有一个规定，即它们加起来等于这个总和。然而幂方也可以通过除法而成为这样一些差分的**总和**，它们是由**幂方的形式**规定的。如果幂方被看作总和，那么总和的基数，即方根，也可以被理解为总和，并且可以任意分解为杂多东西，而这些杂多东西就是无关紧要的经验的量的东西。方根应当是总和，当这个总和回溯到它的单纯规定性（即它的真正的普遍性），就是**二项式**；对于项而言，接下来的所有增加都是同一个规定的单纯**重复**，因此是某种空洞的东西。[1] 因此，这里唯一的关键，是项的**质的规定性**，这个规定性是通过被假定为总和的方根的**乘方**而得出的，而且仅仅包含在乘方这一变化之中。就此而言，这些项完全是**乘方和幂方的函数**。现在，将数呈现为一定**数量**

[330]

---

[1] 　分析必然会要求一种**普遍性**，而只有那种沉迷于普遍性的形式主义，才会用 $(a + b + c + d...)$ "替代 $(a + b)$",以此描述幂方的发展过程，而且这种做法在别的许多情况下也发生了。但我们必须认识到，这样一个形式只不过是在卖弄普遍性的假象。在二项式里，**事情**已经被穷尽；通过二项式的发展，人们已经找到了**法则本身**，而且法则作为真正的普遍性，不是指法则的外在的、完全空洞的重复，而这个重复仅仅是由那个 $a + b + c + d...$ 造成的。——黑格尔原注

的项（即乘方的函数）的**总和**，以及那个想要找到这些函数的**形式**，进而找到一定数量的项的**总和**的兴趣（因为这个找到必须仅仅依赖于那个形式）——，这些方面构成了大家都知道的一种关于**序列**的特殊学说。但在这个过程中，我们必须在根本上区分出一个更大的兴趣之所在，即**一个位于根据处的大小本身**——它的规定性作为一个复合物（在这里指一个方程式），**在自身内包含着一个幂方——与它的乘方的函数的比例关系**。这个比例关系已经完全抽离之前所说的对于**总和**的兴趣，它将表明自己是现实的科学产生出来的唯一观点，应当得到微分计算的最大重视。

尽管如此，关于以上所述，还需要预先补充一个规定，或更确切地说，还需要首先清除其中的一个观点。此前我们说过，变量（幂方就在它的规定中）**在其自身内部被看作一个总和**，而且被看作诸项（即乘方的函数）的一个体系，而在这种情况下，方根也被看作一个总和，并且在其单纯地已规定的形式中被看作这样一个二项式：$x^n = (y + z)^n = (y + ny^{n-1} z + ...)$。对于幂方的发展过程，亦即对于它的乘方函数的获取而言，呈现是从**总和**本身出发的；但是，这里所关注的既不是一个**总和**本身，也不是一个发源于总和的**序列**，毋宁说，这里的总和仅仅被看作是一个**关联**。诸大小的**关联**本身，一方面是抽离一个总和本身的**增加**之后剩余的东西，另一方面是为了找到幂方的发展函数而必需的东西。但这样一个关联已经是被规定的，因为这里的对象是一个方程式，而 $y^m = ax^n$ 也已经是许多（变）量的一个**复合物**，其中包含着变量的一个幂方规定。在这个复合物里，每一个大小都被绝对地设定在与另一个大小（其可以说意味着大小自身的一个**增加**）的**关联**中，——被设定为其他大小的函数；它们的互为函数的特性赋予它们"**增加**"（plus）这一规定，但这个"增加"恰恰是一个**无规定的**东西，不是"增长"（Zuwachs）、"增量"（Inkrement）等等。当然，我们也可以把这个抽象的观点放到一边置之不理；事情可以完全简单地止步于以下结论：变量在方程式里作为彼此的函数而被给予，于是这个规定性包含着一个幂方比例关系，在这之后，应当比较每一个变量的**乘方**的函数，——这第二类函数只能通过乘方自身而得到规定，舍此别无他法。

[331]

人们可以**首先**提出一个**随意性**或**可能性**,把一个方程式从它的变量的幂方转移到它的发展函数之间的一个比例关系;至于进一步的**目的**、益处、用处等等,只能由方程式的这个转移带来的**便利**所决定;实际上,这个转移已经由于它带来的便利而引起人们的注意。如果说之前的出发点在于借助一个大小(它被看作**自身内微分的总和**)而呈现出这个乘方规定,那么可以说,这个做法一方面仅仅在于指出这些函数是什么类型,另一方面在于找到这些函数的方式。

[332]

这样一来,我们就置身于通常的分析发展过程,它服务于微分计算的目的,被理解为这样,即变量获得一个增长(dx, i),于是二项式的幂方通过其下属的项序列而呈现出来。但所谓的增长不应当是一个定量,毋宁仅仅是一个**形式**,其全部价值在于给发展过程**提供帮助**;人们(尤其以欧拉和拉格朗日最为坚决)在早先提到的"界限"观念里已经承认并且企图得到的那些东西,仅仅是变量的不断出现的幂方规定,亦即增长及其幂方的所谓的**系数**,因为幂方规定对序列作出安排,并且包含着不同的系数。对此可以指出的是,由于增长(它本身没有一个定量)是为了发展过程的缘故而被假定的,所以最合适的做法大概是用"1"(单一体)来指代它,因为它在发展过程中仅仅作为因数而出现,而"1"这个因素恰恰满足了那个目的,即没有什么量的规定性和变化应当通过增长而被设定;反之,如果 dx 纠缠于"量的差分"这一错误的观念,如果其他符号(比如 i)纠缠于一个在这里毫无用处的普遍性假象,就会总是具有**定量及其幂方**的外观和假托;于是这个假托带来很多麻烦,迫使人们将其**消灭**或**忽略不计**。为了保留一个按照幂方而发展的序列的形式,人们同样可以把指数符号作为指标(indices)而安放在"1"后面。无论如何,人们必须抽离序列,抽离系数按照其在序列中的位置而具有的规定;这一切东西之间的比例关系是同一个比例关系;第二个函数完全是从第一个函数那里推导出来的,正如后者是从原初函数那里推导出来的,而对于第二个函数而言,第一个导出的函数又相当于原初函数。但就根本而言,人们的兴趣不是在于序列,而是完全且仅仅在于那个在发展过程中出现的幂方规定,以及它和那个

[333]

对它而言直接的大小的比例关系。因此，与其把幂方规定规定为发展过程的**第一个**项的**系数**——因为，只要一个项在和序列中随后出现的其他项的关联中被称作**第一个**项，那么幂方(即一个增长的幂方)以及序列本身就不属于讨论之列————，不如把"**推导出来的幂方函数**"这一简单的说法，或像之前所说的那样，把"大小的**乘方**的函数"放在最前面，并假定它是众所周知的，而通过这个方式，推导就被看作是封闭于一个幂方**内部**的发展过程。

现在，如果说分析学的这个部分的真正的数学开端无非是找到一个通过幂方的发展过程而规定的函数，那么接下来的问题就是，如何开始着手处理这个由此获得的比例关系？它在什么地方具有**应用**和**使用**？或更实际地说，我们究竟是为了什么**目的**而去寻找这些函数？答复是：只要在**具体对象那里**找到一些可以回溯到抽象的分析对象的比例关系，微分计算就已经获得了它的巨大兴趣。

就可应用性问题而言，只需根据事情的本性，无须借助于实际的应用事例，就可以通过已经揭示出的幂方环节的形态，自行得出如下结论。幂方大小的发展过程导致其乘方的诸函数产生出来，而只要抽离其进一步的规定，就意味着一般地把大小**降格**为最近的较低幂方。因此，这个运算的**可应用性**是在那样一些**对象**身上出现的，它们同样包含着幂方规定的区别。现在，我们反思一下**空间规定性**，就会发现它包含着三个维度，而为了把这三个维度和抽象的"长"、"宽"、"高"的区别区分开来，我们可以称它们为**具体的**区别，即"线"、"面"和"总体空间"的区别；当我们把它们看作单纯的形式，使之与自身规定相关联，随之与分析的维度相关联，我们就得到了直线、平面、作为平方的平面和立方。直线具有一个经验的定量，但是，伴随着平面，质的东西亦即幂方规定出现了；至于接下来的各种样态，比如质的东西也可以伴随着平整的曲线而出现，我们可以存而不论，因为这里暂时只是讨论一般意义上的区别。由此也产生出来一个需要，即从一个较高的幂方规定过渡到一个较低的幂方规定，并且反过来也如此，因为，比如线的规定应当从面等等的给定的方程式里推导出

[334]

271

来,反之亦然。——此外,我们是借助已经经过的空间和为此所需的时间的大小比例关系来考察**运动**,而运动则是表现在"绝对匀速的运动"、"均匀加速的运动"、"以交替的方式时而均匀加速,时而均匀减速而向着自身返回的运动"等不同规定中;由于这些不同类型的运动是按照运动的环节(即空间和时间)的大小比例关系而表现出来的,所以有一些基于各种幂方规定的方程式与它们对应,而且这里可能有一个需要,即用另一个类型的运动来规定一个类型的运动或与之联系在一起的空间大小,而运

[335] 算同样会导致从一个幂方函数到一个较高的或较低的幂方函数的过渡。——我们希望,这两个对象的例子已经可以满足之所以引用它们的目的。

至于微分计算在其应用中表现出来的偶然性假象,只要我们意识到这些应用领域的本性,意识到这个应用的独特需要和条件,就已经将其大为淡化。接下来,在这些领域自身之内,关键是要知道,那个以独特的方式将微分计算建立起来的比例关系,究竟是出现在数学任务的对象的哪些**部分**之间。在此必须顺带指出,现在有两种比例关系值得注意。如果我们是按照**一个方程式**的变量的导出的函数来考察它,那么它的开方运算所得出的结果,**本身**真正说来就不再是一个方程式,而是一种**比例关系**;这种比例关系是**真正的微分计算**的对象。正是在这种情况下,第二种比例关系,即较高的幂方规定(原初的方程式)本身和较低的幂方规定(推导出来的东西)的比例关系,也出现了。我们在这里暂时不讨论这第二种比例关系;它将表明自己是**积分计算**的独特对象。

我们首先考察第一种比例关系,并且针对那个取自于所谓的应用的"环节"规定(这是运算的兴趣之所在),举一个最简单的关于曲线的例子,这些曲线是通过第二个幂方的一个方程式而被规定的。众所周知,**直接通过方程式**,就给定了一个幂方规定里的坐标线的比例关系。基本规定的后果,就是"与坐标线有关的其他直线"、"切线"、"次切线"、"垂直线"等规定。但这些线和坐标线之间的方程式,却是**直线**方程式;这些线

[336] 被规定为整体的各个部分,而整体就是几条**直线**构成的直角三角形。现

在，从包含着幂方规定的基本方程式到那些直线方程式的过渡，包含着前面提到的那个过渡，即从原初函数（这是一个**方程式**）到导出的函数（这是一种**比例关系**，而且是某些包含在曲线里面的线之间的比例关系）的过渡。而这里的任务，就是要找到这些线的**比例关系**和曲线**方程式**之间的联系。

就历史方面可以补充的而言，同样令人感兴趣的是，最早的揭示者只知道用完全经验的方式来阐释他们的发现，却没有能力去评价那个始终外在的运算。关于这个问题，我觉得以牛顿的老师巴罗为例子就够了。巴罗在其《光学讲义》和《几何学讲义》①中，是按照"不可分者"的方法——这个方法显然不同于微分计算的特点——来处理高等几何的问题，他并且承认，这是"因为他的朋友们曾经督促他"（第十讲）去规定切线的方法。人们必须亲自去阅读他的著作，了解这个任务的情况，才能够准确地知道，这个方法如何被确定为一个完全**外在的规则**，——其在风格上和之前的算术教科书所讲授的"三分律"（Regeldetri）算法，或更确切地说，和所谓的"去九法"（Neunerprobe）算法，是完全一样的。他首先划出一些细微的线（人们后来把这些线称作一条曲线的**典型三角形**中的**增量**），然后颁布一条单纯的**规则**：必须把那些在方程式的发展过程中作为增量或乘积的幂方而浮现出来的项当作**多余的东西**而予以**抛弃**（etenim isti termini nihilum valebunt［因为这些项的值为零］）；类似的规则是：必须抛弃那些仅仅包含着由原初方程式所规定的大小的项（这就是后来所谓的"从由增量构成的方程式里面去掉原初方程式"），最后还有：**必须用纵坐标本身替代纵坐标的增量，用次切线替代横坐标的增量**。人们不得不说，这根本就不是一位算术老师应当采用的方法；——最后提到的那种替代，对于通常的微分方法中的切线规定而言，是一个已经成为基础的**假定**，即纵坐标和横坐标的增量与纵坐标和次切线之间有一种**比例性**；在巴

［337］

---

① 伊萨克·巴罗：《光学讲义》，伦敦 1669 年版；《几何学讲义》，伦敦 1670 年版。——原编者注

罗的规则里,这个假定暴露出一种赤裸裸的、完全的幼稚。实际上,人们早就发现,可以通过一个简单的方式(即找出最大值和最小值)去规定切线;罗伯瓦尔①和费马的手法同样得出了类似的结论,——这个方法,作为费马的出发点,立足于同样的基础和同样的处理方式。那个时代曾经充斥着一种数学的狂热,即一方面企图找到某些所谓的**方法**(即巴罗式的规则),另一方面又企图通过它们而制造出一个秘密,殊不知这个秘密不仅是容易的,而且本身从一个角度(即它们之所以是容易的)来看,也是必要的,——也就是说,这些都是因为发明者仅仅找到一个经验的外在规则,却没有找到真正的方法,即一种从得到承认的原理中推导出来的东西。莱布尼茨是从他的时代那里把这些所谓的方法**接受下来**,而牛顿不仅从同一个时代,而且直接从他的老师那里把它们**接受下来**;通过把这些"方法"的形式和可应用性加以普遍化,他们为科学开辟了新的道路,同时不得不把处理方式从单纯外在规则的形态中截取出来,尝试给它提出一个必要的修正。

[338]　　如果我们进一步分析方法,那么可以说,真正的过程是这样的。**首先**,方程式所包含的幂方规定(这里指变量的幂方规定)被降格为它们的最初的函数。但这样一来,方程式的项的值就发生了变化;所以,没有什么方程式保留下来,毋宁说,只有其中一个变量的最初函数与另一个变量的最初函数之间的一个**比例关系**产生出来;$px = y^2$ 被 $p:2y$ 取代,或者说,$2ax - x^2 = y^2$ 被 $a-x:y$ 取代,而这在后来通常被称作 $\frac{dy}{dx}$ 的比例关系。这个方程式是曲线方程式;反之,这个完全不依赖于曲线方程式,并且(像上面那样按照一个单纯的**规则**)而推导出来的比例关系,是一个直线比例关系,它使某些线处在比例中;$p:2y$ 或 $a-x:y$ 本身是从曲线的直线(即坐标线和参数)而得来的比例关系;但**人们由此仍然不知道任何东西**。这里的兴趣在于,知道**另外一些**在曲线那里出现的线也**具有那个比例关系**,并且找到两个比例关系的一致性。——**其次**,接下来的问题是,

---

① 罗伯瓦尔(Gilles Personne de Roberval,1602—1675),法国数学家。——原编者注

那些由曲线的本性所规定的、处在这样一个比例关系中的直线，究竟是什么东西？——然而这是一件早就众所周知的事情，即这个通过那个方式而得到的比例关系是纵坐标与次切线的比例关系。古人已经以机智的几何学方式发现了这一点；至于近代的发现者所揭示出来的，是一个经验的处理方式，即如此安排曲线方程式，是它提供那个最初的比例关系，而**人们已经知道**，这个比例关系和线（即这里应当加以规定的次切线）包含着的比例关系是一致的。一方面，人们是遵循方法（即微分）而有意识地做出方程式的那个安排，但另一方面，人们又发明了坐标线的想象出来的增量，以及通过前者和切线的同等增量而想象出来的典型三角形，以图表明，通过方程式的开方而找到的比例关系与纵坐标和次切线的比例关系的比例性不是某种经验的、仅仅从陈旧的知识那里接受下来的东西，而是一种已经得到证明的东西。但一般说来，而且在上述规则形式里最显而易见的是，唯有依据和援引那些陈旧的知识，人们才会**假定典型三角形和那个比例性**。

　　拉格朗日已经抛弃这种假冒的货色，并且开辟了一条真正的科学道路；人们之所以认识到事情的关键，得感谢他的那个方法，即把那两个为了解决任务而提出来的过渡分开，对每一方单独进行处理和证明。这个解决的前一部分——因为为了更具体地了解进程，我们仍然要使用找到次切线之类基础任务的例子——，即理论部分或普遍部分，就是从给定的曲线方程式里找出**最初的函数**，而这个部分本身已经调整就绪；这个部分揭示出了一个**直线比例关系**，即那些出现在曲线规定体系里面的直线的比例关系。解决的后一个部分是找出曲线那里处于上述比例关系里的一些直线。现在，这些解决已经以直接的方式做到了（《分析函数理论》，第二部分第二章），也就是说，没有假定典型三角形，没有假定无限小的弧线、纵坐标和横坐标，没有把这些东西规定为 dx 和 dy（即那个比例关系的两端），没有直接断定比例关系等同于纵坐标和次切线本身。一条线（一个点也是如此）只有在构成三角形的一条边的情况下，才具有它的规定，正如一个点的规定也只能包含在这样一个三角形里面。顺带说一句，

[339]

[340] 这就是解析几何学的基本原理,它引入坐标线的目的,和力学里引入力的平行四边形的目的是一样的,而正因如此,人们根本就不需要耗费许多力气去证明这样一个平行四边形。——现在,次切线被设定为三角形的一条边,另外两条边分别是纵坐标和与之相关联的切线。切线作为直线,其方程式是 $p = aq$(对于这个规定而言,没有必要在 aq 后面加上 b,因为后者仅仅是由于随意的普遍性的缘故而加上去的);**比例关系** $\dfrac{p}{q}$ 的规定位于 a(亦即 q 的系数)里面,而这个系数就是方程式的相对应的最初函数,但正如已经说过的,一般而言,它只需要被看作 $a = \dfrac{p}{q}$,被看作直线的本质规定,而直线则是作为切线而被应用于曲线。接下来,由于假定了曲线方程式的最初函数,所以它同样也是**一条直线的规定**;接下来,由于假定了第一条直线的坐标线 p 和曲线的纵坐标 **y** 是同样的线,也就是说,有一个点,既是那个被假定为切线的直线与曲线的接触点,也是那个由曲线的第一个函数所规定的直线的出发点,所以关键是要表明,这第二条直线与第一条直线是重合的,亦即是一条切线;用代数来表达,就是,由于 $y = fx$ 和 $p = Fq$,所以,只要假定 $y = p$,亦即 $fx = Fq$,那么 $f'x = F'q$。现在,通过额外假定横坐标的**增量** i 和由函数的发展过程所规定的纵坐标的增量,就会表明,那个被当作切线来应用的直线和那个在方程式里由它的最初函数所规定的直线是重合的,因此后者也是切线。在这里,同样出现了那个声名狼藉的增量;但我们之所以引入这个增量,并且按照它来展开函数,都是为了服务于上述目的,而这一点必须明确地与之前提到的增量的

[341] 用法区分开来,因为后者是为了找到微分计算和为了典型三角形而引入增量。这里的用法是合理的、必然的;它位于几何学的范围之内,因为它属于一条切线本身的几何学规定,也就是说,在它和曲线之间(它和曲线有一个共同的点),没有别的直线能够将它们贯通,并且同样落在这个点上。通过这个规定,切线或非切线的质被归结为大小区别,也就是说,只要"**更大的小**"(这是关键之所在)总是能够按照规定落在一条线上面,这条线就是切线。这个貌似纯粹相对的"小"根本不包含任何经验的东西,也就是说,不包含任何依赖于一个定量本身的东西;有待比较的变量依赖

于环节,而如果环节的区别就是幂方的区别,那么这个"小"就质而言就是通过公式的本性而被设定的;由于这个区别的结果是 i 和 i^2,由于 i 最终应当意味着一个数,随之应当被设想为一个分数,所以 i^2 **自在且自为地**就小于 i,以至于哪怕设想一个能够代表 i 的**任意**大小,在这里都是多余的,甚至根本不得其所。正因如此,对于"更大的小"的证明根本就不需要一个"无限小",后者在这里完全不需要出现。

我还想谈谈笛卡尔的切线方法,哪怕仅仅是出于它的美妙,以及它在今天虽然已经基本被遗忘,但仍然值得享有的声誉;除此之外,这个方法也和方程式的本性有关,因此我们还需要对其作出一个更深入的评论。通过这个独立的方法,笛卡尔借助那个导出的函数,同样找到了我们想要得到的直线规定。在他的无论从哪方面来看都如此富有成果的《几何学》里(《全集》,库桑主编[11卷,巴黎1824年以来陆续出版],第五卷,第二册第357页以下),笛卡尔也宣讲了这个方法,在那里,他阐述了方程式和分析学的本性的伟大基础及其几何学建构,随之把分析学极大地扩展为一般意义上的几何学。在他那里,相关问题在形式上是一个任务,即应当在曲线的任意一个地方画出垂直线,于是切线等等就得到规定;人们不难理解笛卡尔在谈到自己的发现时的一丝得意,因为这个发现涉及当时的科学普遍感兴趣的一个对象,从而远远超出他的竞争者们使用的那些刚才提到的单纯的规则方法。他说:"j'ose dire que c'est ceci le probléme le plus utile et le plus général, non seulement que je sache, mais meme que j'ai jamais désiré de savoir en géometrie.[我敢说,在几何学里,这是我所知道的,甚至是我迄今以来一直希望认识到的一个最富有成果和最普遍的问题。]"——他认为,问题的解决是以直角三角形的分析方程式为基础,而直角三角形的构成需要如下几个要素:1)曲线上的一个点的纵坐标,而且问题所要求的直线应当垂直于这个点;2)这条直线本身,就是垂直线;3)通过纵坐标和垂直线而截取的一部分轴,即次垂直线。现在,一个已知的曲线方程式转变为那个三角形方程式,而值(无论它是纵坐标的值还是横坐标的值)就被替换了,而在这种情况下,人们就得到

[342]

277

一个二阶方程式（而且笛卡尔指出，那些包含着高阶方程式的曲线如何也归结为二阶方程式），在其中，那些变量只剩下一个，即那个在正方和第一个幂方里出现的变量；——即一个正方方程式，且首先显现为一个所谓的"不纯粹的"方程式。笛卡尔对此的想法是，如果设想曲线上那个假定的点是曲线和圆的相切点，而且这个圆还会在另一个点上面与曲线相切，那么对于两个由此产生出来的且不相等的 x 而言，就会出现两个具有同样的常数和同样的形式的方程式，——或者说只出现**一个**方程式，但其 x 具有不同的值。但是，**一个**方程式只能对应于**一个**三角形，在其中，垂直于曲线的弦就是垂直线，而人们对此的设想的是，可以让曲线与圆的两个相切点重合，随之让圆与曲线相交。但这样一来，就不能说正方方程式有两个**不相等的方根** x 或 y 了。但在一个有两个相等的方根的正方方程式那里，项（它包含着第一个幂方里的未知数）的系数，就是那**同一个**方根的两倍；这就给出一个方程式，使人们找到所要求的那些规定。这个过程可以说是一个真正的分析式头脑的天才把握，与之相比，那个完全以武断的方式假定的比例性，即切线和纵坐标与应当无限小的、所谓的横坐标增量和纵坐标增量的比例性，简直不值一提。

[343]

以上述方式得到的最终方程式，把正方方程式的第二个项的系数设定为与两倍的方根或未知的方根相等。这个方程式和那个通过微分计算的处理方式而找到的方程式是同一个方程式。$x^2 - ax - b = 0$ 的微分得出一个新的方程式 $2x - a = 0$；或者说，$x^3 - px - q = 0$ 的微分得出 $3x^2 - p = 0$。但这里需要指出的是，以上结论绝不意味着，这样推导出来的方程式不言而喻也是正确的。在一个具有两个变量的方程式那里，因为变量是可变化的，所以它们一直保持着"未知的大小"这一特性，而正如我们前面已经看到的，在这个方程式那里只会出现一个**比例关系**，其理由也很简单（而且前面也说过），因为只要以乘方的函数替换幂方本身，方程式的两个项的值就会发生变化，而且本身说来，我们尚且不知道，在值发生变化以后，它们之间是否仍然有一个方程式。方程式 $\frac{dy}{dx} = P$ 的所有意思，无

[344]

非是说 P 是一个**比例关系**,除此之外, $\dfrac{dy}{dx}$ 并未获得任何实在的意义。然而关于这个比例关系 P ,我们同样不知道,它和别的哪一个比例关系是相等的;只有这样的方程式,即**比例性**,才会赋予比例关系以一个值和意义。——正如之前说过的,这个意义,即所谓的应用,是人们从别的地方,以经验的方式接受下来的,而正因如此,人们必定是从别的地方知道,这里所讨论的通过微分而推导出来的方程式之是否正确,取决于它们是否具有相等的方根。但各种教科书并没有明确地表达出这个情况,没有让人们关注这件事情;毋宁说,人们对此置之不理,而是采用别的办法,即把一个具有未知方根的方程式归结为零,直接设定其等于 y ,而这样一来,在求微分的时候当然只能得出 $\dfrac{dy}{dx}$ 这一比例关系。无论如何,函数计算应当处理乘方的函数,微分计算应当处理微分,但绝不能由此得出,大小在其微分或乘方的函数被拿走的情况下,本身也**仅仅**应当是**其他**大小的函数。在理论部分里,即使人们指出,微分(即乘方的函数)应当被推导出来,他们也不一定意识到,那些据说在这个推导之前就应处理的大小本身应当是其他大小的函数。

至于求微分的时候把常数忽略不计,这里再指出**值得注意**的一点,即求微分在这里意味着,只要诸方根是相等的,那么常数对于它们的规定而言就是漠不相关的,因为这个规定已经通过方程式的第二个项的系数而被穷尽了。正如刚才引用的笛卡尔的例子,常数是诸方根本身的正方,于 [345] 是一个方根既可以由常数来规定,也可以由系数来规定,因为一般说来,它和系数一样,都是方程式的诸方根的函数。在通常的阐述里,为了忽略不计那些仅仅通过加号和减号而与其余的项联系在一起的所谓的常数,必须采用一个纯粹机械的处理方式,即,为了找到一个复合的表达式的微分,就仅仅赋予变量以一个增长,并且从原初的表达式那里拿走那个由此形成的表达式。这里根本就不会谈到常数的意义和对其忽略不计的意义,比如它们在何种情况下本身是函数,以及按照这个规定是否有用处等等。

与常数的忽略不计联系在一起的,还可以做一个关于"微分"和"积分"的**名称**的评论,类似于之前关于有限的表达式和无限的表达式的评论,即在它们的规定里,毋宁包含着表达式所陈述的东西的反面。求微分指设定差分;但通过求微分,一个方程式毋宁被降格为更少的维度,而通过忽略不计常数,规定性的一个环节被拿走了;正如之前指出的,如果变量的诸方根被设定为相等的,那么**变量的差分就被扬弃了**。反之在积分里,常数应当重新添加进来;不管怎样,方程式通过这个方式得到积分,但它的意思是说,诸方根的之前被扬弃的**差分**得以**重建**,而那些曾经被设定为相等的东西,现在要重新求微分。——通常的表达式有助于掩盖事情的本质本性,并且把一切东西都置于一个低级的、甚至与主要事务毫不相干的立场,这个立场一方面关心无限小的差分、增量之类东西,另一方面关心给定的函数和导出的函数之间的一般意义上的差分,却没有标注出它们的特殊的、亦即质的区别。

[346]

另一个使用微分计算的主要领域,是**力学**;此前我们已经顺带提到不同的幂方函数的意义,这些幂方函数是在各种基础方程式及其对象(即**运动**)那里出现的;这里我愿意从这些意义直接谈起。也就是说,绝对匀速的运动的方程式或数学表达式是 $c = \dfrac{s}{t}$ 或 $s = ct$ ——在其中,按照一个经验的统一体 c(即速度的大小),已经经过的空间和已经流逝的时间是成比例的——对于微分而言没有提供任何意义;系数 c 已经完全得到规定,并且是已知的,不可能有进一步的幂方发展过程。至于应当如何分析落体运动的方程式 $s = at^2$,前面已经有所提醒;分析式 $\dfrac{ds}{dt} = 2at$ 的第一个项如果转化为语言并且转化为实存,那就是:一个**总和**(这是我们早就清除掉的一个观念)的一个项应当是运动的一部分,而且这个部分应当添加到惯性力(即一个绝对均匀的速度)里面,以至于运动在**无限**的时间部分里是**匀速**的,但在**有限**的(即事实上实存着的)时间部分里却不是匀速的。诚然,$fs = 2at$,还有 a 以及 t 本身的意义,都是已知的,正如这样一来,就设定了一个运动的均匀速度的规定;一般说来,只要 $a = \dfrac{s}{t^2}$,

那么 $2at = \dfrac{2s}{t}$；但到此为止，人们就不知道任何一点更多的东西了；只有那个错误的假定，即以为 $2at$ 是作为一个**总和**的运动的一部分，才会给出一个物理学命题的错误假象。因素 a 本身，经验的统一体——即一个定量本身——，被归之于重力；当人们使用"重力"范畴的时候，对此必须指出，$s = at^2$ 这个整体恰恰是重力的作用，或更确切地说，是重力的法则。 [347] 至于那个从 $\dfrac{ds}{dt} = 2at$ 推导出来的命题——**假若**重力停止发挥作用，那么，一个物体借助它在下落的**终点**所达到的速度，在相等于它下落的那段时间里，将经过它曾经经过的空间的两倍——，同样也是如此。——这些地方包含着一种本身已经扭曲的形而上学；下落的**终点**，或者说物体下落所用的一个时间部分的**终点**，本身终究也是一个时间部分；假若它**不是**一个时间部分，那就得假定**静止**，从而假定没有速度了；速度的提出，只能依据在一个时间部分里已经经过的空间，而不能依据这个时间部分的终点。——现在，如果人们最终把微分计算应用于另外一些甚至与运动无关的物理学领域，比如光的比例关系（所谓的"在空间中传导的光"是个例外），色彩的大小规定，并且把正方函数的第一个函数也称作"速度"，那么我们必须认为，这是一种更不能令人接受的臆造实存的形式主义。

拉格朗日说，我们是在物体下落的经验中发现方程式 $s = at^2$ 所代表的那个运动；在这个运动之后，最单纯的运动就应当是方程式 $s = ct^3$ 所代表的一个运动，然而自然界根本没有表现出这类运动；这样我们就不知道，系数 c 究竟意味着什么东西。即便如此，反过来却存在着方程式 $s^3 = at^2$ 所代表的一个运动，即太阳系天体运动的开普勒定律；反之，关于第一个导出的函数 $\dfrac{2at}{3s^2}$ 等等在这里究竟应当意味着什么东西，接下来通过如何微分而直接处理这个方程式，以及那个从**这个出发点**出发的绝对运动将会怎样展开自己的法则和规定，这些看起来必定是一个更有趣的任务，而分析将会在其中绽放出最可贵的光芒。

本身而言，把微分计算应用于运动的基础方程式，这并没有提供什么 [348] **实际的**兴趣；至于形式上的兴趣，则是来自于一般的机械计算。但是，当联系到运动轨迹的规定,运动的分析就获得了另一个意义;如果这是一条曲线,并且它的方程式包含着更高的幂方,那么这就需要从直线函数(即乘方的函数)过渡到幂方本身,因为,由于运动的原初方程式包含着时间因素,所以只有去除时间之后,才能得到那些直线函数,与此同时,时间因素必须降格为较低的发展过程函数,这样人们才能够从这些函数里面得到直线规定的那些方程式。这个方面导致人们对微分计算的另一个部分产生兴趣。

迄今所述的目的在于凸显并确立微分计算的单纯而特殊的规定,并用一些基础例子来证实这个规定。正如我们已经看到的,这个规定意味着,人们应当从幂方函数的一个方程式中找到发展过程的项的系数,即所谓的第一个函数,并且在具体对象的诸环节里指明一个**比例关系**(它就是那个函数),进而得出一个介于两个比例关系之间的方程式,使这些环节本身得到规定。同样,我们也需要简要考察一下**积分计算**的原理,以及当这个原理应用于微分计算的特殊而具体的规定时,所产生出来的东西。这种计算观点其实是已经得到简化并且更为正确的了,因为人们不再认为计算是过去那种与求微分相对立的**求和法**,那时候,增长被看作是一个关键成分,相应地,求和法也看起来在本质上与序列形式有关。——起初而言,这个计算的任务既是一个理论上的任务(或更确切地说,形式上的任务),也是微分计算的任务,但众所周知,它实际上成了微分计算的反面;——这里的出发点是一个函数,它被看作是一个**导出的函数**,即从尚且未知的方程式里产生出来的第一个项的系数,而人们应当从它那里找出原初的幂方函数;那在发展过程的自然秩序里应当被看作原初函数的东西,在这里是导出的函数,而那个以前被认为是导出的函数的东西,在这里却是给定的或一般地开端的函数。现在看来,这个运算的形式方面已经通过微分计算而被掌握了,因为在这个过程中,已经一般地确立了从原初函数到发展过程函数的过渡和比例关系。如果说在这些地方,一方面,我们必须设定那个作为出发点的函数,另一方面,为了促使它过渡到原初函数,我们在许多情况下必定会把**序列形式**当作自己的避

[349]

难所,所以首先必须确定,这个形式本身和求积分的独特原理没有任何
直接的关系。

考虑到那种形式上的运算,看起来计算的任务的另一部分就是运算
的**应用**。现在,这个应用本身就是一个**任务**,即在上述理解的基础上,认
识到原初函数从一个特殊对象的给定的、被看作是最初的函数那里获得
的**意义**。自在地看来,这个学说同样已经在微分计算里完全展现出来了;
只不过,另一个情况的出现使得事情不是那么简单。也就是说,既然这个
计算表明,已经从一个曲线方程式的最初函数里得出一个直线比例关系,
那么人们随之也知道,这个比例关系的积分给出了横坐标和纵坐标的比
例关系里的一个曲线方程式;换言之,假若能够给出一个曲线的平面的方
程式,那么,微分计算必定已经教导人们,这样一个方程式的最初函数的 ［350］
意义在于,这个函数把纵坐标呈现为横坐标的函数,随之呈现出一个曲线
方程式。

但现在的关键是,在方程式自身之内,对象的哪一个规定环节是**给
定的**? 因为,分析的处理方式只能以给定的东西为出发点,然后从那里
过渡到对象其余的规定。比如,这里给定的,不是曲线的一个平面空间
的方程式,不是一个通过曲线的旋转而产生的物体的方程式,不是曲线
的一段弧线的方程式,毋宁仅仅是横坐标和纵坐标在曲线方程式自身
之内的比例关系。因此,微分计算本身并不能处理从那些规定到这个
方程式本身的过渡;只有积分计算才承担着这个任务,即去找出这些比
例关系。

此外我们已经指出,一个包含着许多变量的方程式,其微分计算的结
果,即发展过程幂方或微分系数,不是一个方程式,而是一个比例关系;那
么,现在的任务就是,对于这个作为**导出的函数**的**比例关系**而言,应当在
对象的诸环节里给出第二个比例关系,并且使二者相等。反之,积分计算
的对象是**原初**函数与在这里应当给定的**导出的函数**之间的**比例关系**本
身,而相应的任务则是,在给定的最初函数的对象里,指出那个亟待被找
到的原初函数的意义,或更确切地说,由于这个**意义**,比如一个曲线的平

面或一个亟待被掰直的、被想象为直的曲线等等，已经作为一个**问题**被陈述出来，所以这里的任务就是要指出：首先，这个规定是通过一个原初函数而找到的；其次，什么东西是对象的**环节**；再次，什么东西是**这里为着作为出发点的**导出的函数而必须被假定的。

[351]　　　现在通行的方法是把"差分"观念当作"无限小"观念来使用，这就把事情变得很容易；因此，在求曲线的平方时，它就把一个无限小的长方形（即纵坐标和横坐标的元素或无限小的东西的乘积）当作这样一个梯形，它的一条边具有无限小的弧线，与横坐标的那个无限小的东西相对立；现在，乘积的积分是在以下意义上得到的，即积分所给出的是无限多的梯形的总和，即平面，而平面的规定，即平面的那个元素的**有限的**大小，恰恰是人们想要知道的。同样，这个方法用弧线的无限小和与之相应的纵坐标和横坐标构成一个直角三角形，在其中，那条弧线的平方等于另外两个无限小的平方的总和，而它们的积分表明弧线是一条有限的弧线。

　　　这个处理方式以那个普遍的发现（它在这个领域里也是分析的基础）为前提，而它在这里的意思是说，成为平方的曲线、掰直了的弧线等等，其与某一个通过曲线方程式而给定的函数的关系，相当于**所谓的原初函数与导出的函数的比例关系**。因此，这里的关键在于，如果一个数学对象（比如一条曲线）的某一部分被假定为一个导出的函数，那么我们应当知道，这个对象的另外哪一个部分是通过相应的原初函数而表达出来的。人们都知道，如果那个通过曲线方程式而给定的**纵坐标**函数被假定为一个导出的函数，那么，那个相对而言的原初函数就是从这个纵坐标上面截取下来的曲线**面积**的大小表现，以及，如果某一个**切线规定**被看作是一个导出的函数，那么它的原初函数就表达出这个具有切线规定的**弧线**的大小，如此等等，但现在，这些比例关系（其中一个是

[352]　原初函数与导出的函数的比例关系，另一个是数学对象的两个部分或两种情况下的大小的比例关系）构成了一个比例，——然而，这些方面的认识和证明都被那个使用无限小并以之作机械运算的方法省略了。

这个敏锐的方法的独特贡献,就是从别的地方找到这里已知的结果,即一个数学对象的某些和哪些方面是处于原初函数和导出的函数的比例关系中。

在这两个函数里,导出的函数,或按照其已经获得的规定而言,乘方的函数,在这个计算里是**给定的**,与原初函数相对立,而且后者应当通过积分而在前者那里被找到。只不过,导出的函数并不是直接给定的,而且事情本身也不清楚,究竟数学对象的哪一个部分或哪一个规定应当被看作是导出的函数,以便通过把它回溯到原初函数而找到另一个部分或规定,而整个问题所要求的,恰恰是这个部分的大小。而通常的方法,正如之前所述,是从一开始就把对象的某些部分想象为无限小,而在形式上是导出的函数,于是这些函数可以通过求微分而一般地从对象的原初给定的方程式那里得到规定(好比用一些无限小的横坐标和纵坐标来掰直一条曲线)。为了达到这个目的,这个方法假定,某些方法和问题的对象(这里以弧线为例,并且同样把它想象为无限小的)处于一个已经在初等数学里确定下来的联系中,而在这种情况下,如果那些部分是已知的,那么这个对象也得到规定,于是接下来的任务是找到它的大小;所以,为了掰直曲线,上述三个无限小都被置于直角三角形方程式的联系中,而为了求平方,纵坐标和无限小的横坐标就被置于一个乘积的联系中,因为一般说来,一个平面在算术上都是被假定为各种线的乘 [353] 积。接下来,从这样一个所谓的平面元素(比如弧线等等)到平面的大小或弧线的大小的过渡,仅仅相当于从无限的表达式到有限的表达式的上升,或者说到无限多元素的**总和**的上升,而人们想要知道的大小就应当是由这些元素构成的。

因此,人们只能以浮光掠影的方式指出,积分计算只不过是微分计算的一个反转过来的、但总的说来更为困难的问题;毋宁说,积分计算的**实际的**兴趣仅仅在于找出具体对象里的原初函数与导出的函数的比例关系。

在积分计算这个领域里,拉格朗日同样没能通过那些直接的假定而克服问题的困难。我在这里同样利用少数几个例子来进一步讨论他的处理方式,这或许有助于澄清事情的本性。他的处理方式给自己的提出的任务,恰恰是要**证明**,在一个数学整体(比如一条曲线)的两个特殊规定之间,出现了原初函数与导出的函数的比例关系。但在这个领域里,这一点不可能借助比例关系自身的本性,以直接的方式实现,因为在数学对象那里,比例关系把曲线和直线、直线维度及其函数和平面维度及其函数等等**在质上不同的东西**联系在一起;所以,人们只能把规定理解为一个介于**较大的东西**和**较小的东西**之间的东西。在这种情况下,一个带着**增加**和**减少的增长**形式重新浮出水面,而它在现在这个位置上的表现,是一种强有力的 développons〔发展〕;但是,"增长"在这里仅仅具有算术上的、有限的意义,这一点在前面已经谈过了。假定这个有待规定的大小比一个可轻松规定的界限更大,但比另一个界限更小,那么只要展开这个条件,就可以推导出如下这类结论,比如相对于面积的函数而言,纵坐标的函数是第一个导出的函数。

[354]

　　由于拉格朗日的出发点是阿基米德原理,所以他在掰直曲线或求曲线的长时,其旨趣是希望把阿基米德的方法**输入**(Übersetzung)近代分析学的原理,以便让人们洞察到另外那种机械行事的活动的内核和真正意义。这个处理方式和之前提到的处理方式必然是类似的;阿基米德定理认为,一条曲线的弧线比它的弦更大,但比两条在弧线的终点引出的切线的总和更小,因为它们包含在这些点和它们的相切点之间;但这个定理没有给出一个直接的方程式。所谓把阿基米德的基本规定输入(Übertragung)近代分析学的形式,就是发明一个表达式(它本身是一个单纯的基础方程式),而相比之下,那个形式仅仅提出一个**要求**,即在一个太大的东西和一个太小的东西之间(二者任何时候都是已规定的),应当无限地前进,这个推进虽然总是会给出一个新的太大的东西和一个新的太小的东西,但它们的界限却是越来越接近。借助于无限小的形式主义,于是立刻设定了 $dz^2 = dx^2 + dy^2$ 这一方程式。与此相反,拉格朗日的解释是从刚才所说的那个基础出发的,它指明,弧线的

大小相对于一个导出的函数而言,是原初函数,这个函数独有的项本身
又是一个函数,并且来自于导出的函数与纵坐标的原初函数的比例
关系。

　　阿基米德的方法后来也被开普勒用来处理立体几何学的对象,因为
这个方法里出现了"无限小"观念,所以人们经常引以为权威,以证明微
分计算也有权利使用这个观念,却根本没有注意到这个方法的独特的、与
众不同的地方。"无限小"首先意味着某些东西(比如所谓一个所谓的
"**有限的表达式**"或"已完成的规定性")的定量本身的否定,虽然它们确
实包含着定量本身。同样,在随后的瓦雷里奥①、卡瓦列里的以考察几何
学对象的比例关系为基础的著名方法里,也有这样一个基本规定:那些仅
仅在比例关系里得到考察的规定,其**定量**本身应当出于这个目的而被放
到一边置之不理,至于那些规定,从此以后应当被看作是一个"**非大小的
东西**"(Nicht-Großes)。但这样一来,一方面,那个躲在单纯的否定后面的
一般意义上的**肯定东西**,就没有被认识到和得到凸显,哪怕它在前面已经
以抽象的方式展现为**质**的大小规定性,而这个规定性则是以更明确的方
式表明自己位于幂方比例关系中,——另一方面,由于这个比例关系本身
和幂方及其发展函数的比例关系一样,又在自身之内包揽着一定数量的
更具体的比例关系,所以它们也是继续立足于同一个"无限小"的普遍而
否定的规定,并且应当从那里被推导出来。在刚才强调过的拉格朗日的
解释里,这个已规定的肯定东西,这个位于阿基米德解决问题的方式里
的东西,已经被找到了,相应地,那个曾经只懂得无限超越的方法也已
经获得其正确的界限。近代的发明之所以伟大,之所以能够解决前人
无法驾驭的问题,并且能够以一个简单的方式处理前人颇费周折才解
决的问题,唯一的原因在于他们发现,原初事物和所谓的导出的事物之
间有一个比例关系,以及一个数学整体的各部分就是处于这样一个比
例关系之中。

[355]

---

　　①　瓦雷里奥(Luca Valerio,1552—1618),意大利数学家。——原编者注

[356]　　上述例证基本上可以满足我们的目的,即把诸大小的独特的比例关系凸显出来,而这个比例关系,就是这里讨论的特殊类型的计算的对象。这些例证可以局限于一些简单的问题及其解决办法;至于去研究微积分计算的所谓的整个应用领域,并且把那个已经揭示出来的原理当作应用的基础,然后把微积分计算的全部问题及其解决办法追溯到那个原理,以此达到完整的归纳等等,这些事情不但和这里唯一关注的概念规定没有什么关系,而且也不在我的能力范围之内。但以上所述已经足以表明,每一个特殊的计算方式如何把一个特殊的规定性(即大小比例关系)当作自己的对象,以及,这个比例关系和微积分计算一样,如何建构起加法、乘法、乘方和开方根、对数的计算、序列等等;对于那些属于这个计算的东西而言,或许"幂方函数和它的发展函数或乘方函数的比例关系"这一名称是最适合的,因为它最接近于对事情本性的认识。只不过,正如我们在整个从事微积分计算的时候,也使用了一些依据其他大小比例关系的运算,比如加法等等,所以我们同样可以使用对数比例关系、圆的比例关系、序列比例关系,而这尤其使我们能够更好地驾驭一些表达式,以便进行那些应当去做的运算,即从发展过程的函数里面推导出原初函数。借助序列形式,微分计算和积分计算确实具有一个共同的更明确的兴趣,去规定发展过程的函数,即序列里的诸项的系数;但是,由于微分计算的兴趣仅仅

[357]　在于原初函数与其发展过程的起初的系数的比例关系,所以,序列在一定数量的按照幂方(它们具有那些系数)而排列的项目,想要呈现出一个**总和**。那个出现在无限序列中的无限者,是一般意义上的定量的否定者的一个无规定的表达式,和微分计算的无限者所包含的肯定规定没有任何共同之处。同样,"无限小",作为**增长**(发展过程由于它而落入序列形式),对于发展过程而言仅仅是一个外在的工具,而它的所谓的无限性的唯一意义,就是作为这样一个工具而存在,舍此之外没有任何别的意义;至于序列,因为它实际上并不是我们追求的目标,所以制造出**太多的东西**,迫使我们重操辛劳,将其忽略不计。这些辛劳同样压迫着拉格朗日的方法,因为他就特别喜欢序列形式;尽管如此,通过这个方法,一种真正的

独特性在所谓的**应用**中脱颖而出,也就是说,他不是把 dx,dy 等形式强行**输入**对象,而是直接指出对象的哪一个部分具有导出的(发展过程的)函数的规定性。这件事情本身表明,序列形式在这里根本就不是一个值得关注的东西。①

注释三:还有一些与质的大小规定性有关的形式

微分计算的"无限小"就其肯定意义而言是**质的**大小规定性,而我们已经指出,这个规定性在微分计算里不是仅仅表现为一般意义上的幂方规定性,而是表现为一个特殊的幂方规定性,即一个幂方函数与发展过程的幂方的比例关系。但质的规定性也出现在其他的可以说更弱的形式里,而这个形式,以及与之相关的"无限小"的使用及其在这个使用中的意义,还需要在这个注释里得到考察。

我们从之前所说的内容出发,就此而言,有一点需要提醒,即各种幂

---

① 在刚才引用的那个批评里(《科学批判年鉴》第二卷,1827 年,第 155—156 号),引用了一位精湛的专业学者斯贝尔先生[Friedrich Wilhelm Spehr,1799—1833,居住于不伦瑞克的德国数学家]在其《流数计算的新原理》(不伦瑞克,1826 年版)中的一些有趣的说法。这些说法所涉及的一个情况,在本质上助长了微分计算里面的晦涩不清的、非科学性的东西,而且完全符合我们此前谈到这个计算的**理论**的普遍关系时所说的情况。斯贝尔先生说:"诚然,纯**算术研究**和所有类似的研究一样,首先都与微分计算有关,但人们并没有把它们和真正的微分计算分开,拉格朗日等人甚至认为这些研究就是**事情本身**,哪怕绝大多数人仅仅把它们看作是微分计算的**应用**。这些算术研究在自身包含着求微分的规则、泰勒[Brook Taylor,1685—1731,英国数学家]定理的推导等等,甚至包含着各种求积分的方法。**事实完全相反**;恰恰是那些**应用**才构成了**真正的**微分计算的**对象**,而且,所有那些算术发展过程和运算都是这种从分析学出发的**微分计算的前提**。"——我们已经指出,在拉格朗日那里,所谓的应用与普遍部分的那个从序列出发的方法的区分,如何恰恰突出了微分计算本身的**独特事情**。但按照斯贝尔先生的有趣的观点,反而是所谓的**应用**构成了**真正的**微分计算的**对象**,既然如此,那么我们不得不惊叹,他怎么可能坦然接受(刚才提到的)那种**流于形式的**形而上学,只懂得延续的大小、转变、流动等等,甚至企图在这类压舱物之外添加更多的压舱物;这些规定之所以是**流于形式的**,在于它们仅仅是普遍的范畴,而范畴恰恰没有说出**事情的特殊方面**,因为事情应当通过具体的学说和应用而得到认识,并从中抽象出来。——黑格尔原注

方规定首先是从**分析的**方面表现出来的,因此它们仅仅是流于形式的,并且在某种意义上是完全**同质的**,即它们意味着**数的大小**,而数的大小本身并不具有那种相互对立的质的差异性。但是,当它们应用于空间对象,分

[359] 析的比例关系就按照其质的规定性而表现为从线的规定到面的规定的过渡,从直线规定到曲线规定的过渡,如此等等。除此之外,这个应用本身也导致,各种空间对象(它们按其本性而言是在"**延续的**大小"这一形式下被给予的)被理解为**区间的**东西,于是,面被理解为一定数量的线,线被理解为一定数量的点,如此等等。现在,这个解决办法的唯一兴趣在于,亲自去规定那些把线消融在其中的点,那些把面消融在其中的线等等,以便能够从这个规定出发,以分析的方式亦即真正算术的方式向前推进;对于有待规定的大小规定而言,这些出发点是一些**元素**,从它们那里应当推导出**具体东西**(即**延续的**大小)的函数和方程式。那些对使用这个方法饶有兴趣的问题,要求在一个元素里**以一个自为地本身已规定的东西为出发点**,这就与那个间接的进程**相对立**,因为后者反过来只能从一些**界限**出发,把那个处在界限之间的自为地已规定的东西当作它的**目标**。但是,由于人们只能找到接下来的持续推进的一个法则,却不能获得其想要得到的完满规定,即所谓的有限的规定,所以两个方法得出的是同一个结果。开普勒之所以广受赞誉,在于他第一个想到了那个进程的反转,并且把区间的东西当作出发点。他作出的解释,还有他对于阿基米德在测量圆的时候提出的第一个命题的理解,都以简单的方式表明了这一点。众所周知,阿基米德的第一个命题是说,圆等于这样一个直角三角形,其一条直角边等于圆的半径,另一条直角边等于圆的周长。对于这个命题,开普勒的理解是:有多少个**点**,**圆周**就有多少个部分,因此,圆周有无限多的部分,其中每一个部分都可以被看作是一个直角三角形的底边,如此等

[360] 等;而在这种情况下,他已经说出了**解决办法**,即把延续的东西置于"**区间性**"形式中。这里出现的"**无限者**"表达式,尚且远远没有达到它在微分计算中应当具有的那个规定。——现在,对于这些区间的东西而言,虽然找到了一个规定性,亦即函数,但接下来它们应当被统摄在一起,在本

质上成为延续的东西的元素。但是，由于点的一个总和并不构成线，线的一个总和也不构成面，所以点已经立即被当作**线性的**点，正如线已经立即被当作面性的线。与此同时，因为那些线性的点**不应当是线**（假若它们被当作定量，按说就应当是线），所以它们被设想为无限小的东西。区间的东西只能有一个**外在的**统摄关系，在其中，各个环节始终意味着区间的单一体；这些环节的分析的过渡仅仅在它们的**总和**那里发生，而这个过渡到并非同时是几何学的过渡，比如从**点**到**线**的过渡，或从**线**到**面**的过渡等等；所以，当一个元素作为点或作为面而具有它的规定，也就和点或面一起，同时获得了线的质或面的质，相应地，许多微小的线的总和就成了一条线，正如许多微小的面的总和就成了一个面。

人们需要质的过渡这一环节，也需要为此把"无限小"当作一个避难所，这类需要必须被看作是所有那些观念的源头，它们想要解决那个困难，然而它们自身就是一个最大的困难。为了避免刚才所说的那个救急办法，人们必须表明，在分析方法（它看起来仅仅是一种**加法**）自身之内，实际上已经包含着一种**乘法**。但在这个角度下，又出现了一个新的假定，正是以它为基础，算术的比例关系才被应用于几何学的形状；也就是说，人们假定，即使对于几何学规定而言，算术乘法也可以过渡到一个更高的维度，——以及，诸大小按照其空间规定而言是**线**，而它们的算术乘数同 [361] 时是从线性东西到**面的规定**的一个乘积；3 乘以 4 尺直线得出 12 尺直线，但 3 尺直线**乘以** 4 尺直线却是得出 12 面尺或平方尺，因为二者中的统一体作为区间的大小，是同一个统一体。**线与线相乘**乍看起来是某种荒谬的东西，因为一般说来，相乘所涉及的是数，也就是说，相乘是这样一些数的一个变化，它们和它们所过渡而成的东西（亦即**乘积**）是**完全同质的**，只是**大小**发生了变化而已。反之，所谓的线本身与线的相乘——人们已经把这称作 ductus lineae in lineam ［线导出线］或 plani in planum ［面导出面］，就和 ductus puncti in lineam ［点导出线］一样——，并非仅仅是大小本身发生的变化，毋宁说是大小作为**空间性的质的规定**（亦即作为一个维度）而发生的变化；所谓从线到面的过渡，必须被理解为线**来到自**

291

身之外,正如点来到自身之外就是线,面来到自身之外就是一个完整的空间。这和想象从点到线的**运动**是同一回事;然而运动包含着时间规定,因此在那个想象里更像是一个偶然的、外在的状态变化;真正需要关注的是,是那个通过"来到自身之外"而表达出来的概念规定性,——这是质的变化,而它在算术的意义上,就是指单位(作为点等等)通过相乘而得出数目(线等等)。——此外还可以指出,就面来到自身之外而言(其表现就是面通过相乘而得出面),会出现一个假象,仿佛算术的乘法不同于几何学的乘法,以至于面之来到自身之外,作为 ductus plani in planum [面导出面],在算术的意义上是第二个维度规定与第二个维度规定相乘,从而给出一个包含着四个维度的乘积,然后通过几何学规定而被降格

[362] 为三个维度。一方面看来,正因为数把单一体当作自己的本原,所以它为外在的量的东西给出了一个固定的规定,但另一方面,数的相乘同样是流于形式的;3·3,如果作为数的规定,其自乘就是 3·3×3·3;但同一个大小,作为面的规定,其自乘就在 3·3·3 那里被遏制了,因为空间被设想为从点这一纯粹抽象的界限出发而进行超越,而它的真正界限,则被想象为从线出发而在第三个维度里面获得的**具体**规定性。上述区别可以表明自己对于自由运动是有效果的,在这个运动中,其中一个方面,即空间的方面,遵循的是几何学的规定(即开普勒定律 $s^3 : t^2$),另一个方面,即时间的方面,遵循的是算术的规定。

至于质的东西,就我们这里对它的考察而言,如何区别于前一个注释里面的对象,现在已经可以无须任何进一步的评论就自行表现出来。在前一个注释里面,质的东西位于幂方规定性中;但在这里,质的东西和"无限小"一样,仅仅作为因素而在算术的意义上与乘积相对立,或者说作为点而与线相对立,作为线而与面相对立,如此等等。通过设想延续的大小消解为区间的东西,于是质的过渡,亦即从区间的东西到延续的东西的过渡,就作为一种加法而得以实现。

因此,所谓的单纯的相加实际上是一种相乘,因此其在自身内包含着从线的规定到面的规定的过渡。这一点可以以最简单的方式,借助一个

例子表现出来,即一个梯形的面积等于两条平行边的总和与一半的高的乘积。这个高仅仅被设想为应当加在一起的一定数量的**区间的**大小的**数目**。这些大小是线,处在那两条相互限定的平行线之间,与之平行;它们是无限多的,因为它们应当构成面,但它们又是线,因此,为了成为一个面性的东西,必须同时伴随着否定而被设定。为了避免"许多线的总和构成一个面"这一困难,人们立即假定线是面,只不过是一种**无限狭小的**面,因为它们唯有在梯形的平行界限的线性因素里才具有它们的规定。作为由梯形的另外一对直边(即两条斜边)所限定的平行线,它们可以被设想为一个算术进程的诸项,其差分一般说来是同一个差分,但不需要得到规定,而且其中的第一个项和最后一个项构成了那两条平行边;众所周知,这样一些序列的总和就是那两条平行边与诸项的一半**数目**的**乘积**。这个最终的定量,只有在完全与"无限多的线"这一观念相关联的时候,才被称作数目;它就是一个**延续的东西**(即梯形的高)的一般意义上的大小规定性。很显然,那叫作总和的东西,同时也是 ductus lineae in lineam [从线到线的推导],亦即线性东西与线性东西的**相乘**,而按照上述规定而言,就是面性东西的产生。现在,在最简单的情况下,即在一个直角 ab 那里,两个因素中的每一个都是一个单纯的大小;但是,在接下来的一个同样基础性的例子亦即梯形那里,只有其中一个因素已经是单纯的东西(即一半的高),反之另一个因素是由算术进程来规定的;后面这个因素同样是一个线性东西,但它的大小规定性却更为复杂;鉴于这个大小规定性只能通过一个序列而表达出来,所以只有分析学亦即算术才有兴趣把它加起来;在这里,几何学的环节是相乘,即作为质的东西,从线的维度过渡到面;其中一个因素只有相对于另一个因素的算术规定而言才被当作**区间性东西**,但就本身而言,前一个因素和后一个因素一样,都是一个线性东西的大小。

此外,只要一个相乘本身不是为了得出结果,人们也经常使用这个方法,即把面设想为许多线的总和。如果事情的关键不在于指出方程式里的大小是定量,而是在于指出一个比例中的大小是定量,这种事情就会发

[363]

[364]

生。比如,人们通过一个著名的方式指出,一个圆的面积与一个以这个圆的直径为大轴的椭圆的面积,其关系相当于大轴与小轴的关系,因为这两个面分别被看作是其专属的**纵坐标的总和**;椭圆的每一个纵坐标与圆的与之对应的纵坐标的关系,相当于小轴与大轴的关系;由此可以推知,两套纵坐标的**总和**之间的关系,亦即两个**面**之间的关系,同样也是如此。在这件事情上,有些人企图避免把面设想为许多线的总和,于是他们借助通常的、完全多余的辅助手段,把纵坐标理解为一个宽度无限小的**梯形**;既然方程式仅仅是一个比例,那么在面的两个线性元素里,就只有一个得到比较。另一个元素,即横坐标轴,被认为在圆和椭圆里都是同样的,都是算术的大小规定的因素,因此等于 1,所以,比例就是完全并且仅仅依赖于一个作出规定的环节的比例关系。对"平面"**表象**而言,两个维度是必需的;然而**大小规定**,就其在那个比例中被揭示出的情形而言,仅仅与其中**一个**环节有关;因此,所谓顺从或帮助一个表象,无非是把"**总和**"表象添加到这其中**一个**环节上面,而真正说来,这就是没有认识到,对于数学规定性而言,这里的关键究竟在什么地方。

这里已经讨论的东西,也包含着一个标准,用以衡量早先提到的卡瓦列里的"**不可分者**"方法,而且这个方法同样因此得到辩护,不需要把"无限小"当作避难所。当卡瓦列里观察一个面(平方面或小圆面)的时候,当他观察一个棱锥体或圆锥体等等的时候,这些不可分者就是线;他把一个假定已规定的底边或底面称作"**规则**";这就是常数,在和序列相关联的时候,就是序列的第一个或最后一个项;借助于常数,那些不可分者就被看作是平行的,亦即就形状而言具有相同的规定。现在,卡列瓦里的普遍的原理是(《几何学习题集》第六卷;后期著作《习题集》[1647 年版]第一卷第 6 页)这样的:"一切形状,无论平面的还是立体的,都和它们的一切不可分者处于**比例关系**之中,因此,必须把这些不可分者合起来加以比较,并且,如果它们中间有一个共同的比例关系,就把它们分别加以比较。"——出于这个目的,他在那些具有**相等**的底边和高的形状里,以底边为准,引出一些与底边平行,并且与底边**距离相等**的线,然后比较它们的比例关系；一个形状的所有这些线都具有同一个规定，并且构成了这个形状的全部内容。比如，通过这个方式，卡瓦列里也证明了一个基础命题，即"同等高度的平行四边形和它们的底边处于比例关系之中"；在两个形状里，如果分别引出两条与底边距离相等并且与之平行的线，那么它们和底边的比例关系就是同一个比例关系，因此这两个完整的形状也是如此。事实上，线不是把形状当作**延续的东西**而构成其内容，毋宁说，线构成的内容是一个应当在算术的意义上**得到规定**的内容；线性东西是内容的元素，而内容的规定性必须仅仅通过这个元素而得到理解把握。

　　既然如此，我们就得反思一个区别，后者是在考虑到一个形状的**规定性**时出现的；也就是说，在这里，形状要么和形状的**高**在性质上是同一个东西，要么是一个**外在的界限**。就它是**外在的界限**而言，人们承认，形状的**延续性**可以说是**出自界限的相等或比例关系**；比如，相互**重合**的形状之所以是相等的，在于那些作出限定的线是相互重合的。然而在那些具有相等的高和底边的平行四边形那里，只有后面这个规定性（即相等的底边）才是一个外在的界限；诸形状的**第二个主要规定**，即**它们的比例关系**，不是基于一般意义上的**平行性**，而是基于高，因此是高引申出第二个原理，去规定那些外在的界限。欧几里得证明，如果某些平行四边形具有相等的高和底边，那么它们是相等的，而这个相等又可以回溯到三角形，回溯到一些**外在受限**的延续的东西；在卡瓦列里的证明里，首要关注的是平行四边形的比例性，也就是说，他把界限解释为一般意义上的**大小规定性本身**，而且假定，在每两条以同样的距离在两个形状里引出来的线那里，都有这个大小规定性。这些相等的线，或者说，这些与底边处于相等的比例关系之中的线，**集合起来**，就给出了处于相等的比例关系之中的诸形状。虽然线的"**堆积**"观念有悖于形状的延续性，但对于线的考察已经完全穷尽了这个关键的规定性。针对一个经常出现的困难，"既然'不可分者'表象自带一个无限者，那么无限的线或无限的平面究竟能否在**数目**上加以比较呢"，卡瓦列里给出了答案（《新几何学：论不可分的延续东西》[1635 年版]第二卷，第一命题之附释）；他做出了一个正确的区分，

[366]

即他并不比较我们尚且不认识的线的**数目**——因为正如此前已经指出的，"数目"毋宁是一个拿来救急的空洞表象——，而是仅仅比较**大小**（即量的规定性本身），而这个大小和这些线所占据的空间是相等的；正因为空间封闭在界限之内，所以它的那个大小也是封闭在同样的界限之内；他说，**延续的东西不是别的，恰恰是诸"不可分者"自身**；假若有什么东西位于这些**"不可分者"**之外，那么它们是不可比较的；反过来，如果认为有界的延续东西却不能相互比较，那么这也是一个非常愚蠢的想法。

[367] 　　由此可见，卡列瓦里希望区分两种东西：一种属于延续东西的**外在实存**，一种包含着延续东西的**规定性**，并且为了做比较，为了提出相关论题，它们才被单独拿出来予以强调。当他宣称，延续的东西是由"不可分者"**复合而成**或组成，或提出类似观点的时候，他所使用的这些范畴当然是不充分的，因为在这种情况下，同时需要对于延续东西的直观，或如前面指出的，需要这个东西的外在实存；相比"延续的东西无非是诸'不可分者'自身"之类说法，一个更正确的、从而本身立即清楚明白的说法，大概是："延续的东西的大小规定性无非是诸'不可分者'自身的大小规定性。"卡瓦列里从不采用"存在着更大的和更小的无限者"之类**来自于学院派**的恶劣推论，而这类推论的源头则是那样一个表象，即"诸'不可分者'构成了延续的东西"；而且，他在后面某个地方（《新几何学》第七卷前言）表达出了一个更为明确的意识，即他绝不会由于他的证明方式而求助于"延续的东西是由诸'不可分者'复合而成"这一表象；毋宁说，**延续的东西仅仅出自诸"不可分者"的比例**。他说，他之所以采用"不可分者"的堆积，不是因为它们看起来为了**无限数量**的线或平面的缘故而落入无限性的规定，而是因为它们本身就具有**受限东西的一个已规定的状况和本性**。尽管如此，为了搬走这块绊脚石，他还是不辞辛劳，在该书专门为此而增补的第七卷里，用另一个方式，即在不考虑无限性的情况下，证明他的几何学的主要命题。——如今的这个手法是把证明归结到之前引用过的那个通常形式，即各种形状的**重合**，而正如我们已经指出的，这意味着把规定性想象为**外在的空间界限**。

关于"重合"形式,首先可以指出的是,它对于感性直观而言,完全可以说是一个幼稚的帮助。在那些关于三角形的基础命题里,人们想象出这样两个并列的、分别由六个部分组成的三角形,首先假定一个三角形的三个部分和另一个三角形的与之对应的三个部分在大小上是相等的,然后指出这两个三角形是彼此相合的,也就是说,前者**余下的三个部分**和后者余下的三个部分在大小上是相等的,——"因为它们借助前面那三个部分的相等而**相互重合**。"如果更抽象地理解这件事情,那么可以说,恰恰因为两个三角形里每一组对应的部分是相等的,所以真正存在着的只有**一个**三角形;在这个三角形里,三个部分被假定为**已经被规定的**,由此也得出余下三个部分的**规定性**。这个方式表明,**规定性**在三个部分里已经**完成**;因此对于规定性本身而言,余下的三个部分都是一种**多余**,即感**性实存是多余的**,或者说对延续性的直观是多余的。以这个形式表述出来之后,质的规定性在这里就表现出它与那个位于直观里的东西(即一个在自身内延续的整体)的区别;反之,**重合**并不能让人意识到这个区别。

正如已经指出的,借助于平行线,在平行四边形那里出现了一个新的情况:一方面仅仅是角的相等,另一方面是形状的高,但后者不同于平行四边形的外在界限,即它们的边。于是这里也出现了一种含糊不清的情况,即在这些形状那里,除了其中一条边(即作为外在界限的底边)的规定性之外,人们究竟是在什么意义上把**另一个外在界限**(即平行四边形的另一条边或高)当作另一个规定性? 在这两个底边和高相等的形状那里,如果其中一个是直角形状,而另一个有着很锐的角,因而其对角是一个很钝的角,那么就直观而言,后者很容易显得比前者更大,因为直观认为后者的大边**作规定的**,并且按照卡瓦列里的想象方式,依据一定**数量**的能够将形状分割开的平行线去比较两个**平面**;也就是说,**更大的边仿佛**能够比直角的垂直边提供**更多的线**。然而这样的想象并不能帮助人们去谴责卡瓦列里的方法,因为那些在两个平行四边形里被想象着拿来做比较的一定数量的平行线同时有一个前提,即它们**彼此之间的距离**或与底

[368]

[369]

边的距离是相等的,由此可以得出,高——而非平行四边形的另一条边——是**另一个作规定的环节**。此外,如果拿来做比较的是这样两个平行四边形,它们虽然就底边和高而言是相等的,但不是位于同一个平面上,并且和第三个平面形成不同的角,那么情况还会发生改变;也就是说,在这里,如果人们想象第三个平面是通过前两个平面而设置的,并且以自身平行的方式向前移动,这样就会产生一些平行的截面,但它们相互之间的距离不再是相等的,于是那两个平面也不再是相等的了。卡瓦列里非常仔细地强调这个区别,即他所说的"不可分者"的 transitus rectus [垂直移动]和 transitus abliquus [偏斜移动]的区别(见《习题集》第十二题以下,亦见《新几何学》第一卷第二命题),从而切断了那个有可能在这个方面产生出来的肤浅误解。巴罗在前面引述过的他的那部著作里(《几何学讲义》第二卷,第 21 页),同样使用了"不可分者"的方法,只不过这个方法已经纠缠于一个假定——曲线三角形(比如所谓的典型三角形)可以等同于直线三角形,只要二者是无限小的,亦即**非常小的**——,从而已经被玷污了。遗憾的是,恰恰是他把这个假定传授给他的学生牛顿和当时的其他数学家,包括莱布尼茨。如果我没记错的话,巴罗曾经引用了塔奎[①]对此的一个尖锐指责,后者作为一位思想敏锐的几何学家,其时也在积极地探索各种新的方法。塔奎所指出的困难同样涉及到一个问题,即在计算圆锥体和圆球体的表面积时,对于一个以区间性东西的应用为基础的考察而言,哪一条线应当被看作是**规定的基本环节**?塔奎反对"不可分者"方法,因为,假若要计算一个直角椎体的表面积,那么按照那个算术方法,就得把椎体的三角形想象为由一些与底边平行、与轴垂直的直线复合而成,这些直线同时也是**各个圆的半径**,而椎体的**表面**就是由这些圆组成的。现在,如果一方面把这个表面规定为各个圆周的总和,另一方面通过它们的半径的数目(即轴的大小)和椎体的高来规定这个总和,那么这个结果就和阿基米德此前所教导的和已证明的真理相矛盾。反之,

[370]

---

① 塔奎(André Tacquet,1612—1660),比利时数学家。——原编者注

巴罗指出，不应当把轴，而是应当把椎体的三角形的一条**边**当作那条规定着表面的线，因为表面是通过这条边的旋转而产生出来的；所以，人们必须假定，对于一定数量的圆周而言，并非轴，毋宁三角形的一条边才是它们的大小规定性。

这类指责或疑难的唯一源头，在于它们使用了"无限数量"这一无规定的表象，进而认为线是由无限数量的点组成的，面是由无限数量的线组成的，如此等等；通过这个表象，线或面的本质上的大小规定性已经变得模糊不清。——迄今的这些注释的意图在于，当数学变着法子使用"无限小"的时候，我们却把那些可以说隐藏在其背面的**肯定**规定揭示出来，并且把它们从那种由于单纯以否定的态度看待范畴而陷入其中的云里雾里的状态里面凸显出来。在无限序列那里，就和阿基米德测量圆的时候一样，无限者无非意味着，虽然持续规定的法则是已知的，但所谓的**有限的**表达式，即算术表达式，却没有被给予，所以弧线不可能被归结为直线；这个不可通约性是它们的质的差异性。一般说来，区间性东西和延续的东西的质的差异性同样包含着一个否定的规定，这个规定使它们看起来是不可通约的，进而制造出一个无限者，后者的意思是，当延续的东西被当作区间性的，就不应当继续按照其延续的规定性而具有定量。延续的东西在算术里被看作**乘积**，从而在其自身那里就被设定为区间性东西，也就是说，它被分解为一些元素，亦即乘积的因素；它的大小规定性就包含在这些元素或因素之内；正因为它们是元素或因素，所以属于一个较低的维度，而且，就幂方规定性出现而言，属于一个比大小更低的幂方，相当于这个幂方的元素或因素。在算术里面，这个区别显现为一个单纯的量的区别，——即方根和幂方的区别（无论这个幂方具有什么规定性）；尽管如此，如果表达式仅仅涉及量的东西本身，比如 $a:a^2$ 或 $d \cdot a^2 = 2a:a^2 = 2:a$，或落体法则 $t:at^2$，那么它只不过给出了一些无所云谓的比例关系，比如 $1:a$，$2:a$，$1:at$ 等等；然而比例关系的两端必须违背它们的单纯的量的规定，通过不同的质的意义而相互分开，就像 $s:at^2$ 那样，而在这种情况下，大小就表现为一个质，表现为另一个质的大小的函数。这样一来，

[371]

299

意识所面对的就仅仅是一个量的规定性,可以依据它的特点而毫无困难地进行运算,而且人们在用一条线的大小和另一条线的大小相乘的时候,也不会遭遇什么麻烦;但是,这些大小的相乘同时也造成了一个质的变化,即从线过渡到面;在这种情况下,一个否定的规定出现了;这个规定所造成的困难是可以解决的,只要我们认识到它的独特性和事情的单纯本性就行了;反之,假若人们企图借助于无限者而消弭这个规定,就只会陷入混乱状态之中,使困难永远悬而未决。

[372]

第三章　量的比例关系

　　定量的无限性已经被规定为定量的一个否定的彼岸世界,但定量是在自身那里具有这个彼岸世界。这个彼岸世界是一般意义上的质的东西。无限的定量,作为两个环节(即量的规定性和质的规定性)的统一体,首先是**比例关系**。

　　在比例关系里,定量不再具有一个纯粹漠不相关的规定性,而是作为质的东西,被规定为绝对地与它的彼岸世界相关联。它使自身延续到它的彼岸世界;彼岸世界首先是一般意义上的**另一个**定量。但从本质上看,它们并非作为外在的定量而相互关联,毋宁说,**每一方都是在这个他者关联中具有它的规定性**。因此,它们在它们的这个异在之内已经回归自身;每一方是什么,在它的异在之内也是什么;他者构成了每一方的规定性。——因此,定量的自身超越如今意味着,定量既不是仅仅变化为一个他者,也不是变化为它的抽象的他者(即它的否定的彼岸世界),而是在这个过程中达到了自己的规定性;它在它的彼岸世界(这是另一个定量)里面找到它**自己**。定量的**质**,或者说它的概念规定性,是它的一般意义上的外在性,而在比例关系里,它被**设定**为这样一个东西,1)它在它的外在性中,在另一个定量那里,具有它的规定性,2)它在它的彼岸世界里面,作为它所是的那个东西而存在着。

　　存在着一些定量,其相互之间的关联就是此前出现的那个关联。这 [373]
个**关联**本身也是一个大小;定量不是仅仅**在比例关系中**被设定,毋宁说,**它本身就被设定为比例关系**;它是**一个一般意义上的定量**,**在自身内部**就具有那个质的规定性。也就是说,由于定量在自身内部就具有它的已规定的存在的外在性，并且在这个外在性中仅仅与自身相关联，从而本身是一个无限的东西，所以，它作为比例关系，就表现为一个封闭在自身内的总体性，并且和它的界限漠不相关。

一般而言，比例关系是

1. 正比例关系。在它里面，**质的东西**尚未作为质的东西而自为地出现；它尚且停留在定量的层次，亦即被设定为一个在它的外在性中具有它的规定性的东西。——自在地看来，量的比例关系是外在性和自身关联的矛盾，或者说诸定量的持存与诸定量的否定的矛盾；——这个矛盾扬弃自身，而这首先是因为

2. 在**反**比例关系里面，只要设定一个定量的**否定**本身，同时就设定了另一个定量的变化，以及直接的比例关系本身的可变化性；

3. 但在**幂方比例关系**里面，那个在它们的区别中与自身相关联的统一体，把自己确立为定量的单纯的自身相乘；这个质的东西最终在单纯的规定中被设定为与定量同一，于是转变为**尺度**。

关于以下各种比例关系的本性，在前面那几个涉及量的无限者（即量本身的质的环节）的注释里，已经在许多方面预先有所提及；因此，剩下来的就只是对这些比例关系的抽象概念的辨析。

[374]

A. 正比例关系

1. 在那个直接是**正比例关系**的比例关系里，包含着一个定量的规定性与另一个定量的规定性之间的对立。二者只有**同一个**规定性或界限，这个规定性或界限本身也是定量，即比例关系的**指数**。

2. 指数是某一个定量；但是，只有当它在自身那里具有它的自身区别，具有它的彼岸世界和异在，它才是一个在它的**外在性**中、在自身那里、**与自身**相关联、就质而言已规定的定量。但是，定量在**自身**那里的这个区别就是**单位**和**数目**的区别；单位是一个自为的已规定的存在，而数目是一

个在规定性那里漠不相关的来回摆动,是定量的外在的漠不相关。最初,单位和数目是定量的环节;如今在比例关系里,亦即在这个已实现的定量里,它的每一个环节都显现为**一个自足的定量**,显现为它的定在的规定,显现为针对其他单纯外在的、漠不相关的大小规定性而作出的限定。

指数作为单纯的规定性,就是这个区别,也就是说,它在其自身那里直接具有两个规定的意义。**首先**,指数是定量;所以,指数是数目。如果比例关系的一端(即单位)表现为计数的单一体——而且它仅仅被当作这样一个东西——,那么另一端(即数目)就是指数自身的定量。**其次**,指数是单纯的规定性,即比例关系两端的质的东西;如果一端的定量得到规定,那么另一端的定量也通过指数而得到规定,至于前者究竟通过什么方式得到规定,这是完全无关紧要的;它作为一个自为地已规定的定量,不再有任何意义,毋宁说,它同样可以是任何别的定量,同时并不改变比例关系的规定性,因为这个规定性仅仅取决于指数。那个被当作单位的定量,无论变得多大,都始终是一个单位,与此同时,另一个定量无论变得 [375] 多大,都始终是那个单位的**同一个数目**。

3. 因此真正说来,二者仅仅构成**同一个**定量;其中一方相对于另一方而言只有单位的价值,没有数目的价值;另一方只有数目的价值;因此,**按照它们的概念规定性而言**,它们本身**不是完整的**定量。这个非完整性是它们自身那里的一个否定,而且,这个情况不是由于它们的一般意义上的可变化性——可变化性意味着,其中一方(二者中的每一方都是其中一方)能够接纳一切可能的大小——,而是由于这样一个规定,即如果一方发生变化,那么另一方同样会有相应的增加或减少;也就是说,正如已经指出的,只有其中**一方**,即单位,才作为定量而发生变化,至于另一方,即数目,则始终是**诸单位的**同一个定量,而单位同样也是仅仅**被当作**单位,无论它如何作为定量而发生变化,都是如此。因此,每一方都仅仅是定量的两个环节之一,至于它们独有的独立性,则是自在地就**被否定了**;在这个质的联系里,它们必须**被设定为**相互**否定**的东西。

指数应当是一个完整的定量,因为**两端**的规定在它那里面融合了;但实际上,它作为商数,本身仅仅具有**数目**的价值或**单位**的价值。这里没有任何规定说,比例关系的两端里,哪一端必须被当作单位,哪一端必须被当作数目;如果其中一端,即定量 B,是由作为单位的定量 A 来衡量的,那么商数 C 就是这些单位的数目;但是,如果 A 本身被当作数目,那么商数 C 就是数目 A 为了衡量定量 B 而需要的一个单位;因此,这个商数作为指数,并没有被设定为它应当所是的那个东西,即比例关系的作规定者,或者说它的质的统一体。只有当商数具有这个价值,亦即能够作为**两个环节**(单位和数目)**的统一体**而存在,它才会被设定为那个质的统一体。诚然,在展开的定量亦即比例关系里,两端都应当是定量。它们也确实呈现为这样的东西,但与此同时,由于它们作为比例关系的两端,其价值仅仅在于作为**不完整的**定量而存在,而且仅仅被当作那些质的环节之一,所以它们必须伴随着它们的这个否定而被设定;这样一来,就产生出一个与自己的规定更契合、更实际的比例关系,在其中,指数意味着这个比例关系的乘积;按照这个规定性,它是**反比例关系**。

[376]

B. 反比例关系

1. 如今出现的比例关系,是**已扬弃的**正比例关系;后者曾经是一个**直接的**比例关系,因而尚且不是真正已规定的比例关系;从现在起,已经增添了一个规定性,即指数被当作乘积,被当作单位和数目的统一体。过去按照直接性,指数可以漠不相关地既被当作单位,也被当作数目,就像前面已经指出的那样,——而在那种情况下,它曾经仅仅被当作一般意义上的定量,从而首要地是数目;一端是单位,被当作单一体,相对于它而言,另一端是一个固定的数目,同时是指数;就此而言,指数的质仅仅意味着,这个定量被当作固定的定量,或更确切地说,固定的东西仅仅具有定量的意义。

如今在反比例关系里,指数同样被当作一个直接的定量,而且任何一个定量都可以是固定的定量。然而相对于**比例关系里**的另一个定量亦即**单一体**而言,这个定量不是一个**固定的数目**;比例关系在前面是固定的,如今却被设定为可变化的;如果把一端的单一体与另一个定量做比较,那么另一端就不再是前者的诸单位的**同一个数目**。在正比例关系里,这个统一体仅仅是两端的共有物;单位作为统一体,把自己延续到另一端,延 [377] 续到数目;数目本身或指数和统一体是漠不相关的。

但从现在起,按照比例关系的规定性,数目本身相对于那个构成比例关系的另一端的单一体而言,发生了变化;任何时候,只要它相对于**单一体**而言被当作另一个定量,就转变为另一个数目。因此,虽然指数也仅仅是一个直接的定量,仅仅以任意的方式被假定为固定的,但它并不是在比例关系的一端保持为这样一个定量,毋宁说,这一端,随之两端的正比例关系,都是可变化的。于是在当前的比例关系里,指数作为一个作规定的、自身否定的定量,就被设定为比例关系的定量,进而被设定为一个质的东西,亦即界限,而在这种情况下,质的东西也表现出与量的东西的区别。——在正比例关系里,两端的**变化**仅仅是定量的一个变化,因为那个被当作共有物的统一体就是定量,于是只要有一端增加或减少多少,另一端也会增加或减少多少;比例关系本身和这个变化漠不相关,因为变化是外在于它的。反之,在反比例关系里,变化尽管按照一个漠不相关的量的环节来说也是任意的,但却被控制在**比例关系的内部**,而这个任意的量的超越也是通过指数的否定规定性(即一个界限)而受到限制。

2. 反比例关系的这个质的本性还需要在更具体的情况下,即在它的实现过程中,得到考察,而纠缠在其中的肯定东西和否定东西也应当得到辨析。——定量是就质而言被设定为定量,也就是说,它自己规定自己,在自身那里呈现出它的界限。在这种情况下,**首先**,它作为单纯的规定性,是一个直接的大小,而作为**存在着的**、肯定的定量,是一个**整体**。**其次**,这个直接的**规定性**同时是一个界限;为此它被区分为两个定量,两个 [378] 起初相互对立的定量,——但作为它们的质的规定性,且作为一个完整的规定性,它是单位和数目的统一体,是乘积,而单位和数目则是它的因素。

所以,一方面看来,它们的比例关系的指数在它们里面与自身同一,并且作为一个肯定东西而使它们成为定量;另一方面看来,指数作为在它们那里被设定的否定,是它们的**统一体**,按照这个统一体,每一方起初是一个直接的、一般意义上的有界定量,同时也是一个仅仅**自在地**与它的他者同一的有界定量。**再次**,指数作为单纯的规定性,是它区分而成的两个定量的否定统一体,是它们的相互限定的界限。

按照这些规定,两个环节在指数的内部相互**限定**,彼此都是对方的否定者,因为指数是它们的已规定的统一体;一方变大多少,对方就变小多少;就此而言,每一方所具有的大小,就是在自身那里具有对方所缺失的大小。通过这个**否定的**方式,一方的大小就延续到对方的大小;因此,每一方有多大的数目,就在对方那里扬弃多大的数目,并且只有通过对方在它那里设定的否定或界限才成为它所是的那个东西。通过这个方式,每一方也**包含着**对方,并且以对方为尺度,因为每一方都应当仅仅是对方所不是的一个定量;对于每一方的价值而言,对方的大小都是不可或缺的,随之和它不可分割。

双方之间的这个延续性构成了**统一体**这一环节,使双方处于比例关系之中,——这是**唯一的**规定性或单纯的界限,即指数。这个统一体,作为整体,构成了每一方的**自在存在**,并且有别于它们的**现成已有的**大小,按照这个大小,每一方只有从它们的共同的自在存在那里,从整体那里,摆脱对方,才会存在着。但是,只有当它等同于这个自在存在,它才能够摆脱对方;它在指数那里达到它的最大值,而按照上述第二个规定,指数是它们的相互限定的界限。而且,由于每一方只有在限定对方,随之被对方限定的时候,才是比例关系的一个环节,所以,当它使自己等同于它们的自在存在时,就失去了它的这个规定;在这个过程中,非但对方的大小没有变为零,反倒是它自身消失了,因为它不应当是单纯的定量,毋宁说在本质上只应当是比例关系的一个环节。所以,每一方都是两个规定的矛盾,因为按照其中一个规定,它是自在存在,是整体(指数)的统一体,而按照另一个规定,它是比例关系的一个环节;这个矛盾是在一个新的独

[379]

特形式下再次出现的**无限性**。

指数是它的比例关系两端的**界限**,在这个界限内部,两端此消彼长,并且按照肯定的规定性(即作为定量的指数)而言,不可能等于指数。所以,作为它们的相互限定的界限,a)指数是它们可以**无限地**接近,但永远不可能触及的**彼岸世界**。它们可以接近的这个无限性,是无限进展的恶劣的无限性;它本身是有限的,并且在它的对立面(即每一方和指数本身的有限性)那里具有它的限制,因此仅仅是一种**接近**。b)但是,恶劣的无限性在这里同时**被设定为**它**在真理里**所是的那个东西,即一般意义上的纯粹**否定的环节**,按照这个环节,指数是与比例关系的不同定量相对立的**单纯界限**,即自在存在,而定量的有限性(作为绝对可变化的东西)虽然与自在存在相关联,但后者作为它们的否定,始终与它们有所区别。因此,它们能够接近的这个无限者,同样是一个现成已有的、当前存在着的**肯定的此岸世界**,——即指数的单纯定量。在这里,比例关系的两端所纠缠不清的彼岸世界,就被达到了;**自在地看来**,比例关系是两端的统一体,换言之,自在地看来,它是每一方的对方;因为,每一方具有多少价值,仅仅取决于对方不具有多少价值;也就是说,每一方的完整规定性都是位于对方之内,而它们的这个自在存在,作为肯定的无限性,无非是指数。

[380]

3. 但这样一来,反比例关系已经从它曾经具有的规定过渡到另一个规定。按照从前的规定,一个定量是作为直接的定量而与另一个定量相关联,后者变小多少,前者就变大多少,因此前者是通过这种和后者的否定关联而成为它所是的那个东西;同样,第三个大小就是它们的这种变大变小的共同限制。在这里,这个变化与质的东西相对立,因为质的东西是**固定的**界限,是它们的独特性;它们的规定来自于**可变化的**大小(即变量),而对于变量而言,那个固定的东西是一个无限的彼岸世界。

我们必须把这里表现出来的各种规定统摄起来加以把握,它们不仅意味着,这个无限的彼岸世界同时是一个当前存在着的、有限的定量,而且意味着,这样一个无限的彼岸世界是通过它的稳固性而与质的东西相对立,而这个稳固性只有作为一个抽象的自身关联,才是存在的质,进而发展为一个在它的他者(即比例关系的有限者)那里进行的自身中介活动。这里包含的普遍意义在于,一般说来,整体作为指数,是两个项的相互限定的界限,是**否定之否定**,而在这种情况下,就设定了无限性,即一种**肯定的**自身比例关系。更确切地说,**自在地看来**,指数作为乘积,已经是单位和数目的统一体,但这两个项里的每一方都仅仅是这两个环节之一,所以指数把它们包揽在自身之内,并且在它们里面**自在地**与自身相关联。

[381]

但是,这个区别在反比例关系里已经发展为量的存在的**外在性**,至于质的东西,既不是单纯固定的东西,也不是仅仅直接在自身之内包揽着诸环节,而是在一个**存在于自身之外的异在**那里呈现自己,自己**与自己**合并。正是这个规定,在这些环节里面作为一个结果而表现出来,凸显出来。也就是说,指数表现为一个自在存在,它的环节在定量以及定量的一般意义上的可变化性里得到实现;在它们的变化中,它们的漠不相关的大小呈现为一个无限进展;从根本上看,在它们的漠不相关中,它们的这个规定性意味着在对方的价值里具有自己的价值,所以,a)按照它们的定量的肯定方面,它们应当**自在地**作为指数的整体而存在;b)同样,对于它们的否定环节,对于它们的相互限定而言,它们具有指数的大小;它们的界限就是指数的界限。它们之所以不再有别的内在的界限,不再有一个固定的直接性,原因在于,它们的定在和限定是一个无限进展,每一方的特殊价值都遭到否定。就此而言,这个否定是对于指数在它们中呈现出来的外在存在的**否定**,与此同时,指数本身是一个一般意义上的定量,并且也分化为诸多定量,所以它被设定为一个通过否定它们的漠不相关的持存而维系自身的东西,一个与自身合并的东西,即一个规定着这种自身超越的东西。

因此,比例关系被规定为**幂方比例关系**。

C. 幂方比例关系

1. 定量在它的异在里设定着自身同一性,规定着它的自身超越,于是成为自为存在。所以,当质的总体性把自己设定为一个已发展的东西,就把数的概念规定(单位和数目)当作自己的环节;在反比例关系里,数目仍然不是一个通过单位本身,而是从别的地方,通过一个第三者而得以规定的数量;而现在,数目被设定为仅仅通过单位而得以规定。这件事情在幂方关系里发生了,在这里,单位在其自身是数目,同时也是一个针对它自己作为单位而言的数目。异在,诸多单位的数目,是**单位**自身。幂方是一定数量的单位,其中每一个单位都是这个数量自身。定量作为一个漠不相关的规定性发生变化;但是,就这个变化意味着提升到幂方而言,它的这个异在是完全通过自身而受到限定的。——因此,定量在幂方里被设定为已经回归自身;它直接地既是它自己,也是它的异在。

[382]

这个比例关系的**指数**,不再像在正比例关系和反比例关系里面一样,是一个直接的定量。它在幂方比例关系里完全具有**质**的本性,而这个**单纯的**规定性意味着,数目是单位自身,定量在它的异在里与自身同一。与此同时,这里也包含着指数的**量的**本性方面,即界限或否定不是被设定为一个直接的存在者,而是被设定为一个通过它的异在而建构起来的定在;因为,质的真理恰恰在于,作为量(这是已扬弃的直接规定性)而存在着。

2. 幂方比例关系首先显现为一个适用于任何定量的外在变化;但它与定量的**概念**有一个更密切的关联,也就是说,定量在幂方关系里发展为定在,并且在这个定在里达到了它的概念,已经以完满的方式将其实现;这个比例关系是定量的**自在存在**的呈现,并且表达出了定量的规定性或**质**,从而使一个定量区别于另一个定量。定量是**漠不相关的、被设定为已扬弃**的规定性,亦即一个作为界限的规定性,但这个界限同样不是界限,而是延续到它的异在,在异在里面保持着自身同一;所以,定量是在幂方比例关系里**被设定的**;而它的异在,即超越自身而进入另一个定量,也是由它自身所规定的。

[383]

如果我们比较一下迄今的这些比例关系里的实现过程,那么可以说,定量的质就在于作为一个自身设定的自身区别而存在着,而总的说来,就是在于作为比例关系而存在着。作为正比例关系,定量起初仅仅是一般意义上的或直接地已设定的区别,以至于它的自身关联,亦即它作为指数相对于它的区别而言具有的自身关联,仅仅被当作单位的一个固定的数目。——而在反比例关系里,定量按照其否定的规定而言也是一个自身关联,——但这里的"自身"是它的否定,而它恰恰是在这个否定里具有它的价值;作为肯定的自身关联,它是一个指数,而指数作为定量,仅仅**自在地**是它的诸环节的规定者。但在幂方比例关系里,定量呈现为一个**自身区别**。规定性的**外在性**是定量的质;现在,这个外在性按照定量的概念,被设定为它的自身规定,被设定为它的自身关联,它的**质**。

3. 但是,为了让定量按照它的概念而**被设定**,它已经过渡到另一个规定,或者也可以说,现在它的**规定**也是**规定性**,**自在存在**也是**定在**。它之所以是**定量**,在于已规定的存在的外在性或漠不相关——如人们所说,它是一个能够增大或减小的东西——仅仅被当作、被设定为**单纯的**或**直接的东西**;定量已经转变为它的他者,亦即质,因为那个外在性如今被设定为一个自身中介过程,被设定为一个环节,也就是说,定量恰恰**在外在性里面才与自身相关联**,才是作为质的存在。

因此,严格意义上的量首先显现为与质相对立;然而量本身也是**一个质**,一个总是与自身相关联的规定性,有别于那个不同于它的规定性,即质本身。只不过,量并非仅仅是**一个质**,毋宁说,质本身的真理就是量;质已经表明自己正在过渡到量。反之,量在其真理中是一个已经回归自身的、不再漠不相关的外在性。因此,量就是质本身,以至于除了这个规定之外,质本身就不是别的什么东西了。——至于总体性**被设定**,这件事情包含着**双重的**过渡,也就是说,不仅有前一个规定性到后一个规定性的过渡,而且同样有后一个规定性到前一个规定性的过渡或回归。只有通过第一个过渡,才会出现质和量的**自在的**同一性;——质包含在量里面,但在这种情况下,量仍然是一个片面的规定性。至于量反过来同样包含在质里面,因此同样只是一个已扬弃的量,这些情况都是在第二个过渡亦即向着前者的回归里面出现的;以上关于**双重的**过渡的必然性的评论,对于科学方法的整体而言是极为重要的。

[384]

从现在起,定量不再是一个漠不相关的或外在的规定,毋宁说,它作为这样一个规定同样已经遭到扬弃,成为质,成为那个使某东西是其所是的东西,而这就是定量的真理,即作为**尺度**而存在。

注 释

此前,在关于量的无限者的几个注释中,我们已经讨论了这个东西以及相关困难(这些困难的根源在于**质的**环节在量的环节里面出现),尤其讨论了幂方比例关系的质的东西如何导致杂多的发展过程和复杂局面;我们亦指明,那阻碍着概念理解把握的,是这样一个基本缺陷,即在看待无限者的时候,仅仅止步于一个否定的规定(把无限者当作定量的否定),而不是推进到一个单纯的肯定规定(把无限者当作质的东西)。——这里唯一剩下的事情,就是再谈谈在哲学里面最近发生的一个僭越,即用量的东西的形式去干涉思维的纯粹的、质的形式。特别是**幂方比例关系**,在近代已经被应用于**各种概念规定**。据说,概念在它的直接性中,是"**第一个潜能阶次**"①,在它的异在或差别中,在它的诸环节的定在中,是"**第二个潜能阶次**",而在它的自身回归或总体性中,是"**第三个潜能阶次**"。——很显然,我们在这里使用的"幂方",是一个范畴,而且在本质上属于定量;——在谈到这些幂方的时候,我们根本没有考虑亚里士多德所说的"潜能"(potentia,dynamis)。所以,幂方比例关系所表达出的规定性是一个区别,但它强调的是这个区别在"定量"这一**特殊的概念**里如何达到它的真理,而不是它在概念本身那里就如何如何。定量包含着否定性,这个否定性属于概念的本性,但根本还没有设定在概念的独特

[385]

① "潜能阶次"是谢林哲学的核心概念之一,主要用来标示绝对者在逐渐实现自身的发展过程中,所处的层层上升的阶次。它和黑格尔本章所说的"幂方"是同一个词,即"Potenz",而这个词(拉丁文"potentia")恰恰来源于亚里士多德的"潜能"(dynamis)概念。黑格尔和谢林这里的分歧在于,前者仅仅把"Potenz"当作一个属于定量的数学范畴,后者则是把它当作一个形而上学范畴,并且在亚里士多德的"潜能—现实"的框架下讨论这个问题。——译者注

规定之内;定量所具有的区别,对于概念本身而言是一些流于表面的规定;它们还远远没有被规定为它们在概念中的样子。在哲学思考的童年时期,比如在毕达哥拉斯那里,已经用数来标示一些普遍的、事关本质的区别,而且在这种情况下,第一个潜能阶次、第二个潜能阶次等等并没有什么优越于数的地方。这是纯粹的、思维着的理解把握的初级阶段;只有到了毕达哥拉斯的后人那里,人们才发明出思想规定本身,亦即意识到它们是**自为的**东西。至于那种离开思想规定而退回到数的规定的做法,则是来源于一种自觉虚弱无力的思维,它与当前已经习惯于思想规定的哲学教养相对立,企图把那种虚弱确立为某种新颖的、高贵的东西,甚至确立为一个进步,而这只不过是徒增笑耳。

[386]

反之,假若"幂方"一词仅仅被当作**符号**来使用,那么这是无可指责的,正如我们并不反对数或概念的其他类型的符号:但与此同时,我们也反对人们用一切符号系统(Symbolik)来呈现概念规定或哲学规定。哲学不需要这些帮手,既不需要求助于感性世界,也不需要求助于表象式想象力,更不需要求助于那些从属于哲学的特殊部门,因为这些部门的规定不适合更高的层面,不适合整体。一般说来,如果人们把有限者的范畴应用于无限者,就会发生上述不合适的事情;比如,通行的"力"、"实体性"、"原因和结果"等规定同样只是一些符号,用来指代一些活生生的或精神性的关系,也就是说,对于这些关系而言,它们其实是一些不真实的规定,至于用"定量的幂方"和"可计数的幂方"等等来指代这类关系和一般意义上的思辨关系,就更是如此。——诸如"数"、"幂方"、"数学的无限者"之类东西,如果人们不是把它们当作符号,而是当作哲学规定的形式,甚至当作哲学形式来使用,那么,人们必须首先指明它们的哲学意义,亦即它们的概念规定性。如果人们真这样做了,那么它们本身就是一些多余的标示;概念规定性自己标示自己,唯有它的标示是正确的、合适的标示。因此,人们无非是把那些形式当作一个方便的工具来使用,以图省略对于概念规定的把握、揭示和辩护。

第三篇　尺度

在尺度里面,抽象地说,质和量达成了统一。**存在**本身是规定性的一个直接的自身一致性。规定性的这个直接性已经扬弃自身。量是一个如此回归自身的存在,并且作为单纯的自身一致性,和规定性漠不相关。然而这种漠不相关仅仅是外在性,意味着不是在自身那里,而是在他者那里具有规定性。现在,第三者是一个外在的自身关联;而作为自身关联,它同时是一个**已扬弃**的外在性,并且在自身那里具有一个自身区别;这个区别作为外在性,是**量**的环节,作为已经收回自身的外在性,是**质**的环节。

由于先验唯心主义的范畴表在"量"和"质"之后插入"关系",紧接着又引入"**样式**"(Modalität),所以这里可以谈一谈它。这个范畴在那里意指**对象**和**思维**的关联。按照先验唯心主义的理解,思维在本质上总是外在于自在之物。由于其他范畴仅仅具有这样一个先验的意义,即作为**意识的客观东西**而隶属于意识,所以相应地,"样式"范畴作为与主体的关联,包含着"自身**反映**"这一规定;也就是说,样式下面的三个范畴缺乏其他范畴具有的客观性;按照康德的说法,这三个范畴丝毫没有扩大客体的概念或规定,而是仅仅表达出客体与认识能力的关系(《纯粹理性批判》第二版,第99、266页)。——至于康德概括在样式下面的范畴,"可能性"、"现实性"和"必然性",接下来将会出现在它们的合适位置;康德没有把这个无比重 ［388］
要的"三联体"形式——这个形式在他那里起初只是作为一个流于形式的火花而闪现——应用于他的范畴的种(量、质等等),而且就连这个名称,也只是应用于范畴的类;所以,他不可能为质和量找到第三者。

在斯宾诺莎那里,"**样式**"(Modus)同样是"实体"和"属性"之后的第三者;他宣称,样式是实体的**情状**(Affektionen),或者说那个存在于一个他者之内,并且通过一个他者而得到理解的东西。① 按照这个概念,这个

---

① 斯宾诺莎《伦理学》第一部分,界说5。——译者注

第三者仅仅是外在性本身；我们在别的地方已经指出，在斯宾诺莎那里，僵化的实体性总的说来缺乏一个自身回归。

这里所作的评论可以更一般地推广至各种泛神论体系，在这些体系里面，思想已经得到了某种教化。存在、一、实体、无限者、本质是第一位的东西；针对这个抽象的东西，那么第二位的东西，或者说全部规定性，一般说来同样只能以抽象的方式被概括为有限者、偶性、随时消失的东西、位于本质之外且无关本质的东西等等，而这在一种完全流于形式的思维那里是一件惯常的、首要的事情。但这个第二位东西和第一位东西的联系是一个非常迫切的问题，以至于人们不得不同时把它们放在一个统一体里面来理解，正如在斯宾诺莎那里，**属性**就是整个实体，只不过是从知性（它本身也是一个限制或样式）来理解①；但是，既然样式，即全部非实体性的东西，只能通过一个他者来理解，那么它就构成了实体的另一极端，即一般意义上的第三者。抽象地看来，**印度教**的泛神论②已经在其庞大的幻想中同样得到这个教化，并且把它当作一条提供尺度的线索，透过那些幻想无度的东西而导向一个统一的旨趣，使梵天（代表着抽象思维的一）经过毗湿奴的形态分化（尤其是克里希纳③的形式下）而走向第三者，即湿婆。这个第三者的规定，就是样式、变化、产生和消灭等全部外在性的领域。如果说印度的这个三联体很容易让人将其与基督教的三位一体进行比较，那么人们除了应当在二者中间认识到概念规定的一个共同元素之外，还应当伴随着一个更明确的意识在本质上去理解区别；这不仅仅是一个无限的区别，毋宁说，真正的无限性构成了区别本身。按照其规定而言，印度教的第三个本原是实体性统一体分化为它的对立面，**不是这个统一体的自身回归，**——确切地说，是一个无精神的东西，不是精神。

[389]

---

① 斯宾诺莎《伦理学》第一部分，界说 4。——译者注

② 以下所说的梵天（Brahman）、毗湿奴（Wischnu）和湿婆（Schiwa）是印度教的三大神。但与黑格尔在这里列出的顺位不同，印度教三大神的顺位通常是梵天（代表原初的统一体）、湿婆（代表分裂和毁灭）、毗湿奴（代表重建的统一体）。——译者注

③ 克里希纳（Krischina）即"黑天"（意为"黑色的神"），是毗湿奴的诸多化身中最重要的一个，在《薄伽梵歌》里尤其得到称颂。——译者注

在真正的三联体里,不仅有统一体,而且有合一体(Einigkeit),即在一个**富有内容的**、**现实的**统一体里达到完结,后面这个统一体按照其完全具体的规定而言,就是**精神**。一般而言,样式和变化的那个本原其实没有把统一体排除在外;也就是说,在斯宾诺莎主义看来,样式本身恰恰是非真实的东西,反之只有实体才是真实的东西,一切东西都应当回溯到它,而这等于把一切内容都湮沉到虚空性中,湮沉到一个纯粹流于形式的、无内容的统一体中;同理,湿婆也是重新成为大全,和梵天没有区别,就是梵天本身;也就是说,区别和规定性只不过是再次消失了,没有保存下来,没有被扬弃,不但统一体没有回归具体的统一体,分裂也没有回归和解。对于一个身陷产生和消灭等一般意义上的样式层面的人而言,最高目标就是湮沉到无意识状态之中,湮沉到与梵天的统一体亦即毁灭之中;至于佛教所说的涅槃、寂灭等等,也是同一回事。

现在,尽管一般意义上的样式就是抽象的外在性,既和质的规定漠不相关,也和量的规定漠不相关,尽管在本质上不应当把外在的、非本质的东西当作关键,但人们另一方面在很多事情上面却承认,一切的关键在于**样式和方式**(Art und Weise);而这等于是说,样式本身在本质上属于一件事情的实体性东西;这个极不确定的关联至少包含着一点,即这种意义上的外在东西并不是绝对抽象的外在东西。 ［390］

在这里,样式明确意味着**尺度**。斯宾诺莎的样式和印度教的变化本原一样,都是无尺度的东西。反之希腊人已经模糊地意识到,**一切东西都有一个尺度**,以至于哪怕是巴门尼德,在提出抽象的存在之后,也把**必然性**当作**一切东西遭遇的古老界限**而引入,所以,希腊人的意识相比实体及实体的样式的区别所包含的意识,是一个高级得多的概念的开端。

进一步发展的、更具有反思意义的尺度,是必然性;命运,涅墨西斯女神①,通常把自己限定在尺度的规定性上面,也就是说,她把那些**失度的**

① 涅墨西斯(Nemisis)是希腊神话中的复仇女神,代表着绝不妥协的正义。——译者注

东西,那些自视甚高和甚大的东西,打入另一个极端,贬低为虚无,随之重新制造出尺度的中点或中道状态。——"绝对者或上帝是万物的**尺度**"这一宣言相比"绝对者或上帝是**存在**"这一定义,并不具有更多的泛神论意味,但却无限真实得多。——尺度虽然是一种外在的样式和方式,一种更多或更少,但它同时已经折返回自身之内,不再仅仅是一个漠不相关的、外在的规定性,而是一个自在存在着的规定性;所以,它是**存在的具体真理**;正因如此,许多民族把尺度当作某种神圣不可侵犯的东西而加以崇敬。

尺度已经包含着**本质**的理念,即已规定的存在的直接的自身同一性,在这种情况下,直接性通过自身同一性降格为一个经过中介的东西,反过来,自身同一性同样仅仅以这个外在性为中介,但这是一个**自身**中介,——或者说一个反映,它的各种规定虽然**存在着**,但在这个存在里面仅仅是它们的否定统一体的诸环节。在尺度里,质的东西是量化的;规定性或区别是一个漠不相关的东西,因此这是一个不是区别的区别,它已经被扬弃;这个量化(Quantitavität)构成了一个自身回归(它在其中成为一个质的东西),构成了一个自在且自为的存在,即**本质**。然而尺度仅仅**自在地**或在概念中是本质;尺度的这个**概念**尚未**被设定**。严格意义上的尺度本身仍然是量的东西和质的东西的**存在着的**统一体;它的诸环节作为一个定在,作为一个质及其定量,存在着,这些定量仅仅自在地是不可分割的,但尚未意味着这个经过反映的规定。尺度的发展过程既包含着这些环节的区分,同时也包含着这些环节的关联,而这意味着,同一性(即它们的**自在存在**)**成为**它们的相互关联,亦即**被设定下来**。这个发展过程的意义就是尺度的实现,在其中,尺度把自己设定为自身之间的比例关系,从而同时把自己设定为一个环节;通过这个中介活动,它被规定为已扬弃的东西;它的直接性和它的诸环节的直接性都消失了,仅仅作为经过反映的东西而存在着;如此,当它作为它在概念上所是的那个东西出现,就已经过渡到**本质**。

尺度首先是质的东西和量的东西的**直接**统一体,于是,

[391]

第一,尺度是**一个定量**,具有质的意义,并**作为尺度**而存在着。它的进一步的规定是,**在它自身那里**,在这个**自在地**已规定的东西那里,区分出它的各个环节,即质的已规定的存在和量的已规定的存在。这些环节进而把自己规定为尺度的整体,并在这个意义上是**独立的东西**;由于它们在本质上相互关联,所以,

第二,尺度成为特殊的定量(**作为各种独立的尺度**)的**比例关系**。但从本质上看,它们的独立性同时立足于量的比例关系和大小区别;所以,它们的独立性转变为一种相互过渡。这样一来,尺度就在**无尺度的东西**里面消灭了。——但是,尺度的这个彼岸世界仅仅是自在的尺度本身的否定性;因此在这种情况下,

第三,尺度是各种尺度规定的**无差别**,并且实际上具有无差别所包含 [392] 的否定性。它被设定为**各种尺度的反比例关系**,后面这些尺度作为独立的质,在本质上仅仅立足于它们的量,立足于它们相互之间的否定关联,从而证明自己仅仅是它们的真正独立的统一体的环节,而这个统一体是它们的自身反映及其设定,即**本质本身**。

后面探讨的尺度发展过程,是最困难的问题之一;由于它是开端于直接的、外在的尺度,所以它一方面必须推进到量的东西的持续规定(一门**自然哲学**),另一方面必须至少在一般的意义上指明这个尺度规定和自然事物的**质**的联系;因为,只有那些以具体事物为对象的专门科学,才能够明确证明,从具体对象的概念那里产生出来的质的东西和量的东西之间有一个**联系**,——对此可以参看《哲学科学百科全书》(第三版 [1830 年],第267节和270节注释)里面提到的关于落体法则和自由天体运动法则的例子。这里可以一般地指出,尺度借以实现自身的不同形式,也属于自然实在性的不同层面。已发展的尺度,亦即尺度的**各种法则**,其完整的、抽象的漠不相关只能出现在**机械论**的层面,因为在机械论看来,具体的形体物仅仅是一种本身就抽象的物质;物质的各种质的区别在本质上是把量的东西当作它们的规定性;空间和时间是纯粹的外在性本身,至于物质和质量的**数量**,重量的**厚度**等等,同样是一些外在的规定,并且把量

[393] 的东西当作自己的独特规定性。反之,抽象物质的这类大小规定已经通过多数性,随之通过各种质的冲突,在**物理领域**尤其是**有机领域**里遭到破坏。但在这里,不仅出现了各种质本身之间的冲突,而且尺度也从属于一些更高层次的比例关系,以至于尺度的**内在发展过程**被归结为直接尺度的单纯形式。动物有机体的肢体具有一个尺度,它作为一个单纯的定量,与其他肢体的其他定量处于比例关系之中;人体的比例是这类定量的一些固定的比例关系;自然科学还需要多多学习,才能够在某种程度上认识到这类大小与那些完全依赖于它们的有机功能之间的联系。至于把一个内在的尺度贬低为一个单纯以外在的方式已规定的大小,**运动**就是一个最切近的例子。在天体那里,运动是一个自由的、仅仅由概念来规定的运动,就此而言,它的大小同样是仅仅依赖于概念(参看上引章节),只不过它已经从一种有机的东西降格为一种**随意的**或机械地合乎规则的运动,亦即一般意义上的抽象的、流于形式的运动。

在精神王国里面,更不太可能出现尺度的一个独特的、自由的发展。人们确实已经认识到,共和制——无论是雅典的共和制,还是一种掺杂着民主制的精英制——只能在一定大小的国家里面占有一席之地,而在已发展的市民社会里,诸多从属于不同行业的个体则是处于比例关系之中;但这个比例关系既不提供尺度的法则,也不提供尺度的独特形式。在精神性东西自身之内,出现了性格的**厚度**,想象力、感觉、表象等等的**强度**的区别;但在这类不确定的**强度**或**弱度**之上,却没有任何规定。人们为感

[394] 觉、表象等等的强度和弱度的比例关系而提出的那些所谓的法则,其结果是何其地混杂和完全空虚!对此我们只需看看那种在这些方面煞费苦心的心理学,就可以了然于胸。

第一章　特殊的量

首先,质的量是一个直接的、**特殊的定量**。

其次,这个特殊的定量,在与别的东西的比例关系中,转变为一个量的特殊化,即对漠不相关的定量的扬弃。就此而言,这个尺度是一个**规则**,并且包含着尺度的**两个区分开来的环节**,即自在存在着的量的规定性和外在的定量。但在这个区别里,这两个方面转变为质,而规则转变为二者的比例关系。

再次,尺度呈现为**质的比例关系**,这些质起初具有**同一个**尺度,然而这个尺度接下来把自己特殊化为各种尺度的一个内在的区别。

A. 特殊的定量

1.尺度是定量的单纯的自身关联,是定量特有的自在的规定性本身;就此而言,定量是质的东西。它起初作为一个直接的尺度,是一个直接的定量,因而是某一个已规定的定量;同样,那个属于尺度的质也是一个直接的质,因而是某一个已规定的质。——定量不再是一个漠不相关的界限,而是一个自身关联的外在性,因此它本身就是质,而它同时与质的区别在于,它不超出质,正如质也不超出它。就此而言,它作为一个规定性,已经回归单纯的自身一致性;它和已规定的定在合为一体,正如已规定的定在与它的定量合为一体。

如果人们愿意从当前已获得的规定里面提出一个命题,那么可以这 [395]

321

样说:"**一切定在者都具有一个尺度。**"一切定在都具有一个大小,而这个大小属于某东西自身的本性;它构成某东西的已规定的本性和内化存在。某东西和这个大小不是漠不相关的,仿佛大小发生变化以后,它仍然是那个东西,毋宁说,大小的变化已经改变了某东西的质。定量作为尺度,而不再是一个不是界限的界限;从现在起,它是事情的规定,以至于只要这个定量有一丁点增加或者减少,事情就会消灭。

一个尺度,作为通常意义上的标尺(Maßstab),乃是一个定量,它被假定为一个**自在地已规定的统一体**,与外在的任意数目相对立。诚然,这样的统一体在事实上也有可能是一个自在地已规定的统一体,比如"尺"之类原初的尺度,但是,就它作为尺度同时被应用于其他事物而言,它对于后者来说仅仅是一个外在的尺度,而不再是它们的原初尺度。——所以,地球的直径或钟摆的长度可以被看作是自为的特殊定量。但是,究竟把地球的直径或钟摆的长度的多少部分,并且在哪个维度上取其部分,以把它们用作标尺,这却是一个随意的做法。更何况,对于其他事物而言,这样一个标尺也是某种外在的东西。其他事物进一步以特殊的方式把这个普遍的特殊定量加以特殊化,并因此使自己成为特殊的事物。所以,奢谈事物的"自然标尺"是一个愚蠢的行为。无论如何,一个普遍的标尺只能用于外在的比较;而在这个最肤浅的意义上,即在把标尺当作**普遍的尺度**的意义上,究竟用什么东西作为标尺,这是完全无关紧要的。标尺不应当被理解为这种意义上的基本尺度(Grundmaß),仿佛特殊事物的自然尺度在它那里呈现出来,随之按照一个规则,被看作一个普遍的尺度(即它们

[396]

的普遍形体的尺度)的特殊化。但是,如果没有这个意义,一个绝对的标尺的唯一令人感兴趣的地方,或者说其唯一的意义就在于,它是一个**共通的东西**,而这样一个东西并非**自在地**,而是通过约定俗成而成为一个普遍者。

直接的尺度是一个单纯的大小规定,比如有机物本身的大小,其肢体的大小,如此等等。然而每一个实存者都有一个大小,以便成为它所是的那个东西,并且一般地具有一个定在。——作为定量,它是一个漠不相关

的大小,能够接受外在的规定,并且能够在"更多"和"更少"之间来回往复。但与此同时,作为尺度,它又有别于它自己(这里的"自己"指一个和规定漠不相关的定量),转而在一个界限之内限制着那种漠不相关的来回往复。

现在,由于量的规定性在定在那里是一个双重的规定性,即一方面与质联系在一起,另一方面能够在不损害质的情况下来回往复,所以,当某个具有尺度的东西的定量发生变化,这个东西就走向消灭。一方面看来,这个消灭是**出人意料的**,因为定量能够在不改变尺度和质的情况下发生变化,但另一方面看来,它又是完全可以理解的,即这是基于一种**逐渐性**(Allmählichkeit)。人们很容易抓住这个范畴,用它来想象或**解释**一个质或某东西的消灭,也就是说,人们仿佛能够永远注视着这个随时消失的东西,因为,既然定量被设定为一个外在的、就其本性而言可变化的界限,那么不言而喻,**变化**就仅仅是定量的变化。但事实上,这个说法没有解释任何东西;变化在本质上同时是从一个质到另一个质的过渡,或更抽象地说,从一个定在到一个非定在的过渡;这里面的规定不同于逐渐性里面的规定,后者仅仅是一种增加或减少,是对大小的片面坚持。

2. 一个貌似仅仅量的变化也会导致一个质的变化——古人已经注意 [397] 到这个联系,并且用一些通俗的例子展示了那些由于不懂得这个联系而产生出来的混乱;这就是[麦加拉学派]以"秃子"和"谷堆"为例提出的著名**辩驳**,而按照亚里士多德的解释,这种方法的意图在于迫使人们说出他们之前的主张的反面。它问:如果从脑袋上或马尾巴上拔下**一根**毛发,是否会造成一个秃子? 或者说,如果从谷堆拿走**一粒**谷子,这里是否不再是一个谷堆? 对于这些情况,人们可以不假思索地承诺没有问题,因为这种褫夺仅仅造成一个本身完全无足轻重的区别;于是**一根**毛发和**一粒**谷子被拿走了,如此不断重复,每次都如承诺的那样,只拿走一根毛发和一粒谷子;到最后,质的变化出现了,脑袋和马尾巴变秃了,谷堆也消失了。究其原因,人们在做出那个承诺的时候,不仅忘了事情的"重复",而且忘了,质的整体是由那些本身无足轻重的量(就和那些本身无足轻重的财产支出一样)**累积**而成的总和构成的,以至于到最后,这个整体消失了,脑袋秃了,钱袋也空了。

这里作为结果而出现的困惑或矛盾,并不是通常字面意思上的诡辩,仿佛这样的矛盾仅仅是一种故弄玄虚。那个回答问题者(实即我们的通常意识)所犯的错误,在于假定一个量仅仅是一个漠不相关的界限,也就是说,假定量是一个已规定的量。这个假定被量所导致的真理推翻了,即
[398] 量是尺度的一个环节,并且和质联系在一起;真正被驳倒的,是对抽象的定量规定的片面坚持。——正因如此,那种辩驳也不是空洞的或咬文嚼字的游戏,毋宁说,它本身是正确的,并且是那种对于思维里面出现的现象产生兴趣的意识的产物。

由于定量被当作一个漠不相关的界限,所以在它这个方面,定在遭到猛烈的攻击,走向消灭。概念的**狡计**在于从这个方面来理解定在,仿佛它的质不会遭到任何威胁,——以至于一个国家或一笔财产的扩大虽然给国家和财产所有者带来不幸,而乍看起来却好像是一个幸运。

3.尺度在其直接性里是一个通常意义上的质,同时有一个已规定的、专属的大小。这里也要区分两个方面:一方面看来,定量是一个漠不相关的界限,在那里,可以在不改变质的情况下来回往复;另一方面看来,定量是质的、特殊的东西。两方面是同一个东西的大小规定;但按照尺度起初所在的直接性,这个区别接下来应当被看作是一个直接的区别;就此而言,两方面也具有一个不同的实存。尺度的实存,作为一个**自在地**已规定的大小,相对于可变化的、外在的方面的实存而言,是对于它们的漠不相关状态的扬弃,即尺度的**特殊化**。

B. 特殊化的尺度

首先,这个东西是一个规则,一个与单纯定量相对立的外在尺度;

其次,这个东西是特殊的量,规定着外在的定量;

再次，双方作为特殊的量的规定性的**质**，互相表现为**同一个**尺度。 [399]

a. 规则

规则，或者说此前已经谈到的标尺，首先作为一个自在地已规定的大小，即一个与定量（一个特殊的实存）相对立的单位，在另一个某东西（这个某东西不同于规则的某东西）那里实存着，并按照规则而被测量，即被规定为那个单位的数目。这个**比较**是一个**外在的**行动，而那个单位本身是一个任意的大小，并且同样能够被重新设定为数目（比如"尺"就被设定为"寸"的一个数目）。然而尺度不仅仅是一个外在的规则，毋宁说，它作为特殊的尺度，自在地看来本身就和它的他者（一个定量）有关。

b. 特殊化的尺度

尺度是一个特殊的规定活动，针对着**外在的**、亦即漠不相关的大小，后者是在尺度的某东西那里由别的一般意义上的实存加以设定的，而尺度虽然本身是一个定量，但又不同于定量，也就是说，它作为一个质的东西，规定着单纯漠不相关的、外在的定量。某东西本身从一个方面来看就是为他存在，能够经受一种漠不相关的增加和减少。那个内在的测量者是某东西的一个质，而与之对立的，是另一个某东西那里的同一个质，但在后者这里，质首先与一般意义上的无尺度的定量有关，与那个被规定为测量者的质相对立。

就某东西是一个内在的尺度而言，它的质的大小在它那里发生了一个外在变化；这里不需要假定算术意义上的数量。它的尺度对此作出的反应，就是表现为一个与数量相对立的内涵东西，并且以一个独特的方式 [400] 将其接纳下来；它改变了这个外在地已设定的变化，把这个定量改造为一个他者，并且通过这个特殊化，在这个外在性中，表现为一个自为存在。——这个**以特殊的方式**被接纳下来的数量本身是一个定量，而且依赖于别的数量,或者说依赖于纯粹**外在的数量**。就此而言,**特殊化的**数量同样是可变化的,但正因如此,它不是一个定量本身,而是一个外在的定量,一个以恒常的方式特殊化的东西。所以,尺度的定在是一个**比例关系**,而一般说来,尺度的特殊之处就是这个比例关系的**指数**。

过去在谈到**内涵的**定量和**外延的**定量的时候,我们已经知道,其中是**同一个**定量,只不过有时以内涵的形式呈现,有时以外延的形式呈现。在这个区别中,居于基础地位的定量没有发生变化,因为这个区别仅仅是一个外在的形式。反之,在特殊化的尺度里,定量有时位于它的直接的大小之中,但有时又通过比例关系的指数被看作是位于另一个数目之中。

指数构成了特殊之处,它首先看起来是一个固定的定量,并被规定为外在定量和质的定量的比例关系的商。但在这种情况下,它无非是一个外在的定量;在这里,我们必须仅仅把指数理解为质的东西的一个环节,它使定量本身特殊化。正如我们此前已经看到的,定量的真正内在的质的东西,仅仅是**幂方规定**。这个幂方规定必须把比例关系建构起来,并且在这里作为一个自在存在着的规定而与定量(作为一种外在的状况)相对立。定量把计数的单一体当作自己的本原,后者构成了定量的自在地已规定的存在;而且,计数的单一体的关联是一个外在的关联,至于那个仅仅通过直接的定量本身的本性而被规定的变化,本身就在于这样一个计数的单一体的添加,然后是又一个这样的单一体的添加,如此等等。因此,当外在的定量在算术级数中发生变化,尺度的质的本性就作出一个特殊化反应,即制造出另一个序列,后者与那个算术级数相关联,和它一起增加或者减少,但这不是在一个由数的指数所规定的比例关系里面发生的,而是按照一个幂方规定,在一个与数不可通约的比例关系里面发生的。

[401]

注　释

举例而言,**温度**就是这样一个质,在它那里,外在的定量和特殊化的定量这两个方面有所区分。作为定量,温度是一个外在的温度,而且是一个作为普遍媒介的物体的温度,而人们假定,它的变化是沿着算术级数的刻度进行的,并且是以均匀的方式增加或者减少;但实际上,温度以不同的方式被它内部不同的、特殊的物体吸收,因为这些物体是由它们的内在尺度来规定应当接受多少外在的温度,至于物体的温度变化和媒介与之对应的温度变化,或者说物体相互之间的温度变化,并不是处在一个正比例关系里里面。不同的物体,如果在同一个温度下做比较,就会得出它们的特殊热量或它们的热容的比例关系数值。但这些物体的热容在不同的温度下发生改变,相应地,一个变化的出现和一个特殊的形态联系在一起。于是在温度的增加或减少里,表现出一个特别的特殊化。在一个被想象为外在温度的温度和一个已规定的物体的温度(它同时依赖于前者)之间,其比例关系并不具有一个固定的比例关系指数;这些热量的增加或减少并不是均匀地伴随着外在温度的增加或减少而进行的。——在 [402] 这些地方,人们总是假定了一个外在的温度,以为它的变化仅仅是外在的变化或完全是量的变化。殊不知它本身就是空气的温度,或者说别的特殊温度。如果对此做更仔细的考察,那么我们必须指出,比例关系其实不是一个单纯的量的定量与一个质化的定量的比例关系,而是两个特殊的定量的比例关系。接下来,特殊化的比例关系马上就要自己规定自己,也就是说,尺度的诸环节不是仅仅立足于同一个质的两个方面(即量的方面和定量的质化方面),而是立足于两个质的比例关系,而这两个质本身就是尺度。

c. 作为质的两方面的比例关系

1. 定量的质的、自在地已规定的方面,仅仅是与外在的量的东西的关联;作为定量的特殊化,这个关联就是扬弃那使得定量是定量的外在性;因此,关联把定量当作自己的前提,把它当作自己的开端。然而定量就质而言也有别于质本身;双方的这个区别必须被设定在一般意义上的存在的**直接性**里,而且尺度也仍然位于这个直接性里面;所以,双方就质而言是相互对立的,每一方本身都是这样一个定在,它起初作为一个仅仅形式上的、在其自身未规定的定量,是一个某东西及其质的定量,而到如今,它们的相互关联不但把自己规定为一般意义上的尺度,而且规定了这些质的特殊的大小。这些质按照尺度的规定——即它们的指数——处在它们相互之间的比例关系里面;但自在地看来,它们已经在尺度的**自为存在**里相互关联,而定量在它的双重存在里,既是外在的定量,也是特殊的定量,以至于在这些不同的量里面,每一方在其自身都具

有这个双重的规定,同时绝对地与另一方相交叉;唯其如此,这些质才是已规定的质。因此,它们不但对彼此而言是一般意义上的存在着的定在,而且被设定为不可分割的,至于那个与它们联系在一起的大小规定性,则是一个质的统一体,——即**一个**尺度规定,在其中,它们按照它们的概念而相互联系在一起。就此而言,尺度是**两个**质相互之间的**内在的**量的比例关系。

2. 在尺度里,出现了**变量**这一事关本质的规定,因为尺度是已扬弃的定量,也就是说,它不再是作为定量时应当所是的那个东西,而是在作为定量的同时,作为某个他者;这个他者是质的东西,并且按照迄今的规定,无非是定量的幂方比例关系。在直接的尺度那里,这个变化尚未被设定;在那里,只有某个一般意义上的个别定量与一个质联系在一起。在前面的规定亦即尺度的特殊化中,或者说在单纯外在的定量通过质的东西而发生的一个变化中,已经设定了那两个大小规定性的区分状态,随之在一个共通的外在定量那里一般地设定了许多尺度;只有当定量既表现为同一个定在(比如媒介的同一个温度),同时又表现为不同的、而且是量的定在(即媒介中的物体的不同温度),定量才会表明自己是一个存在于这种自身区分状态中的尺度。定量在不同的质——不同的物体——里面的这种区分状态,给出了尺度的另外一个形式,在其中,双方作为在质上已规定的定量,相互之间有一个比例关系,而这种情况可以叫作**已实现的尺度**。

大小作为一般意义上的大小是可变化的,因为它的规定性是一个不是界限的界限;就此而言,变化仅仅涉及一个特殊的定量,其位置可以被另一个定量替代;然而真正的变化却是定量本身的变化;按照这个理解,高等数学给变量提出了一个有趣的规定,也就是说,人们既不应当止步于一般意义上的**可变化性**的形式方面,除了概念的单纯规定之外,也不应当随便抓来别的规定,而按照那个单纯规定,**定量的他者**仅仅是**质的东西**。因此,实在的变量的真正规定在于,它是质的东西,从而正如我们已经充分指出的那样,是一个由幂方比例关系所规定的东西;但按照这个变量的**设定**,定量不是依据自己就被当作定量,而是依据它的另一个规定亦即质的规定而被当作定量。 [404]

一般而言,这个比例关系的两端从其抽象方面来看,意味着某一个特殊的东西,比如空间和时间。在它们的尺度比例关系里,它们首先被一般地看作是大小规定性,其中一个是在外在的算术级数里来回往复的数目,另一个是由前者加以特殊规定的数目,即前者的单位。既然每一方都同样只是一个一般意义上的特殊的质,那么,就它们都是大小规定而言,究竟把哪一方当作单纯外在的、量的东西,把哪一方当作在量的特殊化里发生变化的东西,似乎也没什么区别。比如,如果它们之间是方根和平方的关系,那么,究竟是在哪一方里,增加或减少被看作以外在的方式在算术级数里进行,反之哪一方在这个定量那里以特殊的方式规定自身,这都是一回事。

然而这些质并不是作为未规定的东西而彼此不同,因为它们作为尺度的诸环节,应当包含着尺度的特殊化。这些质本身的最切近的规定性是:其中一方是**外延**,即在自身那里就是外在性,另一方是前者的否定,即**内涵**,或者说一个内化存在者。就此而言,在这些量的环节里,前者具有 [405] 数目,后者具有单位;因此可以说,在单纯的正比例关系里,前者是被除数,后者是除数,而在反比例关系里,前者是幂方或他者之转变,后者是方根。就这里仍然在计数,亦即仍然反思着外在的定量(这个东西在这种情况下是一个完全偶然的、经验上所谓的大小规定性),从而变化被看作是在一个外在的算术级数里面进行的而言,这些是单位或内涵的质这一方面出现的情况;反之,外在的、广延的方面必须呈现为一个在特殊化的序列里发生变化的东西。但在这里,正比例关系(如一般意义上的速度 $\frac{s}{t}$)已经降格为一个流于形式的规定,不是属于一个实存着的反思,而是仅仅属于一个抽象的反思;而且,如果人们认为,在方根和平方的比例关系(比如 $s = at^2$)里,方根是经验的定量,并且是在算术级数里进行的,反之另一方是特殊化的东西,那么量的质化就有一个更高的、与概念相对应的实现,即双方按照一些更高的幂方规定(比如 $s^3 = at^2$)而出现在一个比例关系里。

注　　释

　　关于尺度里的一个定在,其质的本性与其量的规定的联系,以上讨论已经在此前提到过的运动例子里有所应用,即在作为经过的空间和流逝的时间的正比例关系的**速度**中,时间的大小被当作分母,反之空间的大小被当作分子。一般说来,如果速度仅仅是一个运动里的空间和时间的比例关系,那么在这两个环节里,究竟应当把哪一个看作数目,把哪一个看作单位,这是无关紧要的。然而空间和比重里的重量一样,是一个外在的、一般意义上的实在整体,因而是数目;反之,时间和体积一样,是一个观念性东西或否定者,即单位这一方面。——但从本质上看,这里还有一个更重要的比例关系,即在**自由运动**里,首先在那个尚且有条件的自由**落体**运动里,时间的量(作为方根)和空间的量(作为平方)是相互规定的,或者在绝对自由的天体运动里,运行周期(作为平方)和距离(作为立方)也是相互规定的,而且前者比后者低一个幂方。诸如此类的基本比例关系都是基于那些存在于比例关系中的质(空间和时间)的本性,并且基于它们相互之间的关联方式,即要么是机械运动(不自由的、并非由诸环节的概念所规定的运动),要么是落体运动(有条件的自由运动)或绝对自由的天体运动,——这些类型的运动及其法则都是基于它们的环节(空

[406]

间和时间）的概念的发展,因为这些质本身已经**自在地**(亦即在概念里)证明它们是**不可分割的**,而且它们的量的比例关系作为尺度的**自为存在**,仅仅是**同一个**尺度规定。

至于那些绝对的尺度比例关系,这里不妨提醒一下,如果"**自然数学**"(Mathematik der Natur)想要配得上科学的名称,就必须在本质上是一门关于尺度的科学;这门科学虽然在经验方面成果卓著,但在真正的科学亦即哲学方面仍然是毫无建树。如果"**自然哲学的数学原理**"——这是牛顿对他自己的著作的称呼——想要在哲学和科学方面比牛顿和培根那整整一代人更深刻地满足它的这个使命,就必须把一些完全不同的事物包揽进来,以便给这些仍然晦暗的、但极为值得考察的领域投去一丝光明。——诚然,认识到自然界的经验意义上的数,比如诸星球相互之间的距离,这已经是一个巨大的功绩,但是,让经验的定量消失,把它们提升到量的规定的一个**普遍形式**,进而使它们成为同一个**法则**或尺度的环节,这却是一个无限大得多的功绩;——比如伽利略在落体运动方面,开普勒在天体运动方面,就取得了这样的不朽功绩。对于他们已经找到的法则,他们是这样予以**证实**(erweisen)的,即指出所有的个别知觉都符合那些法则。然而这些法则必须要求一种更高层次的**证明**(Beweisen),而这无非意味着,应当从质或与之相关的已规定的概念(比如时间和空间)出发,认识到它们的量的规定。无论是在**自然哲学**的那些数学原理里,还是在这方面的进一步的努力中,都找不到这类证明的一丝痕迹。此前在谈到自然界的比例关系的时候,我们已经注意到一种虚假的、通过滥用"无限小"而作出的数学证明,也就是说,这些证明其实是**数学的**,既不是依据经验,也不是依据概念,因而这类尝试全都是一个荒谬的举动。这些证明都是从经验出发,**预设**它们的论题,即上面那些法则,而它们的唯一功劳,就是把这些法则归结为抽象的表述式和简便的公式。毫无疑问,当牛顿和开普勒研究同样一些对象时,前者之所以被认为更胜一筹,是因为他更清晰地反思了数学能够达到和已经达到的成就,而不是因为他炮制出一整套虚假的证明。只要我们清楚地认识到这一点,那么可以说,牛顿的全

[407]

部实在的功绩只不过是**改写了表达式**①,改写了那个在**开端**之后引入的分析处理方式。

C. 尺度里的自为存在

1. 在刚才考察的"特殊化的尺度"这一形式里,双方的量的东西已经在质上得到规定(二者处于幂方比例关系里);因此,它们作为环节,具有质的本性的**同一个**尺度规定性。但在那个时候,这些质起初只是被设定为直接的、**单纯不同的**质,它们本身不在那个比例关系中,而它们的大小规定性却是在那个比例关系中,也就是说,如果**脱离**这个比例关系,它们就既不具有意义,也不具有定在,而这就是大小的幂方规定性所包含的意思。因此,质的东西所掩盖的不是它自己,而是特殊化的大小规定性;只有**在**这个大小规定性**那里**,它才**被设定**,但就其自身而言,它是**直接的**质本身,除了大小被设定为与它有差别之外,除了与别的质有关联之外,其本身仍然具有一个持久的定在。因此,空间和时间这二者除了那个特殊化,亦即在落体运动或绝对自由的天体运动中具有大小规定性之外,也被当作一般意义上的空间和一般意义上的时间,即一个在时间之外并且无须时间就独自持存的、绵延的空间,和一个独立于空间而独自流逝的时间。

质的东西的直接性与它的特殊的尺度关联相对立,而与之联系在一起的,是一个量的直接性,以及一个**量的东西**在自身那里对它的这个比例关系的漠不相关;直接的质也有一个纯粹**直接的定量**。所以,特殊的尺度首先也有一个外在变化的方面,其进程仅仅是算术意义上的,不受尺度的干扰,其中只有外在的、亦即经验的大小规定性。质和定量,虽然以这种

---

① 参阅《哲学科学百科全书》第 270 节的相关注释,其中谈到牛顿如何把开普勒的 $\dfrac{S^3}{T^2}$ 改写为 $\dfrac{S^2 \cdot S}{T^2}$,并且把 $\dfrac{S}{T^2}$ 这一部分称作"重力"。——黑格尔原注

方式出现在特殊的尺度之外,但同时也与之相关联;直接性是诸环节之一,而这些环节本身又属于尺度。所以,直接的质也属于尺度,相互之间 [409] 同样有关联,并且按照大小规定性而处于一个比例关系中,这个比例关系除了特殊化的比例关系亦即幂方规定之外,本身仅仅是一个正比例关系和一个直接的尺度。至于这个推论及其联系,还需要加以更详细的解释。

2. 当直接已规定的定量本身作为尺度的环节,也自在地立足于一个概念联系,于是在与特殊尺度的关联之中,就表现为一个外在地已给定的定量。由此设定的直接性,是对质的尺度规定的否定;这个直接性此前已经在这个尺度规定的各方面那里被揭示出来,正因如此,各方面都显现为独立的质。这样的否定,以及这个向着直接的量的规定性的回归,就包含在一个就质而言已规定的比例关系里面,因为不同东西之间的比例关系一般地包含着它们的关联,将其当作**同一个**规定性,在这种情况下,这个规定性就在量的东西里面作为一个定量而有别于比例关系的规定。作为对于不同的就质而言已规定的方面的否定,这个指数是一个自为存在,一个绝对地已规定的存在;然而指数仅仅**自在地**是这样一个自为存在,——作为定在,它是一个单纯的、直接的定量,即尺度的各方面的比例关系的商或指数,而这个比例关系虽然被看作是一个正比例关系,但一般在经验中,它是作为一个统一体而出现在尺度的量的东西里面。——在物体的下落中,经过的空间与流逝的时间之间是一个平方比例关系,即 $s = at^2$;这是一个特殊的已规定的比例关系,即空间和时间的幂方比例关系;假若空间和时间是彼此漠不相关的质,那么它们之间也会有另一个比例关系,即正比例关系;这个关系应当是空间与**第一个**时间环节的比例关系,同一个系数 a 保留在一切随后的时间点里面,——作为一个通常的定量,它对于其余的由特殊化的尺度所规定的数目而言就是**单位**。与此同时,它被 [410] 看作是那个正比例关系的指数,而正比例关系则属于一个**想象中的**、单调的(亦即流于形式的)、不是由概念加以特殊规定的速度。这样的速度在这里是不存在的,正如早先提到的那种速度,即物体在一个时间环节的**终点**那里获得的速度,也是不存在的。前者被认为属于下落的**第一个**时间环节,但这个所谓的时间环节本身仅仅是一个假定的统一体,并且作为这样一个原子式的点不具有任何定在;运动的开端——这个开端据说是"微小的",不会造成什么区别——同样是一个大小,而且是一个通过落体法则而特殊化的大小。那个经验的定量被认为属于重力,而且这个力本身不应当与既有的特殊化(幂方规定性)或独特的尺度规定有任何关联。在落体运动中,一个时间统一体(一秒,而且是所谓的**第一秒**)大约与十五个假定为"尺"的空间统一体的数目有关,这个情况作为一个**直接的**环节,是一个**直接的尺度**,好比人的肢体的尺度大小,星球的距离、直径等等。但这类尺度的规定是从别处借来的,不是从质的尺度规定(这里即落体法则本身)的内部产生出来的;至于这样一些**数**,以及一个尺度的单纯直接的、亦即经验方面的表现,究竟依赖于什么东西,具体科学还从来没有给我们揭示出任何端倪。在这些地方,我们仅仅和这个概念规定性打交道;这个概念规定性的意思是,那个经验的系数构成了尺度规定里的自为存在,严格说来仅仅构成了**自为存在**的一个环节,因为自为存在是一个**自在的**东西,从而是一个直接的东西。另一个环节是这个自为存在的**发展结果**,即各方面的特殊的尺度规定性。——落体运动一半是有条件的,一半是自由的,在它的比例关系里,重力必须按照这第二个环节被

[411] 看作是一个自然力,而这样一来,它的比例关系就是由时间和空间的本性所规定的,相应地,那个特殊化(幂方比例关系)也归属于重力;那个单纯的正比例关系仅仅表达出时间和空间的一个机械的比例关系,一个流于形式的、外在地产生和加以规定的速度。

3. 至此,尺度已经把自己规定为一个特殊化的大小比例关系,这个比例关系作为量的东西,本身具有通常的外在定量;但这不是一个一般意义上的定量,而是在本质上作为比例关系本身的一个规定环节;因此,它是一个指数,而现在作为一个直接的已规定的存在,是一个不变的指数,进而是那个已经提到的质的正比例关系的指数,而通过这个比例关系,那些质相互之间的大小比例关系也以特殊的方式得到规定。在刚才提到的落体运动的尺度的例子里,这个正比例关系仿佛是被预见到的,并且被假定

为一个现成已有的东西;但正如我们已经指出的,它在这个运动中尚且不存在。——但它构成了下一步的规定:首先,尺度如今通过这个方式得以实现;其次,它的两端是尺度——区分为一个直接的、外在的尺度和一个在自身内特殊化的尺度——,而它则是二者的统一体。作为这个统一体,程度包含着一个比例关系,在其中,诸大小由质的本性所规定,并且被设定为有差别的东西,而比例关系的规定性则是一个完全内在的、独立的东西,同时融入直接的定量的自为存在,与一个正比例关系的指数合为一体;在这个过程中,它的自身规定**被否定了**,因为它在它的这个他者那里具有一个最终的、自为存在着的规定性;反过来,直接的尺度虽然在其自身应当是一个质的东西,但它只有在比例关系那里才真正具有一个质的规定性。这个否定的统一体是一个**实在的自为存在**,是一个**某东西**的范畴,而作为那些存在于尺度比例关系里的质的统一体,它是一个完全的**独立性**。那两个已经表明自己是不同的比例关系的东西,也直接给出了一个双重的定在;或更确切地说,这样一个独立的整体作为一般意义上的自为存在,同时又分裂为**不同的独立东西**,而这些东西的质的本性和持存(物质性)则是取决于它们的尺度规定性。 [412]

第二章　实在的尺度

尺度被规定为诸尺度的一个关联,而这些尺度构成了不同的、独立的某东西——或用更通行的话来说:**物**——的质。刚才考察的各种尺度规定属于时间和空间之类抽象的质;接下来有待考察的尺度规定是比重①和各种化学特性,这些例子都是**物质性**实存的规定。空间和时间也是这样一些尺度的环节,但它们现在已经从属于进一步的规定,相互之间不再仅仅按照它们自己的概念规定而处于比例关系之中。比如在声音那里,一定数目的振动是在**时间**里相继发生的,而时间则是一种从属于规定环节的空间性东西,即振动的物体的长度、厚度等等;然而那些观念性环节的大小是以外在的方式被规定的,它们相互之间不再表现出一个幂方比例关系,而是表现出一个通常的正比例关系,而谐音则是归结为一些完全外在的、单纯的数,它们的比例关系是最容易理解把握的,从而提供了一个完全属于感觉的满足,因为这里没有想象、幻想、思想之类可以满足精神的东西。由于构成尺度的两方面本身也是尺度,同时也是实在的某东西,所以它们的尺度首先是直接的尺度,而作为一些隶属于尺度的比例关系,则是正比例关系。现在要考察的,就是这样一些比例关系之间的比例 [413] 关系及其持续规定。

从现在起,尺度已经是一个实在的尺度,就此而言,

首先,它是一个物体的独立尺度,和**其他**尺度之间有一个比例关系,并且在这个比例关系里不但把尺度特殊化了,而且进而把独立的物质性

---

① "比重"(spezifische Schwere)在字面上的意思是"特殊的重力"。——译者注

特殊化了。这个特殊化,作为一个一般意义上的与许多他者的外在关联,产生出其他比例关系,从而在尺度里产生出其他尺度,至于特殊的独立性,并没有停留于**同一个**正比例关系,而是过渡到**特殊的规定性**,即**诸尺度的序列**。

其次,由此产生出来的正比例关系是一些自在地已规定的、排他的尺度(亲和性);但与此同时,由于它们相互之间的区别仅仅是量的区别,所以这里呈现出比例关系的推进,这个推进虽然一方面看来是单纯外在的、量的推进,但另一方面看来则是通过质的比例关系而中断,并且构成了**特殊的独立东西的一个节点线**(Knotenlinie)。

再次,在这个推进里,出现了尺度的一般意义上的**无尺度性**,或更确切地说,出现了尺度的**无限性**,在这个无限性里彼此排斥的独立东西合为一体,而独立东西则是转变为一个否定的自身关联。

A. 独立尺度之间的比例关系

现在,尺度不再仅仅叫作"直接的尺度",而是叫作"独立的尺度",因为它们本身已经转变为一些特殊化了的尺度之间的比例关系,从而在这个自为存在里作为某东西,作为物理的,尤其是物质的物而存在着。但是,这个整体,作为这样一些尺度之间的比例关系,

a)首先本身是**直接的**;就此而言,虽然两方面本身被规定为独立的尺度,但它们已经彼此分离,在一些特殊的事物那里持存着,并且被设定在一个**外在的联系**之中;

[414]

b)独立的物质性之所以就质而言是它们所是的那种东西,唯一的原因在于,它们通过自己作为尺度而具有的量的规定,从而通过一个就量而言的他者关联,被设定为与他者**不同**(所谓的**亲和性**),被设定为这种量的比例关系的**同一个序列**的项;

c)与此同时,这个漠不相关的、杂多的比例关系闭合为一个**排他的**

自为存在，——即所谓的**选择的亲和性**。

a. 两个尺度的联系

某东西在自身内被规定为许多定量的一个尺度比例关系，这些定量进而获得质，而某东西就是这些质的关联。其中一个质是某东西的**内化存在**，它使某东西成为一个自为存在者，成为一个物质性东西（从内涵的方面看，是重量，或者从外延的方面看，是**数量**，但这是物质性部分的数量）；另一个质是**外在性**（抽象的东西、观念性东西、空间）。这些质就量而言是已规定的，而它们相互之间的比例关系构成了物质性某东西的质的本性，——重量与体积的比例关系就是已规定的比重。体积，作为观念性东西，可以被看作是单位，而内涵的东西可以被看作是数目，因为它在量的规定性里，在与体积的比较里，显现为外延的大小，显现为一定数量的自为存在着的单一体。——在这个过程中，这两个大小规定性的纯粹的、质的比例关系，从一个幂方比例关系的角度来看，已经消失了，也就是说，在自为存在（物质性存在）的独立性里，直接性重新出现了，由于这个直接性，大小规定性就被规定为一个定量本身，而这个定量与另一方面的比例关系同样是由一个正比例关系的通常指数所规定的。

这个指数是某东西的特殊定量，但它是一个直接的定量，而这个定 [415] 量，还有这一个某东西的特殊本性，只有在和这类比例关系的其他指数的**比较**里才得到规定。指数构成了一个**特殊的自在地**已规定的存在，即某东西的内在的、独特的尺度；但是，由于它的这个尺度立足于定量，所以这仅仅是一个外在的、漠不相关的规定性，而在这种情况下，这样一个某东西如果不考虑其内在的尺度规定，就是可变化的。所谓可变化是相对于一个他者而言的，而这个他者不是一定数量的物质，不是一般意义上的定量——因为它的特殊的自在地已规定的存在是抗拒这个东西的——，而是这样一个定量，它同时是这类特殊的比例关系的指数。在这里，两个具有不同的内在尺度的物，比如两种比重不同的金属，出现在关联和联系中;至于为了达到这样一种联系,还需要它们的本性具有哪一种同质性,则不属于这里的考察范围,比如我们讨论的并不是一种可以与水联系在一起的金属。——现在,一方面,两个尺度中的每一方都是在变化中维系着自身(变化只能通过定量的外在性而出现在尺度那里),因为它就是尺度,但另一方面,这种自身维系本身又是以否定的方式对待这个定量,是定量的一个特殊化,因为定量是尺度比例关系的指数,是尺度本身的一个变化,而且是双方都会发生的一个特殊化。

[416]

按照单纯的量的规定,所谓联系,就是一个质的两个大小与另一个质的两个大小的单纯累积,比如,两个比重不同的物质的联系就是两个重量和两个体积的累积,在这种情况下,不仅混合物的重量始终等于那个总和,而且它所占据的空间也始终等于那些空间的总和。但事实上,只有重量才是那些联系起来的重量的总和;自为存在着的那一方已经通过累积而成为一个固定的定在,随之具有不变的、直接的定量,——这就是物质的重量,或者从量的规定性的角度而换一个同样的说法,物质性部分的数量。然而各个指数发生了变化,因为它们是质的规定性的表达式,是自为存在(作为尺度比例关系)的表达式,而由于定量本身通过添加的总和而发生了一个偶然的、外在的变化,所以尺度比例关系同时表明自己是对于这个外在性的否定。正如已经指出的,质的东西的这个内在的规定活动不可能出现在重量那里,既然如此,它就只能出现在另一个质那里,亦即比例关系的观念性方面。感性知觉很容易发现,两个比重不同的物质混合之后,累积的体积会发生一个变化,而且通常是一个减少;空间本身构成了彼此外在地存在着的物质的持存。相对于自为存在在自身内包含着否定性而言,这个持存是一个非自在的存在者,一个可变化的东西;通过这个方式,空间被设定为它真正所是的东西,即观念性东西。

但这样一来,不仅一个质的方面被设定为可变化的,而且尺度本身以及以此为基础的某东西的质的规定性,都已经表明,其本身不是一个固定的东西,而是和一般意义上的定量一样,在另一个尺度比例关系里具有它的规定性。

b. 尺度作为诸尺度比例关系的序列

1. 假若某东西和它的他者联系在一起,同时每一方都仅仅通过单纯的质而被规定为它所是的东西,那么它们在这个联系中只会扬弃自身。 [417] 某东西作为自身内的尺度比例关系,是独立的,但正因如此,它同时可以与这样的一个某东西联系在一起;它在这个统一体中被扬弃了,于是通过它的漠不相关的、量的持存而维系自身,同时表现为一个新的尺度比例关系的特殊化环节。它的质被掩盖在量的东西下面;就此而言,这个质同样和其他尺度漠不相关,并且延续到别的尺度那里,形成一个新的尺度;新的尺度的指数本身仅仅是某一个定量,或一个外在的规定性,随之呈现为一种漠不相关,因为以特殊方式规定的某东西和其他这样的尺度一起,达到了两方面的尺度比例关系的类似中和;如果仅仅依靠其中一个由上述指数和另一个指数构成的尺度,那么它的特殊的独特性不会表现出来。

2. 当许多尺度联系在一起,就给出了不同的比例关系,因此它们具有不同的指数。独立的东西只有在和他者的比较中,才具有它的自在地已规定的存在的指数;但另一方面,它和他者的中和才造成了它与他者的实实在在的比较;因此它是通过它自己而与他者做比较。但这些比例关系的指数是不同的,在这种情况下,独立的东西把它的质的指数呈现为这些**不同的数目的序列**,或者说**与他者的特殊比例关系的序列**,而它则是那些数目或比例关系的统一体。质的指数,作为一个直接的定量,表达出一个个别关联。真正说来,独立的东西是通过诸指数的**独特的序列**而区分自身,因为这个序列是它作为统一体而与其他这样的独立东西构成的,而当另一个独立的东西作为统一体而与同样独立的东西相关联,就形成了另一个序列。——现在,这个序列的内部比例关系构成了独立东西的质的方面。

现在,这个独立东西与其他独立东西的序列构成诸指数的一个序列, [418] 既然如此,为了把它和这个序列之外的一个与它**做比较**的独立东西区分开来,似乎只有一个办法,即让后者借助同样的对立面而制造出诸指数的

另一个序列。但通过这个方式,这两个独立东西就**不可比较**了,因为每一
方都被看作是它的指数的**统一体**,而且这两个从上述关联中产生出来的
序列都是**未规定的其他序列**。这两个应当拿来做比较的独立东西,首先
只是作为定量而相互区分开;为了规定它们的比例关系,需要一个共通
的、自为存在着的统一体。这个已规定的统一体只能出现在那样一个比
例关系里,在其中,正如已经指出的,做比较的东西具有它们的尺度的特
殊定在,也就是说,这是序列的诸比例关系指数之间的一个比例关系。但
是,只有当序列的诸项把诸指数的这个比例关系当作两个独立东西之间
的**恒常的**比例关系,这个比例关系本身才是一个自为存在着的、事实上已
规定的统一体;唯其如此,这个比例关系才能够是**二者的共通的统一体**。
因此,唯有在这个统一体里,这两个被认为不是彼此中和,而是彼此漠不
相关的独立东西才是可比较的。在脱离比较的情况下,每一方都是比例
关系和与之对立的项的统一体,这些项是与统一体(单位)相对立的数
目,从而代表着诸指数的序列。反过来,这个序列是那两个独立东西的统
一体,而当它们相互比较的时候,对彼此而言都是定量;作为定量,它们本
身是它们的上述统一体的不同的数目。

　　进而言之,那些与两个(或更确切地说,**多个**)东西相互对立和相互
比较,并且和它们一起构成它们的比例关系的指数的序列的东西,在其自
身同样是独立东西,每一个都是一个特殊的某东西,具有一个自在地属于
[419] 它的尺度比例关系。就此而言,它们中的每一个都同样可以被看作是统
一体,所以它们在刚才所说的两个或不确定的多个做比较的东西那里具
有指数的一个序列,而这些指数就是那些东西的比较数;同理,反过来,那
些个别的、被认为相互独立的东西的比较数,对于第一个序列的诸项而
言,就是诸指数的序列。按照这个方式,双方都是序列,在其中,**首先**,每
一个数都是一般意义上的统一体,与它所面对的序列相对立,并且在那里
具有它的自为地已规定的存在(即诸指数的一个序列);**其次**,每一个数
本身对于它所面对的序列的每一个项而言,都是诸指数之一;**第三**,每一
个数对于它的序列里的其他数而言都是一个比较数,并且本身作为指数

就具有这样一个数目,同时在它所面对的序列那里具有它的自为地已规定的统一体。

3. 在这个比例关系中,过去的那个样式和方式再次出现了,即定量如何被规定为单纯的自为存在者(即度数),并在一个存在于它之外的定量(即诸多定量形成的一个整体)那里具有大小规定性。但在尺度里,这个外在性不再是一个定量和一个由诸多定量形成的整体,而是诸多比例关系数的一个序列,这些比例关系数的整体就包含着尺度的自为的已规定的存在。正如定量的自为存在是度数,同样,独立尺度的本性也转变为独立尺度自身的外在性。尺度的自身关联首先是一个**直接的**比例关系,因此只有在定量那里,它才和他者漠不相关。所以,它的质的方面就落入这种外在性,而**它和他者的比例关系**则是进而构成了这个独立东西的特殊规定。因此,这个特殊规定完全是立足于这个比例关系的量的样式和方式,而这个样式和方式既是由他者规定的,也是由它自己规定的,至于这个他者,则是诸多定量的一个序列,而且每一个定量对彼此而言都是这样一个他者。两个特殊的东西在这个关联里特殊化为某东西,特殊化为一个第三者,即指数,因此这个关联还意味着,其中一方并没有过渡到另一方,因而并非仅仅是一般意义上的**某一个**否定,毋宁说,**二者**都被设定为否定的东西,而且由于每一方都漠不相关地维系着自身,所以**它的否定**再次**遭到否定**。在这种情况下,它们的这个质的统一体就是一个自为存在着的、**排外的**统一体。诸指数首先是一些并列的比较数,只有在"排外"这一环节里,它们在自身那里并且对彼此而言具有它们的真正特殊的规定性,而它们的区别同时也具有了质的本性。但这个区别是立足于量的东西;**首先**,独立东西之所以与它的就质而言的另一方面的**多数东西**处于比例关系中,只是因为它在这个比例关系中同时是漠不相关的;**其次**,中和的关联通过包含在其中的量化(Quantitavität)不仅被设定为变化,而且被设定为否定之否定,即一个排外的统一体。这样一来,一个独立东西与另一方面的多数东西的**亲和性**就不再是一个漠不相关的关联,而是一个**选择的亲和性**。

[420]

343

c. 选择的亲和性

这里使用的"**选择的亲和性**"术语,和之前使用的"**中和**"、"**亲和性**"等术语,都是一些与**化学**比例关系有关的术语。因为在化学的层面里,物质性东西在本质上是通过与它的他者的关联而具有它的特殊规定性;它仅仅作为这个差异而存在着。除此之外,这个特殊的关联与量联系在一起,同时不仅与个别的他者相关联,而且与这些与它对立的差异者的序列相关联;与这个序列的诸多联系,是依靠与序列中的**每一个**项的所谓的**亲**[421] **和性**,但与此同时,在这种一视同仁的情况下,每一个联系都是彼此排斥的,而相互对立的规定的这个关联还需要得到考察。——但是,并非只有化学领域里才会出现这种情况,即特殊的东西在诸多联系形成的一个整体中呈现出来;个别的声音也只有在和另一个声音以及其他声音的序列的比例关系和联系中才具有它的意义;在诸多联系形成的这样一个整体里,和谐或非和谐构成了声音的质的本性,这个本性同时立足于一些量的比例关系,后者构成了诸指数的一个序列,并且是两个特殊的比例关系之间的比例关系,而每一个联系在一起的声音在其自身都是这样的比例关系。个别的声音是一个体系的基音,但在每一个别的基音的体系里,同样又是一个个别的项。和谐是一些排他的选择亲和性,但与此同时,它们的质的独特性同样消融为单纯的量的推进过程的外在性。——至于那样一些亲和性(化学的、音乐的或其他的),即那些并列的、彼此对立的亲和性,其尺度的本原究竟位于什么地方,这一点将在后面谈到化学的亲和性的时候予以讨论;总的说来,这个更高层次的问题与真正的质的东西的特殊方面有着最为密切的联系,并且属于具体的自然科学的特殊部门。

现在,一个序列的项所具有的质的统一体,取决于它和一个对立的序列整体的比例关系,而这个序列的诸项仅仅通过定量(它们是依据定量而与那个项达到中和)而有别于彼此,既然如此,这个多样化的亲和性里的更特殊的规定性同样只是一个量的规定性。在选择的亲和性(作为一个排外的、质的关联)里,比例关系摆脱了这个量的区别。由此呈现出来

的第一个规定是,数量作为**外延的**大小有一个区别,这个区别在一方面的 [422]
诸项中间是为了中和另一方面的一个项而出现,而这个项与另一个序列
的诸项的选择亲和性也是以这个区别为准绳,以至于所有的项之间都有一
个亲和性。排外性,作为一个**更稳固的**结合,反对另外一些可能的联系;其
理由大概在于,按照早先已经证明的外延的大小和内涵的大小的形式的同
一性(因为在这两个形式中,大小规定性是同一个规定性),排外性仿佛转
变为一个数量上更大的**内涵**。但在作为同一个定量的基本规定的本性那
里,这个转变——即"外延的大小"这一片面的形式转变为"内涵的大小"这
另一个形式——并没有改变任何东西;就此而言,事实上根本没有任何排
外性被设定,毋宁说,这里究竟是只有不确定的任意数量的项的**一个**联系
或结合,还是只有一些来自于那些项,并且按照其相互之间的比例关系而
与所要求的定量相对应的份量(Portionen),这些都是无关紧要的。

只不过,联系(我们也称之为"中和")并非仅仅是内涵的形式;指数
在本质上是尺度规定,从而是排外的;从"排外的比例关系"这一方面来
看,数已经失去了它们的延续性和相互联合的可能性;现在是**较多**或**较少**
获得了一个否定的特性,至于指数相对于其他数而言的**优越性**,已经不再
取决于大小规定性。但这另一个方面同样存在着,而从它看来,一个环节
究竟是从许多与它对立的环节那里获得中和的定量,还是从每一个环节
相对于其他环节而言的特殊规定性那里获得中和的定量,这仍然是无关
紧要的;与此同时,排外的、否定的比例关系也遭到了量的方面的这种介
入。——就此而言,这里既设定了漠不相关的、单纯量的比例关系向着质
的比例关系的转变,反过来也设定了特殊的已规定的存在向着单纯外在 [423]
的比例关系的过渡,——这些比例关系形成一个序列,在其中,它们有时
候仅仅具有单纯的量的本性,有时候是特殊的比例关系,是尺度。

注　释

化学元素是这类尺度的最独特的例子,它们作为尺度的环节,仅仅在

相互的比例关系中具有那个构成它们的规定的东西。酸和碱或一般的盐基显现为一些直接的、自在地已规定的物,但它们其实是一些不完满的物体元素或组成部分,其真正说来不是独自实存着,而是仅仅通过这个实存而扬弃它们的孤立的持存,以便与别的东西联系在一起。此外,那使它们成为**独立东西**的区别,不是在于这个直接的质,而是在于比例关系的量的样式和方式。也就是说,这个区别不是限定在酸和碱或一般的盐基的化学对立上面,而是特殊化为一个**饱和尺度**,并且立足于自身中和的元素的量的特殊规定性。就饱和而言,这个量的规定性构成了一个元素的质的本性;它使元素成为其自为地所是的东西,至于那把这个情况表现出来的数,在本质上是一个对立的统一体的诸多指数之一。——这样的元素与另一个元素之间有一个所谓的亲和性;假若这个关联始终具有量的本性,那么——就和磁极或电极的关联一样——其中一个规定性就仅仅是另一个规定性的否定,与此同时,双方就不是表现为对彼此漠不相关的东西。但是,因为关联也具有量的本性,所以这些元素里面的每一个都有能力与**许多**元素中和,而不是限定在一个对立的元素上面。不仅一种酸和一种

[424]　碱或盐基之间有一个比例关系,毋宁说,许多酸和许多碱或盐基之间都有比例关系。它们相互之间首先是通过这类办法来凸显自己的特性,比如,一种酸为了达到中和,比另一种酸需要更多的碱。但自为存在着的独立性的真正表现,却是各种亲和性相互排斥,其中一个亲和性之所以比另一个亲和性更优越,是因为一种酸能够和所有的碱化合,反之亦然。一种酸与另一种酸的主要区别在于,哪一种与碱之间有一个更接近的亲和性,亦即有一个所谓的选择的亲和性。

关于酸和碱的化学亲和性,人们已经发现这样一个法则:当两种中性的溶液混合起来产生一种离析,随之产生两种新的化合物,那么这些产物同样是中性的。由此可知,为了使两种酸达到饱和,其分别需要的碱盐基的数量是处于**同一个比例关系**之中;一般说来,如果对于一种碱而言,**比例关系数的序列**已经被规定为统一体,在其中,不同的酸使同一个东西饱和,那么对于每一种别的碱而言,这个序列都是一样的,只不过不同的碱

必须有不同的数目罢了——这些数目对每一种相对的酸而言,同样构成了这样一个恒久的指数序列,因为这些指数对于每一种个别的酸和对于每一种别的酸一样,都是处于同一个比例关系中。——费习尔①立足于李希特尔②的工作,已经首次强调了这些**序列**的单纯性,对此可参看他给贝托莱③《论化学中的亲和性法则》德译本撰写的注释,第 232 页,以及贝托莱《化学静力学》④第一部分,第 134 页以下。——这些自从发表以来已经在多方面达到完备的知识,涉及到化学元素的混合的比例关系数。要在这里考察它们,恐怕会离题太远,因为这种经验的、从某些方面来看单纯猜想式的扩张仍然局限于同样一些概念规定之内。但是,关于那里使用的一些范畴,此外,关于化学的选择的亲和性本身及其与量的东西的关联的观点,以及把这个选择的亲和性建立在已规定的物理的质上面的尝试,还需要补充一些解释。 [425]

众所周知,贝托莱通过"**一个化学质量**的作用性"这一概念改造了通行的"选择的亲和性"观念。但这里要区分一个情况,即这个改造对化学的饱和法则的量比例关系本身没有任何影响,反而是排他的选择亲和性本身的质的环节不是仅仅被削弱,而是被扬弃了。如果两种酸作用于一种碱,其中一种酸与碱有一个更大的亲和性,而且它的定量有能力使盐基的定量达到饱和,那么在这种情况下,按照选择的亲和性的观念,就只能得出这种饱和;另一种酸始终是完全不起作用,并且被排除在中和联系之外。反之,按照"**一个化学质量**的作用性"这一概念,两种酸都在比例关系里起作用,而这个比例关系是由它们既有的数量和它们的饱和能力或 [426]

---

① 费习尔(Ernst Gottfried Fischer,1754—1831),德国物理学家。——原编者注

② 李希特尔(Jeremias Benjamin Richter,1762—1807),普鲁士矿业冶金部部长。——原编者注

③ 贝托莱(Claude Louis Berthollet,1748—1822),法国化学家。——译者注

④ 贝托莱《化学静力学论集》(*Essai de statique chimique*),二卷本,巴黎 1803 年版。该著作的德译本书名为《克劳德·路易·贝托莱论化学静力学,或一种关于化学自然力的理论》,译者为格奥尔格·威廉·巴托尔蒂,注释者为恩斯特·哥特弗里德·费习尔。柏林 1811 年版。——原编者注

所谓的亲和性组成的。贝托莱的研究工作已经揭示出了一些更具体的情况,在那里,化学质料的作用性被扬弃了,一种酸(亲和性更强的酸)看起来驱逐了另一种酸(亲和性较弱的酸),并且把后者的作用**排除在外**,从而是在选择亲和性的意义上活动着。他也揭示出,这种排除只是出现在凝固的强度、精盐在水中的不可溶性等等**情况**下,但这些情况并不是试剂本身的质的本性,——这些情况同样能够被别的情况(比如温度)取代。克服这些障碍以后,化学质量就可以无所顾忌地发挥作用,至于那个曾经显现为纯粹质的排外性,显现为选择的亲和性的东西,却表明自己仅仅处在一些外在的变形中。

　　本来,在这件事情上,我们应当主要倾听贝采里乌斯①的意见。但他在他的《化学教程》(六卷本,1808—1828 年出版)里,对这个问题没有揭示出任何独特的和更明确的东西。他不但接纳,而且在字面上重复贝托莱的观点,只不过是用一种独特的、未经批判反思的形而上学包装起来,而这种形而上学使用的范畴是我们在这里唯一需要仔细考察的。理论超出了经验,一方面发明出一些在经验里根本不可能出现的感性表象,另一方面使用各种思想规定,并通过这两个方式使自己成为逻辑批判的对象。所以,我们希望考察一下他在《化学教程》第三卷第一部分(沃勒尔译本,德累斯顿 1825—1831 年版,第 82 页以下)里对于"理论"的看法。他说:

[427]　"人们**必须设想**,在一种均匀混合的溶液里面,溶解物的每一个**原子**都是被溶剂的**同样数目的原子**所包围;而且,如果许多实体融为一体,那么它们必须**瓜分**溶剂的各个原子之间的**间隙**,以至于在一种均匀混合的溶液里,就产生出诸原子的**位置的对称性**,而且个别物体的**全部原子**在和其他物体的**原子相关联**的时候,**处在一个均匀的位置**;因此人们可以说,溶解的特征在于诸原子的**排列的对称性**,而**联系**的特征在于一个**已规定的比例**。"——接下来,就是以硫酸加到氯化铜溶液里面而产生的化合为例

_____

① 贝采里乌斯(Jöns Jakob Berzelius,1779—1848),瑞典化学家。他第一个提出了"有机化学"的概念,被誉为"有机化学之父"。——原编者注

子,来解释上述言论;当然,这个例子既没有表明**原子**存在着,也没有表明溶解物的一定数目的原子**包围着溶剂**的原子,或两种酸的自由原子环绕在那些始终(与氧化铜)化合的酸**周围**,更没有表明**排列和位置的对称性**,或诸原子之间存在着间隙等等,——最重要的是完全没有表明,已溶解的实体会**瓜分**溶剂的诸原子之间的**间隙**。而这意味着,任何地方,只要溶剂**不存在**,已溶解的实体就会在那里占据自己的位置——因为溶剂的间隙就是那些**空无溶剂**的空间——,这样一来,已溶解的实体就**不是处在溶剂之内**,而是——要么包围或环绕着溶剂,要么被溶剂包围或环绕着——**位于溶剂之外**,因此当然不会被溶剂所溶解。就此而言,我们实在不能理解,为什么必须设想这类在经验中不会出现,而且在本质上相互矛盾,即使换了别的方式也没法立足的**表象**。本来,以上设想只能立足于对这些表象本身的考察,亦即立足于一种作为逻辑学的形而上学;但它们既没有通过这种形而上学,也没有通过经验而得到证实——毋宁说正相反! ［428］除此之外,贝采里乌斯也承认了我们之前已经谈到的一点,即贝托莱的各种命题并不违背确定比例理论,——只不过他又补充道,它们也不违背"微粒哲学"(即前面所说的那种认为固定物体的诸原子填满了溶剂的**间隙**的设想)的观点;但从本质上看,后面这种毫无根据的形而上学与饱和比例本身毫不相干。

　　因此,各种饱和法则所表达出来的特殊方面,仅仅涉及一个物体本身的量的统一体(而非原子)的**数量**,至于另一个在化学上不同于前者的物体,其量的**统一体**(同样不是原子)就是用那个数量来中和自己;差异性仅仅在于这些不同的比例。虽然贝采里乌斯的比例学说完全只是一个对于**数量**的规定,但他也谈到了亲和性的**度数**,比如他在该书第 86 页,把贝托莱的**化学质量**解释为由起作用的物体的既有的量而得出的**亲和性度数**的总和,而不是像贝托莱那样以更彻底的方式坚持使用"capacité de saturation [饱和的容量]"这一说法,而这样一来,他自己也陷入了"**内涵的大小**"的形式。恰恰是这个形式,构成了所谓的"**动力学哲学**"的独特之处,而他在前面(该书第 29 页)已经把这种哲学称之为"某些德国学派的思辨哲学"，并且对其大加鞭笞，以凸显"微粒哲学"的优越之处。他在那里说，这种动力学哲学假定，诸元素在其化学联系中会相互**渗透**，而中和就是立足于这种**相互的渗透**；而这无非意味着，那些在化学上彼此不同，并且作为**数量**而相互对立的微粒，融合为一个单纯的**内涵的**大小，其表现就是体积的减少。反之，在微粒理论里，那些在化学上联系在一起的诸原子也应当在间隙里（亦即在**外在于彼此**的情况）维系自身，而这就是"并置"（Juxtaposition）；在这样一种仅仅作为外延的大小或持存的**数量**的比例关系里，亲和性的**度数**没有任何意义。与此同时，贝采里乌斯宣称，确定比例的现象对动力学观点来说是完全没有预料到的；然而这仅仅是一个外在的历史状况，更何况贝托莱已经了解李希特尔在费习尔排列法的基础上提出的化学量法序列，而且我在这部《逻辑学》的第一版（1812）里已经证明，旧的和想要创新的微粒理论所依据的那些范畴，都是虚无缥缈的。反之，贝采里乌斯却作出了一个错误的判断，仿佛在"动力学观点"的支配之下，确定比例的现象"永永远远"都将是不为人知的，——也就是说，仿佛那个观点和比例规定性不共戴天似的。无论如何，比例规定性都仅仅是大小规定性，至于它是处于外延的形式还是处于内涵的形式下，这是无所谓的，——因此，即使贝采里乌斯如此依赖于前一种形式（即数量的形式），他本人还是使用了"亲和性度数"这一表象。

由此可见，当亲和性被归结为量的区别，它作为选择的亲和性就被扬弃了；但在这里作为**排外者**而出现的东西，则是被归结为那样一些状况（即那些看起来外在于亲和性的规定），比如已产生的化合物的凝聚性和不可溶性等等。对这个表象的处理可以在某些方面与对重力作用的考察做比较，在那里，那个**自在地**归属于重力本身的情况，即摆动的钟摆必然会通过重力而达到静止，仅仅被看作是一个同时出现的状况，比如运动轨迹上的空气的外在阻力等等，而且这被认为不是由重力造成的，而是仅仅由**摩擦**造成的。——在这里，对于选择的亲和性里面的**质的东西**的本性而言，这个东西究竟是不是出现在那些状况的形式之下，并且以之为条件并得到理解，这是无关紧要的。质的东西本身就开启了一个新的秩序，而

[429]

[430]

它的特殊化不再仅仅是一个量的区别。

　　现在,只要人们企图明确地区分两个区别,一个是量的比例关系序列里面的化学亲和性,另一个是已出现的质的规定性的选择亲和性,其比例关系和前一个秩序是绝不重合的,那么,当人们像近代那样,把化学比例关系和**电**的比例关系掺杂在一起,就会把选择亲和性重新置于完全的混乱之中,至于另一个希望,即从这个应当处于更深层次的本原出发而揭示出那个最重要的本原(亦即尺度比例关系),也会成为一个完全的错觉。这个理论认为,电的现象和化学现象必须是完全**相同的**,因为它涉及物理的东西,而不是仅仅涉及尺度比例关系;但我们在这里不可能仔细考察这个理论,而是只需指出,假若是那样的话,尺度规定的区分状态就会变得混乱不堪。本身而言,这是一个非常肤浅的理论。为什么呢,因为它以为,只需取消差异性,不同的东西就成为相同的东西。在这里,当化学过程被认为等同于电的过程,进而等同于火的现象或光的现象,那么亲和性就被归结为"两种对立的电的中和"。把电等同于化学东西,这本身就是莫名其妙的,对此我们不妨看看以下(《化学教程》第 63 页)相关阐述: "电的现象确实可以解释物体在更大或更小的距离中的作用,它们在化 [431] 合(即**尚且不是化学的**比例关系)**之前的吸引**,以及通过这个化合而产生出来的**火**(?),然而对于这个化合——它的力量是如此之强大,以至于在**消灭了**对立的**电的状态**之后,仍然**持续地**把物体**联合在一起**——的原因,它们却**没有给我们任何启发**";也就是说,贝采里乌斯的意思是,理论已经揭示出电是化学比例关系的原因,但电还没有揭示出什么是化学过程里面的化学东西。——由于一般说来,化学上的区别被归结为正电和负电的对立,所以分别属于两方面的试剂的亲和性差异性就被规定为正电物体序列和负电物体序列的秩序。贝采里乌斯按照普遍电和化学性的普遍规定而把它们当作相同的,但他没有注意到,电以及电的中和一般说来是**转瞬即逝的**,并且始终**外在于**物体的质,而化学性在其活动中,尤其是在其中和中,始终**指向**物体的**整个**质的本性,并造成其**变化**。同样,在电的内部,正电和负电的对立也是转瞬即逝的;这个对立是不稳定的,因此依赖于一些哪怕最轻微的外在情况,根本不能和那种明确的、稳定的对立(比如酸和金属的对立)相提并论。在这个化学比例关系里,某些极为强烈的作用(比如一个升高的温度)能够导致可变化性,而这种可变化性和电的对立的表面情况也是不能比拟的。接下来的区别,即在对立双方中的每一方的**序列内部**,更多正电状况和更少正电状况的区别,或更多负电状况和更少负电状况的区别,最终说来既是一个完全不确切的东西,也是一个完全不稳固的东西。但是,依据物体的这些序列(贝采里乌斯《化学教程》,第 64 页以下),"按照它们的电位,应当产生出一个电学—化学体系,这个体系将比一切别的体系更适合给出'**化学**'的理念。"现在,这些序列已经被提出来了;至于它们实际上是什么样子,该书第 67 页补充道:"这**大概**就是这些物体的秩序,但人们对于这方面素材的研究是如此之少,以至于可以说,就这个相对的秩序而言,**还没有什么完全确定的东西**得到规定。"——无论是那些(由李希特尔第一个提出的)亲和性序列的比例关系数,还是由贝采里乌斯提出的那个极为有趣的简化(即把两个物体的化合简化为少数几个单纯的量的比例关系),都完完全全不依赖于那个电学—化学的炮制物。如果说在那些比例里,以及其自从李希特尔以来的全方位的扩展里,实验方法曾经是一个真正的指北星,那么另一方面却是一个如此鲜明的混杂,即一边是这些伟大的发现,另一边是所谓的"微粒理论"的远离经验道路的荒漠;只有这个开端,即离弃经验的本原,才有可能推动人们重新捡起早先主要由里特尔[①]首次提出的那个想法,即建立起正电物体和负电物体的固定秩序,同时认为这些物体应当具有化学的意义。

正电物体和负电物体的对立,本身实际上并没有人们想象的那么真实;如果人们把这个对立当作化学亲和性的基础,那么实验方法很快就会表明这个基础是一个虚无缥缈的东西,而这又导致接下来的一种前后不

[432]

---

① 里特尔(Johann Wilhelm Ritter,1776—1810),德国自然科学家,于 1801 年发现紫外线。——原编者注

一致。贝采里乌斯在该书第 73 页承认,两个所谓的负电物体,比如硫和氧,相比氧和铜,能够以一种紧密得多的方式相互联系在一起,虽然铜是正电性质的。因此在这里,以正电和负电的一般对立为基础的亲和性,相比电的规定性的同一个序列内部的单纯更多或更少,必然居于一个次要地位。由此可以推断,诸物体的**亲和性度数**不是仅仅依赖于它们的特殊的**单极性**(至于这个规定究竟是和哪一个猜想联系在一起,这是无关紧要的;它在这里仅仅意味着"非正即负");一般且主要而言,亲和性度数必定是从**它们的极性的内涵**里面推导出来的。于是在这里,对于亲和性的仔细考察就过渡到我们主要关注的**选择的亲和性**的比例关系;我们要看看,选择的亲和性会得出什么东西。同样在该书第 73 页,贝采里乌斯立即承认,如果这个极性不是仅仅存在于我们的表象中,那么它的**度数**看起来就**不是一个恒常的量**,而是严重依赖于温度,而在经过所有这些讨论之后,最后的结果是:首先,每一个化学作用**就其根据而言**都是一个**电的现象**;其次,那看起来是由**选择的亲和性**造成的作用,其实**仅仅**是由一个既有的**电的极性**(它在一个物体里面比在另一些物体里面**更强**)造成的。因此,在这些猜想式的表象里面,迄今的来回兜圈子的结局,就是停在"**更强的内涵**"这一范畴上面,而它和一般意义上的选择的亲和性一样,都是同一种流于形式的东西,与此同时,即使选择的亲和性被归结为电的极性的一个更强的内涵,但相比之前仍然没有丝毫突破,没有达到一个物理的根据。不仅如此,那在这里应当被规定为"更大的特殊内涵"的东西,接下来也只能回溯到前面已引用过的、由贝托莱揭示出来的那些变形。 [433]

贝采里乌斯的功绩和声誉在于把比例学说扩展到全部化学比例关系上面,但本身说来,这不应当成为阻止我们去揭露上述理论的弱点的理由;至于我们这样做的另一个理由,则是因为另一个情况,即这类功绩在科学的一个方面,如同在牛顿那里一样,经常成为一个**权威**,用来支持一个由抽象范畴拼凑而成的无根基的大厦,而恰恰是这样一种形而上学,以一种最大的装腔作势被宣布,并且在人们那里广为传诵。 [434]

除了这些与化学的亲和性和选择的亲和性有关的尺度比例关系形式之外,考虑到一些有能力形成一个体系的质,还有另一些形式值得重视。化学物体在与饱和相关时,构成了诸多比例关系的一个体系;饱和本身则是立足于已规定的比例,在其中,双方的数量一方面彼此之间具有一个特殊的物质性实存,另一方面相互联系在一起。此外还有一些尺度比例关系,它们的诸环节是不可分割的,而且不可能在一个自足的、不同于彼此的实存中呈现出来。这些尺度比例关系就是之前所说的**直接的、独立的**尺度,而那个代表着它们的东西,就是物体的**比重**。——它们在物体的内部是重量与体积的一个比例关系;比例关系的指数表达出了一个比重之有别于其他比重的规定性,而它自己是一个仅仅用于**比较**的已规定的定量,一个在外在反思中位于诸尺度比例关系之外的比例关系,并且不依赖于自足的质与对立的实存的比例关系。于是这里有一个任务,即应当从一个**规则**出发,把**比重序列**的比例关系指数看作是一个**体系**,而那个规则的用处就在于把一种单纯算术的多样性特殊化为和谐节点的一个序 [435] 列。——同样,为了认识到前面引述过的化学亲和性序列,也必须满足同一个要求。但是科学还远远没有达到这个目标,正如人们还远远做不到在一个尺度体系里去理解把握太阳系星球的距离的数。

尽管比重乍看起来相互之间不具有一个质的比例关系,但它们同样出现在质的关联中。当物体以化学的方式联合在一起,哪怕这仅仅是一种汞体化或同体化,比重同样会表现出一种**中和**。此前我们已经提到一个现象,即那些在化学里面真正说来彼此始终漠不相关的物质混合起来之后,其体积就大小而言不等于它们在混合之前的体积的总和。它们原本是凭借各自的规定性而相互关联,但在这个混合中,它们改变了彼此的规定性的定量,并且通过这个方式表明,其相互之间有一个质的比例关系。在这里,比重的定量不仅外化为一个固定不变**比较数**,而且外化为一个可变化的**比例关系数**;至于混合物的指数,则是给出诸尺度的序列,它们的推进过程是由另一个本原所规定的,而不是由那些相互联系的比重的比例关系数所规定。这些比例关系的指数不是一些排他的尺度规定;它们的推进过程是延续的,同时在自身内包含着一个特殊化法则,这个法则不同于那些在形式上向前推进、使数量联系在一起的比例关系,并且使前面那个推进过程和现在这个推进过程不可通约。

B. 尺度比例关系的节点线

我们已经知道,按照尺度比例关系的最后一个规定,它作为特殊的东西是**排外的**;排外性属于中和,而中和是诸不同环节的一个**否定的统一体**。由于这个**自为存在着的**统一体亦即选择的亲和性与另外一些中和相关联,所以对它而言,已经没有别的特殊化原理;特殊化仅仅停留在一般意义上的亲和性的量的规定里,而按照这个规定,某些已规定的数量相互中和,从而与它们的环节的另外一些相对的选择的亲和性相对立。接下来,出于量的基本规定,**排外的**选择的亲和性也**延续**到那些不同于它的中和里,而这个延续性并非仅仅是不同的中和的一个外在关联(即比较),毋宁说,中和本身就包含着一种**可分性**,因为它是一些独立的某东西的统一体,而这些独立的某东西是相互关联的,它们虽然按照不同的、特殊地已规定的数量相互联系在一起,但在它们中间,每一个东西究竟是和这个东西结合,还是与对立序列中的另一个东西结合,这是无所谓的。就此而言,这个在自身内立足于这类比例关系的尺度也带有一种独特的漠不相关;它本身是一个外在的东西,并且在它的自身关联中是一个可变化的东西。

[436]

比例关系尺度的这个**自身关联**不同于它的外在性和可变化性,后者是它的量的方面;作为与这个方面相对立的自身关联,它是一个存在着的、质的基础,——是一个恒久的物质性基体,与此同时,这个基体作为尺度在它的外在性中的**自身**延续性,必须包含着这个外在性的那个特殊化原理。

现在,按照这个更进一步的规定,排外的尺度在它的自为存在里,是一个位于自身之外的东西,它自己排斥自己,一方面把自己设定为另一个单纯的量的比例关系,另一方面又把这个比例关系设定为一个尺度,——它被规定为一个自在的特殊化统一体,同时在自身那里产生出诸多尺度比例关系。这些比例关系不同于刚才所说的那类亲和性,在后者这里,一个独立东西与不同质的独立东西之间,与这些独立东西的序列之间,有一个比例关系;它们属于**同一个**基体,而在它们内部,出现了中和的诸环节;按照尺度的自身规定,它把自己排除出去,成为另外一些单纯在量上不同的比例关系,这些比例关系同样构成了**亲和性**和**尺度**,与那些始终仅仅是**量的差异性**的比例关系**交互更替**。通过这个方式,它们在一个有着更多和更少的刻度表上构成了诸尺度的一条**节点线**。

[437]

这里有一个尺度比例关系;这是一个独立的实在性,它在质上不同于其他实在性。因为这样一个自在存在在本质上同时是定量的一个比例关系,所以它可以容纳外在性和定量变化;它有一个幅度,在这个幅度之内,上述变化对它而言是无关紧要的,它的质不会发生变化。但这个量的变化会达到一个点,在那里,质发生变化,定量也表明自己特殊化了,以至于已变化的量的比例关系转变为一个尺度,随之转变为一个新的质,一个新的某东西。新的比例关系取代了旧的比例关系,但前者仍然是由后者所规定的,一方面是因为亲和性里的诸环节就质而言是相同的,另一方面是因为它们在量上是延续的。但是,由于这个量的东西出现了区别,所以新的某东西和之前的某东西是漠不相关的;它们的区别是一个外在的定量区别。因此,它不是从之前的某东西,而是直接从自身那里产生出来的,也就是说,它来自于一个内在的、尚未进入定在的特殊化统一体。——新的质或新的某东西从属于它的变化的同一个推进过程,如此以至无限。

[438]

质是在量的持续的延续性中向前推进的,就此而言,那些趋近于一个质变点的比例关系,从量的角度来看,只能通过更多和更少而加以区分。从这个方面来看,变化是一个**逐渐的**变化。然而逐渐性仅仅涉及变化的外在方面,不涉及变化的质的方面;先行的量的比例关系无限地接近于后来的量的比例关系,但仍然不是另一个质的定在。所以,从质的方面看,逐渐性作为一个单纯的量的推进过程,不是一个自在的界限,因而只能被绝对地中断;由于新出现的质按照其单纯的量的关联而言,相比随时消失的质,是另一个漠不相关的质,所以过渡就是一个**飞跃**(Sprung);二者被设定为完全外在于彼此的质。——人们喜欢用过渡的逐渐性来**解释**一个变化,但实际上,逐渐性恰恰是一个纯粹漠不相关的变化,是质的变化的反面。确切地说,在逐渐性里,两个实在性——无论这是指两个状态还是指两个独立的物——的联系已经被扬弃了;按照现在的设定,并非某一方是另一方的界限,毋宁说,每一方都是绝对地外在于对方;在这种情况下,**解释**所需要的那个东西恰恰被清除了,虽然这个解释本来就是一件可有可无的事情。

注　释

自然数体系已经展示出质的环节的这样一条**节点线**,而这些环节是在单纯外在的推进过程中出现的。从某些方面看,这个体系是一种单纯的量的来回往复,一种持续的添加或削减,以至于每一个数和身前和身后的数都有同一个**算术的**比例关系,而那些数各自和身前和身后的数之间也是如此。但这些由此产生出来的数和别的身前或身后的数之间,也有一个**特殊的**比例关系,要么把它们中的一个的倍数表现为一个整数,要么是幂方和方根。——在**音乐的**比例关系里,一个和谐的比例关系是通过定量而出现在量的推进过程的刻度表中,但与此同时,在刻度表上,这个定量和身前及身后的定量之间的比例关系,并非不同于那些定量和身前及身后的定量之间的比例关系。当后来的声音貌似越来越远离主音,或者说,当数通过算术的推进过程而貌似越来越变成其他的数,实际上是突然出现了一个**回归**,一个出人意料的和谐一致,这个和谐一致就质而言并不是以那个直接的先行者为前提,而是显现为一个 actio in distans[远程作用],一个与远方东西的关联;在那些单纯漠不相关的比例关系那里(它们既不会改变先行的特殊的实在性,一般说来也不会构成这样一个

[439]

357

实在性),推进过程突然中断了,又因为它从量的角度来看是以同一个方式延续的,所以在这种情况下,通过一个飞跃,就出现了一个特殊的比例关系。

在**化学的联系**里,通过混合比例关系的持续变化,也出现了这样一些质的节点和飞跃,也就是说,两种材料在混合刻度表的一些特殊的点上面,构成一些具有特殊的质的产物。这些产物既不是仅仅通过更多和更少而相互区分,也不是已经伴随着那些近乎节点比例关系的比例关系而存在着,比如仅仅处于一个较弱的度数等等,毋宁说,它们本身就和这样一些点联系在一起。比如,氧和氮的联系产生出不同的氧化氮和硝酸,它们仅仅在某些特定的混合的量的比例关系那里出现,并且在本质上具有不同的质,以至于在那些居间的混合比例关系里,不会出现特殊的实存的联系。——**金属氧化物**,比如氧化铅,是在氧化的某些量的点上面形成的,并且通过颜色和其他的质而相互区分。它们不是逐渐过渡到对方;处于那些节点之间的比例关系,也不会产生出一个中和的、特殊的定在。在不需要贯穿各个居间层次的情况下,就出现了一个特殊的联系,它基于一个尺度比例关系,并且有一个独特的质。——又比如**水**,当它的温度发生改变时,它不是仅仅变得更热或不太热,而是经历固体、液体、气体等状态;这些不同的状态不是逐渐出现的,毋宁说,恰恰是这个单纯的逐渐推进的温度变化,通过这些点而突然中断了,被阻挡了,而另一个状态的出现就是一个飞跃。——所有**诞生**和**死亡**都不是一个持续的逐渐性,毋宁说是逐渐性的中断,是从量的变化飞跃到质的变化。

[440]

常言道,**自然界里没有飞跃**①;正如我们曾经指出的,通常的观念在企图理解**产生**或**消灭**的时候,以为只要把这想象成一个**逐渐**的出现或消失,就算已经将其理解把握了。但事情本身很明显,存在的变化根本不是

————————

① 这是整个西方哲学自埃利亚学派—柏拉图—亚里士多德以来的主流思想,在近代尤其得到牛顿、莱布尼茨、康德的宣扬。至于其固定的标准说法,即"自然界里没有飞跃"(Natura non facit saltus),是瑞典植物学家林奈(Carl von Linné,1707—1778)第一次提出的。——译者注

仅仅意指从一个大小到另一个大小的过渡,而是意指从质的东西到量的东西的来回过渡,即一个向着他者的转变,或者说一个逐渐的东西发生中断,转变为一个在质上与之前的定在相对立的他者。水经过冷却,不是逐渐变得坚硬,不是首先变成胶状的东西,然后逐渐硬化为坚固的冰,而是一下子就变得坚硬了;当水完全达到冰点的温度时,如果它保持静止,那么它仍然能够完全保持液体状态,但只要有一点点震动,就会让它进入坚硬状态。

　　人们之所以认为产生是逐渐的,是依据这样一个观念,即以为**产生的东西**已经是**现成已有**的感性东西或一般意义上的现实东西,只不过由于其微小而**暂时不被知觉**,好比在一种逐渐的消失里,**非存在**或那个将要篡位的**他者**同样是**既有**的,只不过**暂时没有被注意到**,——而且这里所说的"现成已有"不是指他者**自在**地包含在眼前的这个东西里面,而是指它**作为一个定在是现成已有的**,只不过还没有被注意到罢了。在这种情况下,一般意义上的产生和消灭就被扬弃了,换言之,**自在体**(Ansich)或内核(某东西在成为一个定在之前就已存在于其中)转化为一个**微小的外在定在**,本质上的区别或概念区别转化为一个外在的、单纯的大小区别。——用逐渐的变化来解释产生或消灭,有着同语反复特有的无聊;它从一开始就已经把产生的东西或消灭的东西当作一种完全现成已有的东西,然后把变化当作一个外在区别的一个单纯改变,而这实际上仅仅是一个同语反复。对于这样一种想要理解把握的知性而言,困难始终在于,从某东西到它的一般意义上的他者或对立面,这是一个质的过渡;为了掩饰这一点,知性就佯言**同一性**和**变化**是**量的东西**的一种漠不相关的、外在的同一性和变化。

　　在**道德**的领域,从存在的层面来看,同样出现了量的东西到质的东西的过渡,而不同的质看起来是基于大小的差异性。通过一种更多和更少,轻率行为的尺度被逾越了,产生出某种完全不同的东西,亦即犯罪,于是正当过渡到非正当,美德过渡到恶行。——同理,国家也是通过它们的大小区别(假设其余方面都是相同的),获得不同的质的特性。随着国家的

[441]

[442] 领土和公民的数目得到扩张,法律和制度就转变为另外的东西。国家的大小有一个尺度,一旦逾越这个尺度,即使制度不变,国家仍然会在自身内分离崩析,因为这个制度只有在从前的情况下才会保障国家的繁荣富强。

C. 无尺度的东西

排外的尺度在其已实现的自为存在之内,本身始终与"量的定在"这一环节纠缠在一起,因此能够沿着定量的刻度表上升和下降,而各种比例关系也相应地有所改变。如果某东西或一个质是立足于这样一个比例关系,就会被迫超越自身,成为**无尺度的东西**,并通过其大小的单纯改变而走向消灭。大小是这样一种状况,在它那里,一个定在有可能仿佛不知不觉地被卷入进去,并因此被摧毁。

抽象的无尺度的东西是一般意义上的定量,即一个在自身内无规定的东西,一个纯粹漠不相关的、不会使尺度发生变化的规定性。在诸尺度的节点线那里,这个规定性同时被设定为一个特殊化;那个抽象的无尺度东西扬弃自身,成为一个质的规定性;起初的既有的东西过渡到一个新的比例关系,从前者的角度看,后者是一个无尺度的东西,但它在其自身同样是一个自为存在着的质;如此一来,特殊实存相互之间的交替,还有特殊实存与那些始终保持量性的比例关系之间的交替,同样也被设定了,——如此以至**无限**。但在这个过渡里面呈现出来的东西,既是对特殊的比例关系的否定,也是对量的推进过程本身的否定;而这就是自为存在着的**无限者**。——**质的无限性**,就和在定在那里一样,是有限者那里绽放出来的无限者,是一个**直接的过渡**,即此岸世界消失在它的彼岸世界里。反之,**量的无限性**按照其规定性而言已经是定量的**延续性**,即定量的一个超越自身的延续性。质的有限者**转变为无限者**;量的有限者在其自身就[443] 是它的彼岸世界,并且**指向自身之外**。然而尺度的特殊化的这个无限性把质的东西或量的东西都**设定为**一种在自身内**相互扬弃**的东西,从而把它们的最初的、直接的统一体(即一般意义上的尺度)设定为一个已经回归自身、因而本身已经**被设定**的东西。质的东西,即一个特殊的实存,过渡到另一个特殊的实存,但在这种情况下,只有一个比例关系的大小规定性发生变化;相应地,从质的东西本身到质的东西的变化被设定为一个外在的、漠不相关的变化,被设定为一种**自身融合**;无论如何,量的东西都会反过来扬弃自身,成为一个质的东西,一个自在且自为地已规定的存在。这个在其尺度的更替中始终保持着自身延续性的统一体,是真正恒久持存的、独立的**物质**或**事情**。

由此呈现出来的,a)是同一件事情,它被设定为它们的区分状态中的基础,被设定为一个恒久的东西。在一般意义上的定量里,已经开始了存在和它的规定性的分离;就某东西和它的存在着的规定性漠不相关而言,它具有一个**大小**。在尺度里面,事情本身自在地已经是质的东西和量的东西的统一体,——这两个环节在存在的普遍层面的内部构成区别,其中一方是另一方的彼岸世界;通过这个方式,恒久的基体首先在自身那里被规定为一个存在着的无限性。b)基体的这种同一性之所以**被设定**,是由于那个规定着尺度的统一体发生分裂,成为一些质的独立东西,这些独立东西仅仅立足于量的区别,所以基体延续到它的这个区分活动里面。c)在节点序列的无限进展里,质的东西的延续活动表现为量的推进过程,表现为一个漠不相关的变化,而这同样设定了包含在其中的对于质的东西的**否定**,随之设定了单纯的量的外在性。量的东西超越自身走向他者(另一个量的东西),而伴随着一个比例关系尺度或一个质出现,这种超越就终止了,而质的东西之所以扬弃自身,恰恰是因为新的质本身仅仅是一个量的比例关系。质的东西和量的东西的相互过渡是在它们的统一体的地基上进行的,而这个进展的意义仅仅在于**定在**,在于**指明**或**设定**一件事情,即这样一个基体(质的东西和量的东西的统一体)是进展的基础。

在独立的尺度比例关系的序列里,序列的单方面的项是一些直接的、

[444]

质的某东西(比重或化学材料,比如盐基、碱、酸等等),接下来,这些项的中和(在这里,"中和"必须同样被理解为比重不同的材料的联系)是一些独立的、甚至排他的尺度比例关系,即自为存在着的定在的一些彼此漠不相关的总体。现在,这样一些比例关系仅仅被规定为同一个基体的诸节点。这样一来,诸尺度和那些与之同时被设定的独立东西就降格为**状态**(Zustände)。变化仅仅是一个**状态**的改变,而在这个过程中,**过渡者**被设定为始终是**同一个东西**。

为了通览尺度所经历的持续规定,这个规定的诸环节可以总结如下,即尺度本身首先是质和量的**直接**统一体,但它作为一个通常意义上的定量,又是一个特殊的东西。因此,尺度作为一个不是与他者相关联,而是与自身相关联的量的规定性,在本质上是**比例关系**。接下来,它把诸环节当作已扬弃的、未分割的东西而包含在自身内;无论是概念中的区别,还是尺度中的区别,始终都意味着,其中的每一个环节本身都是质的东西和量的东西的统一体。就此而言,这是一个**实在的**区别,并且产生出一定数量的尺度比例关系,后者作为形式上的总体,本身是独立的。序列构成了这些比例关系的两端,而它们对于每一个属于某一端,并且和整个对立的序列都有比例关系的个别项而言,是同一个恒久的秩序。这个统一体仍然是完全外在的,它作为单纯的**秩序**,虽然表现为一个自为存在着的尺度的内在的特殊化统一体,并且有别于它的特殊化产物,但特殊化原理仍然不是一个自由的概念(唯有它才赋予它的各种区别以一个内在的规定),毋宁说,原理首先只是一个基体,一个物质,它的各种区别为了作为总体而存在,也就是说,为了在自身内具有那个始终保持自身一致的基体的本性,仅仅掌握着外在的量的规定,而这个规定同时表现为质的差异性。在基体的这个自身统一体之内,尺度规定是一个已扬弃的东西,它的质是一个由定量所规定的、外在的状态。——这个历程一方面意味着尺度实现自己的持续规定,另一方面意味着尺度降格为一个环节。

第三章　本质的形成转变

A. 绝对的无差别

存在是一种抽象的漠不相关——由于这种漠不相关本身应当被思考为存在，所以我们已经使用了"**无差别**"（Indifferenz）这一说法——，在那里，尚且不应当有任何类型的规定性；纯粹的量作为无差别，能够具有全部规定，但在这种情况下，这些规定是外在于它的，而它从自身出发，与它们没有任何联系；至于那种能够被冠以"绝对"之名的无差别，则是通过**自身中介**而成为一个单纯的统一体，其中已经**否定了**存在、质、量及其最初的直接统一体（即尺度）的全部规定性。在它那里，规定性仍然只是一个状态，即一个把无差别当作自己的**基体**的质的外在东西。

但是，如果一个东西已经被规定为一个质的外在东西，那么它就仅仅是一个随时消失的东西；质的东西既然外在地与存在相对立，那么它就是自己的对立面，并且仅仅是一个扬弃自身的东西。通过这个方式，规定性在基体那里仍然只是被设定为一个空洞的区分活动。但这个空洞的区分活动，作为结果，恰恰是无差别本身。也就是说，无差别是一个具体的东西，一个在自身内通过否定存在的全部规定而达到自身中介的东西。作为这个中介活动，无差别包含着否定和比例关系，至于所谓的"状态"，则是它的内在的、自身关联的区分活动；外在性及其消失恰恰使存在的统一体成为无差别，因此它们位于无差别的**内部**，而在这种情况下，无差别就不再仅仅是一个基体，**在其自身那里**不再仅仅是一个抽象的东西。

［446］

B. 无差别作为它的诸因素的反比例关系

现在我们得看看,无差别的这个规定如何在其自身那里被设定,以及无差别如何随之被设定为一个**自为存在者**。

1. 尺度比例关系首先被当作独立的东西,而它们的还原奠定了它们的**一个基体**;基体是它们相互之间的延续活动,因此是一个不可分割的独立东西,并且**完全**呈现在它的各种区别里面。这些区别是由包含在基体中的两个规定(即质和量)造成的,而这里的整个关键仅仅在于,二者在基体那里是如何被设定的。实际上,这个情况是这样被规定的,即基体首先被设定为结果和一个**自在的**中介活动,但这个中介活动**在基体那里**尚未被设定为中介活动,而这样一来,基体首先是基体,但就其规定性而言则是**无差别**。

[447]

所以,在无差别那里,区别在本质上首先只是一个量的外在的区别,而且就同一个基体有两个不同的定量,并且是它们的**总和**而言,仿佛它本身也被规定为一个定量了。但无差别之所以是一个固定的尺度,一个自在存在着的绝对界限,是因为它仅仅与那些区别**相关联**,而且它本身不是一个定量,无论如何不可能作为一个总和或指数而与其他总和或指数相对立。无差别仅仅包含着一个抽象的规定性;至于那两个定量,为了在无差别那里被设定为环节,只能是可变化的、彼此漠不相关的、可大可小的。但与此同时,由于受到它们的总和的固定界限的限制,所以它们相互之间不是外在的,而是否定着彼此,——现在这是一个质的关联,而它们就处在这个相互关联中。就此而言,它们相互之间有一个**反比例关系**。不同于早先的那个流于形式的反比例关系,如今在这个反比例关系里,整体是一个实在的基体,而且双方中的每一方本身都应当按照设定而**自在地**是这样一个整体。

按照上述质的规定性,区别进而呈现为**两个质**的区别,其中一个已经被另一个扬弃,但又与之不可分割,因为它们属于**同一个**统一体,而且是它们构成了这个统一体。基体本身作为无差别,同样是这两个质的自在的统一体,所以,比例关系两端中的每一端都同样在自身内包含着这两个质,并且仅仅通过一个质的增加和另一个质的减少(或相反的情况)而相互区分;其中一个质是通过它在其中一端的定量而**占据优势**,另一个质在另一端也是同样的情形。

因此,每一端在其自身那里都是一个反比例关系;后者作为一个流于形式的比例关系,重新出现在已经区分开的两端那里。两端本身按照它 [448] 们的质的规定同样延续到对方那里;每一个质在另一个质那里都与自己有一个比例关系,并且在每一端那里都仅仅具有一个不同的定量。它们的量的区别就是那个无差别,并且据此延续到对方那里,而这个延续性在两个统一体中的每一个之内,都是同一个质。——至于比例关系的两端,每一端都是诸规定的整体,因此包含着无差别自身,并且在相互对立的情况下同时被设定为独立的东西。

2. 现在,存在作为这个无差别,是尺度的已规定的存在,但它不再是一个直接的东西,而是一个通过上述方式而得到发展的东西,即无差别,因为**自在地看来**,它就是存在的诸规定的整体,已经把它们消融在这个统一体里面;**定在**,作为已设定的实现过程的总体,同样也是如此,在其中,诸环节本身就是无差别的自在存在着的总体,同时把无差别当作它们的基本统一体。但是,因为人们坚持认为统一体仅仅是**无差别**,随之仅仅是一个**自在的东西**,而诸环节尚未被规定为**自为存在者**,也就是说,尚未被规定为一种**在其自身那里**并且**通过彼此**而扬弃为统一体的东西,所以一般说来,它们**对自身的漠不相关**就呈现为一个得到发展的规定性。

现在我们需要进一步考察这种不可分割的独立东西。它内在地居于它的全部规定之中,并且在它们之中保持为一个自身统一体,不受它们影响,但是,a)由于它始终是一个**自在的**总体,所以它所具有的各种规定性就在总体之内被扬弃了,在那里仅仅**表现为**一种无根据的东西。无差别的**自在体**和它的这个**定在**没有联系在一起;诸规定性以直接的方式在无差别那里展示出来;无差别在其中每一个规定性里面都是完整的,而它们的区别于是首先被设定为一个已扬弃的,亦即**量**的区别,但正因如此,不是被设定为它们的自身排斥;与此同时,诸规定性不是一种规定着自身的东西,毋宁仅仅是一种**外在的**已规定的存在和将要被规定的东西。

[449]　　b)这两个环节处在量的反比例关系之中,——这是一种就大小而言的来回往复,但它不是由无差别所规定的(因为无差别恰恰意味着和这种来回往复漠不相关),而是仅仅外在地被规定的。它指向一个他者,后者位于无差别之外,并且包含着一种规定活动。从这个方面来看,**绝对者**作为无差别具有**量**的形式的第二个缺陷,即区别的规定性不是由绝对者所决定的,至于它在那个形式那里具有的第一个缺陷,则是指各种区别仅仅在一般的意义上**出现**在绝对者那里,也就是说,绝对者的设定活动是某种直接的东西,而不是它的自身中介活动。

　　c)诸环节如今是比例关系的**两端**,其量的规定性构成了它们的**持存**方式;由于这种漠不相关,它们的**定在**是得自于质的东西的过渡。但除了这种定在之外,它们还具有另外一种**自在**存在着的持存,因为**自在地看来**,它们就是无差别本身,每一个环节本身都是两个**质**的统一体,而这两个质是由一个质的环节分裂而成的。两端的区别是有限制的,即一个质在一端被设定为更多,在另一端被设定为更少,而另一个质正好相反。如此,每一端本身都是无差别的总体。——两个质中的每一个,单独看来,始终是同一个总和,而这个总和就是无差别:它从一端延续到另一端,并且不受那个随时给它设定的量的界限的限制。在这里,各种规定陷入一个直接的对立,而对立又发展为矛盾。这究竟是怎么回事呢?

　　c)其实,每一个质都在每一端的**内部**与另一个质相关联,而且正如已规定的那样,这个关联应当仅仅是一个量的区别。如果这两个质都是

[450]　独立的——比如作为两种相互独立的感性物质——,那么无差别的整个规定性就分离崩析了;它们的统一体和总体就将是一些空洞的名称了。但实际上,这两个质同时被规定为属于同一个统一体,并且不可分割,每一方都只有在这个质的他者关联中才具有意义和实在性。但是,**正因为**

它们的量化绝对具有这个质的本性,所以每一方的活动范围都不能超出**另一方的活动范围**。就它们作为定量应当彼此有别而言,每一方都超越了对方,并且通过它的"更多"而具有对方所不具有的一个漠不相关的定在。但在它们的质的关联里,每一方都只有在对方也存在着的情况下才存在着。——由此可知,它们**处于平衡状态之中**,因为,只要一方有所增加或减少,另一方同样也会有所增加或减少,而且它们的增加或减少遵循的是同一个比例关系。

所以,基于它们的**质**的关联,这里不可能出现一个**量**的区别,不可能出现一个质的"**更多**"。凭借这个"更多",相互关联的环节中的一个超越了另一个,但实际上,这个"更多"仅仅是一个站不住脚的规定,或者说它**仍然仅仅是另一个"更多"本身**;但在二者的这个相等里,却找不到任何一个环节,因为它们的定在只应当立足于它们的定量的不相等。——这些因素应当存在着,但它们中的每一个同样又消失了,因为它本来应当与另一个因素**相等**,不料却**超越了**后者。那个消失看起来是这样的,即从量的表象来看,平衡状态被打破了,其中一个因素被认为大于另一个因素;这个设定扬弃了另一个因素的质,使之成为一个站不住脚的东西;前一个因素占据了优势,而另一个因素则是伴随着加速度而减少,并且屈服于前者,使前者成为唯一的独立东西;但这样一来,就不再有两个特殊的东西和两个因素,毋宁只有唯一的一个整体。

这个统一体于是被设定为规定活动的总体,与此同时,这个总体本身 [451] 又被规定为无差别,因此这是一个全方位的矛盾;就此而言,这个统一体**必须被设定为**一个自己扬弃着自己的矛盾,并且注定要成为一个自为存在着的独立东西,但这个独立东西的结果和真理不再仅仅是一个无差别的统一体,而是一个内在于自身的、否定的、绝对的统一体,而这就是**本质**。

注　　释

一个整体的规定性应当取决于那些在质上相互规定的因素之间的大

小区别,而在这个意义上,整体的**比例关系**就被应用于天体的椭圆运动。这个例子首先只是指出两个处于反比例关系之中的质,而不是指出这样两个方面,仿佛每一方本身就是二者的统一体和它们的反比例关系。人们在坚持经验基础的时候忽略了,理论一旦应用于经验基础,就会导致的一个后果,即必须摧毁那个作为基础的事实,或者说,既然坚持事实是一件理所应当的事情,那么就必须揭露出理论相对于事实而言的空洞性。对于这个后果的无知,使事实能够和那个与之矛盾的理论相安无事。——这是一个单纯的事实:在天体的椭圆运动里,当它们接近近日点的时候,其速度会增加,而当它们接近远日点的时候,其速度会减缓。通过人们孜孜不倦的观察,这个事实的量的方面已经得到精确规定,并且被归结为一个单纯的法则和公式,而这样一来,人们对理论提出的一切真正的要求都得到了满足。但在反思的知性看来,这仍然是不够的。为了对现象及其法则作出所谓的解释,人们假定在曲线的运动里有两个质的环[452]   节,即**向心力**和**离心力**。二者的质的区别在于其方向相反,而从量的角度来看,则是在于它们被规定为不相等的东西,即一方的增加应当伴随着另一方的减少,反之亦然,接下来,它们的比例关系又颠倒过来,即随着向心力的增强和离心力的减弱,一段时间之后,会到达一个点,在那里,向心力开始减弱,而离心力反过来开始增强。但与这个表象相矛盾的,却是它们的在本质上相互对立的质的规定性的比例关系。由于这个规定性,它们根本不可能彼此分离;每一方都只要在考虑到对方的时候才具有意义;因此,只要其中一方大于另一方,那么它就与后者没有关联,并且不可能存在着。——人们假定,只要其中一方作为较大者与另一方作为较小者相关联,这时前者就比后者更大,但在这里,就出现了我们刚才所说的那种情况,即只要一方绝对地获得一个优势,另一方就会消失;即使把后者设定为一个随时消失的、站不住脚的东西,也不能改变这个规定半分,即消失只能是逐渐地发生的,同样不会改变的是,后者就大小而言减弱了**多少**,前者就应当增强**多少**;后者和前者一起消灭,因为,只有当另一个力存在着,前一个力才存在着。我们可以很轻松地观察到,比如像前面所说的那样,如果天体在接近近日点的时候,它的向心力会增强,那么反过来,离心力就应当在同样的程度上减弱,于是后者就**不再有能力**让天体摆脱向心力并使其重新远离它的中心天体;毋宁说正相反,既然向心力应当一度占据优势,那么在这个时候,离心力就被克服了,于是天体就会带着加速度冲向它的中心天体。反过来,如果离心力在无限接近远日点的时候占据了优势,那么,说它在远日点那里应当被另一个更弱的力所克服,这同样是一个矛盾。——此外很明显的是,在这种情况下,需要有一个**未知的力**以促成**这个掉头**;而这意味着,运动的时而加速和时而减速**不可能**从那些因素的假定的规定出发而**被认识到**,或得到所谓的**解释**,然而人们之所以假定那些因素,恰恰是为了解释这个区别。这个或那个方向的消失所带来的后果,随之一般意义上的椭圆运动的消失所带来的后果,被忽视和掩盖起来了,因为一个无可置疑的事实是,这个运动是延绵不绝的,并且从加速过渡到减速。**一方面看来**,那个假定——较弱的向心力在远日点那里转而变得比离心力更强,而在近日点那里则再次发生反转——包含着此前已经充分阐释的东西,即反比例关系的每一端在其自身都是这个完整的反比例关系;因为,从远日点到近日点的运动(即向心力应当占据优势的运动)这一方面也应当包含着离心力,只不过离心力在减弱,而向心力在增强;但恰恰按照反比例关系,在减速运动这一方面,离心力相对于向心力而言应当占据优势,而且取得越来越大的优势,以至于无论在哪一方面,都不会有哪一种力消失,毋宁说,一种力只会变得越来越小,直到它的反转时刻,开始对另一种力占据优势。就此而言,在每一方那里反复出现的东西,只不过是这个反比例关系本身的缺陷,即,要么像在力的平行四边形里面一样,每一种力本身都被看作是独立的,只是通过单纯**外在的**会合而造成一个运动,于是概念的统一体或事情的本性就被扬弃了,要么这两种力通过概念而相互之间有一个质的比例关系,于是每一方都不可能通过获得一个"更多"而具有一个与对方漠不相关的、独立的持存;内涵的形式,或所谓的"动力学东西",没有改变任何东西,因为它本身是在定量那里具有它的规定性,从而它有多少力与对立的力相抗衡,就只能

[453]

[454]

369

外化出多少力,也就是说,只能在这个范围内实存着。**另一方面看来**,那个从占据优势到相反情况的反转,也包含着肯定东西和否定东西等质的规定的一个交替;一方增益多少,另一方就损失多少。这个质的对立同时是一个不可分割的、质的联系,它在理论里面被拆解为一种**前后相继**(Nacheinander);但在这种情况下,理论始终没有**解释**这个交替,尤其没有**解释**这个拆解本身究竟是怎么回事。当一种力的增加伴随着另一种力的相应的减少时,仍然有统一体的假象,但这个假象在这里已经完全消失了;取而代之的,是一种单纯**外在的**相续(Erfolgen),只可惜这与那个联系得出的结论相矛盾,因为那里的结论是,只要一种力已经占据优势,另一种力就必定会消失。

人们已经把同一个比例关系应用于引力和斥力,以理解把握物体的不同的**密度**;此外,感受性和激动性的反比例关系也应当有一个用处,以帮助人们从**生命**的这些因素之转变为不相等出发,理解把握整体(即健康)的不同规定,以及生物种类的差异性。尽管这种解释本来应当成为生理学、病理学乃至动物学的自然哲学基础,但由于它未经批判就使用这些概念规定,所以沦为混乱的连篇废话,而它在这里造成的后果,就是这种形式主义已经很快就被重新抛弃,哪怕它在科学中,尤其是在物理天文学中,仍然得到广泛的流传和应用。

[455] "绝对的无差别"看起来也是斯宾诺莎的"**实体**"的基本规定,既然如此,这里还可以补充一些评论。这个看法从某个角度来说确实是正确的,因为在二者那里,存在的全部规定,以及一般说来,思维和广延的每一个更具体的区分状态,都被设定为已经消失。如果人们总是执着于抽象,那么,那在这个深渊里湮沉的东西,其定在究竟曾经有什么面貌,这是完全无关紧要的。但某方面看来,实体作为无差别,**总是需要一个规定活动**,并且**就此而言**和这个规定活动联系在一起;它不应当始终是斯宾诺莎意义上的实体,因为后者的唯一规定是一种否定,即一切东西都应当被它吞噬。在斯宾诺莎那里,区别——思维和广延这两种属性,乃至样式、情状和全部其余的规定——完全是以经验的方式推导出来的;知性做出了这

种区分,但知性本身也是一个样式;属性和实体之间,属性和属性之间,只有**唯一的一个规定性**,即它们完整地表达出实体,至于它们的内容,即事物(作为广延物和思想)的秩序,始终是同一个东西。但在把实体规定为无差别之后,又出现了对于这个**区别**的反思;现在,区别被设定为一个**外在的**、或更确切地说**量的区别**,而这在斯宾诺莎那里是一个自在的区别。因此,区别中的无差别就和实体一样,始终是内在于自身,——但这是一个抽象的东西,一个纯粹**自在的**东西;反之,区别**并不是**内在于**无差别**,毋宁说,它作为量的区别,乃是内在性的反面,而量的无差别则是统一体的位于自身之外的存在。就此而言,区别并没有被理解为一个质的东西,而实体也没有被规定为一个自己区分自己的东西,没有被规定为主体。就"无差别"这个范畴自身而言,接下来的后果就是,在它那里,量的规定和质的规定的区别分裂了,而这一点在无差别的发展过程中已经展现出来;过去在尺度里,两个环节曾经被设定为直接合为一体,而现在,无差别代表着**尺度的瓦解**。

C. 过渡到本质

"绝对的无差别"是**存在**在转变为**本质**之前的最后一个规定;但它并没有达到本质。如我们看到的,它仍然属于**存在**的层面,因为它被规定为一个漠不相关的东西,而且它在自身那里所具有的区别仍然是一个**外在的**、量的区别。这就是它的**定在**,因此它同时也是置身于对立之中,而在这种情况下,它只能被规定为一个**自在存在着的**绝对者,而不是被思考为一个**自为存在着的**绝对者。换言之,有一个**外在的反思**坚持认为,特殊东西**自在地看来**或在绝对者之内是**同一个东西**,并且**合为一体**,而它们的区别仅仅是一个无关紧要的区别,不是一个自在的区别。这里仍然有一个缺陷,即这个反思不是**思维着的**、由主观的意识做出的**外在反思**,而是那个统一体的区别自己做出的一个规定,即扬弃自身,而这样一来,统一体

371

就表明自己是一种绝对的否定性,是**对它自己**的漠不相关,不但对异在漠不相关,甚至对它自己的这种漠不相关也漠不相关。

我们已经发现,无差别的规定自己扬弃了自己;在它的已设定的存在的发展过程中,它已经表明自己是一个全方位的矛盾。**自在地看来**,无差别是一个总体性,存在的全部规定都已经在其中被扬弃,并包含在其中;就此而言,它是一个基础,但仅仅**以片面的方式被规定为一个自在存在**,因此各种区别,即诸因素的量的差分和反比例关系,都是**外在于无差别**。所以,无差别本身与它的已规定的存在相矛盾,它的自在存在着的规定与它的已设定的规定性相矛盾,因此它是一个否定的总体性,其各种规定性已经自己扬弃自己,随之也扬弃了它们的这种漠不相关或自在存在。在这种情况下,无差别被设定为它实际上所是的那个东西,即一个单纯的、无限否定的自身关联,而这意味着无差别自己与自己就是不相容的,自己排斥自己。所谓"规定和被规定",既不是指一个过渡或一个外在的变化,也不是指各种规定在无差别那里**出现**,而是指无差别独自与自身相关联,不但否定了它自身,而且否定了它的自在存在。

[457]

但现在,这样一些被排斥的规定,并不是属于它们自己,不是表现为独立的或外在的东西,毋宁说,首先,它们作为一些**环节**,属于一个**自在存在着的统一体**,不能摆脱这个统一体,而是以之为基体,仅仅通过它而得到充实,其次,它们作为一些规定,内在于一个**自为存在着的统一体**,仅仅通过它的自身排斥而存在着。它们不像在存在的整个层面上一样,是一些**存在者**,而是从现在起完全只是一些已**设定的东西**,其规定和意义完全在于与它们的统一体**相关联**,从而每一方都与它的他者和否定**相关联**,——其标志就是它们的这种相对性。

这样一来,一般意义上的存在、不同的规定性的存在或直接性,还有**自在存在**,都消失了,而统一体就是存在,即一个**直接的、作为前提的总体性**,而且,**只有以扬弃这个前提为中介**,总体性才是一个**单纯的自身关联**,至于这个作为前提的存在,或者说这个直接的存在,本身仅仅是总体性的排斥活动的一个环节,而原初的独立性和自身同一性仅仅是一个**造成结果的、无限的自身融合**;——如此,存在就被规定为**本质**,即这样一种存在,它通过扬弃存在而与自身融合为一个单纯的存在。 [457]

人名索引

（说明：下列页码为德文版《逻辑学》I 的页码，见本书边码）

A

Anaxagoras 阿那克萨戈拉 44

Archimedes 阿基米德 239,354,355,359,
370

Aristoteles 亚里士多德 22—23,46,226—
227,245,385,397

B

Bacon, Francis 培根 406

Barrow, Isaac 巴罗 306,336,337,369—
370

Bayle, Pierre 贝尔 227

Berthollet, C. L. 贝托莱 424—426,428—
429,433

Berzelius, J.J. 贝采里乌斯 426,428,429,
431—434

Böhme, Jakob 波墨 122

Brahmen 梵天 388—389

Buddha 佛 389

C

Carnot, L.N. 卡尔诺 300,310—311

Cavalieri, Bonaventura 卡瓦列里 298,
355,364—369

Cicero 西塞罗 114

Cousin, Victor 库桑 341

D

Descartes, Rene 笛卡尔 306,341—342,
344

Diogenes von Sinope 第欧根尼 226,227

Dirksen, E.H. 狄尔克森 315

E

Euklid 欧几里得 239,366

Euler, Leonhard 欧拉 303,304,306,332,

F

Ferma, Pierre de 费马 306,337

Fichte, J.G. 费希特 98,148,181,269

Fischer, E.G. 费习尔 424—425,429

Fries, J.F. 弗里斯 47

G

Galilei 伽利略 407

H

Haller, Albrecht von 哈勒尔 265—266

Hauber, K.F. 豪伯 239

Heraklit 赫拉克利特 84,185,226

J

Jacobi,F.H.雅各比 99—103

K

Kant,Immanuel 康德 13,45,52,59—62,
80—81, 88—91, 99, 100, 101, 102,
109, 148, 181, 201—207, 216—219,
222—225, 227, 237—238, 240, 258,
265, 267, 269, 271—275, 283—284,
292,387—388

Kepler,Johannes 开普勒 321,347,354,
359,362,407

Krischna 克里希纳 388

L

Lagrange,J.L.拉格朗日 304—305,308—
309, 311—312, 315, 329, 332, 339,
347,353—354,355,357—358

Landen,John 兰登 305

Leibniz,G.W.莱布尼茨 120,147,179—
181,189,215,301,306,337,369

M

Malchus（Porphyrius）马尔科斯（波菲利
奥）245

Malebranche 马勒布朗士 179

Moderatus 摩德拉图 245

N

Newton,Isaac 牛顿 298—300,303,307—
309, 311, 320—321, 336, 337, 369,
406—407,434

O

Octavius 屋大维 114

P

Parmenides 巴门尼德 51,84,90,98,103,
105,185,193,226,390

Photius 弗提奥 246

Platon 柏拉图 22,31,33,44,51,105—
106,119,126,193,245

Pythagoras 毕达哥拉斯 242,243,245—
246,385

R

Reinhold,K.L.莱茵霍尔德 69

Richter,B.R.李希特尔 424,429,432

Ritter,J.W.里特尔 432

Rittershusius,Cunradus 里特胡斯 245

Roberval,G.P.de 罗伯瓦尔 337

S

Schubert,F.Th.von 舒伯特 320

Spehr,F.W.斯贝尔 357—358

Schiva 湿婆 388—389

Spinoza,Baruch 斯宾诺莎 48,85,98,
103, 121, 178—179, 214, 291—293,
388,390,454—455

T

Tacquet,André 塔奎 369—370

Taylor,Brook 泰勒 358

Thales 泰勒士 172

V

Valerio,Luca 瓦雷里奥 355

W

Wischnu 毗湿奴 388

Wöhler, Friedrich 沃勒尔 426

Wolff, Christian 沃尔夫 48,302

Z

Zeno von Elea 芝诺 227

主要译名对照及索引

（说明：下列页码为德文版《逻辑学》I 的页码，见本书边码）

A

Aberglaube 迷信 86，290

das Absolute 绝对者 74，78，79，84，99，120，130，149，270，390，449，456

Abstraktion 抽象，抽象东西 21，23，25，26，29，31，33，52，53，54，55，60，62，66，71，73，84—87，89，92，97，99—101，103—104，115，120，123—124，129—130，139，147，164—165，180—181，185，192，196，218，227，240，244，311，373，388，390，404，414，434，446，455

Abwechslung 交替 155—157，161，163，166—168，334，442，454

Addieren 加法 236，240，303，305，356，360，362

Affinität 亲和性 413—414，420—426，428—437

das Allgemeine 普遍者 16—17，22，25—27，29，44，54—56，91，118，126，146—147，172，245，396

Allgemeinheit 普遍性 21，24—25，91，108，123，150，215，311，327，329，330，332，340

Allmählichkeit 逐渐性 396，438，440

Analyse 分析 32，47，73—75，89，110，201，203，207，219，235，237—240，244，281，284，294—295，302—303，305，312，319—323，326—327，332—334，337，341—343，347—348，350，354，358—360，363，407

Anderes 他者 37，68，69，71，71—75，78—79，82，85—88，90，95，97—100，103，105—106，112，115，117，121—122，124—128，131—138，143，145—149，151—167，170—172，175—177，180，183，186—187，191—195，198—203，209，211—212，215，219，227—230，232—235，239，253，259—261，268—270，285，289—290，297，372，383，388，403—405，415—417，419—420，440—441，457

Anderssein 异在 126—128，133—135，142，145，154，160，174—175，177，180，181，185，188，190，198—199，200，209—210，215，232，252，259—261，268，276，287，372，374，381—382，385，456

Anfang 开端 22，28，31，32，35，41，42，54，

59，65—81，90，98，102—105，109—
112，123，138，161—163，174，199，
201，265，270，272—274，301，333，
349，392，402，407，410，432

Annäherung 接近 244，247，263，264，299，
314—317，325，354，379，438，451—
452

an sich 自在地看来 39，58，82，119，124.
133，143，155，160，173，174，175，191，
198，240，252，253，273，276，277，284，
295，349，373，380，399，402，448，456

das Ansich 自在体 125，129—130，131—
133，142，153，159，172，198，261，441，
448

Ansichsein 自在存在 52，122，128—135，
139，142—144，146—148，150—154，
159—160，

Antinomie 二律背反 52，94，109，216—
219，221—227，271，275，283

an und für sich 自在且自为的 23，37，38，
40，43—45，61，121，210，219，280，391

Anwendung 应用 40，47，52，87，92，108，
138，152，155，217，239，258，268，271，
280，284，306，312，319，321—326，
333，335，344，347—349，356，370，
385，451

Anzahl 数目 232—243，250—25，284—
290，294，324，326，329，361—363，
366，370，374—378，380—383，395，
499—400，404—406，409—414，417—
418，424，427，451

Arbeit 劳作 15—16，32，46，55

Arithmetik 算术 48，234—235，242—244，
246，249，287，303—305，308，311，
322，336，353，359—365，370—371，

399—400，404—405，408，434，439

Art 类，样式 229，289，290，389—390，
419，423

Atom 原子 172，185，189，194，205—206，
218—219，225—226，228，256，410，
427—429

Atomistik 原子论 184—185，189，213

Attraktion 吸引 174，190，192—206，
212—213，228，431

Attraktionskraft 引力 201—207，320，454

Attribut 属性 103，121，338，455

aufgehoben 已扬弃的 80，112—114，116，
144，175，177，199—200，210，211，
213，218，225，227，230—232，252，
259，261，269—270，275，285，376，
382，384，387，391，403，444—445，448

aufheben 扬弃 62，68，71，73，78，82，95，
99，111—114，116，119—123，127，
132—135，143，146，148—152，160—
163，166，172—175，180，182，188，
192，195，199，203—206，225，252，
264，274，277，373，378，398，402，416，
423，442—444，448，456—457

Ausdehnung 广延 103，121，214，239，
405，455

Ausdehnungskraft 张力 205

Ausdruck 表达式 245—246，287，289—
291，294，345—346，353—357，360，
371，407，416

Ausdruck 术语 21，60，61，89，96，100，
106，111，114，119，120，122，126，130，
165，175，210，217，292，298，420

ausschließen 排外 190—193，196，212—
213，230，232，254，420—422，426，
429，435—436，442

B

Bedürfnis 需要 13,20,23,35,65,66,75,

Begierde 欲望 20,22,23,51,101,103,
147

begreifen 概念把握 35,244,246

begrenzen（Begrenzung）限定 136—139,
153,156,163,165,170,175,180,188,
190,205,230,232—234,250,269,
277,296,362,374,379,382,390

Begrenztheit 受限状态,有界 143,149,
150,260,271,275,284,292,360,398

Begriff 概念 16,25—30,32,35,42—43,
45,48,51—52,56,58,62,73—74,80,
88—92, 109, 117—118, 121, 123,
129—131, 144—146, 156—157, 165,
169—170, 182, 187, 193, 197, 200—
202, 206, 213, 215—217, 223—224,
227, 237—240, 243—244, 247, 252,
258, 260, 276—278, 280—281, 296,
300—302, 309, 321, 324, 373, 381,
385, 390—391, 398, 403, 406—407,
425,441,444,453

Begriffsbestimmtheit 概念规定性 279,
322,324,361,372,375,386,410

Beisichsein 自身内存在 215

Bekanntes 常识,熟知的东西 22,74—77,
287

das Besondere 特殊东西 15—17,24,54,
56,118,327,456

Bestehen 持存 95,97,103,121,131,153,
171, 220—222, 256, 260, 269, 277,
291,300,373,381,408,412,414,416,
423,429,443,449,453

Bestimmen 规定活动 37,56,75,183,

196,399,416,449,451,455

bestimmt 已规定的 30,65,73,80—82,
84,87—91,95—96,99,102,106,115,
117,121,127,139,151,170,174,183,
200, 209, 215, 226, 231—235, 241,
250,260,272,286,292,301,309,326,
359,367,374,391,407,409,419,427,
448,456

Bestimmtheit 规定性 17,21,27,30,53,
56,60,77—82,89,93,98,103—104,
108, 114, 115—123, 131, 132—135,
143—145, 149—154, 157, 159, 174,
176, 183, 199—200, 209—210, 228,
243,250—255, 258—262, 278—280,
283,286,291,303,324,330,355,358,
365, 368, 371—372, 377—379, 382—
386, 399, 403, 412, 416, 422, 429,
446—447,455

Bestimmung 规定 16,20—32,35,37—
41, 43—45, 47—49, 50—54, 56—62,
65—66, 68—69, 71—75, 77—83, 86,
88—89, 92—94, 96—97, 104, 106,
108—123, 125—135, 137—144, 146,
148—151, 153—161, 163—168, 170—
171, 174—176, 179—190, 193—207,
210—211, 213, 215, 217—218, 223—
225, 227—229, 232—244, 246—247,
250—253, 255—263, 270—271, 273—
274, 278—287, 290, 292—301, 303—
304, 306—307, 309—341, 343—348,
350—351, 353—366, 370—376, 378—
381, 383—387, 389—393, 395—396,
398, 400—407, 409—415, 419—423,
425—426, 428, 431, 435—436, 442—
450,452—457

Bewegung 运动 17, 42, 49, 70—71, 75—76, 78—80, 83, 93—95, 101, 111, 121—122, 138, 161, 180, 185—186, 226—227, 239, 247, 265, 298, 300, 308—310, 319, 328, 334, 346—348, 361—362, 392—393, 405—406, 408, 410—411, 451, 453

Beweisen 证明 54, 71—72, 78, 218, 220, 223, 273—274, 308, 321, 352—353, 367, 407

Bewußtsein 意识 13, 17, 19, 24, 26—29, 31, 36—37, 41—43, 45—46, 49, 57, 59—62, 65, 67—68, 70, 76—78, 85, 87, 99, 101—103, 108, 142, 147, 152, 167—168, 173, 175, 178, 180—181, 227, 245, 248, 258—259, 267, 276, 295, 321, 335, 367—368, 371, 385, 387, 389—390, 397—398, 456

Beziehung 关联 18, 37, 47—48, 58, 61—62, 66, 68, 74—75, 81—82, 84, 86—90, 94, 98, 107, 109, 112, 120—124, 126—128, 133, 139, 142—145, 148—152, 154—155, 157—158, 160—161, 164—166, 170, 174—176, 178, 180—191, 194—196, 198—199, 201, 203—204, 206—207, 209—213, 225, 233, 235—236, 239, 243, 247, 251—254, 261—262, 267—271, 273, 275—276, 278—279, 285—287, 291—296, 299—300, 313, 315, 331, 333—334, 341, 348, 353, 364, 372—373, 380, 382—383, 387, 390—394, 400, 402, 406, 408—410, 412—415, 417—421, 423—425, 434—436, 438—439, 447, 449—450, 452, 456—457

Bildung 教化 15, 21—22, 33, 55, 66, 98, 165, 388

Binomium 二项式 315, 322—323, 327, 329—332

das Böse 恶 192

Bürger 公民 21, 393, 441

C

Charakter 特性 50, 58, 82, 240, 286, 312, 326, 331, 333, 412, 422, 424, 441

Chemie 化学 37, 412, 420, 421, 423—435, 439, 444,

chinesisch 中国的 20, 105

D

Darstellung 呈现, 表述 17, 19, 30, 31, 41, 42, 44, 50, 52, 67, 68, 76, 78, 94, 95, 104, 117, 130, 145, 166, 169, 182, 203, 236, 240, 243, 245, 247, 256, 257, 262, 267, 269, 275, 286, 287, 288, 289, 290, 292, 319, 329—332, 350, 357, 377, 381, 382, 386, 394, 395, 405, 417, 421, 434

Daseiendes 定在者 116, 123—125, 135, 164, 186, 199, 255, 269, 301, 395

Dasein 定在 78, 82, 86—90, 96, 104—108, 113—143, 146, 148—156, 160, 162, 164—166, 172—181, 183, 184, 186, 187, 189—191, 197, 198, 200, 209, 217, 230—233, 252, 255—260, 274—278, 285, 296, 300, 301, 381—383, 385, 394—396, 398, 402, 403, 408—410, 440—442, 444, 448—450, 456

Decken 重合 340, 343, 365, 367, 368,

430，

Dekrement 减量 301,303

Denken 思维 13,14,19—38,43—46,48,
52—55,57—61,65—68,73,78,83,
84,90,101,105—107,119—121,123,
132,145,168,173,179,215—217,
244,247,248,292,385,387,388,455,
456

Dialektik 辩证法 50—52,105,109—111,
138,193,210,212,226,227

Diesseits 此岸世界 153,156,263,265,
267,277,379,442,

Differentialrechnung 微分计算 295,300,
303,306,310,313,315,322—327,
330,332,333

Differenz 差分 284,295,297,302—308,
311,316,317,324,329,332,345,351,
363,456

Dimension 维度 334,345,353,360—364,
371,395

Ding 物,事物 25—27,29,30,37—41,
44,45,52,60,62,88,129,130,139,
140,177,179,181,185,202,221,245,
259,267,271,272,274,280,291,355,
387,392,395,406,412,413,415,423,
438,455

Ding an sich 自在之物 26,29,37,39—
41,45,52,60,62,129,130,181,387

Diskretion 区间性 212,214,215,216,
218,225,228—230,231,232,234,
250,254,292,360,363,370,371

dynamisch 动力学的 255,428,429,454

E

Eigenschaft 属性,特性 21,26,88,122,

240,243,278,287,306,358,372,380,
412,417,421,455

Einbildung 想象 23,173,201,214,292,
293,386,393

Eines（das Eine）某一,一 77,86,99,
116,173,176—179,181,182,189,
190,193,195,198,215,219,225,245,
246,247,272,285,287,291,305,317,
328,351,374,394,404,417,420,438,
445

Einheit 统一体 57,58,68,72—75,83,
86,93—95,97,100,102,106,110—
118,121,124,128,144,154—163,
166—168,170,171,174,181—184,
195,199,200,209,210,212,215—
218,227—232,246,254—256,270,
271,277—279,283—285,291,297,
300,346,361,375—380,388—392,
395,409—411,417—421,428,436,
443—451,453—457

Einheit 单位 232,234,235—237,240—
243,251,255,286,288,294,324,329,
361,374—376,378,380—383,399,
404—406,409,414,418

Eins 单一体 99,101,174,182—201,204,
206,207,209,211—215,225,228—
238,240,243,246,249,250—254,
256,257,259,260,299,332,360,362,
374,376,377,400,401,414

Einteilung 划分 45,50,51,53,56—58,
79,80,131,133,217,229,246

Einzelheit 个别性 24,29,172,407

Element 元素 138,296,307,308,316—
318,322,351,353,359,360,364,365,
371,389,423,425,428

empirisch 经验的 21，48，49，55，57，59，
67，77，86，90，97，102，106，107，119，
201，226，300，302，310，317，320，321，
324，326，327，329，334，336—339，
341，344，346，347，405—410，425—
428，432，451，455

das Endliche 有限者 33，40，92，98，121，
125，130，131，139—144，147—172，
176，199，261，262，264，265，268，269，
271，289，291，380，386，388，442，443

Endlichkeit 有限性 27，35，60，99，109，
115，125，129，139—142，145，147—
151，158—160，163，165—167，169—
174，216，259，261，271，275，379

Entäußerung 外化活动，舍弃 68，244

Entstehen 产生 51，68，74，80，94，99，
105，109，111—115，128，138，154，
161—163，223，236，260，265，274—
276，278，284，300，310，314，322，328，
334，338，342，350，369，376，389，397，
413，418，424，427，431，432，438，440，
441

entzweien 分裂 148，389

Erhebung 提升 38，76，77，91，150，153，
156，159，166，199，241，242，268，287，
300，307，321，323，325，382，407

Erinnerung 深入内核过程，回忆 33，97，
104，

Erkennen 认识活动 16，17，22，37，38，
53，60，65—67，71，202，204，216，223，
244

erklären 解释 50，104，202，203，207，310，
359，396，397，428，431，451，453，454

Erscheinung 现象 14，15，38，39，78，98，
136，202，207，224，227.398，429，430，

435

erweisen 证实 32，67，109，168，407

Etwas 某东西 73，84，86，90，97，106，
109—111，114—117，121—140，142—
146，151，153，160，164，167，175—
177，184，185，199，209—211，219，
221，230，233，251，254，255，288，295，
313，384，395，396，399，402，411—
418，420，436，437，441—444

Existenz 实存 39，44，45，83，88，90，92，
96，97，103，104，106，132，141，146，
201，215，218，222，227，238，243，258，
291，310，319—321，346，347，366—
368，396，398，399，405，412，423，434，
439，442，443，454

Exponent 指数 286，287，322，325，328，
332，374—383，400—402，409—411，
414—424，434，435，447

Extension 外延 231，250—259，285，400，
404，414，421，422，429，

F

Faktor 因素 201，270，332，346，348，
362—364，371，378，446，450，451，
453，454，456

fixieren 固定 21，30，97，126，140，176，
187，267，277

Form 形式 13—16，20—22，26—30，33，
35—38，40—46，53—55，58，61，62 ，
72—75，84，90，93，97，116，149，173，
181，182，192，210，212，216，217，
242—249，256，287—291，295，298，
308—312，315，322，324，329—332，
349，354，358—360，367，385，386，
388，393，400，402—405，422，428—

430,434,449

Formalismus 形式主义 15,145,246,295,
310,328,330,347,354,454

formell 流于形式的 20,28,41,43,173,
181,192,216,243,308,309,317,325,
327,328,358,362,388,389,393,405,
410,411,433,447,

Fortgang 推进过程 49,55,70,71,98,
100,117,131,169,235,236,241,243,
253,288,300,301,315,383,408,413,
421,435,437—439,442,443

Freiheit 自由 23,25,27,30,32,33,52,
56,62,67,70,147,150,181,192,203,
215,267—269,362,393,406,408,
410,427,445

Funktion 函数 293—295,303,309—315,
317,322,323,325—328,330—334,
338—340,343—360,371

abgeleitet Funktion 导出的函数 306,333,
335,336,341,345,347,349—354

ursprüngliche Funktion 原初函数 306,
312,314,322,323,333,336,349—
354,356

Fürsichseiendes 自为存在者 123,174,
177,182,189,203,207,414,419,446

Fürsichsein 自为存在 82,115,124,166,
174,175—187,189,190,192,192,
198—200,203,209,211—213,215,
231,252,261,263,271,273,278,285,
324,381,400,402,406,408—411,
413,414,416,419,436,437,442

G

das Ganze 整体 19,21,50,54,70,87,94,
106,113,116,117,157,162,172,228,

236,256,283,293,309,319,323,327,
335,346,353,355,368,377—381,
384,386,391,397,406,412,413,419,
421,447,448,450,451,454

Gattung 种 16,229,388,454

Gedanke 思想 17,19,23,25—27,29,38,
43,44,48,49,55,61,79,86,89—91,
103,119,155,166,168,172,177,179,
180,186,219—221,226—228,244—
249,265,297,298,385,388,412,426,
455

Gedankenbestimmung 思想规定 246,385,
426

Gedankending 思维存在 26,86,104,227

Gediegenheit 坚实性 205

Gefühl 感触 14,24,46,54,55,59,60,
146,202,265

Gegensatz 对立 21,24,42,43,45,57,59,
60,66,77,78,82,115,139,140,145,
152,165—167,171—173,185,207,
216,218,225,236,261—264,268—
271,287,291,292,348,380,385,423,
431—433,449,454,456

Gegenstand 对象 15—17,19—24,26—
30,35—40,42—45,48—51,59,60,
68,74,89,90,94,169,175,193,234,
243,244,264,296,319,325,333—
335,348—359,387,392

Gegenteil 对立面,反面 97,103,106,110,
112,141,159,162,168,170,182,206,
242,244,247,278,345,379,389,397,
438,446,454,455

Geist 精神 13—15,17,18,20,23,24,27,
40—49,53—55,67,127,172,173,
178—180,244,245,248,249,258,

259,276,389,393

Gemeinschaft 共同体 135

gemeinschaftlich 共通的 369,403,418

Gemüt 心灵 13,24,150

Geschichte 历史 226,245,305,323

Gesetz 法则 28,35,45,50,53,147,148,
267—269, 300, 305, 319—321, 330,
346,347,359,371,392,393,406,407,
410,424,425,428,435,451

Gesetztsein 已设定的存在 130,188,230,
232,456

Gesinnung 意向 13,91

Gestalt 形态 13, 15, 36, 40, 42—44, 46,
49, 53, 54, 61, 66, 70, 97, 113, 122,
154,155,168,169,171,222,226,271,
310,319,323,324,333,337,401

Gestaltung 形态分化 248,249,388,

Gewalt 暴力 150

Gewicht 重量 114,257,392,405,414—
416,434

Gewißheit 确定性 25,36,43,67,68,76

Glaube 信仰 60,66,67,320

gleichgültig 无关紧要的，漠不相关的 91,
125, 135, 189, 209—211, 230—233,
241, 244, 251—255, 259—261, 268—
270, 277—279, 285—287, 297, 299—
301, 327—329, 372—374, 377, 381—
384, 387, 390, 394—399, 417—423,
435—439,441—445,447—450,456

Gleichheit 相等 48,234,236,240—243,
246, 250, 293, 306, 317—319, 342—
345,347,350,365,366,368,369,450,
452

Gleichheit 一致性 17,128,132,188,207,
212,213,215,225,338,387,394

Gleichung 方程式 242, 295, 308—311,
313, 317, 325, 326—331, 334—352,
354,359,364

Gott 上帝 13, 23, 24, 44, 61, 79, 86, 88,
92, 105, 109—120, 123, 177—180,
189,264,390

Grad 度数 231,251—258,270,276,419,
428,429,433,439

Grenze 界限 118, 121, 125, 131, 135—
140, 142—145, 151—157, 159, 161,
162,179,188,190,199,200,209,210,
213, 230—233, 235, 250—252, 259—
265, 271—275, 277—279, 291, 298,
299, 304, 311—315, 317, 332, 353—
355, 359, 362, 365—368, 374, 377—
382,390,394—398,438,447

Größe 大小 80, 110, 111, 209—212,
228—232, 234—236, 250—259, 269,
277, 278, 281—285, 292—301, 303—
305, 307, 310—313, 315—319, 324—
334, 344, 351—356, 358, 359, 361—
364, 366—368, 370, 371, 378—381,
393, 395, 396, 398—400, 403—405,
408, 410, 411, 414, 415, 422, 429,
440—443

veränderliche Größe 变量 293—295,303,
306, 310, 311—313, 316, 322, 323,
325—332, 335, 338, 343, 345, 350,
380,403,404

Grund 根据 32, 38, 65, 69—71, 76, 87,
104, 109—111, 130, 160, 164, 185,
186,203,217,223,229,234,246,293,
310,330,433

das Gute 善 120,269

H

Handlung 行为 26

Harmonie 和谐 181，199，246，421，434，439

Hin— und Hergehen 来回往复 264，396，398，404，438，449

Hinausgehen 超越 39，143，145—147，154，155，157，160，161，210，237，260，266，278，279，284，304，355，362，372，377，381

I

Ich 自我 59—61，66，76—78，99，123，173，177，178，181，192，214，267—270

Idealismus 唯心主义 41，45，172，173，177—179，181，189，216，276，387

Idealität 理念性 165，166，168，174—181，183，184，186，189，190，191，194—198

Idee 理念 44，52，61，65，67，119，129，165，172，173，179，243，245，269，312，390，432

Ideelles 观念性东西 113，114，165，171—173，175—181，189，406，414，416，

Identität 同一性 21，28，74，85，90，93，94，99，123，126，127，129，132，133，137，144，146，148，163，178，182，192，215，236，240，246，253—255，267，276，296，328，381，384，390，391，422，441，443，457

Inbegriff 总括 119，120

Indifferenz 无差别 392，445—451，454—457

Individualität 个体性 58

Individuum 个体 16，26，53，121，267

Inhalt 内容 16，24，26，27，29，33，35—38，41，43，44，46—51，53—55，59，61，65，66，71—73，76，81，87—90，93，94，103，108，132，170，173，175，178，180，216，249，256，267，365，389

Inkommensurabilität 不可通约性 290，293，371

Inkrement 增量 301，303，305，307，313，317，331，336—338，340，341，343，345

das Innere 内核 27，33，58，104，122，128，354，441

Insichsein 内化存在 58，123，125，134—136，139，140，142，144，148，183—185，252，257，395，404，414

Integralrechnung 积分计算 294，295，306，319，320，327，335，348，350，355，356

Intension 内涵 38，41，48，54，55，94，123，161，231，249—259，276，285，317，318，399，400，404，405，414，422，428，429，433，454

Interesse 关切，兴趣 13，23—26，54，59—61，65，69，100，171，201，294，295，311，324，325，327，329，330，333，335，336，338，342，348，353，354，356，359，363，388，396，398

Irritabilität 激动性 454

J

Jenseits 彼岸世界 37，45，153，156，160—162，164，167，181，262—265，267，268，274，275，277—279，284，285，288，289，291，300，372，374，379，380，391，442，443

K

Kategorie 范畴 21，24，27，28，31—33，59，

80,100,150—152,165,216,259,312, 313,315,317,358,387,388

Knote 节点 434,439,440,443,444

Knotenlinie 节点线 413,435,437,438, 442

Koeffizient 系数 296,310,312—315,322, 327, 332, 333, 340, 343—350, 356, 357,409,410

Konstante 常数 327,343—345,364

Kontinuität 延续性 101, 102, 139, 203, 205,209,212,213,215,216,218,219, 221, 223—232, 234, 235, 250, 251, 253,254,259,262,263,275,315,328, 365,366,368,378,422,436,437,442

Kopula 系词 102

Körper 物体,形体 50,137,138,180,203, 224,245,347,350,365,392,393,395, 401,403,407,409,410,412,427,428, 430—435,452,454

Korpuskulartheorie 微粒理论 429,432

Kraft 力 21, 24, 55, 200, 202—207, 255, 256,258,309,310,319,340,346,386, 407,410,431,453,454

Kreis 圆圈 71, 164, 183, 257, 292, 293, 296

Kunst 艺术 248

L

Laster 恶行 441

Leben 生命,生活 14,17,23,24,27,29, 34, 45, 48, 52, 84, 91, 123, 146, 169, 246,249,266,454

Leere 虚空 82,83,152,154,160,184— 188,190,194,196,205,206,212,228, 267,274,275,389

Leib 身体 233

Liebe 爱 24

List des Begriffs 概念的狡计 398

Logik 逻辑,逻辑学 13—20, 22—24, 27—30, 32, 35, 36, 40—42, 44—51, 53—62,66—70,87,179,248

das Logische 逻辑性 20,45,54,55,57, 60,248,

M

Macht 势力,权力 24,86

Mannigfaltigkeit 杂多性 101, 102, 180, 184,185,189,224,244

Maß 尺度 81, 210, 267, 373, 384, 387, 388, 390—419, 421—423, 430, 434— 437,441—448,455

Masse 质量 257,392

chemische Masse 化学质量 425,426,428

das Maßlose 无尺度的东西 390,391,422

Maßstab 标尺 395,396,399

Materie 物质 91, 200—207, 214—218, 227,255,392,412—416,443

Mathematik 数学 30, 48, 214, 248, 249, 279—282, 284, 289, 291—293, 296— 298, 302, 305, 319, 321, 324—326, 352,353,406,407

Mechanik 力学 114, 255, 309, 319, 340, 346,

Mechanismus 机械论 203,204,255,306, 392

Medium 媒介 401,403

Mehrheit 多数性 252—254,392

meinen 意谓 55,68,90,95,292,294

Menge 数量 232, 235, 250—252, 255, 257,266,270,283,284,287,292,293,

313, 318, 329, 330, 367—370, 382, 392, 399, 400, 414—416, 421, 424, 425,428,429,434—436,445

Metaphysik 形而上学 13,14,16,19,28, 38,45,61,85,87,119,121,131,144, 201,213,216,245,258,280,291,347, 358,426,428,434

Methode 方法 35,48—51,53,56,66, 281, 282, 301, 302, 305—313, 322— 325, 336—339, 341, 351, 352, 354, 355,357—359,364,369,370

Mittel 手段 23,24,26,29,357,364

Modalität 样式 80,81,387,389

Modus 样式 388—390,455

Moralisches 道德 144,147,268,269,441

N

Natur 本性 16,20,25—27,38,52,54,61, 72,111,127,150,211,217,288,292, 293,305,321,341,353,367,382,395, 401,415,419—423

Natur 自然界 21,23,44,45,58,66,127, 133,201,248,268,269,347,406,407, 440

Naturphilosophie 自然哲学 18,201,298, 307,320,392,406,407,454

Negation 否定 49,84,86,89,108,115— 125, 134—136, 139—144, 146, 148— 155, 157, 160—169, 174—176, 181— 187,191,198,200,206,211,230,255, 259—261, 270, 277, 291, 355, 373, 375—383, 385, 409, 420, 422, 442, 443,456

Negation der Negation 否定之否定 108, 123—125, 135, 136, 142, 144, 148—

151, 153, 160—162, 164—166, 168, 174, 176, 198—200, 270, 271, 278, 289,291,380,420

das Negative 否定的东西 17,86,98, 104—108, 119, 120, 122, 131, 134, 141,142,160,161,164,166,167,175, 178,183,186,187,197,212,264,268, 289,303,357,377,378,406,454

Negativität 否定性 52,124,186,193,260, 267,385,391,392,416,456

neutralisieren 中和 146,417,418,421— 423,428,431,436

Nichtiges 虚无缥缈的东西 66,122,147, 153,157,159,171,204,216,227,276, 432

Nichts 无 17,32,49,51,66,73,74,83— 90,92—98, 100, 104—113, 115—118, 120—124, 128, 129, 140—142, 151, 154,164,166,184,187,199,295,297, 299

Nichtsein 非存在 73,74,84,87—90,106, 109, 111, 116—118, 128, 135—140, 142—144, 151—153, 160, 186, 188, 198, 215, 262—264, 267, 270, 274— 278,290,441

Normale 垂直线 335,342,343

Notwendigkeit 必然性 23,34,43,51,52, 67,76,100,244,384,387,390

Nus 努斯 44,55

O

Offenbarung 启示 66,67,248

Operation 运算 235,236,249,280,281, 287, 296, 302—306, 308, 310, 311, 320, 324, 325, 329, 334—336, 349,

352,356,358,371

Ordnung 秩序 37,80,297,301,302,306, 307,311,349,430—432,445

das Organische 有机体 393

Organismus 有机组织,机体论 393

P

Pantheismus 泛神论 85,388,390

Phänomenologie 现象学 16—18,22,42—43,48—49,67

Philosophem 哲学论题 243,245

Philosophie 哲学 13,16—19,21—23,25, 33,38—39,41,45,48—49,57,59—61,65—66,69—72,76—77,79,85—86,93,105,113—114,119,121—123, 131,140,144,148,168—169,172, 178,189,201,216,224,226—227, 240,243,248,255,264,269—270, 280,282,289,298,301,305,307, 320—321,385—386,392,406—407, 428,454

Philosophieren 哲学思考 59,65,69,131, 243,385

Polarität 极性 21,433

positiv 肯定的 15—17,49,52,72,86, 107,108,118,122,130—131,154, 156,161,166,236,262,303—304, 431,433,454

das Positive 肯定的东西 104,108,118, 122,130—131,149—151,161,165—166,232

Potenz 幂方 242—243,246,288,294—295,306—309,322,324—338,341—343,346,348—350,355—358,362, 371,373,381—386,400—401,403—

406,408—412,414,439

Potenz 潜能阶次 385

Prinzip 本原 15—16,32—33,44,52,57, 65—66,70,84,91,124,138,168, 172—173,178,184—185,216,225, 229—232,234—235,245,253,269, 296,300—301,316,362,389—390, 400,421,430,432,435

Produkt 乘积 237,241,288,300—301, 306—308,322,327,336,351—353, 361—363,371,376—378,380

Progreß 进展 31,145,149,155—157, 161—164,166—167,181,193,199, 210,262—264,266—270,275—278, 282,284,288,299—300,379,381, 443—444

unendlicher Progreß 无限进展 145,155—157,161—164,166—167,181,210, 262—264,266—270,275—278,282, 284,288,299—300,379,381,443

Proportion 比例 207—208,210,242—244,247,267,278—279,285—290, 293—300,303—304,306—307,310—314,316—319,324—325,328—331, 333—340,343—344,346—356,358—360,364—367,371—385,391—394, 400—425,427—440,442—454,456

Psychologie 心理学 13,46—47,53,258, 284,394

Q

Quadrat 平方 241—242,294,329,334, 351—352,361,364,404—406,409

Qualität 质 17,80—82,86,107,115—120,122—123,125,127,131—133,

135—136, 139—140, 142, 159, 166,
174, 177, 184, 199, 209—210, 215,
234, 238—239, 253, 277—279, 312,
318, 360, 371—372, 376, 382—384,
387—388, 391—399, 402—409, 411—
412, 414—417, 423, 425, 431, 436—
442,444—451

das Qualitative 质的东西 82, 124, 133,
147, 199, 218, 240, 269, 271, 278—
279, 297, 321, 328, 334, 362—363,
372—374, 377, 380, 384—385, 390—
392, 394, 399—400, 403—404, 408,
411, 416, 421, 430, 440—441, 443—
444,446,449,455

Quantität 量 48,80—81, 174, 199, 209—
216, 218, 224—231, 239, 250, 264,
273, 296, 301, 303, 316, 324, 373,
382—384, 387—388, 392, 394, 396—
399, 402, 405—407, 409, 420, 423,
428,433—434,437,439,444—446

das Quantitative 量的东西 233,262,264,
266,268,270,276,313,324,329,362,
371, 377, 385, 391—392, 402, 404,
408—409, 411, 420, 425, 437, 440—
441,443—444

Quantitativität 量化 91,390—391,420,
450

Quantum 定量 209—211, 213—214,
229—234, 236, 239, 243, 250—256,
258—264, 267, 269—270, 276—279,
283—288, 290, 292—301, 303—305,
314, 316—318, 324, 327—328, 332,
334, 341, 346, 355, 357, 360, 363—
364, 371—386, 391, 393—406, 408—
411, 414—422, 425, 434—435, 437,

439,442—445,447—448,450,454

R

Räsonnement 推理 16,35,43,52,55,74,
79,97,105,111,201,218,273,281

Raum 空间 23,32,40,99—103,109,114,
116, 127, 137—139, 147, 185, 194,
201, 203, 206, 213—217, 219, 222—
227, 229, 234—235, 238—240, 255—
258, 266, 271—272, 274—276, 292—
293, 296, 309, 334, 346—347, 350,
358—359, 361—362, 388—367, 392,
404—412,414—416,427

Räumlichkeit 空间性 102,139,203,223,
238—240,361,412

real 实在的 36—37,44,88,90,107,114,
119, 123, 136, 151—152, 164—165,
173,178,180,209,213,230,243,276,
320,344,404,407,411—413,444,447

das Reale 实在的东西 114, 119, 123,
164—165,173,178

Realisierung 实现过程 49,377,383,448

Realität 实在性 21,27,38,41,55,58,
88—89,92,108,116,118—123,132,
139, 145, 152, 164—165, 173—175,
178, 183, 194, 211, 253, 276, 392,
437—439,450

Recht 正当 79,100,123,193,258,307,
321,318,441

reell 实际的 41,46,114,119,123,136,
165,173,178,197,227,320,344,348,
353,376,392,404,407,412,417

Reflexion 反思,反映,折返 16,24,29—
33, 35—36, 38—39, 42, 50—51, 58,
68—69, 72, 74, 76—77, 80, 82, 86,

93—94，97—100，104—107，109—
110，114—118，122—123，126—132，
135—136，142，151，153，156，158，
161，166，170—171，177，180，185，
187，193，200—203，205，209，233，
236，239，245—246，249，252，271，
277—278，283，293，298，300，321，
334，365，387，390—392，405，407，
426，434，451，455—456

Regel 规则 29，35—36，47，53—54，59，
96，336—339，342，344，393—395，
398—399，434

Reihe 序列 54，95，257，272—274，287—
293，300，308—312，315，322—323，
325，330—333，348—349，356—357，
363—364，370，401，405，413—414，
416—424，429—437，443—445

Relation 关系 60，81，97，220—221，387，
417

Religion 宗教 29，46，172

Repulsion 排斥 138，157，174，186—203，
205—206，209，211—213，215，228—
229，260，263，279，413，421，424，436，
448，456—457

Resultat 结果 17，20，35，49，51—52，55，
57，66—71，73，75，84—85，92—93，
95，103—106，113—114，121，134，
148，162—163，168，197—199，205，
212，218，225—226，237，252，270，
279—282，302，308，311，319—320，
329，335，341，350，352，359，363，370，
381，386，394，397，410，433，446，451，
457

Rhythmus 节奏 50

Rückkehr 回归 70，75，78，160—162，

164，166，175，183，192，195，209—
210，233，242，251，261，267，279，289，
324，334，372，382，384—385，387—
389，391，394，409，439，443

Ruhe 静态 97，122，194，385，347，429

S

Sache 事情 13，20—22，25—26，29—33，
35，37，41，43，50—51，65—68，71—
75，80，82，85，90—91，95，97，103，
106，108—109，114，117，121—122，
130，141，154，159，167，169，175，
188—189，201，211，213—214，223，
231，235—236，246—247，249，268，
273，292—293，297，300，302，311，
316—317，320，323—325，330—331，
333，338—339，344—345，349，351—
353，356—358，364，368，372，382，
384—386，388—390，395，397，426，
438，440，443—444，451，453

Sättigung 饱和 423—426，428，434

Satz 命题 32，46，49，66，71—72，77，85，
87，92—94，98，106，121，125，129，
145，172，193，203，214—215，219，
222—223，237，258，271，298，307，
319—323，346—347，359，365—367，
369，395，428

Schein 假象 52，60，103，185，217—218，
222，289，320，330，332，335，346，361，
454

Schicksal 命运 14—15，162，267，390

Schluß 推论 29，35—36，42—43，45，47—
48，71，87，131，133，202—203，220，
223—224，258，266，292，321，367，409

Schranke 限制 77，86，106，118，120，

142—148, 150—151, 159, 162, 175, 196,379—380

Schwere 重力 310, 319, 346—347, 407, 410—411,429—430

spezifische Schwere 比重 405,412,414—416,434—435,444

Seele 灵魂 13—14, 17, 27, 52—53, 61, 92,258—259

Sehnsucht 渴慕 267,279

das Seiende 存在者 43,84,105,107,113, 123—125, 127, 130—131, 135, 146, 151,153,160,164,172,174,177,179, 181—184, 187—192, 194—196, 199—200, 203, 207, 209, 251, 258—259, 382,404,414,419,446,448,457

Sein 存在 44—45,57—58,61—62,68—75, 78—118, 120—125, 127—144, 146—154, 164—166, 169, 171—200, 203, 209—213, 215, 226, 230—235, 250—253, 258—263, 270—271, 276—278, 289—290, 297—299, 378—384, 387—388,390—391,402—403,409—420,443,445—452,456—457

Sein für Anderes 为他存在 125,127—136, 176—177, 181, 188, 190—191, 198,203,209,399

Sein für Eines 为某一存在 176—178, 181—182,189—190

das Selbst 自主体 43,146,291

Selbständigkeit 独立性,独立的东西 21, 30,55, 108, 130, 158, 170, 178, 189, 192, 196, 200, 269, 375, 391, 411, 413—414,417,419,424,446,448,457

Selbstbewußtsein 自我意识 13,59—60, 76—77,99,102,175,178,267

Selbstdenken 独立思考 31

Sensibilität 感受性 454

setzen 设定 57—58, 86, 99, 104, 109, 116—118, 121, 124, 126—128, 130—132, 134—137, 142—144, 149, 151—159, 161, 164, 172, 174—176, 178—180, 182—188, 190—202, 209, 213, 224, 228—232, 236, 239—241, 250—252, 255, 259—264, 269—271, 277—279, 288—289, 306, 324, 331, 343—346, 373, 375—385, 391—392, 399, 402—404, 408, 414, 416, 420, 422—423, 436, 438, 442—444, 446—452, 455—457

sinnlich 感性的 30,44,52,55,67,166, 169,172,194,201,249,268—269,274

Sitte 伦常 55

sittlich 伦理的 13,249

Skala 刻度表 437,439,442

Skeptizismus 怀疑主义 65,217

Sollen 应当 30,133,142—151,155,166, 174, 181, 194, 196, 260, 265, 278, 288—289

Spekulation 思辨 13—14, 19—20, 52—53, 69, 93—94, 114, 121, 168, 171, 179,185,226—227,243,247,386,428

spezifisch 特殊的 91, 204, 217, 319, 327—328, 348, 356, 385, 394—395, 398—404, 408—411, 413—415, 420—421, 423, 433—435, 438—440, 442—444,450

Spezifieren (Spezifikation) 特殊化 394—395, 398—405, 408—411, 413, 415, 417, 420, 423, 430, 434—437, 442—443,445

Sphäre 层面 37,39,58,80—81,89,117,
121—122,129—131,136,149,174,
196,205—207,243,262,270,294,
321,386,389,392,420,441,443,
456—457

Sprache 语言 20—21,30,53,114—115,
126,220,346

Sprung 飞跃 438—440

Staat 国家 13,393,398,441—442

Stand 阶层 23

Stetigkeit 持续性 212,216,300

Subjekt 主体 27,37,40,45,58,61—62,
65,75—76,106,108,123—124,179,
257,264—265,284,291,387,455

Subjektivität 主观性 60,68

Subnormale 342

Substantialität 实体性 26—27,41,44,
121,220,222—223,225,270,386,
388—390

Substanz 实体 65,98—99,121,178—
179,214,218—225,258,270,291,
388—390,427,454—455

Substrat 基体 65,84,218,255,271,436—
437,443—447,457

Summe 总和 214,237—238,252,287,
289—291,298,309—312,327,329—
332,346,351,353—354,357,360,
362—364,370,398,415—416,428,
435,447,449

Symbol 象征,符号 20,24,247—248,
287—288,304,312,332,386

Symbolik 符号系统 386

System 体系 15,18,31—32,44,48—51,
54—55,58,61,84—85,173,180—
181,236—237,265,269—270,288,

325,328—330,339,388,421,432,
434—435,438

T

Talent 天分 258

Täuschung 错觉 77,89,430

Tautologie 同语反复 49,85,87,102,205,
219—221,315,441

Temperatur 温度 257,401—403,426,
431,433,440

Theorie 理论 13—14,23,25,91,119,
304,306,315,322—325,339,344,
348,426,428—432,434,451,454

Tod 死亡 84,140,440

Totalität 总体,总体性 30,80,126,146,
183,373,381,384—385,444—445,
448—451,456—457

Trapez 梯形 351,362—364

Trieb 冲动 20,23—25,27,146,238

Triplizität 三联体 388—389

Tugend 美德 13,441

U

Übereinstimmung 和谐一致 37,439

Übergang（Übergehen）过渡 21,31,49,
51,58,71,73—75,82—85,96—99,
101,103—104,106,109,111—113,
124—125,131,133—135,138—140,
148,151—154,161—162,166,174,
181,187,192,194,198—200,204,
206,210—213,215,227,285,300—
301,303,307,311,313,316,318,320,
324,334,336,339,348,349—350,353,
359—363,371,380,383—384,391,
396,413,420,423,433,438,440—

444,449,453,456—457

das Unendliche 无限者 40, 52, 86, 99, 115, 120, 130—131, 140—141, 147—172, 176, 178, 186, 188, 227, 246, 261—263, 265—269, 271, 277—285, 287, 289—293, 295—297, 300—301, 304—305, 315, 357, 360, 366—367, 371—373, 379, 384—386, 388, 442—443

das schlechte Unendliche 恶劣的无限者 152, 163—164, 166, 170, 277, 284—285,291

das wahrhafte Unendliche 真实的无限者 149

das Unendlichgroße 无限大 110, 263, 265,276,282—283,305,311,316,407

Unendlichkeit 无限性 33, 109, 115, 121, 145, 149—151, 155—157, 160, 164, 166—168, 171, 174—176, 188—190, 199, 231, 246, 260—264, 266—267, 271—272, 275—278, 283—286, 288—291, 318, 324, 357, 367, 372, 379—380,389,413,442—443

das Unendlichkleine 无限小 263, 276, 281—283, 295, 301—304, 306—307, 311—313, 318—320, 322, 324, 339, 341, 343, 345, 351—352, 354—355, 357—358, 360, 362, 364, 369—370, 407

Unmittelbares 直接的东西 49, 65, 68—70, 72, 74, 76, 79, 96, 98—99, 104, 106, 112—113, 115—116, 118, 128, 177,196,199,216,228,277,383,410, 448—449

Unmittelbarkeit 直接性 17,33,66,68,70,

78—79, 81, 86, 104, 106—107, 114, 117, 124, 140, 151, 169, 176, 182—185, 188, 190, 199—200, 213, 228, 233, 376, 381, 385, 387, 390—391, 398,402,408—409,414,457

Unteilbares 不可分者 298—299, 336, 364—367,369—370

unterbrechen 中断 100, 212—213, 215, 228,233,236,273,413,438—440

unterscheiden 区分 20—21, 50, 57—58, 68—69, 73—74, 76, 80, 82—83, 85, 93, 95—96, 100, 102, 106—107, 113, 115—118, 121—126, 131—133, 135, 137,146,149,158,161,163,165,171, 176, 178, 190—191, 194, 199, 207, 209, 212, 214, 223, 228, 230—231, 233—234, 236, 240, 243, 246, 250, 252,255,274,301,307,311,316,318, 327—328, 330, 334, 340, 366, 378, 391, 394, 398, 401, 403, 411, 417—418, 430, 439—440, 443, 446—447, 455

Unterscheidung 区分状态 83, 113, 158, 403,430,443,455

Unterschied 区别 17,27,57—59,61—62, 72,88—96,112—113,122—123,126, 134—137, 163, 177—178, 182—183, 193—195, 199, 202, 204—207, 235—236, 240—242, 244—245, 248—251, 254—255, 259, 261—264, 269—273, 297, 314, 316—318, 334, 341, 362, 368—369, 371, 373—374, 382—383, 385, 387, 389—394, 397—398, 400, 413, 420—424, 429—431, 437, 441, 443—453,455—456

Ursache 原因 13, 19, 109—110, 130—131,167,386,431

Urteil 判断 45, 47, 51, 56—57, 92—93, 102,240,242,429

Urteil 原初分割 56—57

V

Veränderung 变化 14—15, 45—46, 102, 124, 133—134, 151, 160, 164, 170, 180, 199, 211, 259—260, 269, 310, 315, 328—330, 332, 361, 371, 373, 377, 380, 381—382, 389—390, 396—397, 399—405, 408, 415—416, 420, 437—438,440—441,443—444,457

Veränderlichkeit 可变化性 80,293—294, 373,375,382,404,431,436

Verbindung 联系 91, 106—107, 159—160, 196, 219, 238, 249, 263, 319, 326—327, 352, 414—417, 420—422, 424—425, 427, 429—430, 432, 439—440

Verbrechen 犯罪 441

Verfassung 制度 393,441—442

Vergangenheit 过去 265,273

Vergehen 消灭 84, 109, 111—113, 115, 128, 140—142, 148, 265, 276, 389, 396,441

Vergleichung 比较 33,46—47,72,74,80, 94,106—107,117,126,135,157,161, 191,193,234,278,297,302,309,339, 364, 366, 369, 389, 395, 399, 417—420,435—436

Vergleichungszahl 比较数 419—420,435

Verhältnis 比例关系 208,210,243—244, 247, 267, 278—279, 285—290, 293—

300, 303—304, 306—307, 310—314, 316—319, 324—325, 328—331, 333—336, 338—340, 343—344, 347—357, 360, 364—366, 371—385, 391—394, 400—425,429—440,442—454,456

direktes Verhältnis 正比例关系 373—374, 376—377, 382—383, 401, 405, 409—414

umgehrtes Verhältnis 反比例关系 207—208, 373, 376—377, 380—383, 392, 405, 446—447, 449, 451, 453—454, 456

Verhältniszahl 比例关系数 401, 419, 424—425,432,435

Vermehrung 增加 89, 207, 211, 260, 282—283, 300—302, 307, 329, 331, 353, 375, 377, 395—396, 399, 401—402,404,447,450—452,454

Verminderung 减少 207—208, 211, 260, 282—283, 299—300, 302, 353, 375, 377, 395—396, 399, 401—402, 404, 416,429,447,450,452,454

Vermittlung 中介活动 58,78,160,380, 391,446,449

verneinen 拒斥 118,122,136,196—198, 203,247,281

Vernunft 理性 16—17, 28—30, 37—41, 44—45,52,59,92,99,132,145—146, 148—150, 216—217, 221, 224—227, 237,243,245,247,258,265,267,276

Verschiedenheit 差异性 38,44,96,114, 137, 160, 191—192, 235, 239, 295, 318, 358, 371, 428, 430—431, 437, 441,445,454

verschwinden 消失 83, 111—113, 121,

181, 197, 206, 221, 265, 267, 277, 296—300, 306, 316—317, 396, 407, 440,442,446,450,452,454

das Verschwindende 随时消失的东西 90, 112—113,388,396,446

Versöhnung 调和,和解 140,152,389

Verstand 知性 13—14, 16—17, 20, 29, 38—40, 45, 86, 98, 100, 106, 108, 110—111, 121, 126, 140—141, 147, 149, 152—153, 160, 162, 193, 214, 227, 247, 276, 280, 290—291, 302, 304,388,455

Vieles 多 101, 182, 190, 193, 245, 250, 252,254

Vielfachheit 多样性 285

Volk 民族 13—14,23—24,53,248,390

Voraussetzung 预设,前提 19,31,33,57, 67—68,73,106,110—111,131,170— 171,185,194,197,220,222,310,314, 402,457

vorhanden 现成已有的 37,78,100,106, 122—124, 186, 197, 204—205, 207, 238,378—379,440—441

Vorstellen 表象活动 22,29,52,79,85, 88—90,101—102,104,107,110,120, 141, 146, 166, 169, 173, 178—181, 185, 189, 202, 213—214, 265, 274, 294,304,386,418

Vorstellung 表象,观念 16, 20—27, 31, 36,39—40,42,44,52,54,60—61,69, 72—76, 87, 89—90, 101, 123, 126, 137, 145, 156, 158, 169—170, 173, 175, 178, 180—181, 187, 194, 200— 201, 203—205, 213—214, 216—217, 219, 223—224, 227, 229, 238, 244,

255, 265, 271, 276, 281, 287, 292, 296—305, 311, 314, 317—318, 328, 332, 336, 341, 346, 351, 354, 360— 361, 363—364, 366—370, 393—394, 412,425—427,429,433,440,450

W

Wahlverwandtschaft 选择的亲和性 414, 420—421,424—426,429—430,433— 434,436

das Wahre 真相 17,28,38—39,44,51, 56,65,69—70,76,118,280

Wahrheit 真理 24, 27—30, 36—38, 41— 44, 47, 51, 54—55, 57—59, 66—67, 70, 83—84, 86—87, 93—94, 97, 103, 110—111, 115, 119, 128, 130, 139, 152, 156, 161, 168, 170—171, 179, 192—193, 200, 218, 225, 227—228, 247—248, 277, 282, 297—298, 370, 379,382,384—385,390,397,451

Wahrnehmung 知觉 38,58,90,180,201— 203,217,224,226—227,407,416,441

Wahrscheinlichkeit 或然性 282

Wechsel 更替 85, 87, 131, 149, 151, 155—156,174,262,437,443

weglassen 忽略不计 165,281,301—302, 305, 307—309, 311—312, 315, 322— 323,325,332,344—345,357

Weisheit 智慧 120,129,248

Welt 世界 14, 33, 36—37, 40, 44—46, 54—55,61,70,76,85,87,105,109— 110, 145, 148, 152—153, 156, 160— 162, 164, 167, 181, 185, 189, 217— 218, 220—222, 245, 262—268, 271— 272, 274—279, 284—285, 288—289,

291，300，372，374，379—380，386，
391，442—443

Werden 转变 17，32，71，80，83—86，93，
95，97，100，109—113，115—116，124，
128，130，139，148—149，151，153，
164，166，170，180，182—183，185，
187，193，198—199，210，213，215，
217，231，233，259，260，263，272，297，
301，304，311，315，328，342，373，377，
383，391，394，405，413，419，422，437，
440—441，443，445，454，456

Werkzeug 工具 29，126，249，280，308，
357，386

Wert 价值 28，45—46，50，53，55，61，
112，119，129，159，169，244，248—
249，299，316，332，375—376，378，
380—381，383

Wert 值 286—287，289，293，300，306，
308，313—314，317，326—327，336—
338，342—344

Wesen 本质 13—14，17—18，25—27，
35—36，38，41，44—46，49，54—56，
58，61—62，66，77，82，85，88，93，101，
104，109，119—121，123，127，129—
132，136，138，142—143，147，153，
158，160—162，164—166，168，171—
173，179，185—187，192—193，195—
196，207，210，213，217，221，230，233，
235—236，242，244—245，247—248，
251，253—257，260—263，268，270，
280，282，285，288—290，294—295，
308，316—319，324，340，345，348，
360，370，372，379，385，387—392，
396，403，406，411，420，422—423，
427—428，437，439，441，444—445，

447，451—452，456—457

Wesenheit 本质性 17，27，46，55，61，77，
179，256，294，300，318

wesentlich 本质上的 142，207，242，253，
280，318，370，441

Widerspruch 矛盾 28. 39—40，52，97，
110，119，136，138—139，141—142，
145，148，152，155，159，166，168，182，
186，189—190，217，226，231，234，
237，259，262—263，267，269—270，
275—277，280—282，284，288，325—
326，373，379，397，449，451，456

Wille 意志 23，25，103，147，267—269

willkürlich 随意，任意 62，70—71，76，
78，126，147，186，201，247，393，395，
399

Wirklichkeit 现实性 15，27，37，44，88，
92，129，132，292，387

Wissen 知识 14，17，28，35，38，42—43，
54—55，57，59，61，66—68，70，72，
76—79，124，179，266，282，320，339，
425

Wissenschaft 科学 13—19，21—24，28，
30—31，33，35—36，41—43，45—51，
53—57，61，65—75，78，85，90—91，
96，104，114，186，201—202，217，240，
244—245，248，255，266，279—282，
297—298，302，305，315，320—321，
323，330，337，339，342，392—393，
406—407，410，421，432，434—435，
454

Wurzel 方根 242，300，325，327，329—
330，343—345，371，404—406，439

Z

Zahl 数 48，91，99，231—238，240—247，

249—257, 266, 283, 285—288, 293, 296, 329—330, 341, 358, 361—362, 381, 385—386, 410, 419—420, 422—423, 425, 432, 438—439

Zahlenwert 数值 287, 326, 401

Zeit 时间 40, 46, 85, 99—100, 102—103, 106, 109, 127, 144, 150, 213—217, 219, 224—227, 229, 238, 265—266, 270—276, 309—310, 319, 321—322, 334, 346—348, 361—362, 392, 404—412, 452

Zentrifugalkraft 离心力 207, 451—453

Zentripetalkraft 向心力 207, 451—453

Zentrum 核心 207

Ziel 目标 16, 240, 262—265, 277, 300, 305, 315, 357, 359, 389, 435

Zufälligkeit 偶然性 31, 75, 220—221, 225, 335

Zukunft 未来 42, 169, 265, 273

zusammengehen 融合 40, 68, 85, 127, 168, 182, 192, 200, 212, 256, 375, 429, 443, 457

Zusammenhang 联系 18, 21, 25—26, 35, 50—51, 56, 68, 76—77, 79, 87—91, 93, 96, 98, 100—101, 106—107, 109, 130, 132—135, 140, 157, 159—161, 175, 185, 195—196, 200, 207, 219, 228, 235, 238, 244, 246, 249, 256, 263—265, 309, 311, 313, 319—320, 324—328, 334, 336, 345, 348, 352—353, 375, 388, 392—393, 396—398, 401, 403, 405, 408—409, 414—417, 420—423, 425, 427—429, 433—436, 438—440, 444—445, 448, 454—455

zusammenfassen 统摄 56, 72, 168, 188, 235—237, 250, 272, 360, 380

Zuwachs 增长 301, 307, 309, 311—315, 319, 322, 328—329, 331—333, 345, 348, 353, 357

Zweck 目的 13—14, 20, 23—26, 28, 35, 42, 51, 53, 55, 117, 120, 207, 245, 290, 317, 319, 322, 324, 331—333, 335, 340, 348, 352, 355—356, 365

Zweifel 怀疑 34, 65, 169, 217

译　后　记

由于直到《逻辑学》I 付梓之时，《逻辑学》II 的翻译仍在进行之中，所以我在这里只是对《逻辑学》新译本的翻译事务略作交代。至于一篇完整的、基于新译本的关于黑格尔《逻辑学》的译者导读，我将在全书译竣之后呈示给读者。

关于本书在黑格尔哲学乃至整个西方哲学中的重要性和历史地位，这里无须赘言。众所周知，《精神现象学》是整个黑格尔哲学体系的导论和入门之径，但只有基本掌握了《逻辑学》，才可以说真正能够窥探黑格尔哲学的堂奥。因此对任何一个学习和研究黑格尔哲学的人来说，《精神现象学》和《逻辑学》的研读都应当是一项连贯的工作，而黑格尔本人亦指出，《逻辑学》是《精神现象学》的"第一个续篇"（TWA 5,18）。

严格说来，本书的中文名称应当叫作《逻辑科学》（*Wissenschaft der Logik*），但考虑到《逻辑学》这一书名在我国学界早已根深蒂固，我们就沿用了旧的名称。除此之外，本书还有一个约定俗成的名称，即"大逻辑"，以区别于后来的《哲学科学百科全书》第一部分"逻辑学"（即"小逻辑"）。"大逻辑"和"小逻辑"的区别，当然主要不是在于篇幅的单纯大小，而是在于前者通过空前绝后的缜密精深的推演，将辩证法的本质特征呈现到了极致——这对黑格尔的作为概念发生史的逻辑学来说是至关重要的，相比之下，后者作为一份用于授课的"纲要"（Grundriss），更像是一系列具有独断论色彩的"保证"（Versicherungen）。就此而言，要真正理解和领会黑格尔的逻辑学，"大逻辑"是唯一的选择。之前学界有一种论点，以为"小逻辑"相对而言容易理解，是进入黑格尔的最佳入门书，但这其实是一个误解。因为"小逻辑"中真正算得上通俗易懂的,只有"思想对待客观性的三种态度"这一部分(该书第26—78节),相当于一部小型哲学史,至于涉及严格意义上的逻辑学的部分,则是非常简略和晦涩难懂,远远不及"大逻辑"的详尽论证,因此很难帮助我们掌握黑格尔的逻辑学思想。而要了解黑格尔的哲学史观,我们还不如直接读他的《哲学史讲演录》更为合适。

《逻辑学》最初分为三卷(即《存在论》《本质论》《概念论》),分别于1812、1813、1816年由纽伦堡的希拉克(Schrag)出版社陆续出版。黑格尔凭借此书名声大振,于1816年获得海德堡大学教授席位,随后于1818年赴柏林大学任教,逐步登上德国哲学界的王座。1831年,黑格尔准备出版该书第二版,并首先修订《存在论》卷,为其增补了大量内容,只可惜他在当年年底因为身染霍乱而突然去世,而写于11月7日的该书第二版序言也成了他的绝笔。这一卷《存在论》于1832年由斯图加特-图宾根的柯塔(Cotta)出版社出版之后,完全取代了1812年版《存在论》,后者直到20世纪60年代才重新得到人们某种程度上的关注,但从客观的思想影响史来看无法与前者相提并论。正因如此,我们今天研究《逻辑学》,最基础的文本仍然是由1832年版《存在论》加上黑格尔没来得及修订的1813年版《本质论》和1816年版《概念论》构成的这个整体。由于《逻辑学》篇幅巨大,所以大多数通行的版本都是将该书分为上下两卷出版,上卷包含《存在论》(1832年版),下卷包含《本质论》和《概念论》。我们这个新译本的底本,即莫尔登豪尔(E.Moldenhauer)和米歇尔(K.M.Michel)于1972年重新整理出版的20卷本"黑格尔著作集"或所谓的"理论著作版"(Theorie-Werkausgabe)①,也是采用了这个编排方法,其中第5卷《逻辑学》I相当于《逻辑学》上卷,而第6卷《逻辑学》II则是相当于《逻辑学》下卷。

---

① GEORG WILHELM FRIEDRICH HEGEL *WERKE IN* 20 *BÄNDEN.*Auf der Grundlage der *Werke* von 1832-1845 neu edierte Ausgabe.Redaktion Eva Moldenhauer und Karl Markus Michel.Frankfurt am Main：Suhrkamp,1972.

　　按照 20 卷本中文版"黑格尔著作集"的最初规划,我只承担《精神现象学》的翻译工作,《逻辑学》的翻译并不是由我来负责的。这期间由于一些翻译人员上的变动,主编张世英先生和人民出版社出于对我的一贯信任,把这个艰巨的任务也交到我手中,而我自然对此义不容辞。我希望通过这些翻译,加上我亲自主编并主译的 21 卷本中文版"谢林著作集"(北京大学出版社 2016 年起陆续出版),在更新和补充德国古典哲学经典著作的中译本方面作出一些应有的贡献。

　　需要承认,翻译《逻辑学》对我来说,是继翻译《精神现象学》之后的又一个巨大挑战。首先是因为,《逻辑学》在思想的抽象和艰深晦涩程度上比《精神现象学》犹有过之而无不及,再就是,前者对于大量概念术语的使用也比后者严格和精致得多,比如 Sein,Dasein 和 Existenz 在《精神现象学》或其他著作里可以通译为"存在",但在《逻辑学》里则必须严格地分别译为"存在"、"定在"和"实存"。类似的,诸如 Realität(实在性)和 Wirklichkeit(现实性),Unterschied(区别)、Differenz(差别)和 Verschiedenheit(差异性),Bestimmtheit(规定性)和 Bestimmung(规定),Eines(某一)、Eins(单一体)和 Einheit(统一体)等等通常被简单当作同义词来使用的概念术语,在《逻辑学》里也必须严格地区分开并在概念发生过程中加以定位。又比如,同一个词 Verhältnis 在《逻辑学》的不同阶段,必须分别译为"比例关系"和"关系"。以上所有这些译法都不是随意决定的,而是取决于每一个概念术语在文本中出现时的位置和意义,以及译者对此的理解把握。这里要求译者一方面必须尊重学术传承,而不是处处标新立异以彰显自己的无聊个性,另一方面必须基于对黑格尔哲学的更深理解,指出并纠正前人的疏漏和错误。准此,我在翻译《逻辑学》的时候参考了贺麟、杨一之、梁志学、杨祖陶、薛华等前人的工作,经过对照和斟酌,在总体上主要采纳贺麟的译法,但在某些概念术语上有所改动,比如把 Etwas 译为"某东西"而非"某物",把 Eines 译为"某一"而非单纯的"一",把 Idealität 译为"理念性"而非"观念性"等等。熟悉我的翻译的读者可能早就发现,《精神现象学》新译本已经做了一些类似的工作,比如重新揭示出 das Ansich(自在体)和 das Selbst(自主体)这一对长久被消弭的重要概念,并严格区分 das Wahre(真相)和 Wahrheit(真理),或将 Er-Innerung 译为"深入内核过程"等等。这些新的译法建立在我对黑格尔哲学多年的研究和理解把握之上,而且我确信它们是必要的、至关重要的。至于这些新译法的理由,读者可参阅我的相关研究①或我在译著的序言或相应脚注中给出的解释。

借此机会,我就自己的翻译理念再作一番简单告白。自从新译本《精神现象学》于 2013 年首次出版以来,虽然其中还是不免有一些错误(这些错误大多数已经或即将在重印或再版的时候得到修正),但总的说来,学术界仍然对其多有肯定,其中经常谈到的一点,就是认为新译本的文笔流畅通达,大大减轻了读者在研读黑格尔时的无谓负担。假若这个赞誉多多少少符合一点事实,那也不是因为我个人有什么特别本事,而是因为黑格尔本人的文风就是如此,而我恰好精通德语,看懂了原文,然后在力所能及的前提下清楚而准确地将其转化为中文而已——需要强调的是,这里的"准确"不是指拘泥于原文句子的外在形式(当然我对此也是尽量遵守的),更不是指硬译死译(有翻译经验的人都知道,这其实是最容易的,哪怕译者德语水平并不过关),而是指紧紧抓住原文句子内部的逻辑关系,按照我们中国人正常的思维和说话方式将原文的意思忠实地加以再现。我翻译的谢林著作同样也是遵循这个翻译理念。人们常说,译者要让黑格尔"说中文",依我看,当务之急毋宁是让黑格尔"说人话",像一个正常人(尤其是正常的中国人)那样说话。至于有人竟然将这种正常的、本应如此的流畅通达等同于"通俗",进而等同于"不严谨",那我对这个批评意见只能敬谢不敏了。实际上,德国古典哲学四大家里,暂撇开康德不论,不管是费希特、谢林,还是黑格尔,他们的艰深都是体现在思

---

① 尤其是以下几篇论文:《黑格尔〈精神现象学〉中的"真相"和"真理"概念》,载于《云南大学学报》(社会科学版)2016 年第 6 期;《黑格尔论"理念性"和"观念性东西"》,载于《广西大学学报》(哲学社会科学版),2017 年第 6 期;《"回忆"和黑格尔精神现象学的开端》,载于《江苏社会科学》,2019 年第 1 期。

想本身上面,而不是因为他们只会写不知所云的文字。熟悉黑格尔德文原文的人都知道,黑格尔的文字尤其是一种典型的朴实无华中充满闪光点的文风,而这是我在翻译《精神现象学》及本书的过程中努力想要加以忠实传达的。当然,由于个人能力毕竟有限,新译本《逻辑学》必定也会存在着错误之处,在此敬请各位方家指正,以俟将来再作修订。

和以往一样,我的翻译是和日常的研究和教学紧密结合在一起的,包括于 2016 年秋季学期在北京大学哲学系以及于 2018 年秋季学期在北京师范大学哲学学院两次讲授《逻辑学》,并通过这个方式让我的部分译稿接受检验。技术方面,施林青同学替我解决了数学公式的录入问题,孔博琳和赵文涛二位同学协助我制作了《主要译名对照及索引》。而在具体烦琐的编辑事务方面,责任编辑安新文女士不辞辛劳,付出了大量心血。在此向他们致以衷心的感谢!

先　刚

2019 年元月于北京大学人文学苑

责任编辑:安新文
封面设计:薛　宇
责任校对:张　彦

图书在版编目(CIP)数据

逻辑学 I /〔德〕黑格尔 著;先刚 译. —北京:人民出版社,2019.6
　(2025.9 重印)
(黑格尔著作集;5)
ISBN 978－7－01－020755－1

Ⅰ.①逻…　　Ⅱ.①黑…②先…　　Ⅲ.①黑格尔(Hegel,Georg Wilhelm
　Friedrich 1770-1831)-逻辑学-研究　　Ⅳ.①B516.35②B811.01

中国版本图书馆 CIP 数据核字(2019)第 075640 号

逻辑学 I

LUOJIXUE　Ⅰ

〔德〕黑格尔 著　先刚 译

人民出版社 出版发行
(100706　北京市东城区隆福寺街 99 号)

北京新华印刷有限公司印刷　新华书店经销

2019 年 6 月北京第 1 版　2025 年 9 月北京第 6 次印刷
开本:710 毫米×1000 毫米 1/16　印张:26
字数:384 千字　印数:21,001-26,000 册

ISBN 978－7－01－020755－1　定价:98.00 元

邮购地址 100706　北京市东城区隆福寺街 99 号
人民东方图书销售中心　电话 (010)65250042　65289539